ボロテリーの
テニス
コーチング

ニック・ボロテリー=著

梅林 薫=監訳
宍戸 真=訳

Bollettieri
Tennis
Handbook

Learn
from the games
#1 coach

Nick
Bollettieri

大修館書店

Bollettieri's Tennis Handbook
by Nick Bollettieri

Copyright © 2001 by Bollettieri Inc.
Japanese translation rights arranged with Human Kinetics Publishers, Inc.
through Japan UNI Agency, Inc. Tokyo

Taishukan Publishing Co,.Ltd. Tokyo, Japan, 2005

はじめに

　私は、44年間におよぶテニス・コーチとしての経験をみなさんと分かち合いたいという思いからこの本を書いた。この本には、初心者から世界ナンバー1まで、すべてのレベルのプレーヤーを指導することについての私の考えをまとめている。今まで一緒に練習してきた有名なプロ選手と多くの話題を関連づけた。彼らの強さ、個性、変わったくせなどについても触れている。もくじを見てもらえば、身体のコンディショニングから親の関わり方、ラケットのストリングの張りの強さまで、本書が広範囲の内容を扱っていることがおわかりになるだろう。みなさんのために、何か一つでも役立つ情報が含まれていることを願っている。プレーヤー、コーチ、親として、この本を読んで何かひらめいたことがあったり、新しいものを学んだと思っていただけたりしたら、私が執筆に費やした数千時間は、有益だったと思う。この本は、テニス界の最先端で惜しみない努力を続けている人の産物である。

　まず最初に、この本の中で述べられている意見は、私の40年以上におよぶ指導経験から生まれたものであることを明らかにしておく。私が言っていることだけが正しいとか、私と異なった方法は間違っていると非難したりするつもりはない。

　多くの例を示し、比較できるよう、さまざまなテクニックを取り上げた。本書は、たんにテニスボールを打つというような基本的なことよりも、もっと深い内容を含んでいる。そこには、高度な世界レベルの技術、優れた選手を一流選手に変える細かな情報も含まれている。

　私はこの40年間でテニスというスポーツがどのように変化してきたかという情報にも触れるように心掛けた。また、この本は特定の情報を探しやすいように構成されている。たとえば、テニススクールやサマーキャンプはどのように選ぶか、よいコーチはどのように見分けるか、などである。

　私は、アガシ、クリックステイン、クーリエ、ハーヴァス、バセット、サンプラス、セレス、ピアース、マヨーリ、リオス、ヒンギス、ハース、フィリポーシス、ベッカー、ヴィーナス、セレナなど現代の最も偉大なプレーヤーの多くの成長過程を目の当たりにしてきた。私が資料をまとめる際に楽しんだのと同じくらいに、あなたがこれらの選手についての逸話を読んで楽しんでいただけることを期待している。いずれにしてもwww.imgacademies.comで私のホームページをご覧になり、私にメールを送ってほしい。

　コーチとしての40年以上もの間、私は多くの人々と対話してきた。今になって私は日記をつけてこなかったことを悔やんでいる。日記は、記憶を助け、時間の経過とともに忘れてしまうことを防いでくれるはずなのだが……。あなたが私と同じような後悔をしなくてすむように、今日からでも日記をつけることをお勧めする。日記は、出来事の詳細を思い出す力となる。あなたが経験したことは、詳細に覚えておく価値があるものなのだ。

　私はテニスの移り変わりすべてを目撃することを楽しみにしている。私はコーチとして、最新のプレースタイルに絶えず適応していなければならない。もしもコーチの私が適応できなければ、私の教え子たちは用具や戦術、戦略の発展の犠

性者となっていただろう。しかし、厳しい練習、献身、失敗の責任を快く認める姿勢は、つねにチャンピオンを輩出する土台となっている。目的を持って練習し、繰り返し練習をすることは、スポーツ選手が絶対的な自信を勝ち取るには必要なことである。反復はチャンピオンの技術を育てる。プレーヤーはあるショットを今までに1000回打った。そして同じショットを今回もそして次回も打てるという自信を持てるようになるのである。

　コーチができるのは、プレーヤーが彼らの能力の最大レベルに達することを期待することだけである。私を信頼してほしい。しかし、これは容易なことではない。プレーヤーと彼らの気分、心配、必要性を理解できるコーチは彼らに尊敬される。そのようなコーチは、プレーヤーの可能性を高めるチャンスを持っている。プレーヤーを理解する能力は、コーチに不可欠な要素であり、コーチをたんなる先生やインストラクターと区別する要素となるだろう。

　コーチは、プレーヤーの本当の個性や隠れた感性を理解する能力を持つ。このような言い方をして、大切な役割を果たしているインストラクターの価値をおとしめるつもりはない。しかし、非凡で優れた世界的な競技能力を開花させようとして、コーチなしにその道を歩み出し、失敗に終わった才能ある犠牲者がたくさんいるのである。

ニック・ボロテリー

　「どんな人生も、不適切なアドバイスによって傷つけられることがある」という古いことわざがあります。反対に、どんな人生も適切なアドバイスによって癒されることもあります。私たちそれぞれの人生は、すばらしい違いを生み出した一人の人間の存在によって感動させられます。その人は、他人が疑っているときでもあなたを信頼し、他人が離れていくときでもあなたを支援し、あなたが想像する以上にあなたの心を深く理解しています。その人はあなたがつらいときに、優しい言葉をかけ、あなたを勇気づけるほほえみを与え、そしてあなたに手をさしのべてくれます。

　私の人生の中で、その人は父、ジェームス・T・ボロテリーでした。私が考えていた以上に彼は私を愛していました。彼は私に絶えず無条件の支援と愛情を与え、自らの判断を押しつけることはありませんでした。彼はあまり多くを語りませんでしたが、すべてを見通していた、静かな人でした。

　彼は、私との議論で私の味方をすることはありませんでしたが、学者としての知恵を持ち、私が自らの行動に対して払う代償を教えてくれました。私が法科大学院を卒業しないと決めた後、彼のもとへ行ったときのことをいまだに覚えています。「それでよろしい。あなたが何をすることに決めても、支援しよう」と彼は私を抱き締めて言いました。

　私の父は他界しました。そして、彼の名ジェームスが、私の息子の名前に生き続けていることは一つの慰めになっています。私は「ありがとう」と言うための時間をとりませんでした。そして私たちが本当に親しい友達になれなかったことを今も残念に思っています。しかし、人生には癒し、誠実さ、終結があります。ありがとう、お父さん。

　私の生涯の仕事の集約であるこの本をあなたと、そして私の初孫ウィラ・ベイ・ブルーニッチに捧げます。

愛を込めて　ニック

監訳にあたって

ニック・ボロテリーといえば、世界のテニス関係者で知らない人がいないほど有名な指導者である。彼は、テニス学校（ボロテリー・テニス・アカデミー）を創設し、その優れた指導法と選手育成システムのもとで、数多くの世界的プレーヤーを育てあげた。日本で人気が高く、17歳で世界の頂点に立ったロシアのマリア・シャラポアもこのアカデミー出身である。まさに、彼は世界を目指す子どもたちやトップ選手、コーチが集まる世界一のテニス・アカデミーを経営している。

その彼が、テニス・アカデミーで指導する内容や長年の経験から得た指導法をまとめたのが本書である。したがって、この本の原書が、日々現場でテニスを指導するコーチ、教師、指導者にとって最も有用な指南書になっているだろうことは疑う余地もない。これまでテニスの指導、コーチングに関する本は多数あったが、本書のように、ストロークの基本からゲームの戦術、心理面や体力面、また用具面など、多面的な内容を1冊に著したものはそう多くない。しかも、本書の著者は世界のトップコーチ、ボロテリーである。彼の指導法やトレーニングシステムについては定評があり、初心者から世界のトップレベルまで、数多くのプレーヤーやコーチが彼のアカデミーを訪れ、指導法の勉強や練習に励んでいる。アンドレ・アガシ、ジム・クーリエ、モニカ・セレス、ボリス・ベッカーなど、世界のトッププレーヤーが数多くこのアカデミーから育っており、本当に充実したコーチングが行われている。

本書では、ボロテリーのアカデミーシステム、基本ストローク、ゲームプラン、コンディショニング、メンタルトレーニング、ラケット・ストリングス（用具面）など幅広く書かれており、ボロテリーが、長期間にわたり計画し、実行してきたアカデミーの内容が詳しく書かれている。一貫したコンセプトのもと、より実践的なプログラムなどは、これまでも日本の指導者、プレーヤーも数多く取り入れ、参考としてきている。今度は、本書が発行されたことによってはるばる米国のテニス・アカデミーまで行かなくても、本書がコーチ役をしてくれよう。ぜひ、多くの指導者に本書を読んでもらい、実際の指導現場に生かしてもらいたいと願っている。

最近の日本のテニス界の状況として、競技スポーツ面においては、プレーヤーのプロ化が進む中、多くのプレーヤーが国際大会で活躍しており、その技能レベルも非常に向上している。また生涯スポーツ面でも、手軽にできるスポーツとして男女を問わず幅広い年齢層の人々に親しまれ、高齢化社会が進む中で、その役割がますます重要視されている。このような状況の中で、どのレベルのプレーヤーにとっても、より効果的なコーチングが必要となっている。日本のテニス界の発展においても本書がその役割を担ってくれるものと信じている。

大阪体育大学　梅林　薫

もくじ

■はじめに ……………………………………………………………………… i
■監訳にあたって ……………………………………………………………… iii
■執筆担当者一覧 ……………………………………………………………… x

第1章　ストロークの基本

■ストロークを学ぶために ……………………………………………………… 1
1　ストロークの変遷 ………………………………………………………… 1
2　学生の指導 ………………………………………………………………… 2
3　運動技能の発達 …………………………………………………………… 3
　①動作　②リカバリー　③修正　④さらなる修正　⑤ラケットを引く　⑥ショットの選択
　⑦ショットの安定性　⑧ショットの正確さ　⑨ラケット・ヘッドのスピード　⑩最後はパワー
4　試合について話そう ……………………………………………………… 10
　①スピード　②フットワーク　③ラケットの準備　④リカバリー
5　単純に ……………………………………………………………………… 11
　①フォアハンド　②バックハンド　③ボレー　④サーブ
■グリップ ……………………………………………………………………… 14
1　片手打ちグリップ ………………………………………………………… 14
　①コンチネンタル・グリップ　②イースタン・フォアハンド　③イースタン・バックハンド
　④セミ・ウェスタン・フォアハンド　⑤セミ・ウェスタン・バックハンド　⑥ウェスタン・フォアハンド
2　両手打ちグリップ ………………………………………………………… 18
　①両手打ちフォアハンド・グリップ　②グリップの種類　③それぞれの手の役割
3　両手打ちバックハンド …………………………………………………… 19
　①イースタン・フォアハンド／イースタン・フォアハンド　②イースタン・フォアハンド／セミ・ウェスタン・フォアハンド　③イースタン・フォアハンド／ウェスタン・フォアハンド
　④イースタン・バックハンド／セミ・ウェスタン・フォアハンド　⑤コンチネンタル／イースタン・フォアハンド　⑥コンチネンタル／セミ・ウェスタン・フォアハンド　⑦コンチネンタル／ウェスタン・フォアハンド
4　今日の選手はどのようなグリップを使用しているのだろうか ……… 22
■スタンス ……………………………………………………………………… 25
1　安定した下半身を作る …………………………………………………… 25
　①重心　②移動に影響を及ぼす要因　③3つの準備姿勢
2　ヒッティング・スタンス ………………………………………………… 30
　①ニュートラル・スタンス　②オープン・スタンス　③セミオープン・スタンス　④クローズド・スタンス　⑤ニュートラル・スタンス対クローズド・スタンス　⑥スタンスの復習
3　コンタクト・ゾーン（打点）……………………………………………… 38
　オープン・スタンス　　ニュートラル・スタンス

第2章　必殺フォアハンド

 1 必殺フォアハンドとは何か……44
  ①グリップ　②しっかりした基礎（下半身）　③第一歩目の反応　④フットワーク・パターン　⑤すばやく正確なラケットの準備　⑥スタンス　⑦引き金を引く（ラケットを振り出す）　⑧打点とフォロースルー　⑨反対の腕（支持腕）　⑩腰による加重（腰を低く）　⑪リカバリー

 2 トレーニング方法とドリル……47
  ①グリップ　②基本姿勢　③第一歩目の反応　④フットワークのストライド（歩幅）　⑤フットワークのパターン　⑥早い準備　⑦スタンス　⑧引き金を引く（ラケットを振り出す）　⑨反対の腕（支持腕）　⑩腰による加重（腰を低く）　⑪リカバリー　⑫練習の心構え

 3 試合の心構え……50

第3章　弾丸バックハンド

 1 弾丸バックハンドとは何か……51
 2 基礎はできているか……51
  ①運動の基礎　②フットワーク　③タイミングとリズム

 3 コート・ポジショニング……53
 4 正確な移動技術……54
  ①第一歩目の反応　②フットワーク・パターン　③スタンス　④リカバリー

 5 弾丸ストローク……55
  ①テコの原理　②片手打ちの弾丸バックハンド　③片手打ちのカミソリ・スライス　④両手打ちの弾丸ショット　⑤コートでの練習

 6 まとめ……60

第4章　音速サーブ

 1 武器を持つもの、持たざるもの……62
 2 棒高跳びのポールのように……63
 3 グリップ……63
 4 ト　ス……63
 5 トスーヒット・リズム……63
 6 つま先をラインに合わせる……64
 7 テイクバック……64
 8 テイクバックから打点へ……65
 9 スタイル……66
 10 練習法……66
  ①どこでビューンという音がするか　②投球動作の習得　③筒の中での回転　④バウンドするまでバランスを維持する　⑤上方へ向かって打つ　⑥ゴールテープを切る

第5章　強烈リターン

1. サーバーの特徴をつかむ …………………………………………………… 69
2. 自分でライン・コールをする ………………………………………………… 70
3. 意図的なワナ ………………………………………………………………… 70
4. サーブの戦略 ………………………………………………………………… 70
   ①レベルⅠ：セカンド・サーブに頼るサーバー　②レベルⅡ：弱点を攻撃してくるサーバー　③レベルⅢ：狙うコースを変えてくるサーバー　④レベルⅣ：スピード、スピン、コースのすべてを備えたサーバー
5. 対　決 ………………………………………………………………………… 71
6. サーバーの予想 ……………………………………………………………… 72
   ①影響力　②ワナと切り替え　③ニュートラルからヤマをかける
7. サーブ・テクニックを読む方法 ……………………………………………… 73
8. 強烈リターン対サーブ・アンド・ボレー …………………………………… 74
9. 強烈リターン対ベースライン・プレーヤー ………………………………… 75
10. 最大の防御 ………………………………………………………………… 75
    ①ニュートラルの確立　②お決まりの動作　③防御的ストローク　④びっくり箱　⑤スタンス　⑥実践テスト　⑦腕を一杯に伸ばしてのリターン
11. 心理的な適応 ……………………………………………………………… 78

第6章　完璧ネットプレー

1. ポイントを終わらせる ………………………………………………………… 81
   ①確率の高いショットの選択――ラリー　②確率の高いショット・パターン――ネットに出る
2. ポイントを終わらせるためのポジション …………………………………… 83
3. 完璧ネットプレーのための武器 ……………………………………………… 83
   ①完璧なグリップ　②反応の準備　③フォアハンド・ボレー　④スマッシュ　⑤バックハンド・ボレー　⑥ドロップ・ボレー　⑦両手打ちのバックハンド・ボレー　⑧ドライブ・ボレー
4. ショット・コンビネーションと戦術 …………………………………………… 85
   ①サーブ・アンド・ボレー　②リターン・アンド・ボレー　③ドロップ・ショットとロブ（またはパッシング）　④アプローチとボレー

第7章　ドロップ・ショット、ロブ

1. 軽視された武器：ドロップ・ショット ………………………………………… 87
   ①ドロップ・ショットの定義　②なぜドロップ・ショットを使うのか　③いつドロップ・ショットを使うのか　④相手をだますドロップ・ショット　⑤ドロップ・ショットのポイント　⑥ドロップ・ショットのコンビネーション　⑦その他のショットとドロップ・ショット　⑧ドロップ・ショットでポイントを取る　⑨まとめ
2. ロ　ブ ………………………………………………………………………… 92
   ①汚名　②どんな相手にロブを打つか　③基本的なロブの技術　④ロブのコンビネーション　⑤ダブルス　⑥まとめ

第8章　ダブルス

1. ダブルス ··· 95
   ①シングルス対ダブルス　②試合の戦略　③サーバーとレシーバー
2. 上級ダブルス ·· 97
   ①サーバー　②レシーバー　③ファースト・ボレー　④サーバーのパートナー　⑤レシーバーのパートナー　⑥チームとしてプレーする　⑦どちらのサイドでプレーするか　⑧左利きのプレーヤー　⑨さらなるダブルスのヒント　⑩選手の役割とポジション
3. 大人のダブルス ·· 104
   ①サーバー　②サーバーのパートナー　③レシーバー　④レシーバーのパートナー　⑤役に立つヒント
4. まとめ ·· 106

第9章　目的を持った練習

1. 完璧な練習を行う方法 ·· 107
   ①集中力を身につける　②アンフォースト・エラーを減らす　③なぜすべてのボールに追いつけないのか　④予測し、ボールをよく見る　⑤練習のテニスを試合用に変える
2. 目的を持った練習 ··· 111
   ①安全　②目標を掲げる　③ドリルの導入　④レベルの異なる学生への対応　⑤ドリルを発展させる　⑥学生やグループのムードと取り組む姿勢　⑦ビデオドリル　⑧ドリルは時間の無駄だと考える親への対応　⑨グループの人数と個人レッスン
3. ドリルの種類 ·· 114
   〈球出しのボールによるドリル〉
   ①ウォームアップ・ドリル　②ワイパー・ドリル　③回り込みフォアハンド・ドリル　④回り込みフォアハンド・ショートボール・ドリル　⑤ショートボール・ショートアングル・ドリル　⑥ショートアングル・ショートアングル・ドリル　⑦スコアを競うドリル
   〈ライブ・ボール・ドリル〉
   ①ボックス・ターゲット・ドリル　②7ポイント・プレー　③アレー・ドリル　④コントロール・ボレー・ドリル　⑤コントロール・ボレーの3対1ドリル　⑥2対1ドリル
   〈ドリルを成功させるためには〉
4. まとめ ·· 123

第10章　コンディショニング

1. 長期的な準備の基本 ·· 125
   ①早期の専門化　②専門化した長期選手育成の研究　③子ども期のトレーナビリティ　④コーチング研究におけるトレーナビリティ　⑤終わりに
2. IPIにおけるトレーニング ·· 139
   ①トッププロ向けトレーニングのヒント　②回復
3. まとめ ·· 152

第11章　メンタル・トレーニング

1. 日常生活での心構え ……………………………………………………………… 153
    ①コーチ　②親とコーチの関係　③親の役割　④身体を鍛える　⑤メンタル・ゲームの開発　⑥1～2つの目標を持つ　⑦試合に翻弄されない　⑧試合をじっくりと見る　⑨よいハッカー（相手が嫌がる選手）になる方法　⑩劣勢の試合の流れを変える方法　⑪子どもも緊張する　⑫成功の要因　⑬いつテニスを始めたらよいのか　⑭父親のように、子どものように――良好な態度は家庭から生まれる　⑮現実の生活

2. メンタル開発プログラム ………………………………………………………… 163
    ①自分自身を知る　②自己動機づけはどのように行えばよいか　③いかにして自信をつけ、維持していくか　④自己訓練法をいかに開発するか　⑤良好な人間関係を作る　⑥前向きな自己評価を進める　⑦プレーヤー、人間としての継続的な向上　⑧さらなるプログラム活用のために

第12章　ゲーム・プランと戦術

1. ゲーム・プラン …………………………………………………………………… 180
    ①ゲーム・プランを持つことは何を意味するのか　②自分に合ったゲーム・プランは何か　③ゲーム・プランに反すること
2. 戦　術 ……………………………………………………………………………… 182
    ①区分化と戦術　②コート・サーフェスによる戦術の違い　③選手のタイプ別の戦術
3. データ分析 ………………………………………………………………………… 185
4. ショットの選択とコート・ポジション ………………………………………… 189
    ①プレー・スタイル　②コントロールできるものは何か　③コートのセンターの支配　④基本的なコート・ポジション　⑤ショットの選択とリカバリーの復習　⑥リカバリーに要する時間　⑦ポジションから考えてよいショットとは　⑧ショット・パターン　⑨ネットでのポジショニング　⑩ファースト・ボレー　⑪ポイントの結果
5. ポイントの組み立てと戦術 ……………………………………………………… 198
    ①試合での精神状態　②心理的な落とし穴　③ポイントの組み立てとは何か　④ポイントを組み立てる4つの段階　⑤組み立てるための意志　⑥相手のエースを恐れない　⑦ポイントの組み立てのオプション　⑧戦術のコンビネーション
6. トーナメントの準備をする ……………………………………………………… 205
7. 劣勢を挽回する …………………………………………………………………… 206
8. 勝っているときに集中し続ける ………………………………………………… 207
9. パワーのある選手と戦う方法 …………………………………………………… 207
10. 不正とこそくなかけひきへの対処法 …………………………………………… 209
11. 長所の開発と利用 ………………………………………………………………… 210

第13章　ラケット、ストリング、グリップ

1. ストリング ………………………………………………………………………… 211
   ①ストリングのタイプと構造　②シンセティック・ストリング　③ストリングのゲージ(太さ)　④ナチュラル・ガット　⑤プレー・スタイルとストリング・タイプの一致
2. テンション ………………………………………………………………………… 217
   ①ストリング・マシーンの種類　②測定方式　③ストリンガー　④ストリングの種類　⑤ストリング・パターン　⑥ストリングの張り方　⑦ラケット（フレーム）の状態　⑧ストリングを張る前にあらかじめ伸ばす　⑨テンションに対する天候の影響　⑩張り替え時期　⑪トーナメントでストリングを張る
3. ストリングを張る工程 …………………………………………………………… 223
   ①手順　②ストリング・マシーンのメンテナンス
4. グリップ …………………………………………………………………………… 226
   ①グリップ・サイズ　②グリップの種類　③オーバー・グリップ　④グリップを巻く　⑤グリップを改良する技術
5. ラケットの選び方 ………………………………………………………………… 229
   ①フレームの構造　②プレー・スタイルにフレーム・タイプを合わせる　③ヘッド・サイズ（フェースの大きさ）の違い　④フレームの強度　⑤ストリング・パターン　⑥同じモデルのラケットを複数買う　⑦ジュニア用ラケット：子どもにテニスを始めさせる　⑧大人向けラケット市場の傾向
6. ラケットの改良（カスタマイズ）………………………………………………… 239

第14章　ボロテリー育成システム

1. アカデミーの歴史 ………………………………………………………………… 243
   ①初期　②現在　③将来
2. コーチング ………………………………………………………………………… 246
   ①段階的なコーチング技術　②継続的な教育　③組織と計画　④ファーム制度
3. グループ …………………………………………………………………………… 248
4. 親 …………………………………………………………………………………… 248
5. ボロテリーのスポーツ・トレーニングと選手育成 …………………………… 249
   ①ピリオダイゼーション　②ローテーション

■用語解説 ……………………………………………………………………………… 257
■訳者あとがき ………………………………………………………………………… 260

■執筆担当者一覧■

ニック・ボロテリー以外の執筆者および執筆部分を以下に示す。

□第1章
　■ストロークを学ぶために
　　5　単純に……Tennis Magazineに掲載したものを転載
　■グリップ……ニック・ボロテリー、ピーター・D・マックロウ
　■スタンス
　　2　ヒッティング・スタンス……ニック・ボロテリー、ピーター・D・マックロウ
□第2章
　　1　必殺フォアハンドとは何か……ニック・ボロテリー、パット・ドウアティー
□第3章……パット・ドウアティー、ピーター・D・マックロウ
□第4章……パット・ドウアティー、ピーター・D・マックロウ
□第5章……パット・ドウアティー、ピーター・D・マックロウ
□第6章……パット・ドウアティー、ピーター・D・マックロウ
□第7章……ニック・ボロテリー、パット・ドウアティー
□第9章……パット・ドウアティー、ピーター・D・マックロウ
□第10章
　　1　長期的な準備の基本……イストバン・バリー博士、アン・E・ハミルトン（アドバンスト・トレーニング・アンド・パフォーマンス社）
　　2　IPIにおけるトレーニング……マーク・バーステガン、ブラドン・マルセーロ
□第11章
　　2　メンタル開発プログラム……ニック・ボロテリー、チャールズ・マーハー博士著『テニス・プレーヤーのメンタル開発プログラム』からの引用
□第12章
　　3　データ分析……ランス・ルチアーニ（ベースライン・テニス・アナリシス）
　　4　ショットの選択とコート・ポジション……パット・ドウアティー、ピーター・D・マックロウ
　　5　ポイントの組み立てと戦術……パット・ドウアティー、ピーター・D・マックロウ
□第13章……トム・バリー
□第14章
　　5　ボロテリーのスポーツ・トレーニングと選手育成……ピーター・D・マックロウ

第1章
ストロークの基本

「一生懸命な努力に代わるものはない。がっかりすることかもしれないが、一生懸命努力するほど、より幸運を手に入れることが可能になる。ベストを尽くさずに満足してはいけない。トップを目指して努力すれば、たとえ失敗しても、他の人よりも一歩リードすることができる。」（ジェラルド・R・フォード元米大統領）

ストロークを学ぶために

1 ストロークの変遷

私がコーチを始めた1950～1960年代は、グリップやスイングには、あまり種類がなかった。以下にあげるのは、その時代のグラウンド・ストロークやグリップに関する一般的な考えである。

①フォアハンドは、イースタン・フォアハンド・グリップで打つ。
②バックハンドは、イースタン・バックハンド・グリップで打つ（大多数の選手は片手打ち）。
③ストロークはとても地味（シンプル）で、フォアに回り込んで打つことはなかった。
④選手は、センターマークでレディー・ポジションをとった。フォア、バックどちらで打つか選択する必要があるのは、ボールがコートのセンターにきたときだけだった。
⑤打点とリカバリーでは、選手はストロークを打ち終えた後、ジャンプしないよう、後ろ足を後方に残し、それからコートのセンターへリカバリーした。
⑥前足（踏み込んだ足）の前方でボールを打つことがよいとされた。

昔、ハロルド・ソロモンとエディ・ディブスは、

すでに両手を使ってバックハンドを打っていた。ハロルドは、奇妙なグリップ（セミ・ウェスタンとウェスタンの中間）をしていた。ソロモンとディブスのグリップが時代の先駆けとなっていたことは明らかである。同じ頃、ジミー・エヴァートは、娘のクリスに両手打ちバックハンドを教えていた。

40年後の現在、全く新しい考えがある。しかし、たとえ見た目が変わっても、基本原則は不変である。私が最初にテニスを教え始めたとき、私の知識は限られたものだった。今になって私は、技術に関しての知識不足が、私の成功と失敗の両方の原因であったと思う。私は学生を見て、彼らが自然に感じられるように打たせる。

私は、ボレーに関してほとんど何も知らなかった。しかし、60年代初めの学生の一人、ブライアン・ゴットフリードがテニス界で最もボレーの上手な選手の一人になった。偶然は起こるものである。

96年、ビヨン・ボルグが、35歳以上のシニア・ツアーの参戦準備のためにアカデミーを訪れた。ボルグとの話の中で、私は彼のプレースタイルは教えられたものではないことがわかった。それは、生まれ持ったものなのだ。彼のすばらしい経歴は、生まれ持った才能と本能、そしてとくにウェスタン・グリップで戦った結果だったと理解するようになった。彼は、すべてのボールを追いかけた。彼は強烈なスピン、両手打ちバックハンドのループショット、そしてときには両手で打ち、片手でフォロースルーをするという打ち方をした。彼はユニークだった。多くの人が、彼は芝で勝つことができないと言ったにもかかわらず、彼は6つものウィンブルドンのタイトルを勝ち取った。ボルグは、勝つ方法を知っていた。

11歳のマルチナ・ヒンギスに会ったとき、私は同じことを感じた。彼女のストロークは、まだ安定してはいなかったが、彼女は、ボールにどう対応すべきかを知っていた。

数ヶ月間のボルグのアカデミーでの滞在中に、彼はただ打つだけよりもむしろ試合をするのが好きだと語った。彼は、自然に感じられたことを実行することが好きだった。ボルグは、さらにコート内に入ったボールは、すべて追いかけた。これは私がすべての学生に植えつけたい哲学である。さらに私が思い出す2人の学生は、ジミー・アリアスとアンドレ・アガシである。2人の父はともに、たんに「ボールを死ぬ気で強打しろ」と彼らに命じていた。

教える選手がどのようなタイプでも、基本的な原則は必要である。しかし、選手はみな異なることを覚えておかなくてはならない。すべての選手は、長所と短所を持っている。人生は長所と短所の上に築かれる。成功のためには、それらをうまく混ぜ合せなければならない。

2 学生の指導

私は、テニスに対しても、人生に対しても、単純なアプローチをつねに心掛けている。コート内外で、よいときも悪いときも、問題を最も単純な形に置き換えて対応を考えることはたいへん役に立つ。教えるときにも、問題を基本的な要素にし、単純化することである。私の経験から、テニスは大きく3つの要素に分類することができる。技術、精神力、体力である。

私たちは、遺伝的な運動能力、家族の競技歴、プレーの特徴の統計的分析、身体の大きさや成長の可能性、栄養など、さまざまな要素を平等に評価し、考慮するように心掛けている。

グリップやスイングなどの説明に入る前に、テニスでポイントとなることをいくつかあげてみよう。

(1) ラリーを続ける（ねばり強さ）

選手は、相手よりも1回多くネットの向こうへボールを打ち返すという目標をつねに持っているべきである。気短な選手は、早くエースをとりたいと思うだろう。しかし、エースをとる前に、決められた回数ラリーを確実にできるようにすべきである。この考えは、自らのテニスを1つ上のレベルに引き上げようと努力する選手に植えつけるべき重要なことである。選手に対する指示の例は次の通りである。

- ラリーを続けること。そしてその際、当てるだけにならないこと。
- 決められた回数ラリーを続け、ミスすることなくエースをとりにいくこと。
- 相手がミスするまでラリーを続けること。

(2) 決められたエリアへ打ち返す（コントロール）

最優先事項はラリーを続けることである。次は、指定されたエリアにボールをコントロールすることである。

(3) 相手を後方へ追いつめる（深いボール）

深いボールは、相手がラリーを支配することを防ぐ。1つのポイントの早い時期に深く攻める必要がある。ボールに高さを加える（ネット上高いところを通過する）ことで、深いボールを打つことができる。

(4) ボールに回転を加える（スピンの種類）

上手な相手や自分のプレースタイルを持っている相手に勝つためには、ボールを終始同じように打つだけでは、十分ではないかもしれない。こうしたとき、ボールにスピンを加えることは、強力な武器となるであろう。

(5) パワー、もっとよいのはコントロールされたパワー

身体的エネルギーだけでは、すべてのパワーは生まれないことを理解しなければならない。

3 運動技能の発達

スポーツでは、誰もが一番になることを夢見る。しかし、スポーツで勝つために必要な、ハードな練習、やる気（気力）、知識、犠牲を誰も夢見ることはない。成功するためには、知識、やる気、ハードな練習が必要であることを理解しなければならない。

選手は、スポーツのさまざまな要素に精通している必要がある。私は、幼い子どもに、最初はどんなものでもいいからスポーツに触れさせる。それによって、子どもたちが身体の動かし方や自信を身につけ、どのようにボールが弾むのか、スポーツを楽しみながら理解することができるからである。楽しい方法で、スポーツの感覚や利用するボール、パック、水、馬等の動きを彼らに教える。子どもはスポンジのように、生まれてからの3年間で人生のほとんどの知識を吸収する。

一般的にスポーツ、とくにテニスでは、初心者や新しいショットを習得しようとしている選手などは、ボールがコートのどこへ飛んでいくかをあまり心配すべきではない。ボールの感触、弾み方、何ができるかをまず知るべきである。

理解のレベルは単純である。
① ボールについて知ること。
② ボールに対して準備をする方法、追いかける方法を知ること。
③ 打つときに何が起こるかを知ること。
④ ラケットと身体を一体化すること。

例えば、スライス・ショットを完成する前には、スライスの弾み方、方向の変化、前後への移動、背景にある論理的基礎知識を最初に知らなければならない。学生がこれらの概念をすべて理解できたときに初めて、コーチは、試合でも有効に使える練習を考えることができる。まずは、ボールを知ることである。

テニスで、私は学生と単純なゲームをする。私は、ボールをできるだけ早く見て、それに反応するように彼らに言う。そのためには、さらに次のことに注意する必要がある。
⑤どのようなタイプのボールがコート上のどこに飛んでくるのか知ること。
⑥ショットを多く打ってくる場所やプレーのパターンなど、相手のプレーの傾向に、注意を払うこと。

すべての選手は、それぞれのプレースタイルを持っている。サンプラスは、フォアハンドを比較的フラットに打つ。バックハンドでは、ストレートはフラット、クロスは少しスピンをかけて打つ。セレスは、ボールを早めにライジングでとらえ、フォア、バック両方ともスピンをかける。マルセロ・リオスはライジングでフォア、バックとも比較的フラットにボールを打つ。初級レベルでも、ある程度のボールの方向を予想することは簡単だろう。

選手は、ボールに早く追いつくために、次のような点に注意するべきである。
①試合前に相手の長所、傾向をメモしておく。
②相手のポジション、スタンス、準備を観察する。
③ラケットの角度に注意する。
④スイングは下から上か、上から下か。
⑤スイングの速度はどうか。

次の要因は、選手がサーブ・リターンの予測を早くするのに役立つであろう。
①トスの高さ（サーブの種類に応じて変わるか）。
②トスの方向。
③脚の使い方。
④腰や肩のひねり方。

私のコーチ歴を通じて、1つの明白な基準ができた。100％の力を出し切る学生は、上達する絶好のチャンスを手に入れるということである。さまざまな選手に対して、レッスンを受けずに上達するための重要なヒントは、次の2つであると、私はいつも言っている。
①ボールに追いつけないと決して思わないこと——すべてのボールに追いつこうとすれば、不可能に思えたボールにも追いつくことができる。
②練習中に絶対にボールを2バウンドさせないこと——このことを自分自身につねに言い聞かせ鍛錬すれば、ボールに早めに追いつく方法を学ぶことができる。

❶動　　作

レディー・ポジション、ボールへの第一歩、調節ステップ、リカバリー、サイド・ステップ、スピード、バランス、パワーが移動のための重要な要素である。
①レディー・ポジション……意識を高め、集中し、身体はリラックスする。動き出すためのバランスのいいポジションをとり、ボールへの第一歩を効率よくコントロールする。
②ボールへの第一歩……速く、力強く、バランスのとれた、打点まで最短距離で導く、ボール方向へのステップ・アウト。
③調節ステップ……最も強く打つことが可能な位置へ導く小刻みなステップ。
④リカバリー……スイングの一部であり、コートのセンターへ戻る第一歩のために、バランスのとれた位置で打ち終わらなければならない。
⑤リカバリーの第一歩……通常クロスオーバー・ステップで、すばやくオープン・コートや選手の背後のコートをカバーするためのサイド・ステップへとつながる。
⑥サイド・ステップ……選手がどの方向へも動くことができるポジションをとるためのステッ

プ。多くは相手が打った瞬間のスプリット・ステップで終わる。

明らかに、コンディション、スピード、パワー、予測などがより自然な、天性の能力を持った選手もいる。しかし、優れた移動能力は、すべての選手に役立つものである。

ボールに早く追いつくことに加えて、選手は足を動かすことを学ばなければならない。他に方法はない。多くの単純な反復練習で身体的コンディションを高めることができる。コート上の動きを考慮する場合、重要なのは、つねに無駄な動きをしないでボールに早く追いつくことである。

❷リカバリー

コーチを始めた頃、選手や他のコーチを見ていて、私はリカバリーをもっと重視すべきだと気づいた。ボールを打つことは、ストロークのほんの一部にすぎない。選手は、次のボールが返ってくる位置へすばやく戻らなければならない。打った後急いで1～2歩ステップし、その後のステップは次のボールに対応するために使用する。

エースをとることもあるだろうが、ほとんどのボールは自分に返ってくる。単純にコートのセンターに戻るのではなく、次のボールが返ってくる可能性が高い位置へリカバリーする方法を学ぶことが重要である。今日の一流選手は、可能な限りこの方法を実行している。

長年、コートのセンターがリカバリーすべき唯一の場所だった。しかし、今日では、選手は各自のプレースタイルに合ったリカバリーのポジションを見つける必要がある。

❸修　　正

人々は修正することには慎重であり、抵抗さえする。現状を修正することは、とくに成功をした人々には、受け入れがたいものかもしれない。も

っと重要なことは、ほとんど誰もが現状に馴れているということである。

修正を求める場合、修正に伴う選手の不安を最初に理解していなければならない。誰も、修正がうまくいくかどうかわからない。多くは修正する人の熱心さ、決心次第である。しかし、コーチとして、学生にとって最良のことを行っていると信じれば、危険を冒しても挑戦しなければならない。学生や彼らの親と話し合う覚悟も必要となる。

その際には、修正が行なわれていることを学生に気づかせないように、小さな調節を行う方法を考慮すべきである。つまり、小さなことから徐々に修正を加えることによって、学生が大きな修正を意識しないようにすることができる。

学生の中には、どのような修正をも恐れているものがいる。このような学生の場合、あなたが進んで余分な時間を費やす覚悟がなければ、大きな修正を行うことは無理であろう。どのような修正を行うか、テニスがどのように変わるか、とくに学生と親と最初に話し合わなければならない。

例えば、極端なウェスタン・グリップをイースタン・グリップに修正するとしたら、何が起こるであろうか。極端なウェスタン・グリップは、ラケット・フェースがとても早くかぶるので、パワー、速いラケット速度、多くのスピンを生み出す。これをイースタン・グリップに修正するとすると、以下のような問題が起こることが予想される。
①パワーが失われる。
②ボールが高く飛び、アウトする。
③身体的な不快感（まめ）や精神的な不安（自信喪失）。
④修正に長い時間がかかる。

この修正は、1つのステップで達成するにはあまりにも大きな修正かもしれない。修正にともなって、学生の練習や試合の計画を変更することもコーチとして検討しなければならない。2つの選

択肢としては、すべての修正を一度に行うか、あるいは学生へのショックを和らげるために小さな修正を徐々に加えるかである。

どのような修正も、行う前にさまざまな要素——年齢、運動能力、目標、修正部分以外のプレー、プレースタイル、心理的な取り組む姿勢、修正を受け入れる親の能力——について考えることが必要である。

例えば、ピート・サンプラスは、将来世界のトップで戦うために、14歳のときに両手打ちバックハンドから片手打ちバックハンドに変えなければならなかった。サンプラスは両手打ちバックハンドである程度成功していたので、この決断は困難で、非常に多くの議論がなされた。サンプラスは、この目標を達成するために2年間を費やし、ジュニア・ランキングも失った。この修正が価値のあるものであったかどうかは、言うまでもないであろう。

これらの要因をすべて考慮した後に、コーチとして忍耐強く、前向きに、技術的なことと同時に、学生のメンタルな部分にも対処しなくてはならない。さまざまな外部からの情報や協力を必要とするかもしれない。

❹さらなる修正

少しずつ修正していく方法が最も興味深く、最もやりがいのあるものだ、というのが私の考えである。とくに学生が修正を恐れるか、それまでの成功に満足している場合、小さな修正を徐々に行うことで、1つ上のレベルへ学生を引き上げることは、コーチにとって最もやりがいのある仕事の1つである。私たちの方法は、選手の頑固な態度を事実として認めて、間接的に修正を行うことである。

例えば、学生がラケットを高く回すバックスイングをしていたとする。私たちは、彼がフォアハンドをクロスへ打つことが苦手であることにすぐに気づく。最初に、彼がクロスへ打つことが「少し」苦手である、と学生に認めさせる。自信を壊さないこと、プライドを傷つけないことが重要なので、私たちは「少し」という言葉を用いる。

次に話し合いによって、問題の存在を確認し、好ましい解決策を決める必要がある。

走りながらクロスへのショットを打つ際の困難さは、次の問題から引き起こされる。

- 大きなバックスイング。
- 高く回すバックスイング、あるいは2度引くバックスイングなどで準備が遅すぎる。
- あわててタイミングをとるようなフットワークの動き。

そこで私たちは、走り始める前に完全なバックスイングの状態にラケットを構えさせる。こうすれば、学生はクロスへ打つためにラケットを前へスイングするだけでよくなる、ショットが決まる確率が高くなる。

❺ラケットを引く

私は、この3年間、マルセロ・リオスをときどきコーチした。98年のグランドスラム・カップ（現在のマスターズ・カップ）の開始3週間前にマルセロは、フォアハンドが本調子ではないと感じた。彼は、数か月前の全米オープンでも同じことを感じていた。選手が、何かに満足していないという合図をどのような形で表に出すかを理解することは重要である。マルセロは、あまりしゃべらず、ほとんどの人は、彼と話すことはむずかしいと思う。しかし、あなたが選手をチャンピオンのように扱えば、彼らはチャンピオンのようにプレーするだろうと、私は信じる。私は、彼が感じていた問題を修正するために、バックスイングに簡単な調節を行うように助言した。

マルセロは、ボールに早く追いつき、ライジン

グで打つ能力がある。私は次のことに気づいた。
① バックスイングを始めるとき、とても低いレディー・ポジションからラケット・ヘッドをさらに下げる。
② 肘がバックスイングをリードした。
③ 利き手でない方の右手をラケットに添え、バックスイングがほぼ75％完了するまで保持し続けていた。

マルセロの能力があれば、打ち遅れても補うことができる。しかし、それが続けば、他の問題が生じてくる。私は、バックスイングの第1段階でラケット・ヘッドを落とさず、右手をもう少し早く離し、ラケット・ヘッドにバックスイングをリードさせるように助言した。

数週間後マルセロは、グランドスラム・カップでアンドレ・アガシに勝ち、140万ドルを獲得した。コーチとしての立場から、たとえ学生が受け入れがたいことでも、危険を冒して正しいと感じることを学生に伝えなければならない。どのように伝えるかがカギである。それには、学生の性格を理解しておく必要がある。

同じ頃私は、全く違ったバックスイングをしていたヴィーナス・ウィリアムズもコーチしていた。彼女はすぐに手を離し、バックスイングが誰よりも高く、早い。

「ラケットを早く引け」は、プロを教えるときに最もよく使われる表現の一つだろう。最近では、「腰と肩を回しなさい」あるいは、「肩を回しなさい」という新しい表現が生まれている。

最初の腰と肩の回転でラケットを後ろへ引く選手がいる。腰を回し、ラケットと腕は動かず、レディー・ポジションにとどまる選手もいる。古い表現は「ラケットを引いて」である。しかし、私は、腰と肩が回転しているかどうかに注目する。腰や肩が回転していない場合、私は「ラケットを後ろに」という言葉を続け、そして次に、腰と肩について話すことがとてもわかりやすいと思う。

今日私は、速い球を前でとらえるのに苦労している学生にまた言っている、「ラケットを早く引きなさい。」イバ・マヨーリとウィリアムズ姉妹は非常に早いバックスイングを持っている。それによって彼らは、フォアハンドでいろいろな球を打つことができるのである。

❻ショットの選択

ショットの選択は、ショットを実際に打つことと同じくらい重要である。選手は、自信のある確率の高いショットを使うべきである。また、相手がショットを予測できないように、状況に応じてショットを替えるべきである。

とくに大切なことは、確率の低いショットは、重要なポイントでは避けるということである。例えば、ベースラインの3m後ろからエースをねらうべきではないだろう。それよりは、相手を動かし、追いつめるようなショットを選択するべきである。

❼ショットの安定性

選手は、相手よりも1回多くネットの向こう側へボールを打ち返すことを目指すべきである。そのカギは、我慢強く、勝つために、できるだけ長くコートに立ち続ける準備をすることである。これは、遅いサーフェスのコートではとくに大事なことである。

❽ショットの正確さ

テニスにおけるショットの正確さとは、安全な、アウトしないだけの余裕のあるエリアに向かって打つことを意味する。ある程度ねらった場所へ正確に打てるように努力するべきである。そうすれば、アンフォースト・エラーを減らし、ミスをせずにポイントを取ることが可能になるであろう。

❾ラケット・ヘッドのスピード

テニスがよりパワフルで、より速いゲームに変わってきていることはみなさんご存じだろう。これは、ボリス・ベッカー、アンドレ・アガシ、ゴラン・イバニセビッチ、マーク・フィリポーシスのような選手を見ればおわかりいただけるだろう。みんな大柄ではあるが、一般の人と比べてそれほど大きいわけではない。

では、一般の人とプロの違いは何であろうか。大きく違う点は、力を生み出す能力である。世界一流のフォアハンドを作り出すことで有名なボロテリー・テニス・アカデミーで、最もよくされる質問は、「ボールをより強く打つにはどうしたらよいでしょうか」というものである。

プロはどのようにしているのだろうか。また、学生はどうだろうか。答えを科学的に、実践的に調べ、コントロールを失わずにラケット・ヘッドのスピードを高め、よりボールに力を加えるいくつかの方法を示してみたい。さらに、世界のトッププロと学生選手との比較をしてみよう。

(1) ラケット・ヘッドのスピードとは何か

今日、テニスのスピードに関して、多くの本でさまざまなことが述べられている。
- パワーは、一部の選手だけに備わったものであろうか。
- サーブの速い選手は、サーブを1回に制限されるべきであろうか。
- より長くラリーを続けるためにボールを重くするべきであろうか。
- ラケットなどの用具への新しい技術の導入は禁止されるべきであろうか。
- ボールのスピードは、テニスの様相を変えるだろうか。
- パワーが増大することによって、どのようなことが引き起こされるのだろうか。

パワーの有無を決めるのが、ラケット・ヘッドのスピードを生み出す選手の能力によることはよく知られている。ラケット・ヘッドのスピード、飛んでくるボールのスピード、ラケットのストリングが、ボールのスピードを決定する要因となっている。

> **HINT** ラケット・ヘッドのスピードは、ボールを打つ瞬間のラケットの移動速度である。この速度を安定して発揮できるようにすることが、より強力なテニスへの第一歩である。

多くの人がラケット・ヘッドのスピードを生み出すことはできるが、ショットの中で手首や身体を使い過ぎる傾向がある。打つ動作の前に、あるいは動作の途中で、身体を前傾させ、ショットに体重を乗せることから起こる、過度の手首の動きや身体の移動は、簡単に見分けることができる。

> **HINT** 一流選手は、身体の動きと調和した手首の動きを身につけ、手首を有効に使う。

(2) コントロールを犠牲にせずラケット・ヘッドのスピードを高める

では、コントロールを犠牲にせず、パワーをつけるにはどのようにすればよいだろうか。

フォアハンドを強化するには、いくつかの要因が関係するが、最初に、カヌーから大砲を発射することはできないことを理解しよう。速いスイングとコントロールを生み出すためには、強い土台を作る必要がある。

打つときのスタンスは、ラケット・ヘッドのスピードと大きな関係がある。フォアハンドとバックハンドのラケット・ヘッドのスピードを向上させるために、オープン・スタンスとニュートラル・スタンスで打つことを推奨する。

強い土台に加えて、スイングの始動時に向かってくるボールにラケットのグリップエンドを向けるようにしなければならない。ラケットのグリッ

プエンドが向かってくるボールの球筋と一直線になれば、選手は、テコの原理を利用してボールに最も大きな力を加えることができる。つまりラケット・ヘッドのスピードを高めることができるのである。

　グリップと打つ方の腕は、いつでもリラックスしていなければならない。グリップを強く握り過ぎることや、ボールを力任せに打つことは、腕の柔軟性を損ない、力をロスすることにつながる。しっかりした土台と柔軟な腕が一緒に機能することは、ムチの堅い持ち手部分と柔らかいムチの部分の関係と同じである。二つが一緒に働き、加速してムチのパチッという音を作り出す。

　HINT　身体の横でスイング・ラインに沿ってすばやくラケット・ヘッドを加速させることは、ボールに大きなスピードと力を与える。この動作は、誰かの手からタオルをすばやく引き抜くことに似ている（57ページのタオル・テスト参照）。

　上記のような要素が、コントロールと安定性を維持しながら、最大のラケットのスピードを生み出すためには必要である。

　さらに、打点で手首を曲げ、フォロースルーで自分の方へ手のひらを向けると、ストロークのコントロールを失うことに注意しよう。セミ・ウェスタン・グリップで、ボールとラケットの面が垂直に当たるように打ち、ストロークの最後に手のひらが外、ネット方向を向くように手首を返すべきである。

　HINT　フォアハンドのトップスピンのための正確な手首の動きは、イースタン・グリップの選手の場合、最後に手のひらが外を向き、セミ・ウェスタン、ウェスタン・グリップの選手の場合、手のひらは地面を向く。

(3)科学的な見解

　全米テニス協会の研究開発部長でペンシルバニア大学物理学部のハワード・ブローディ博士は、次のように述べている。

　「重要なのはすべて、打点時のラケット・ヘッドのスピードである。ヘッドとグリップの間に折れ目（蝶番）をつけたラケットを使った実験で、私たちは、ボールにパワーを与えるのはラケットであることを実証した。この実験から、打点時の頭、腕、肩、腰などの動作は、ラケット・ヘッドには全く関係がないことが実証された。折れ目は、実質的にラケット・ヘッドと腕を切り離す。ボールの方向、スピードを決定するのはラケット・ヘッドのスピードだけである。」

　バイオテニス・スポーツ・サイエンスの責任者で、個々のスイングのスピードや飛んでくるボールのスピードに基づいて適切なストリングの種類、太さ、テンション（張りの強さ）を判断する世界で唯一の装置の開発者、ブルース・ライト氏も同じ意見である。

　「ラケット・ヘッドのスピードは、ボールのスピードを高めるために不可欠である。そして、選手の身体能力が、ラケット・ヘッドのスピードを決定するだろう。体力にかかわらず、どんな選手でも、コントロールを失うことがあることを覚えておくのも重要である。」

　ラケット・ヘッドのスピードやショットのおよそのスピードを計るのに役立つ製品も市販されている。多くのプロ選手は、セミ・ウェスタン・グリップでラケットを持ち、垂直にボールとラケットが当たるように打ち、ストロークの最後に手のひらが外を向くように手首を返す。世界のトッププロ選手は、手首を自由にワイパーのように垂直に動かすことができることを覚えておこう。

❿最後はパワー

　これまで述べてきた技術を習得すれば、最後はパワーである。基本を習得すれば、しっかりした技術を用いて、自信を持って、自然により力強く打つことができるようになると思う。さらなるパワーは、正常な身体の発達やきちんとした指導の

もとでのフィットネス・プログラムによって生まれる。

多くの選手は、身体をもっと使えば、より大きな力が得られると思っているかもしれないが、そうではない。パワーを得たいのならば、適切なフットワーク、ラケットの加速、相手のボールの力を利用して、正確なスイングを行うべきである。

4 試合について話そう

より大きなパワーを得る方法を尋ねられない日はない。私の答えは単純である。ボールを打つ全ての工程でパワーをコントロールできなければ、パワーは有効に働かないということである。

〈段階的に〉

・プレーを継続する──どんなことをしてでもラリーを続け、正確なストロークの技術を維持しようとしなければならない。
・目標に向かって打つ──ラリーを続け、技術を維持し、同じ場所へ打つ練習をしなければならない。
・高さと深さ──相手のコート深くにボールを打ち返しすこと。これら3つのステップを繰り返すことで、ラリーをコントロールことが可能になるだろう。
・変化──さまざまなスピンを試みるべきである。

❶スピード

ラケットを早く準備し始め、すばやく第一歩を踏み出し、稲妻のようなスピードで反応し身体を始動するべきである。

ボールに近づくにつれて、ステップをより小さくすることで、打つための準備を整え、バランスを保つことができる。弱い下半身や悪い姿勢では、安定したショットを打つことはできない。

選手はバランスを維持しながら、敏捷性を高めることに取り組むべきである。縄跳び、コート上でのフットワーク・ドリル、迅速な反応のドリル、コートでのダッシュ、インターバル・トレーニングなどはすべて、敏捷性を高めるのに役立つ。ぎくしゃくした動きにならないよう滑らかに移動し、いつでも「速足」を頭に描くべきである。

マイケル・チャンとマルチナ・ヒンギスは優れたスピードと敏捷性を持っている。彼らは、ほとんどすべてのボールに追いつく。動きのカギは、単純にすべてのボールに追いつけると信じることである。

❷フットワーク

フットワークは、ストロークの基礎の一つである。適切なフットワークなしには、選手はボールに追いつくことはできないだろうし、追いついたとしてもバランスを崩し、打ちやすい位置からずれてしまうだろう。

すばらしいフットワークは、選手に可能性を与え、余裕を作り出す。私が言っているのはすばらしいフットワークであって、単によいフットワークではない。すべての練習の中で、欠点のないフットワークと移動のスピードを身につけることを重視しなければならない。

❸ラケットの準備

打つためのスタンスが決まったとき、足はストロークをサポート（支持）している。ラケットの準備段階で、脳は、手からの準備の方法に関するメッセージを足へと送る。

ラケットを準備するとき、身体の後方で、ネットの方向ではなく、ベースラインと平行になるようにグリップエンドを向けた場合、足は、ネット方向ではなく横へ力を向けるスタンスの用意をするようにという手からのメッセージを受ける。こ

れはクローズド・スタンスとなる。

バックスイングでラケットを準備する際、ラケットを身体の前に構えた場合は、ボールに近づく方法としては、通常、オープン・スタンスが多く、ニュートラル・スタンスへも移行できるようにしておくことも必要であろう。グリップエンドはつねに、身体の前方を向くようにする。

準備を早くすることは、望ましいスタンスで打つことを可能にする。準備が遅れてしまうと、打ち遅れ、あわてたストロークになり、足の用意も不正確な、遅れたものになってしまう。

❹リカバリー

リカバリーは、選手をレディー・ポジションへ迅速に戻すための、フォロースルーの自然な動作の一部とすべきである。ポイントを続ける準備をするために、すべてのショットの後にリカバリーする習慣を身につけなければならない。

リカバリーに使用されるフットワークのパターンは、サイド・ステップからクロスオーバー・ステップまでさまざまある。両肩を正面に向け、来た方向へ戻りやすいようにする。ボールを打ったらすぐに、選手は振り向き走ることができる。

5 単純に

今日のテニスは、すべてがより速く、より力強くなっている。選手はより速くなり、より鍛えられ、すばやくポジションに戻る。ラケットやストリングの技術が試合をよりスピードアップしている。ボールは以前よりも速く選手のもとに飛んでくる。スピードに対応するためには、ストロークを単純にする必要がある。準備を早くし、スイングをコンパクトにしなければならない。ボロテリー・テニス・アカデミーで行う最も一般的なストロークの修正は、初級者も上級者もすべてのレベルで、バックスイングを小さくすることである。

ゴルフ、野球、テニスのようなスポーツでは、クラブやバット、ラケットが選手の身体から離れるほど、コントロールすることがより困難になる。バックスイングの円運動が大きく、高くなりすぎたり、ストレートに引くときに後方すぎたりすると、ラケット・ヘッドが身体から遠く離れることに気づくだろう。下半身がぐらつき始め、バランスを崩す。選手は、ボールをとらえるときに結局、腕をまっすぐに伸ばして打つことになる。すると、ストロークが乱れ、ラケット・ヘッドのコントロールを失い、余裕がなくなる。選手は足を動かし、コンパクトなスイングを作るために、十分ボールに近づく必要がある。

繰り返すと、今日のパワーに対処するために、グラウンド・ストロークをコンパクトにしなければならない。より小さく、単純でなければならない。また、今日のグラウンド・ストロークはパワーやスピンが増大したので、さらにボレー技術をみがく必要もある。より単純なストロークをすることで、ミスが少なくなる。よりコンパクトなストロークは、今日のパワーゲームにおける成功のカギといえる。

❶フォアハンド

フォアハンドのスイングをよりコンパクトにするためには、ボールを早く見きわめる必要がある。ボールが相手のラケットを離れると同時に、選手は反応しなければならない。今日から、ボールが相手のラケットを離れる瞬間に、「ボール」と叫ぼう。これは集中力を高め、早い準備を促すだろう。

スイングをより単純にすることに関して、私が今日言っていることは、これまで言い続けてきたように、「早くラケットを引きなさい!」ということである。

選手は腰と肩を回すべきである。レディー・ポジションからラケットを動かす必要はない。選手は、上半身を回転させ、身体を巻き込むように回す。

スイングを強化するもう一つの要素は、バックスイングで肘とラケットを身体の近くに維持することである。腕をまっすぐに伸ばし、肘を身体から離してスイングすると、コントロールを失うことになる。

コンパクトで安定したスイングを身につけるためのいくつかの単純なドリルを取り上げてみよう。

① ベースラインの内側に立ち、そこからすべてのグラウンド・ストロークを打つ——ボールをしっかり打つために、自然に、より速い回転の小さなスイングになるだろう。
② 練習パートナーにサービスラインからサーブしてもらい、ベースラインの約1m内側でレシーブする——ボールに早く追いつき、バックスイングを小さくする以外に対応策はない。このリターン練習で感じをつかめれば、ベースライン上でのすべてのグラウンド・ストロークにそれを応用することができる。
③ わきの下にボールをはさんでスイングする——これは私がアカデミーで、アンナ・クルニコワに行わせた練習である。そうすることで、肘を身体から離さずにスイングすることを身につける。

❷ バックハンド

十分に身体を回転させたバックスイングを身につけよう。

バックハンドを単純にする方法は、一つの連続的な動きでラケットを後ろに引くことである。多くの選手は、プロでも、バックハンドでは、最初に半分だけバックスイングをする傾向がある。そのハーフバックスイングから、ボールに十分な力を加えることなくスイングしようとするか、あるいは最後の瞬間に、ラケットを残りの半分さらに後ろに引き、遅れてボールを打つだろう。ボールを身体の後ろでとらえることになるので、スピンをかけるために十分にラケットを下に回すことができない。さらに押し込まれたときに、クロスへ打つことができない。両手打ちの選手は、2段階のバックスイングの欠点を多少補うことができる。両手打ちの選手は、ハーフバックスイングからでも片手打ちよりも力を出せるので、動きを省略することができる。

しかし、両手打ちでも片手打ちでも、身体を十分に回転させた完全なバックスイングをするべきである。アンドレ・アガシ、マイケル・チャン、ヴィーナス・ウィリアムズ、セレナ・ウィリアムズの両手打ちのバックハンドを見てほしい。ラケットは、大砲を構えるように後ろに引かれる。ピート・サンプラスとトミー・ハースの片手打ちのバックハンドはどうだろうか。バックハンドにボールがくる瞬間、腰と肩を十分に回し、ラケットを完全に後ろに引いている。そこから彼らがすることは、前にスイングするだけである。

❸ ボレー

すべてはレディー・ポジションから始まる。ボレーにおいては、ベースラインでプレーするときに比べ、ボールが返ってくるまでの時間がかなり短くなるので、レディー・ポジションがより重要になる。ボレーを成功させるには忍び足のようなステップが大切である。ボレーでは、足をしっかりコートに着け、体重を少し前にかけ、どの方向へも動けるように、バランスのとれた体勢で、ラケットを身体の前で構える。ボールが身体から遠い場合は、足を使って追いつくようにする。

手を大きく伸ばしたり、手を身体から離して前

方でボールをとらえたりするのではなく、打ちやすい位置へ移動し、ボールを待つべきである。このように足を使ってボレーを打つことができれば、そのすばらしいコントロールに驚くだろう。

　下半身がしっかりしていれば、ラケットはどのようなボールにも対応できる。ラケット・ヘッドをボールに向けるだけで、相手の力を利用することができる。飛んでくるボールが非常にむずかしい場合、スイングは小さくするべきである。簡単なボールについては、多少大きなスイングを使うこともできる。

　ステファン・エドバーグとボリス・ベッカーはある理由から、他の誰よりも偉大なボレーヤーとなっている。2人ともすばらしい下半身とバランスを持っているため、彼らは打ちやすい位置へ移動し、よいバランスを確立することができる。彼らは手を大きく伸ばしたり、かがんだりすることなく、ボールを打つときには、小さな動作を使う。その結果、ラケット・ヘッドをコントロールし、打点が変わることがほとんどない。

❹サーブ

　サーブは、基本的なストロークの1つで、テニスの重要な要素である。トスとラケットの調整や、太陽や風への対応などに問題があるときには、他のストロークでも用いられる単純化を考えるべきである。

　1つのサーブの動作が、すべての選手に向いているというわけではない。ピート・サンプラスやボリス・ベッカーのような古典的なサーブでは、ラケットとトスを上げる手は同時に下へ向かって始動する。次に、ラケット・ヘッドは脚を過ぎて、後方のフェンスの方向へ向く。そのとき、もう一方のトスをする手が上がり始める。この複雑で完全なスイングでうまく打てる選手は、それを維持するべきである。

　しかし、問題を抱えている場合は、サーブをより単純にしよう。始動時にほとんど、または全くダウンスイングを伴わない小さな動作を用いるプロの例を見てみよう。代表的な3人をあげれば、パトリック・ラフター、マルセロ・リオス、イバ・マヨーリである。初心者、週末プレーヤーなど多くの選手が、よりコンパクトな動作を考えるべきである。

　メアリー・ジョー・フェルナンデスは、1年半ほど前にアカデミーへ来て私に言った。「ニック、私はサーブに満足していません。私のラケットとトスは、うまく連動しているとは思えません。」彼女は、また、「トスが流れ、十分な力を生み出すことができない」とも言った。

　この問題を解決するのを手助けするために、私は彼女に右肩の上にラケットを構えさせ、そこからサーブを始動させた。それからバックスイングを半分だけとるよう彼女に指導した。彼女が私にそれがどのような意味を持つか尋ねたとき、私は、「肩をただ回して、バックスイングのときにウエストの高さにラケット・ヘッドを維持すること」と言った。

　彼女は、打ちやすくなったと言ったが、「どのような格好に見えますか」と尋ねた。選手の中には、異なることをするのを躊躇するものがいる。私は、「それがどのような格好に見えるか気にするな」と言った。重要なのは結果である。このコンパクトな動作への修正は、ボールのトスが毎回同じ場所に上がるという自信をフェルナンデスに与えた。彼女は風変わりな動作を心配する必要はなかった。彼女は、それが大きな違いを生み出したことを認めた。

　選手がトスとスイングのタイミング、トスの安定性で苦労している場合、より単純なサーブの動作へと修正することを考えてみるべきである。

グリップ

グリップの選択には、多くの要因が関係する。
- コートサーフェスの違いによるボールの弾み方の差。
- いろいろな高さのボールへの対応。
- ボールにスピンを加えること。
- わずかなグリップ変更で同じショットが武器となること。
- ライジングで打つこと。
- 片手打ちであるか両手打ちであるか。

グリップのバリエーションは、グリップの1/4から約1/2回転の範囲に及ぶ（つまり、コンチネンタルからセミ・ウェスタン、イースタン・フォアハンドからフルウェスタン）。選手がふだんどのようなグリップを使用していても、ショット、コートサーフェスなどの条件によって、グリップを変える必要が出てくる。

グリップは、テニスを学んだ環境によって違ってくる。例えば、南アメリカのクレーコートで育った選手は、高く弾むボールに対処しなければならないので、セミ・ウェスタンからウェスタン・グリップを使用することが多い。

※本章中のイラストは右利きの選手向けのものを掲載した。左利きの選手のグリップ位置を説明するグリップ参照一覧はグリップ・セクションの最後（24ページの表1-3）に掲載した。グリップ参照一覧には、両手打ちのフォアハンドとバックハンドのグリップも示しているので、両手打ちの選手も参考にしていただきたい。

■ グリップを見つける

グリップを見つけるためには、図1-1に示した番号がつけられたグリップ面に人差し指の付け根の関節と手のひらの手首寄りの小指側の部分（以

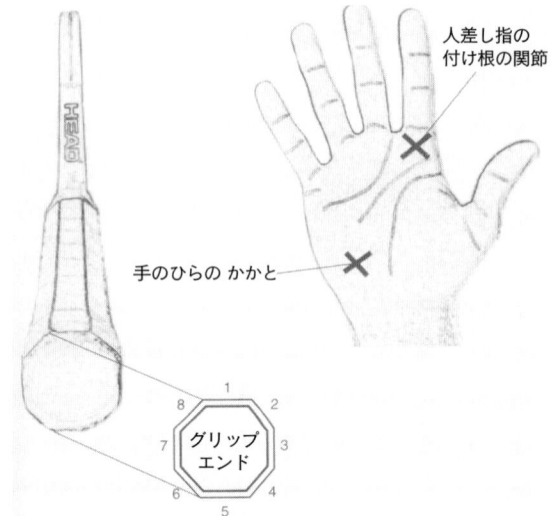

図1-1　グリップを見つける方法

下、「手のひらのかかと」とする。図1-1参照）を置く。これで、手がグリップと正確に一直線に並んでいることを確かめられる。例えば、コンチネンタル・グリップは、面1-2（上の面と右上の面）上に人差し指の付け根の関節、面2上に手のひらのかかとを置くことで作られる。

1 片手打ちグリップ

基本的な片手打ちのグリップは、4種類ある。
- コンチネンタル
- イースタン
- セミ・ウェスタン
- ウェスタン

これらのグリップには、それぞれ長所と短所がある。最終的に選手は、自分のプレースタイルに安定性、コントロール、パワーをバランスよくも

たらしてくれるグリップを使用する必要がある。

❶コンチネンタル・グリップ

コンチネンタル・グリップは、かつては万能なグリップで、フォアハンド、バックハンド、ロブやドロップ・ショット、ボレー、スマッシュ、サーブといろいろなショットで使われていた。ヨーロッパの柔らかく、あまり弾まないクレーコートから生まれた。今日ではほかのグリップにとって代わられたが、今でも多くの選手がボレー、サーブ、スマッシュのための基本グリップとして利用している（図1-2参照）。

□長　所
・低いボールと横へのボールに対応しやすい。
・コントロールにすぐれている。
・ネットへの移動がしやすい。
・ドロップ・ショットを打ちやすい。
・サーブでスピンをかけやすい。
・ボレーでアンダースピンをかけやすい。
・サーブとボレーがしやすい。

□短　所
・高いボールを扱いにくい。
・トップスピンをかけにくい。
・パワーに欠ける。
・トップスピンで角度のあるショットやロブを打つのがむずかしい。
・前腕が生む力が弱い。
・タイミングをとるのがむずかしい。

(1)フォアハンド

テニスが発展するにつれて、コンチネンタル・フォアハンド・グリップは最も好ましくないグリップになった。非常に強い前腕とタイミングを必要とするので、私は一般にフォアハンドのグリップとしては推奨しない。

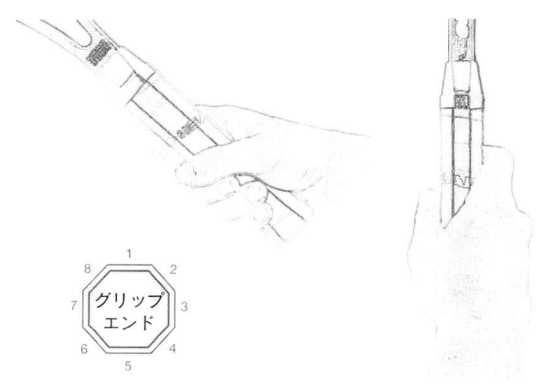

図1-2　コンチネンタル・グリップ──面1-2上に人差し指の付け根の関節、面2上に手のひらのかかとを合わせる。

(2)バックハンド

このグリップは、強力なバックハンドを打つためには、今日ではほとんど使われていない。コンチネンタル・グリップは、バックハンドのスライスを打つには有効だが、相手の強力なグラウンド・ストロークに対応するのに必要なラケット・ヘッドの強さや安定性を得ることも、トップスピンを打つこともむずかしい。私は、スライスを学んでいる選手だけにこのグリップを勧めている。

(3)ボレー

コンチネンタル・グリップは、上級選手にボレーを教えるために適したグリップである。コンチネンタル・グリップは、ボレーの際にグリップの変更を必要としない。また、フォアハンドやバックハンドのボレーを打つ場合、手首に最大のサポートを与えてくれる。どのようなショットを打つにも好ましいグリップである。このグリップによりネットプレーヤーは、グリップを変更せずにサーブ、スマッシュ、フォアハンドやバックハンドのボレーを打つことが可能である。

❷イースタン・フォアハンド

イースタン・グリップはアメリカ東部地域の中

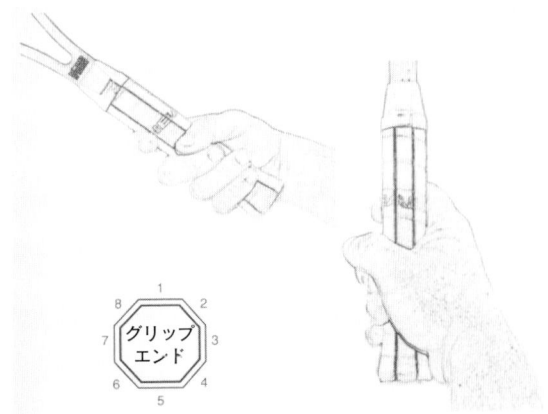

図1-3　イースタン・フォアハンド・グリップ——面3上に人差し指の付け根の関節、面2-3上に手のひらのかかとを合わせる。

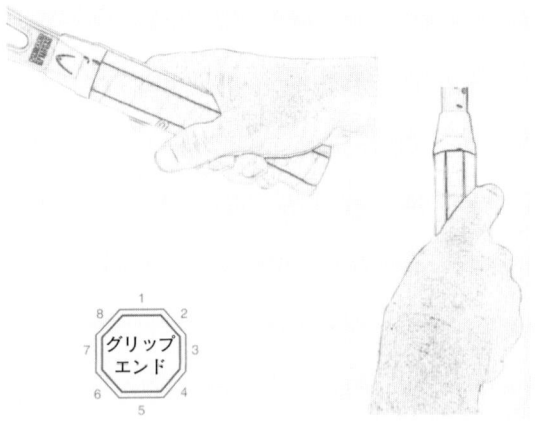

図1-4　イースタン・バックハンド・グリップ——面1上に人差し指の付け根の関節、面1-8上に手のひらのかかとを合わせる。

程度に弾むコートから生まれた。これは昔ながらのフォアハンドのグリップである。イースタン・グリップは、万能性があり、さまざまなプレースタイルや熟練度、コートサーフェスで使用できる。学習し、使用するのに最も簡単なグリップである（図1-3参照）。

> **HINT**　すべての指をそろえ、人差し指と親指が触れる「ハンマー・グリップ」をフォアハンドに用いる人がいる。しかし、このグリップだと、多くの選手が感覚とコントロールの不足を感じるようになる。感覚と打点時のラケット・ヘッドの安定性の両方を改善するために、私は人差し指を広げるように指導している。

❸イースタン・バックハンド

　古典的なバックハンドのグリップであるイースタン・バックハンドは、最大の安定を提供し、ボールにドライブをかけることやトップスピンを打つことを可能にする。ピート・サンプラスとペトロ・コルダはこのグリップを使用する代表的なプロである。私は、バックハンドのトップスピンのためには、イースタン・グリップを採用するように選手に勧めている（図1-4参照）。

> **HINT**　イースタン・フォアハンドのグリップから、左へ1/4回すとこのグリップになる。人差し指の付け根の関節は1面に合わせるために面3から移動させる。手のひらのかかとは面1-3から斜面1-8に移る。

□長　所

・初心者でも扱いやすい。
・パワーを生み出しやすい。
・腰の高さのボールが打ちやすい。
・さまざまなコートサーフェスに適応しやすい。
・トップスピン、アンダースピン、フラット・ドライブなど、いろいろなボールを打つことができる。

□短　所

・非常に高いボールを打つのがむずかしい。

❹セミ・ウェスタン・フォアハンド

　このグリップは、フォアハンドに強さとコントロールを提供する。手のひらがラケットを支え、打点時のラケット・ヘッドの安定性を高めるので、初心者は扱いやすく感じるだろう。強力なトップスピン、ループ・フォアハンドを打つことにとくに適している（図1-5参照）。

> **HINT**　私は初心者には、このグリップから始め、イースタンからセミ・イースタン・グリップにとどまるよう指導している。

□長　所

・肩の高さのボールが打ちやすい。

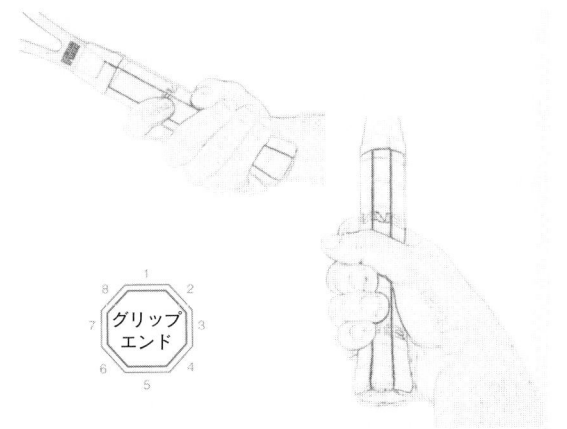

図1-5 セミ・ウェスタン・フォアハンド・グリップ──面4上に人差し指の付け根の関節、面4上に手のひらのかかと部分を合わせる。

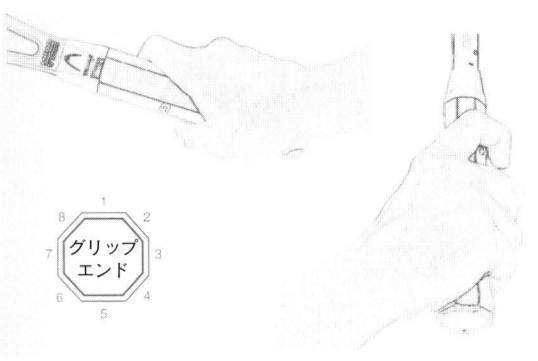

図1-6 セミ・ウェスタン・バックハンド・グリップ──面8上に人差し指の付け根の関節、面8上に手のひらのかかとの部分を合わせる。

・グラウンド・ストロークで強力なトップスピンをかけられる。
・パワーがありスピンのきいたドライブ・ボレーが打てる。
・相手にわからないようにショットを打ち分けることができる。

□短　　所

・低いボールを打つのがむずかしい。
・ドロップ・ショットにスライス回転を加えるのがむずかしい。
・非常に低いボールをボレーするのがむずかしい。
・大きなグリップ変更が必要になる。

❺セミ・ウェスタン・バックハンド

　セミ・ウェスタン・バックハンドでは、手とラケットの関係はセミ・ウェスタン・フォアハンドと同じだが、その裏返しといえるだろう。このグリップはかなりのトップスピンを生み出すが、打点時にラケットを加速する力と能力を必要とする。このグリップでは、スイングが始動するとき肘からリードする傾向がある（図1-6参照）。

　上級者がこのグリップを好む傾向にあり、トッ

プスピン・ロブやアングル・ショットを打つ場合、プロ選手はこのグリップをよく用いるが、私はこのグリップをあまり勧めない。

□長　　所

・トップスピンをかけやすい。
・中程度の高さのボールのアングル・ショットやトップスピン・ロブが打ちやすい。
・高めのラリーのボールにスピンをかけやすい。

□短　　所

・スライス（アンダースピン）をかけにくい。
・ドロップ・ショットが打ちにくい。
・フラット・ドライブが打ちにくい。
・非常に低いボールに対応しにくい。

❻ウェスタン・フォアハンド

　このグリップは、アメリカ西部地域の高く弾むセメント・コートから生まれた。このグリップの欠点は、打つ前にラケット・フェースが早く下を向き、閉じすぎることである。これは高いボールやトップスピンのためにはいいが、低いボールやスライスには向いていない（図1-7参照）。

　非常に強い手首と絶妙のタイミングを持たなければ、ウェスタン・グリップは問題を引き起こす

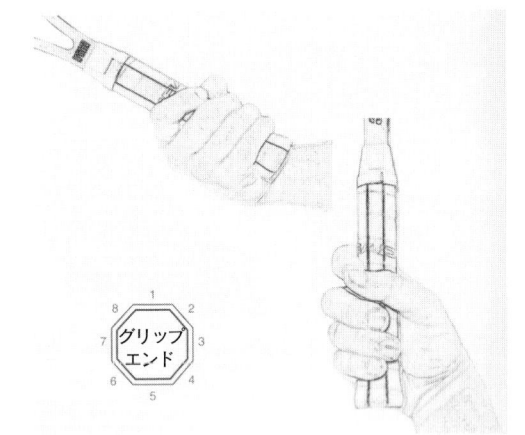

図1-7 ウェスタン・フォアハンド・グリップ——面5上に人差し指の付け根の関節、面5上に手のひらのかかとの部分を合わせる。

表1-1 両手打ちのグリップ一覧

下側の手	上側の手
イースタン・フォアハンド	イースタン・フォアハンド
イースタン・バックハンド	セミ・ウェスタン・フォアハンド
イースタン・フォアハンド	ウェスタン・フォアハンド
イースタン・フォアハンド	セミ・ウェスタン・フォアハンド
コンチネンタル	イースタン・フォアハンド
コンチネンタル	セミ・ウェスタン・フォアハンド
コンチネンタル	ウェスタン・フォアハンド

だろう。私は選手にこのグリップをあまり推薦していない。

□長　所
・高いボールが打ちやすい。
・高いボールに対して攻撃することができる。
・大きなラケット・ヘッド・スピードを生み出す。
・強力なトップスピンを生み出す。
・中程度の高さのボールからトップスピン・ロブやアングル・ショットを打つのに適している。

□短　所
・低いボールを持ち上げるのがむずかしい。
・スライス、チップ、ドロップ・ショットが打てない。
・大きなグリップ変更が必要となる。
・パッシング・ショットが打ちにくい。

2 両手打ちグリップ

❶両手打ちフォアハンド・グリップ

フォア、バックともに両手打ちで、グリップを変えない場合、上側の手は、フォアでもバックでも主導的な役割を果たすことができない。

両側とも両手で打つ場合の重要なカギは、足の速さである。このグリップでは手の届く範囲が制限されるので、速さと敏捷性が要求される。

両手打ちフォアハンド用のグリップは、本質的には両手打ちバックハンドのものと同じである。ただ一つの違いは、右手が上か、左手が上かという点である。表1-1は、正しい両手打ちのグリップを示している。

※両手打ちバックハンドでも、フォアハンドと同じように、いくつかのグリップ・コンビネーションが利用可能であり、それぞれに長所と短所がある。

❷グリップの種類

両手打ちの場合、今日何種類かのグリップが使用される。それらは、両手打ちのフォアハンド、バックハンドの両方に当てはまる。これからあげる例は、右利きの選手用である。しかし、グリップ一覧表は、左利きの選手用のグリップを見つけるのに参考となるだろう。

❸それぞれの手の役割

両手打ちのグリップについて議論する場合、バックハンドを打つときにそれぞれの手が果たす役割を理解することは重要である。

(1)下側の手

下側の手は、スイング中にタイミング、ラケット・ヘッドの安定、コントロールを助け、つねに

サポートの役割を果たす。サイドにふられたボール、スライスのアプローチ・ショット、ボレーを片手で打つことができるので、私は下側の手にコンチネンタル・グリップを使用することを勧めている。

(2)上側の手

上側の手が主導的な役割を果たし、リードしていることを理解しなければならない。上側の手は力やラケット・ヘッドの加速を生み出す。肩がボールを通して回転することを可能にする左手（右利きの選手場合）のフォアハンドのように、パワーは上側の手から生まれる。

このグリップでは、右の肩が主軸となり、左側は右に力を送り出すためのサポートの役割を果たす。この点で、片手打ちのバックハンドとは対照的である。

3 両手打ちバックハンド

❶イースタン・フォアハンド／イースタン・フォアハンド

このグリップでは、下側の手（手首）はバックスイング時に後方を向き、ラケット・フェースが打点時に少しオープンになる傾向を招きやすく、ラケット・ヘッドをコントロールすることをより困難にする。

上側の手を離した場合、下側の手のイースタン・グリップはスライスとボレーに使用することができる（図1-8参照）。

❷イースタン・フォアハンド／セミ・ウェスタン・フォアハンド

このグリップは、コンチネンタル／セミ・ウェスタンの組み合わせと似て、個人の好みによる。下側の手はスライスとボレーに十分に適用することができる。

しかし、理想的なスライスとボレーのグリップを見つけたいのならば、コンチネンタル・グリップへ変更が必要である（図1-9参照）。

図1-8 イースタン／イースタン・グリップ——下側の手の位置は、面3上に人差し指の付け根の関節、面2-3上に手のひらのかかとの部分合わせる。上側の手は、面7に人差し指の付け根の関節、面7-8に手のひらのかかとの部分を合わせる。

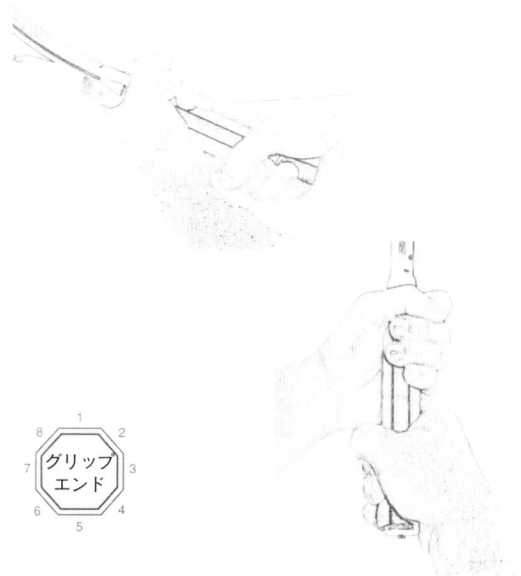

図1-9 イースタン／セミ・ウェスタン・グリップ——下側の手の位置は、面3上に人差し指の付け根の関節、面2-3上に手のひらのかかとの部分を合わせる。上側の手は、面7-8に人差し指の付け根の関節、面6上に手のひらのかかとの部分を合わせる。

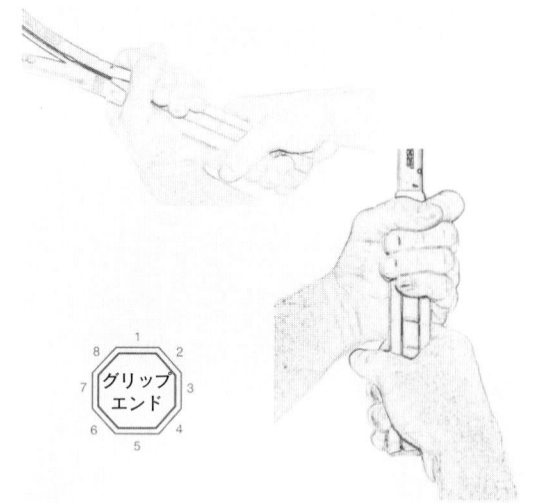

図1-10　イースタン／ウェスタン・グリップ——下側の手は、面3上に人差し指の付け根の関節、面2-3上に手のひらのかかとの部分を合わせる。上側の手は、人差し指の付け根の関節、手のひらのかかとの部分ともに面5にを合わせる。

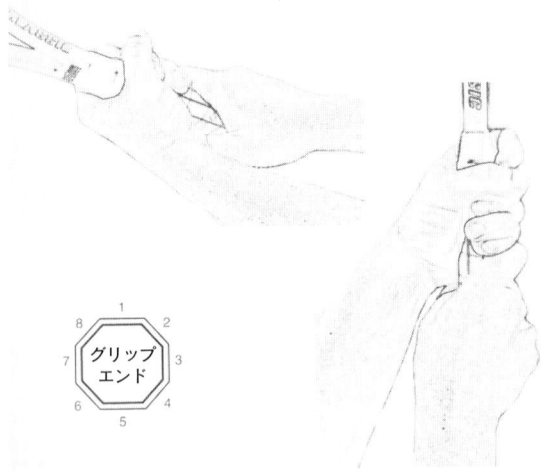

図1-11　イースタン・バックハンド／セミ・ウェスタン・グリップ——下側の手は、面1上に人差し指の付け根の関節、面8上に手のひらのかかとの部分を合わせる。上側の手は、人差し指の付け根の関節、手のひらのかかとの部分ともに面6に合わせる。

❸イースタン・フォアハンド　　／ウェスタン・フォアハンド

このグリップ・コンビネーションでは、上側の手が打点のポイントをコントロールするだけでなく、左の肩を回した完全なフォロースルーのストロークとなるよう、主導的役割を果たす必要がある（図1-10参照）。

❹イースタン・バックハンド　　／セミ・ウェスタン・フォアハンド

この変わったグリップ・コンビネーションは、個人の好みである。1つの特徴は、上側の手を離した場合、選手があまり多くの選択肢を持たないということである。下側の手のイースタン・バックハンド・グリップはスライス、アプローチ、ボレーにとって理想的ではない。しかし、上側の手のセミ・ウェスタン・グリップは、理想的なサポートを提供し、打点で主導的な役割を果たすことを可能にしている（図1-11参照）。

❺コンチネンタル　　／イースタン・フォアハンド

このグリップでは、打点で上側の手を離し、下

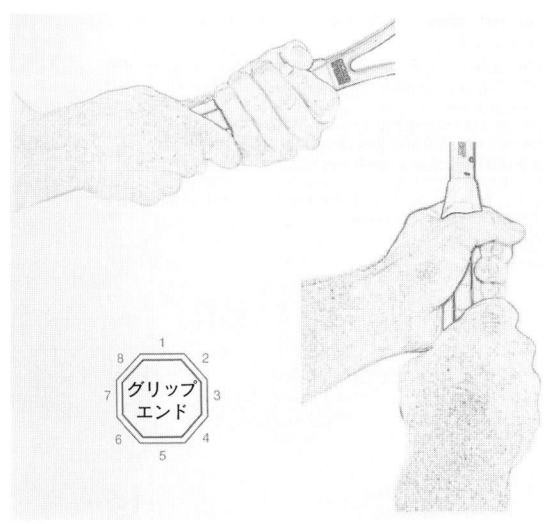

図1-12　コンチネンタル／イースタン・グリップ——下側の手は、面2上に人差し指の付け根の関節、面1-2上に手のひらのかかとの部分を合わせる。上側の手は、面7に人差し指の付け根の関節、面7-8に手のひらのかかと部分を合わせる。

側の手のコンチネンタル・グリップで片手のスライス、ドロップ・ショット、ボレーを打つことができる。

　上側の手は、セミ・ウェスタン・グリップほどサポートの役割を果たさないが、このグリップ・コンビネーションは選手にたいへん役に立つであろう（図1-12参照）。

❻コンチネンタル／セミ・ウェスタン・フォアハンド

　これは両手打ちバックハンドで私の推奨するグリップである。下側の手はウェスタン・グリップ、上側の手はセミ・ウェスタン・グリップで理想的な位置にあり、ラケット・ヘッドに角度がつくので最大のサポートが得られる。

　上側の手を離した場合、下側の手のコンチネンタル・グリップは、スライス、ドロップ・ショット、ボレー、サイドのボールに追いつくときなどに利用できる。両手打ちバックハンドの主導的な役割を教える（図1-13参照）。

主導的な役割を強化するために、上側の手をセミ・ウェスタン・グリップで握り、片手で打つ練習をさせ、ラケット・ヘッドを前に押し出すために、上側の手を使うことを教える。

❼コンチネンタル／ウェスタン・フォアハンド

　このグリップは、コンチネンタル／セミ・ウェスタン・バックハンドのグリップに非常に似ている。上側の手は、グリップの少し下に位置し、スイング全体にわたり、とくにフォロースルーで主導的な役割を果たす。

　上側の手を離した場合、下側の手のコンチネンタル・グリップは、スライス、ドロップ・ショット、ボレー、サイドのボールに追いつくときなどに利用できる（図1-14参照）。

　このグリップでのバックハンドは、左の肩を回し完全なフォロースルーで打つ、左利きのフォアハンドのように扱われなければならない。

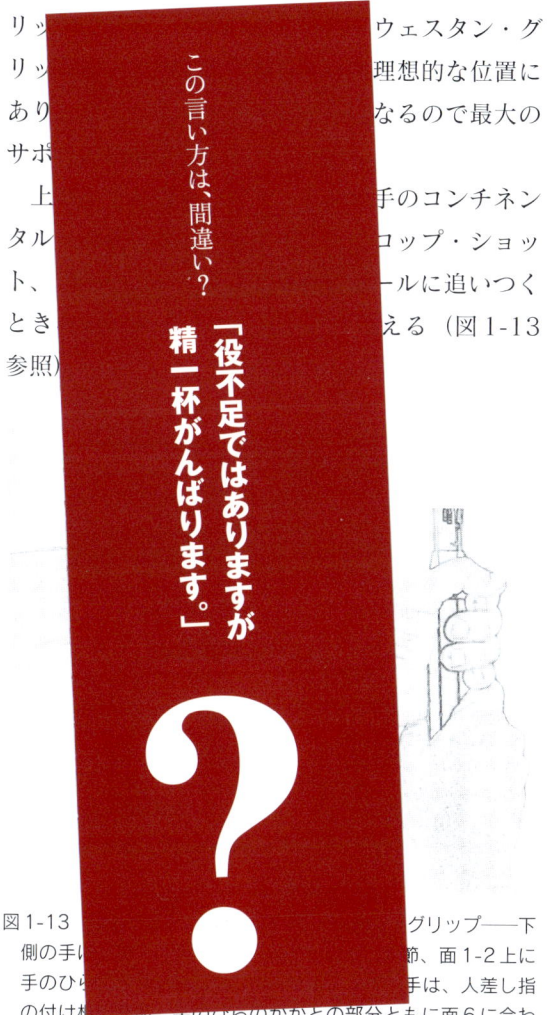

図1-13　コンチネンタル／セミ・ウェスタン・グリップ──下側の手は、面2上に人差し指の付け根の関節、面1-2上に手のひらのかかとの部分を合わせる。上側の手は、人差し指の付け根の関節、手のひらのかかとの部分ともに面6に合わせる。

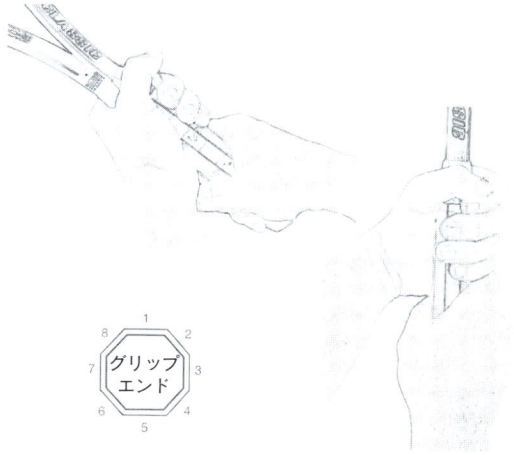

図1-14　コンチネンタル／ウェスタン・グリップ──下側の手は、面2上に人差し指の付け根の関節、面1-2上に手のひらのかかとの部分を合わせる。上側の手は、人差し指の付け根の関節、手のひらのかかとの部分ともに面5に合わせる。

今日の選手はどのようなグリップを使用しているのだろうか

トッププロは、主にイースタンからセミ・ウェスタンの間のフォアハンドのグリップを用いる。私は、以下のようなグリップを推奨する。

(1) 基本的なストローク

(a) フォアハンド

　厚めのイースタンからセミ・ウェスタン

(b) バックハンド

　片手打ち：［初心者］イースタンからセミ・ウェスタン　［上級者］イースタンからセミ・ウェスタン

　両手打ち：［上側の手］厚めのイースタンからセミ・ウェスタン　［下側の手］コンチネンタル

(2) スライス

　コンチネンタルからイースタン

(3) サーブ

(a) 発展段階

　厚めのイースタンからイースタン

(b) 発展に伴って

　ファーストサーブ：コンチネンタル

　セカンドサーブ　：コンチネンタルから薄めのイースタン・バックハンド

　トッププロの傾向としては、コンチネンタルから薄めのイースタンとイースタンの間に移行している。

(4) スマッシュ

(a) 発展段階

　厚めのイースタンからイースタン

(b) 発展に伴って

　コンチネンタルから薄めのイースタン・バックハンド

(5) ボレー

(a) 発展段階

　イースタンからイースタン・バックハンド

表1-2　一流選手のフォアハンドのグリップ

◆男　子

ピート・サンプラス	イースタン
マルセロ・リオス	イースタン
パトリック・ラフター	イースタン
カルロス・モヤ	ウェスタン
ペトロ・コルダ	イースタン
アンドレ・アガシ	セミ・ウェスタン
アレックス・コレチャ	セミ・ウェスタン
カロル・クセラ	セミ・ウェスタン
ティム・ヘンマン	イースタン
イェブゲニー・カフェルニコフ	厚めのイースタン/セミ・ウェスタン

◆女　子

リンゼイ・ダベンポート	イースタン
マルチナ・ヒンギス	ストロング・イースタン
ヤナ・ノボトナ	イースタン
アランチャ・サンチェス・ビカリオ	セミ・ウェスタン
ヴィーナス・ウィリアムズ	セミ・ウェスタン
モニカ・セレス	両側両手
コンチータ・マルチネス	セミ・ウェスタン
ナタリー・トージア	コンチネンタル
パティ・シュナイダー	セミ・ウェスタン
ドミニク・ヴァン・ルースト	イースタン

　片手打ち：コンチネンタル

　両手打ち：［上側の手］厚めのイースタンからセミ・ウェスタン　［下側の手］コンチネンタル

(b) 発展に伴って

　グリップ変更の必要のないコンチネンタルへとボレー・グリップを移行させる。

(6) スペシャル・ショット

(a) トップスピン・ロブ

　フォアハンド：厚めのイースタンからセミ・ウェスタン

　バックハンド

　　片手打ち：セミ・ウェスタン・バックハンド

両手打ち：[上側の手] 厚めのイースタンからセミ・ウェスタン　[下側の手] コンチネンタル

(b) スライス・ロブ

フォアハンド

片手打ち：コンチネンタルから薄めのイースタン

バックハンド

片手打ち：コンチネンタルから薄めのイースタン

両手打ち：[上側の手] 厚めのイースタンからセミ・ウェスタン　[下側の手] コンチネンタル

(c) トップスピン・アングル・ショット

フォアハンド：厚めのイースタンからセミ・ウェスタン

バックハンド

片手打ち：厚めのイースタンからセミ・ウェスタン

両手打ち：[上側の手] 厚めのイースタンからセミ・ウェスタン　[下側の手] コンチネンタル

(d) ドロップ・ショット

フォアハンド：コンチネンタルから薄めのイースタン

バックハンド

片手打ち：コンチネンタルから薄めのイースタン

両手打ち：[上側の手] 厚めのイースタンからセミ・ウェスタン　[下側の手] コンチネンタル

(7) ハーフボレー

アプローチ・ショットからボレーのグリップへすばやく握り変える選手もいるが、変更しない選手もいる。ハーフボレーにコンチネンタル・グリップを使うと、ボールの下側にラケットを入れることが可能だが、ハーフボレーを強いられたときにトップスピンをかけることがむずかしくなる。私は、次のようなグリップを使用すること勧める。

フォアハンド

　厚めのイースタン

バックハンド

　片手打ち：コンチネンタルから薄めのイースタン

　両手打ち：[上側の手] 厚めのイースタンからセミ・ウェスタン　[下側の手] コンチネンタル

両手打ちのバックハンドの下側の手にコンチネンタル・グリップを使用する利点は、上側の手を離すことができ、ラケット・フェースを開いてアンダースピンをかけられることである。

ハーフボレーは、あまり余裕のないときに打つことが多いため、握り替えるとそれまでのグリップと新しいグリップの間の中途半端なものになってしまうようなことになりかねない。私はグラウンド・ストロークやアプローチ・ショットで極端なグリップを使っている場合のみ、ハーフボレーのグリップを変更するようにしている。

HINT　ハーフボレーを打たなくてもすむように、アプローチを打った後早くネットに出ることを強く勧めよう。目的はハーフボレーとボレーのどちらを打つかの決断をしなくてもすむようにするためである。アガシ、クーリエ、ヒンギスのようなカウンター・ショットのじょうずな選手は、ハーフボレーへの対応を得意にしていることを覚えておこう。

■グリップのヒント

1. グリップは、すべてのショットの基礎である。修正すると最初は慣れず、不快に感じるかもしれない。しかし、練習により、グリップは初めからそうであったもののように感じられるだろう。また、技術は確実に改善されるだろう。

2. グリップは、ストロークを打つ間中、つねに一定でなければならない。

表1-3 グリップ一覧表

片手打ちのグリップ	右利きの選手		左利きの選手	
	人差し指の付け根	手のひらのかかと	人差し指の付け根	手のひらのかかと
コンチネンタル	2	1-2	8	1-8
イースタン・フォアハンド	3	2-3	7	7-8
イースタン・バックハンド	1	1-8	1	1-2
セミ・ウェスタン・フォアハンド	4	4	6	6
セミ・ウェスタン・バックハンド	8	8	2	2
ウェスタン	5	5	5	5

両手打ちのグリップ	下の手		上の手		下の手		上の手	
	人差し指の付け根	手のひらのかかと	人差し指の付け根	手のひらのかかと	人差し指の付け根	手のひらのかかと	人差し指の付け根	手のひらのかかと
イースタン・フォアハンド／イースタン・フォアハンド	3	2-3	7	7-8	7	7-8	3	2-3
イースタン・フォアハンド／セミ・ウェスタン・フォアハンド	3	2-3	6	6	6	6-7	4	4
イースタン・フォアハンド／ウェスタン・フォアハンド	3	2-3	5	5	7	7-8	5	5
イースタン・バックハンド／セミ・ウェスタン・フォアハンド	1-8	8	6	6	1-2	2	4	4
コンチネンタル／イースタン・フォアハンド	2	1-2	7	7-8	8	1-8	3	2-3
コンチネンタル／セミ・ウェスタン・フォアハンド	2	1-2	6	6	8	1-8	4	4
コンチネンタル／ウェスタン・フォアハンド	2	1-2	5	5	8	1-8	5	5

3．慣れて快適に感じるようになるまで、辛抱強く練習すること。

4．技術的に上達できるかもしれない場合、グリップの修正をためらうべきではない。

グリップ、スタンス、スイングはすべて過去20年で変化してきたが、私の提案は、選手にとって何が一番合っているか見つけ、コーチとそれについて話し合い、そのグリップを継続することである。

■グリップ一覧表

表1-3は、右利き、左利きの選手のためのすべてのグリップの概略を示したものである。図1-15と合わせて見ると、各グリップについてのさらなる理解のために役立つだろう。

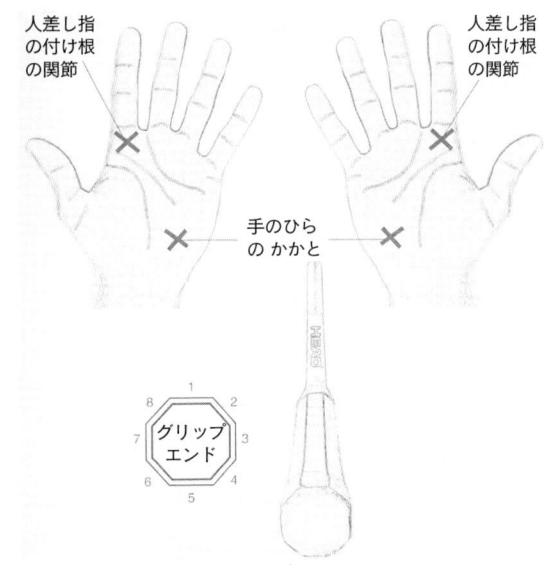

図1-15 左手、右手のグリップの見つけ方

スタンス

1 安定した下半身を作る

テニスは、安定した下半身、基礎から始まる。準備、打点、フォロースルーの最も適切な方法について、一日中話を続けることもできる。しかし、下半身が弱い場合、結果はほとんど変わらないだろう。安定した強固な下半身がなければ、選手は速く反応し、ショットを打つときのバランスを保ち続けることはできないだろう。

❶重　心

重心のコントロールは、テニスが上達するためには重要である。マイケル・チャン、トーマス・ムースター、マルチナ・ヒンギス、シュテフィ・グラフ、アマンダ・クッツァーのような一流選手は、並はずれた運動能力を持っている。なぜ彼らがそれほど優れた運動能力を持っているのかと不思議に思ったことがないだろうか。

(1)質量の中心

質量の中心は、仮説的な身体のバランス・ポイントである。平均では、女性は身長の55％、男性は57％の位置である。質量の中心は、身体内につねに位置する体重のバランス・ポイントである。身長、体型、性別の3つの要因が質量の中心に影響する。

(2)重　心

重心は、動くときの、身体内で移動するバランス・ポイントである。静止し、直立している場合、重心は質量の中心と同じになるであろう。動いている場合、重心は身体内で推移し、身体の外に移行することもある。質量の中心から離れて重心が推移することで身体の移動が行われる。

(3)バランス

平衡がとれ、サポートの基本姿勢にあるとき、バランスが保たれる。テニスでのサポートの基本姿勢の例は、選手がネットに出て、スプリット・ステップを踏むときの姿である。スプリット・ステップの目的は、選手がフォアハンドでもバックハンドでも反応でき、あるいは対角線上にどちらの方向にも動くことを可能にして、バランスのとれたスタンス上で運動の勢いを前に移すことである。

(4)慣性モーメント

慣性モーメントに耐えるために、サポートの基本姿勢で重心をより低くすることは大切である。

(5)積極的姿勢

サポートの基本姿勢は、力を発揮し、反応し、あらゆる方向へ動くことができるよう適切な積極的姿勢を引き出さなければならない。この姿勢は、迅速な反応、第一歩の速さ、加速、減速、360度方向転換することを助ける。

❷移動に影響を及ぼす要因

私たちは、身長の高い人よりも低い人の方が動きに有利であると考える。いくつかの要因がこの考えの原因となっている。1つは、スポーツ選手がどのように成長するかである。背の高い子どもは、激しい動きを要求されない役割を果たすように、バスケットボールではポスト、アメリカン・フットボールではライン、テニスではサーブ中心の選手となるように選ばれる。このような特殊化は、スポーツ選手が持っている多くの動きのプロ

グラムとコーディネーションの質を結果的に制限することになる。発達の初期段階で失敗するスポーツ選手は、後に動きをマスターしようと試みるにもかかわらず、どうしたらよいかわからないことが多い。

手足の長い身長の高い選手は、通常、手足が短く、より迅速な身長が低い選手よりも多少不利である。身長の高い人が、身長の低い選手と同じような柔軟性、可動性、弾力性、筋力、バイオメカニクス的な効率性を持っていれば、手足が長い分、身長の高い選手の方が有利になる。しかし、身長の高い選手が小さな選手のような動きを身につけることは、困難な場合が多い。

(1)簡単なボール

テニスで、移動能力がどのように利用されるかのいくつかの例をあげよう。近くのボールを打つとき、じょうずな選手は、簡単にバランスを維持することができる。代表的な例は、シュテフィ・グラフで、彼女はコート上に浮かんでいるように見える。多くの選手のように、彼女は腰を低く保つ。彼女は、足を開いて基本姿勢をしっかりと維持することに優れている。その結果、重心をコートの中心方向に向け、下半身を安定させる。このスタンスは理想的なテニスの動きとしては批判されている。

(2)ワイドへのボール

少しワイドへ飛んでくるボールに対応する場合、たいていはクローズド・スタンスで打ってから前を向くか、オープン・スタンスで打つだろう。いずれの場合も選手は打ち終わりにネットと正対する。正対して終わることで、選手は後ろ足を回し、打ち終わったときにコートのセンターへ戻ることができるよう、重心をコートの中心に保ち、下半身を安定させることができる。オープン・スタンスで打つことの大きな利点の1つは、選手が重心をコートの中心に向けることができ、勢いがコートの外側へ向くことを防ぐことができるということである。

(3)必死に走る場合

ボールを追って加速し、必死に走って追いつかなければならないようなボールに対しては、重心が、下半身から外れ、頭へと移る。この勢いを止め、コートのセンターへ戻るためには、1～2歩余分なステップが要求されるだろう。

(4)ネットに詰める

ボレーをするためにベースラインからネットへ詰める場合、重心を前へ移動させるために、身体を前方に倒すだろう。この前傾姿勢が、前へ出るための加速を可能にする。選手が勢いを前に移すと、重心を低くし、脚力を使い、膝を曲げ、減速し、ボレーのための効率的な反応ができるような新しいポジションのバランスを維持しなければならない。

一流のスポーツ選手はみんな、最高の可動性、バランス、移動メカニズム、弾力性、パワー、筋力を備えている。優れた動きを確立するため努力する場合に、これらの能力のいくつかが欠けていることがある。質量の中心にかかわらず、最適な重心を維持するために、下半身のサポートの基本姿勢へ戻るほうがはるかに有利である。重心をコントロールすることによって、効率的なコート上での動きを確立するための、最初のステップが踏み出せるだろう。

❸3つの準備姿勢

準備姿勢は、テニスのすべての動きの中心となる最適な運動姿勢である。準備姿勢の確立と維持は、強い下半身確立への第一歩である。

準備姿勢は3種類ある。
(1)通常の準備姿勢
(2)スイングのための準備姿勢
(3)リカバリーの姿勢

3つすべての姿勢において、選手は力強い基本姿勢を維持する必要がある。3つの姿勢の違いを理解することにより、力強い基本姿勢を維持する重要性がわかるだろう。安定した準備姿勢を維持し、楽にボールへ移動することは単純である。相手が弱いショットを打てば、スイングを含め、すべての動きのためのしっかりしたレディー・ポジションを保つことができる。しかし、相手が強く鋭いショットを打ってきた場合は、しっかりしたレディー・ポジションをとることはむずかしくなる。

(1)通常の準備姿勢——安定した運動姿勢

快適でしっかりした運動姿勢は、移動や打つための基本である。プレー中に、快適な運動姿勢を保つことは、すべてのレベルでの成功に不可欠である（図1-16参照）。

しっかりした運動姿勢の確立のカギは、
・基本姿勢を維持すること（腰幅より足を広く開く）
・重心を低く保つこと（膝を曲げ、腰を低く）
・腕を曲げておくこと

である。

足幅は腰より広くなければならない。重心を低くするために、足を十分に開き、両足の親指の付け根（母趾）で体重を支え、膝を曲げる必要がある。低く構えることで、迅速で力強い第一歩を踏み出すための体勢を整える。さらに、腕は曲げておかなければならない。腕の曲げ方はさまざまであるが、腕を曲げてラケットを構えることで、簡単なショットにも、むずかしいショットに対しても準備をすることができる。重心を低くし、可能な限りそれを維持することは、しっかりした運動姿勢の開発に不可欠である。

(2)スイングのための準備姿勢

飛んでくるボールに対して準備をする場合、選手は図1-17や1-18に示されている、安定した運動姿勢を維持しなければならない。ボールが相手のラケットを離れた後できるだけ早く、ボールの軌道を認識する。もし相手が攻撃的なショットを打ったならば、第一歩は迅速で、バランスがとれた、力強いものでなければならない。ドロッ

図1-16　通常の準備姿勢——彼女の足、腰、肩がネットにどのように正対しているか注目してください。足を腰の幅より広めにとり、膝と腕を少し曲げて、ラケット・ヘッドは上を向いている。目は前方を見て、集中を保っている。この姿勢であれば、前後、左右、斜めに同じように反応することができる。

プ・ステップを使用する場合でも、選手は通常ボールに対して足を踏み出す。

(3)リカバリーの姿勢

リカバリーの姿勢は、通常の準備姿勢やセットアップ姿勢と同じくらいたいへん重要である。リカバリーの間に安定した基礎を維持することは、スピードを高めることや敏捷性のカギとなる。選手は、肩の位置のバランスを保ち、腰と肩をネッ

(a)安定した姿勢　(b)不安定な姿勢

図1-17　オープン・スタンスの姿勢──オープン・スタンスでフォアハンドを打つための(a)安定した姿勢、(b)不安定な運動姿勢を示している。(a)の例で彼女は、安定した下半身を維持しており、タイミングよくフォアハンドを打つための絶好の位置にいる。(b)の例では、バランスを崩し、打ちやすい位置からもはずれている。

(a)安定した姿勢　(b)不安定な姿勢

図1-18　ニュートラル・スタンスの姿勢──ニュートラル・スタンスからの、(a)安定した姿勢、(b)不安定な運動姿勢を示している。(a)の写真では、しっかりした基礎を維持し、タイミングよくフォアハンドを打つための絶好の位置にいる。(b)ではバランスを崩し、打ちやすい位置からもはずれている。

トに正対させ、外側の足から踏み出すことを学ばなければならない（図1-19、1-20参照）。

両方の例において、反対の肩までラケットを回してフィニッシュし、腰がネットに正対し、次のボールに対応するための位置にいることに注目してください。

図1-19 オープン・スタンスのリカバリー姿勢──フォアハンドからのリカバリー姿勢を示している。(a)右足の上に体重をかけて準備し、安定した運動のための基礎をつくっている。(b)右足を押し上げ、フォロースルーの後、内側の足へ体重を移動している。

図1-20 ニュートラル・スタンスのリカバリー姿勢──フォアハンドからのリカバリー姿勢を示している。(a)右足の上に体重をかけ準備し、安定した運動のための基礎をつくっている。(b)フォロースルーの後ネットに正対するように左足がまわる。

2 ヒッティング・スタンス

❶ニュートラル・スタンス

　ニュートラル・スタンスは、すべてのスタンスの基本である。たとえオープン、セミオープンのスタンスが一般的になった今でも、私は最初にこのスタンスを教えている。ニュートラル・スタンスは、初期段階の学生が思い通りに体重移動したり、身体を回転させる経験を可能にする。

　準備姿勢から、腰と肩を回し、足を外に踏み出し、体重を外側の足へ移して、バックスイングを始める。選手は前方へのスイングを始める前に、内側の足を前に踏み出し、体重を移動する。打ち終わるまで、体重は前足に乗せておく。フォロースルーとリカバリーの間、バランスを保ち続ける。後ろ足を自然に前に回して、安定した基礎を維持することは、選手がバランスを保ち、次のショットのための準備ができていることを示している（この一連の動きについては図1-21参照）。

　最初に私は、打った後、後ろ足を前足より後ろに保つように学生に指導する。これにより、肩のバランスを保ちながら目標へ向かってフォロースルーをとることが可能になる。次は打った後に自然に体重を移動して後ろ足を前に移動させることである。こうすると目標の方向に体重を移動させることが可能になるので、片手打ちでも両手打ちでもバックハンドを打つための好ましいスタンスといえる。走りながら、とてもむずかしいボールに対応するとき以外は、ニュートラル・スタンスは最良の基礎を提供し、フォロースルーとリカバリーを効率的に行うことを可能にしてくれる。

　数年前までは、ニュートラル・スタンスが、フォアハンド、片手打ちと両手打ちのバックハンドを打つために認められた方法だった。私は、初心者や初・中級の選手には今でもこのスタンスを選ぶ。しかし、とくにフォアハンドと両手打ちのバックハンドでは、オープン・スタンスを取り入れることを付け加える。

　だからといって、オープン・スタンスやセミオープン・スタンスを否定しないでほしい。結果を見て、必要な場合は修正し、もし結果がよければ、どちらのスタンスでも打たせてみよう。

(a)正面から見た通常の準備姿勢

(b)横から見た通常の準備姿勢

第1章　ストロークの基本

(c)正面から見たフォアハンド

(d)横から見たフォアハンド

(e)正面から見たバックハンド

(f)横から見たバックハンド

図1-21　ニュートラル・スタンスで、ベースラインの内側からフォアハンドとバックハンドを打つための準備

❷オープン・スタンス

オープン・スタンスは、すべてのレベルのプレーでより広く教えられ、利用されるようになってきた。

通常の準備姿勢から、腰と肩を回し、外に踏み出し、外側の足へ体重を移すことにより、バックスイングを始める（図1-22参照）。打ち終わるまで、外側の足の上に体重を維持し、フォロースルーとリカバリーの間のバランスを保ち続ける。私は、とても多くの選手がこのスタンスからスイング中に体重を移動し、ボールを打つのを見かける。

準備の時間がほとんどない場合、ベースラインから離れた位置で打つことを強いられた場合、あるいはネットに詰めて反応しなければならない場合には、オープン・スタンスは理想的である。外側の腰の上に体重をかけ、ショットへ力を集中することができるので、「必殺フォアハンド」やすべての高い打点のフォアハンドは、このスタンスで打つべきである。多くの選手がセミ・ウェスタンやウェスタン・グリップを利用しているので、オープン・スタンスが用いられる。選手は、このスタンスからフォアハンド、バックハンド、ボレー、サーブのリターンを打つ練習をするべきである。

私は、オープン・スタンスにおける2つの誤りをよく目にする。第一の誤りは、打つ前に外側の足から内側の足へ体重を移してしまうため、ボールに近づきすぎてしまうことである。第二の誤りは、打つ前や打っている間に腰を回し、内側の足に体重をかけてしまうことである。

この問題を解決する簡単なドリルは、内側の足を少し上げさせ、それにより外側の足をストロークの基礎にさせることである。

> **HINT** 初心者や初・中級者を指導する場合、私はニュートラル・スタンスを選ぶ。しかし、学生がどんなスタンスを使用するかにも注意を払ってください。選手が自然にセミオープン・スタンスで打てば、それはOK。セミオープンからオープン・スタンスは、快適な独自のスタイルを開発していることを表している。

(a)正面から見た通常の準備姿勢

(b)横から見た通常の準備姿勢

(c)正面から見たフォアハンド

(d)横から見たフォアハンド

(e)正面から見たバックハンド

(f)横から見たバックハンド

図1-22　オープン・スタンスでベースラインの内側からフォアハンドとバックハンドを打つための準備

❸セミオープン・スタンス

　セミオープン・スタンスは、オープン・スタンスと同じ原理に基づいている。私は、通常の準備姿勢からこのスタンスを教え、自分のスタイルに合わせて自由に利用するように指導している。

　通常の準備姿勢から、腰と肩を回し、外に踏み出し、外側の足へ体重を移すことにより、バックスイングを始める。セミオープン・スタンスでもそのカギは力強い基本姿勢を維持することである。打ち終わるまで、外側の足の上に体重を維持し、フォロースルーとリカバリーの間もバランスを保ち続けなければならない（図1-23参照）。

　準備の時間がほとんどない場合、ベースラインから離れた位置で打たなければならない場合、あるいはネットに詰めているときには、オープン・スタンス同様に理想的なスタンスである。外側の腰に体重を乗せて、ショットへ力を集中することができるので、「必殺フォアハンド」や高い打点のフォアハンドはこのスタンスで打つべきである。多くの選手がセミ・ウェスタンやウェスタン・グリップを使用しているため、セミオープン・スタンスが用いられる。

　セミオープン・スタンスとオープン・スタンスは、今日のパワーテニス、セミ・ウェスタンやウェスタン・グリップの普及から生まれた。現在のプロテニスでは、選手はスピードとパワーに適応しなければならない。さらに、セミ・ウェスタンやウェスタン・フォアハンドのグリップが広く利用されるようになって、選手がセミオープンやオープン・スタンスから、大きなラケット・ヘッドの加速パワーを生み出すことが可能になった。

　ストロークに最良の基礎とバランスを提供するので、ニュートラル・スタンスは、すべてのレベルで、今でも私の好みのスタンスだが、テニスの発展とともに、セミオープンやオープン・スタンスへの移行がより明白になっている。

HINT　選手は、セミオープンやオープン・スタンスでフォアハンド、バックハンド、ボレー、サーブのリターンの準備をする練習をするべきである。どのボールは一歩踏み込みニュートラル・スタンスで打つのか、自分のプレースタイルに合わせて判断することを学ぼう。

(a)正面から見た通常の準備姿勢

(b)横から見た通常の準備姿勢

(c)正面から見たフォアハンド

(d)横から見たフォアハンド

(e)正面から見たバックハンド

(f)横から見たバックハンド

図1-23 セミオープン・スタンスでベースラインの内側からフォアハンドとバックハンドを打つための準備

❹クローズド・スタンス

　静止している位置からのフォアハンドや両手でバックハンドを打つ場合、クローズド・スタンスは避けるべきである。

　このスタンスには、
・体重が目標の方向に向いて移動しない。
・腰と肩を開くことができない。
・ショットが限られる。
・リカバリーに時間がかかる。
といった欠点がある。

　大きく左右にふられた場合、打点時にステップを調節し、足をネットの方向に向けることがむずかしいと感じるだろう。その結果、選手は走りながら打ち、打ち終わった後に、数歩余分なステップをして、次にできるだけ速くリカバリーしようとする。クローズド・スタンスはリカバリーを遅らせる。したがって、選手は必ずこれを強力なリカバリーで補わなければならなくなる（図1-24参照）。

　しかし、大きく左右にふられたときや必死に走りながら打つ場合は、フォアハンドと片手のバックハンドはクローズド・スタンスから打つべきである。しかし、クローズド・スタンスから打つことはリカバリーを遅らせ、瞬間的にポジションからはずれてしまうことをよく覚えておく必要がある。

(a)正面から見た通常の準備姿勢

(b)横から見た通常の準備姿勢

第1章　ストロークの基本

(c)正面から見たフォアハンド

(d)横から見たフォアハンド

(e)正面から見たバックハンド

(f)横から見たバックハンド

図1-24　クローズド・スタンスでベースラインの内側からフォアハンドとバックハンドを打つための準備

❺ニュートラル・スタンス対クローズド・スタンス

以前私はニュートラル・スタンスをクローズド・スタンスと呼んでいた。しかし、現在では多くのプロ選手がセミオープン・スタンスやオープン・スタンスで打っているので、私はニュートラル・スタンスとクローズド・スタンスを区別する。静止して打つスタンスについて話す場合、ニュートラルとクローズド・スタンスは著しく異なる。

ニュートラル・スタンスは、
- スイング中に強い基本姿勢とよい姿勢の維持を可能にする。
- 目標エリアへの体重の移動を可能にする。
- 後ろ足を前に回し、肩と腰をネットに正対させ、バランスのとれたリカバリーを可能にする。

クローズド・スタンスは、
- 腰を閉じ、スイングの前方への移行から打点時までの腰の回転を妨害し、腕だけで打つ結果になってしまう。
- 目標エリアへの体重の移動を妨げる。
- 腰と肩をネットへ正対させるまでに数歩の余分なリカバリーステップを必要とする。

走りながら打つ場合、ときどき、クローズド・スタンスが好まれることに注意してください。

❻スタンスの復習

試合中、選手は、さまざまなスタンスを使用しなければならないだろう。全体として、選手が使用するスタンスは、各自のプレースタイルや個性の自然な表れである。あるショットの「自然な」スタンスは結局、コート上の位置、飛んでくるボールの性質、選手のグリップ、身体的なコンディションなどの影響を受ける。

次回コートで練習するときには、自らのスタンスを確かめる時間をとってください。多少の修正を行うことは選手のショットを改善するかもしれない。選手に対する私のアドバイスは、いつでもしっかりした運動姿勢を維持し、自分のプレースタイルに合うスタンスを使用することである。

3 コンタクト・ゾーン（打点）

39〜42ページの写真は、ニュートラル・スタンスとオープン・スタンスのフォアハンドの打点を示している。正面からと横から見た写真は、コンチネンタル、イースタン、セミ・ウェスタン、ウェスタン・グリップのさまざまな理想的打点を表している。

概して、手がグリップの上（コンチネンタル）にあればあるほど、低いボールをより打ちやすく感じるだろう。手がグリップの下（ウェスタン）にあればあるほど、高いボールをより打ちやすく感じるだろう。

それぞれの長所、短所を知るにはグリップについての章を参照してください。ひとつのグリップですべてのショットを打てるわけではない。結局、楽に打て、それぞれのプレースタイルに適したグリップを見つけなければならない。

オープン・スタンス

コンチネンタル・グリップ（前から）

コンチネンタル・グリップ（横から）

イースタン・グリップ（前から）

イースタン・グリップ（横から）

オープン・スタンス

セミウェスタン・グリップ（前から）

セミウェスタン・グリップ（横から）

ウェスタン・グリップ（前から）

ウェスタン・グリップ（横から）

ニュートラル・スタンス

コンチネンタル・グリップ（前から）

コンチネンタル・グリップ（横から）

イースタン・グリップ（前から）

イースタン・グリップ（横から）

ニュートラル・スタンス

セミウェスタン・グリップ（前から）

セミウェスタン・グリップ（横から）

ウェスタン・グリップ（前から）

ウェスタン・グリップ（横から）

第2章
必殺フォアハンド

> さまざまなショットの中でも、エースをとるための武器となるのが必殺フォアハンドである。

　この40年間、他のどのコーチよりも多くのジュニア選手を育成してきた。この中には、世界チャンピオン、大学チャンピオン、将来の活躍が最も有望視される若いスターが数多くいる。ボロテリー・テニス・アカデミーの社長、創設者として私は、選手が強力なフォアハンドの武器を持つというトレードマークを確立してきた。

　おそらく私の最大の財産は、学生が上達するように促し、動機づける能力と彼らに成功する自信を植え付ける能力だろう。新しい技術を開発し、それを習慣として確立するための私の方法には、発展的なステップがある。

■ステップ1：たんに打つ

　アンドレ・アガシの父親がアガシの小さいときに言ったように、「力強く打つことこそが、スイングを作り上げ、パワーを高める方法だ。今は正確さや安定性をあまり心配しなくてよい。リラックスして、スイングし、大胆に打ちなさい。」

■ステップ2：ターゲット・トレーニング

　ストロークを身につけ、技術を高めたら、練習中にプレッシャーの下でその技術を試すべきである。正確さと安定性をテストするために、コート上に置かれたターゲットを狙った練習を行おう（ステップ2に進む前に、数か月間ステップ1を練習する必要がある）。

■ステップ3：試合に強くなる

　最終段階は、試合のプレッシャーの下で技術をテストし、それを効率的に維持できるかどうかを確かめることである。成功するためには、自らの技術を信じなければならない。ミスを犯すことを恐れないで、プレッシャーの下でも十分なフォロースルーをとってスイングしよう。

1 必殺フォアハンドとは何か

「必殺フォアハンド」は、さまざまなショットの中でも、エースをとるための武器である。必殺フォアハンドでポイントを終了するか、攻撃しボレーで相手に弱いリターンを強いるまで、コートの中心をコントロールする。ラリー中の他のすべてのフォアハンドが攻撃的でなければならない。必殺ショットの予感を相手につねに感じさせる状況を作る必要がある。

必殺フォアハンドには、洗練された効率のよい運動能力が必要である。それは、必殺フォアハンドを打つポジションに入るためである。ドロップ・ショットやアングル・ショットを利用し、試合の主導権を握り、相手に不安を感じさせるようにしよう。

すばらしい速球を持っている野球のピッチャーがいるとする。彼の速球が有効なのは、カーブやチェンジアップなどの他の球種が投球に変化を与え、打者を惑わすからだろう。必殺フォアハンドのタッチとパワーのバランスもこれと同様である。

❶グリップ

どのようにラケットを持つか、通常用いるグリップを選ぶことは、ストロークそのものに大きな影響を及ぼす。もし私が今日、初心者としてあなたを指導し始めるなら、おそらく極端なイースタンかセミ・ウェスタンのグリップを使用するように勧めるだろう。

(1)コンチネンタル・グリップ（手のひらは下向き）

ごくわずかな例外はあるが、このグリップで必殺フォアハンドの力を発揮するのは困難だろう。私は、成功する確率のより高いグリップを用いることを好む。

(2)イースタン・グリップ（手のひらは前向き）

このグリップは、十分なテコの力とパワーを供給し、高い打点や低い打点のボールもうまく打て、スピンとパワーを生み出すことが可能である。

(3)セミ・ウェスタン・グリップ（手のひらは前・上向き）

今日プロの中で一般的なセミ・ウェスタン・グリップは、とくに高い打点で大きなパワーとスピンを与えてくれる。

(4)極端なウェスタン・グリップ（手のひらは上向き）

このグリップは、高い打点のボールにパワーとスピンを与えることができる。しかし、低いボールを扱うのは困難である。

フォアハンドでの攻撃の効果を高めるには、ストライクゾーンのすべての打点のボールを打てなければならない。その意味でイースタン、セミ・ウェスタン・グリップは、最も一般的で用途が広く、全体的に強力である。

いずれのグリップを使用するにせよ、適切な力で握ることが重要である。よくあるようにグリップを強く握りすぎると、柔軟性を損なうことになる。手をリラックスさせ、ラケットに任せよう。とくにショットを打つ間はグリップをリラックスさせよう（試しにテニスボールを強く握りしめてみると、いかに早く手の感覚がなくなってくるか、腕がどれほど早く疲れるかわかるだろう）。

1つの基本となるグリップを身につけ、その握りでフォアハンドを打つ練習してみよう。そのグリップに慣れ、自信を持てるようになるには、多くの練習が必要である。

❷しっかりした基礎（下半身）

スポーツ選手が一流かどうかは、基礎がしっかりしているかどうかによって判別することができ

る。例えば、それはボリス・ベッカー、マイケル・チャン、マルチナ・ヒンギスを見ればわかるだろう。

しっかりした基礎には次のような要素がある。
・よい姿勢
・低い重心（腰）
・安定したサポートの基本姿勢（スタンス）

そして、選手にとって最も大事な２つの要素は、早い準備としっかりした基礎である。

❸第一歩目の反応

心理的には、「私はすべてのボールに追いつけるんだ」と思っていなければならない。

才能のある選手は、スピード、敏捷性、バランス、筋力を備えている。彼らは考えて動いているのではない。ボールを追い、自分のスタイルに適した位置へリカバリーする、生まれ持った才能に恵まれたスポーツ選手である。

他の多くの選手は、ボールに対する第一歩でスイングの準備を始め、リカバリーの第一歩をスイングの一部とするために絶えず練習しなければならない。準備とリカバリーを自然な流れで行うことができるようになるまでには、多くの練習が必要である。

❹フットワーク・パターン

バレリーナのステップのように、さまざまなフットワーク・パターンを利用することで、滑らかに、機敏に移動することができるようになる。フットワーク・パターンは、それぞれの目的や状況に応じて使い分けられる。

(1)クロスオーバー・ステップ

クロスオーバーは、横への移動によく使用される。これは、回り込んで打つフォアハンドや後方への移動が必要なスマッシュのときにとくに重要である。

(2)後ろクロス（キャリオカ）・ステップ

後ろクロスは、クロスオーバーと同様に横や後方に移動するときに用いる。また、スライス・アプローチを打つときにもよく使われる。

(3)サイド・ステップ

短い距離の横への移動に使用される。このステップは、長い距離の移動には向かないが、数ステップ以内のボールに対しては有効である。

(4)調節ステップ

調節ステップ（カット・ステップ）は、打つときにスタンスのバランスやポジショニングを微調整する際に用いられる。ラケットの準備と連動し、誤ったスタンスやクローズド・スタンスになることを避けるのに役立つ。

(5)ドロップ・ステップ

２歩目のステップを強く、効率的にするために１歩目を少し後ろに引きステップする。前や横に移動する場合、多くの選手がドロップ・ステップを使用する。

❺すばやく正確なラケットの準備

ボールに対してすばやく、正確な準備ができると、多くのチャンスが生まれ、攻撃的なショットを打つこと、予想できないバウンドに反応すること、ショットを相手に予測させないことなどが可能になる。すばやく正確な準備の重要性以上に、私が強調するものは他にない。ストロークの失敗の原因の多くは、準備がうまくいかないことによる。

すばやい準備は、フットワークにも影響を及ぼす。足は、バランスのとれたスタンスをとるため、または走りながら打つときに調節するためにも重要であると覚えておこう。準備をすることで、足にセット・アップの方法が伝わる。すばやい準備なしには、状況に応じた足の調節をする時間がなくなってしまう。

正確な準備は、足に正しいメッセージを送るという考えである。ラケットのグリップエンドを懐中電灯にたとえることは、この考えを理解するのに役立つだろう。

　極端に大きなバックスイングをして、ラケットが身体の後ろに回る場合、懐中電灯の光はベースラインと平行の方向を照らすようになる。これによって、力を横方向に向けて、クローズド・スタンスに構えなさいというメッセージが足に送られることになる。

　一方、バックスイングでラケットを身体の前に保ち、懐中電灯の光がネットの方を向くようにすれば、前方へ力を向けようとしているという正確なメッセージを足に送ることができる。

　全体的な準備としては、オープン・スタンスでボールに追いつき、時間があればニュートラル・スタンスへ一歩踏み込むようにすれば、その分余裕が生まれるだろう。

❻スタンス

　スタンスには、オープン、ニュートラル、クローズドの3つがある（スタンスについての詳細は第1章参照）。

(1)オープン・スタンス

　バッターボックスに後ろ足だけを入れて打つバッターのようなスタンスである。ショットに対し踏み込む時間的余裕があれば、さまざまなショットを打つ可能性をもたらす。強いボールに対するプレッシャーの下では、オープン・スタンスで打つことが必要だろう。このスタンスでは、後ろ足から体重を移動すること、前傾姿勢にならないように気をつける必要がある。

(2)ニュートラル・スタンス

　オープン・スタンスからスタートし、体重を前に移動し、前足の足先をネットへ向けることでできる。必殺フォアハンドでは、オープン・スタンスに加えて、このスタンスをよく使用する。ニュートラル・スタンスはバッターボックスの中に両足を入れる感じである。

(3)クローズド・スタンス

　このスタンスは問題となることが多く、早い時期に修正しなければならない。クローズド・スタンスは力を縮小し、コントロールやバランスを失い、打つことのできるショットも制限される。

❼引き金を引く（ラケットを振り出す）

　この考えを理解すれば、ラケット速度と力を最大限に高めることができるだろう。誰かの手からタオルを引き抜くのと同じようにして（57ページのタオル・テスト参照）、バックスイングからラケットを振り出し、ボールの方向へラケットのグリップエンドを送り出す。この動きによって、テコの原理を応用することができるようになる。前に引くとき、腕を柔軟にし、身体の後ろから前へ横切るようにスイングすると、ラケット・ヘッドはその最大の力でボールと出会うだろう。

　手首を曲げたり、ボールを叩こうとしたり、または体重をかけたりしてラケットを加速するべきではない。スイング・ラインをしっかり作り、より速く「タオルを引く」ことで、ラケット・ヘッドを加速できるようになる。

❽打点とフォロースルー

　フォロースルー時に腕を十分に伸ばすことは、正しいスイング・ラインを維持するのに役立つ。

　それぞれのグリップのための好ましい打点ゾーンは次の通りである。

・コンチネンタル……低め
・イースタン……中間
・セミ・ウェスタン……中間から高め。非常に低いボールに対しては、スイングを調整しなければならないだろう。

・ウェスタン……高め。手首の位置が適切でないので、打点が低くなるほど、ショットがむずかしくなる。

　テニスを始める年齢が低くなっているなど、いくつかの理由から、イースタン・グリップよりも、セミ・ウェスタンやウェスタン・グリップが用いられることが以前よりも一般的になっている。小さい頃は、これらのグリップが最も快適に思えるだろう。しかし、身体の成長やテニスの上達とともに、自分のプレースタイルに適したグリップを使用するようにすべきである。グリップの修正には、忍耐強く、厳しい練習が必要である。

❾反対の腕（支持腕）

　初心者は、ラケットを持っていない方の腕を使わないことが多いものである。たいてい反対の腕はぶらりと、横に置かれているだけである。

　反対の腕をうまく使うことによって、ストロークにバランスとパワーを加えることができる。コートでワイドにふられた場合、反対の腕をうまく使うと、身体のバランスを保ったり、静止させたりするのに力を発揮する。綱渡りの曲芸師が持つバランス棒のように、肩のレベルを維持し、バランスをとるのに役立つ。

　ピッチャーがグローブを持った腕を使って胸の筋肉を伸ばすように、攻撃的な状況で、必殺フォアハンドのパワーを生み出すため、反対の腕がストロークに対して有効に働く。この動作は、スイング・バランスを維持しながら、より大きなパワーを生み出すために重要である。

❿腰による加重（腰を低く）

　この技術では、体重をスタンスの後方、低い位置に集中させる。そうすることで、身体をスプリングのように使うことができ、ショットを打つときに身体を回転させ、戻すことができる。後ろ足の上に重心を置いてストロークを練習することは、このパワーを生み出す源の感触を身につけるのに役立つだろう。

　一般的な選手は、準備するときに後方への体重移動や身体の回転なしに、たんにラケットを引く。ジミー・コナーズが準備をするときに行っていたように、完全な腰による加重（腰を低くする）を行うことは、一連の動作として準備と身体の回転を作りだす。走っているときでも、サンプラスのような選手は、腰による加重を利用し、パワーを生み、相手にショットを予測させないようにする。

⓫リカバリー

　リカバリーのポジションはいろいろである。とくに必殺フォアハンドのような攻撃的なショットをよく打つ場合は、このポジションの変化は、顕著かもしれない。ジム・クーリエやシュテフィ・グラフは、強力なフォアハンドを打つことができるようなポジションへリカバリーする。自分のプレー・スタイルや相手のリターンによってリカバリーの位置は変わってくる。

　気持ちの上では、「すべてのショットの後で必ずポジションをリカバリーする」という意識を持っていなければならない。相手にオープン・コートやフィールド・ポジションを譲るようなスポーツはない。

2　トレーニング方法とドリル

　新しい技術を習得するときには、一度に1つのことだけを行うようにし、我慢強く練習するようにしよう。ストロークに新しいことを何か加えるときや、クセを取り除くときなどには、プレーの成功や自信がしばらくの間低下するかもしれない。しかし、これは当然なことであり、あなたが

熱心に練習に取り組めば、それは一時的なことになるはずである。いったんそれを克服すれば、より高いレベルのプレーができるようになるだろう。これは上達するための唯一の方法である。

❶グリップ

上達するために、私のやり方にしたがって、反復練習を行い、しっかりとしたグリップを身につけよう。

ステップ1：たんに打つ
ステップ2：ターゲット・トレーニング
ステップ3：試合に強くなる

自分に適したグリップを選び、すべての反復ドリルの間、そのグリップを変えずに維持しよう。強く握りすぎると柔軟性やラケット速度を犠牲にすることを覚えておこう。

壁打ちやボールマシンを使った練習は、反復練習にとても適している。

❷基本姿勢

プレーするときには、まっすぐ立った状態より身長を15～30cm低くするつもりで、正しい姿勢を維持するように気をつけよう。

移動の練習をするとき、フットワークをスムーズにし、できるだけ頭の高さを一定に保つようにしよう。同じ高さで滑るような感覚で移動する練習に取り組もう。

❸第一歩目の反応

ドロップ・ステップを練習するために、安定した基礎のレディー・ポジションとして、肩幅の1.5～2倍に足を広げ、足の位置をマークしよう。爆発的な第一歩を感じるまで、ドロップ・ステップの動きを練習しよう。自分の動きをビデオに録画して、爆発的な第一歩を感じるようになる前と後の動きを比較してみよう。

積極的な第一歩の反応により、タイミングがうまくとれるようになる。飛んでくるボールに対する反応のドリルは、よいタイミングとリズムを確立するために最適である。相手が打った瞬間に大きな声で「ボール」と言うことで、瞬間的に反応しなければならなくなる。ボールに対して安定した、タイミングのよい反応ができるようになるだろう。

打つ瞬間に、「ヒット」と言うことは、ラリーのリズムを確立するのに役立つ。この練習で、ボールが返ってくる前に、どれほど速くリカバリーする必要があるか理解できるだろう。ポイントのペースとタイミングを維持するために、予測、反応、リカバリーを行わなければならない。

同じように「リカバリー」という言葉をドリルに加えることもできる。「ボール」「ヒット」「リカバリー」と叫びながら練習しよう。

❹フットワークのストライド（歩幅）

迅速に加速するために、自動車の1速ギアのようなフットワークを使用し、足を速く力強く動かさなければならない。これを練習するためには、そりを引く犬をまねしたレジスタンス・トレーニングを利用しよう。腰にロープを巻き付け、誰かに反対側を持ってもらい、あなたの動きに逆らって引いてもらうという単純なものである。

このトレーニングでは、当然歩幅を小さくするだろう。毎日いろいろなフットワーク・パターンで反復練習を行うことで、コートを効率よくカバーするのに必要な、機敏な、流れるようなフットワークが身につくだろう。

❺フットワークのパターン

いろいろなドリルの中でクロスオーバー、後ろクロス、サイド・ステップを練習する。そのとき、頭の高さを一定にし、機敏で流れるような動きに

なるよう集中して行おう。レジスタンス・トレーニングによって、短時間で、速さとパワーを身につけることができるだろう。フットワーク・パターンに練習の焦点を絞り、独自のドリルを作成することもできる。

❻早い準備

　一流選手かどうかの判断の基準は、早く準備する姿勢である。私は以下のような観点で、準備能力によって選手を評価している。
・平均的選手……自分側のコートでボールがバウンドするとき。
・やや上手な選手……ボールがネット上を通過するとき。
・上手な選手……相手がボールを打つとき。
・最高の選手……相手がボールを打つ前。

　自分のショットから、相手のボールが飛んでくるエリアを予想することができる。さらに相手がボールを打つときに何か傾向があれば、それをヒントにすることもできる。

　準備過程の練習には、いくつかの方法がある。早い準備のために、ボールが自分側のコートに飛んでくる前に、バックスイングをしておくことを習慣にしよう。これはボールに追いつくとともに早く準備をすることを意味する。

　正確な準備は、ラケットのグリップエンドが身体のやや後ろで下方にあり、飛んでくるボールの方向を向いていなければならない。ラケットの下から上への動きは、ボールがコート内に入るためのスピンを生み出す。

　正確な準備は、あなたが右利きならば身体の右前にラケットを構える（もし左利きならば、身体の左前に構える）。ラケットを身体の後方で反対側まで引いてしまうのは危険である。

　準備の中で足と手の連係がうまくとれているかどうかを確かめるよい方法に、野球のグローブ・ドリルがある。これは、野球でボールを捕球する位置に入るとき、足が自然にオープン・スタンスになることを利用するもので、このドリルを行うことで、さらに準備の中でのボールの軌道への適切な対応も身につけることができる。

❼スタンス

　ラケットの準備、ボールへの移動、足の動きが正確にできるようになれば、オープン・スタンスかニュートラル・スタンスを選択することができるだろう。オープン・スタンスから打つ練習をするときには、体重を移動させて、身体が前傾しないようにしよう。また、フォロースルーまで、ずっと打点ゾーンで胸を張っていよう。

　サービス・エリア内で戦い、つねにオープン・スタンスで打たなければならないミニ・テニス・ゲームを試してみよう。

　オープン・スタンスからニュートラル・スタンスで打つ方向へ一歩踏み込み、体重を移動する練習をしてみよう。この体重移動とともに、ストロークを打ち始めるために腰を回転させなければならない。

❽引き金を引く（ラケットを振り出す）

　この考えを理解すれば、ラケット速度と力を最大限に高めることができるだろう。腕の速さとスイング・ラインの感触をつかむために、タオル・テストを行ってみよう（57ページののタオル・テスト参照）。練習するときには、実際にボールを打つ前に、スイングだけをしてみよう。これは、スイング速度を高めるのに役立つ。

　スイング・ラインをチェックするためには、引く動作を始めるときに、誰かにラケットを後ろで軽くおさえてもらおう。グリップエンドをまっすぐ前に振り出すことを忘れないように。

❾ 反対の腕（支持腕）

ストロークを打つときに、ラケットを持たない反対の腕をより有効に利用するため、右利きの人ならば左手に小さなウェイトを持ってみよう。負荷を加えることで、天秤ばかりのような、バランスをとる効果を感じることができる。

ラケットを持たない左手（左利きの場合は右手）をお尻において練習することは、手が固定されることの影響と、ラケットを振り出す動作での反対の腕の重要性を理解するのに役立つ。

❿ 腰による加重（腰を低く）

ストロークを打つときに後ろ足の上に体重を載せ、オープン・スタンスから打つ練習をしよう。ゆっくり腰を下ろし、スタンスの後方へ体重を移動させよう。準備の中で腰と身体を後方に回転させ、体重は後ろ足の上を中心として、ボールを打つときに身体を戻すように回転させる。ストロークを打っている途中で上方へ伸び上がらないように注意しよう。

⓫ リカバリー

リカバリーでは、積極的なボールへの第一歩目の移動が重要であり、どんな方向に対しても準備ができていることが要求される。

⓬ 練習の心構え

ヴィーナス・ウイリアムズ、セレナ・ウィリアムズ、マルチナ・ヒンギスは、ビヨン・ボルグ、マルティナ・ナブラチロワなど他の多くの偉大なチャンピオンと同じ心構えを持っている。それは、高い集中力をもって練習に取り組み、目標を明確にし、すべての心の準備が整っているということである。

辛抱強く、目標を立て、それを達成するために毎日取り組もう。完璧を求めて努力するべきであるが、途中で失敗を犯すことも理解しよう。失敗を最もうまく管理できる選手が、最もすばらしい結果を手に入れる人である。自らの能力を疑い、自分自身に否定的になるのは避けよう。

一生懸命な努力に代わるものはない。一つの目標を持って、頭を使って練習に取り組もう。コーチや、テニスをよく理解している人々からの建設的な批評を受け入れよう。

3 試合の心構え

ミスを犯すことやボールがアウトになることを心配しないようにしよう。そうでないと、試合中におどおどしてしまうだろう。グラウンド・ストロークを攻撃の基盤として、できるだけフォアハンドで打つようにしよう。バックハンドも武器となるだろう。しかし、一流選手さえも怖がらせるような強力なフォアハンドでポイントを終了することには大きな意味がある。

アンドレ・アガシがよい例を示している。彼のバックハンドは強力で武器となる。しかし、プレーを支配したい場合、彼はできるだけ多くフォアハンドで打つようにする。ペースを変えたり、スピンやショットの種類に変化を持たせたりすることで、グラウンド・ストロークの万能さを示し、相手を油断させよう。フォアハンドの強さを強調するショットのコンビネーションを工夫しよう。劣勢のときでも、長所を利用してポイントを組み立て、積極的になろう。自信を持つことは目標を達成するために必要である。

第3章
弾丸バックハンド

一流選手になるには、武器となる、本物の「弾丸」バックハンドを手に入れる必要がある。

テニスは、より速いコートで最新の道具を使って戦う、身長が高く、強く、能力の高い選手によって絶えず進化している。今日のスポーツ選手は、才能があり、弱点がほとんどない。数年前は、長所を活かすことで短所を克服することができた。バックハンド側のボールを回り込んで、フォアハンドで強打することができた。しかし、今日の選手は、全体的にバランスのとれた強力なショットを持っている。多くの一流選手は、グラウンド・ストロークを発展させ、本物の「弾丸」バックハンドを持っている。

1 弾丸バックハンドとは何か

「弾丸バックハンド」の"弾丸"には、次のような意味が込められている。
・バックハンドでパワー、正確さ、安定性を最大限に高める。
・すべてのショットでスピンと軌道を変えることができる。
・プレー・スタイルに役立つよう、この技術を試合の中に取り入れる方法を理解する。

2 基礎はできているか

問題は、ショットのスピードを高めることではない。一番大切なのは基礎である。ポジショニングやフットワークがスイングのコントロールを高めるのに役立っていれば、あなたは武器を持っているといえる。

❶運動の基礎

足元から上半身へ、弾丸バックハンドへの理解が深められるように話を進めていこう。

まず、ストローク自体がまさに基礎の延長であることを理解しなければならない。安定した基礎なしでは、弾丸のレベルには達しないだろう。運動の基礎は、トレーニングを通じて身につける身体のポジションである。

次に、安定とパワーを高めるように姿勢を低く保たなければならない。低い姿勢による太ももへの負担に耐えるために、肩幅の1.5〜2倍に足を広げる。ボールに反応し、打つための準備をしているとき、スタンスをより広くすることで、より多くのパワー、コントロール、正確さを得ることができる。

上半身の姿勢は、正しく上半身を機能させるために大切である。また、肩の回転動作は、背筋の強さや動作を効率的にするために重要である。上達するにつれて、腕や脚は、身体の基礎の強さを支点としてテコのように機能する。基礎をコントロールし支えるために、必要な筋肉を強化する。正しい姿勢をとることで、身体は機械のように機能することができる。

基礎となる下半身から上半身への姿勢を支える筋肉は、強固でありながら柔軟でなければならない。腕は、基礎よりもさらに柔軟性を持って機能する。グリップを握るときの腕や手の果たす役割に関係なく、腕は、スイングの中で、ムチのような柔軟な役割を果たす。実際、グリップを握るために力はほとんど必要としない。あまり強く握ると柔軟性が失われるので、ラケットを安定させるのに十分なくらいの力加減で握ればいい。

運動の基礎は、腕と脚によって生み出されるあらゆる動きをコントロールするためのカギである。習慣として身につくように運動の基礎を鍛え、築き上げなければならない。基礎が安定しなければ、結果も安定しない。身体的な観点から見ると、テニスは、移動とストロークのスポーツである。

次のドリルは、運動の基礎を確立するのに役立つだろう。

(1)綱引き

友達と1本のロープを持ち、数メートル離れて向かい合って立ち、相手のバランスを崩すように綱を引いてみよう。足を広げて重心を低くし、バランスよくしっかり踏みとどまることができるようにしよう。

(2)スタンスをかえての綱引き

引き続き、オープン、ニュートラル、クローズドの各スタンスで綱引きをする。2人で同じスタンスをとり、次々に異なるスタンスを試してみよう。

❷フットワーク

フットワークには、攻撃の組み立て方、コートのカバーリング、攻撃時期の判断方法についての理解が必要である。

フットワークとポジショニングは、どちらも弾丸バックハンドを身につけるために必要である。また、ショットの方向やスピードについて理解することも、リカバリーのポジションにタイミングよく移動するためには欠かすことができない。

80％近くのショットは、ポイントを継続するために打たれている。4回のショットのうち、わずか1回だけが、ポイントを終わらせるものである。コート上で的確なポジションをとることができなければ、相手にポイントを取られてしまう。コート上のポジションのリカバリーは80％できれば十分といえるだろうが、100％できることを習慣にしよう。

後ほど移動の技術についてさらに詳しく説明するので、各ショットの選択のタイミングや正確なポジショニングを理解し、正確なポジションを維持することの重要性を覚えておこう。

❸タイミングとリズム

　タイミングとリズムを理解するためのよい例は、音楽に合わせてどのように踊るかを見ることである。軽快なダンスの曲を聞くと、多くの人は、自然に身体を動かし始めるだろう。音楽のタイミングと楽器のリズム、歌は、音楽と動きと同調するとともに、ダンサーを巻き込むように思える。

　テニスの試合のリズムは、2人の選手がラリーする速度によって確立される。ラリーの速度が速ければ、選手はお互いに迅速に反応し、リズムに合わせて移動しなければならない。一流のダンサーのようにテニス選手は、すべてのボールを追い、リカバリーし、流れるように優美にリズミカルに動く。

　ボールが2人の選手の間を行き来するとき、その動作は5つの段階に分類することができる。

(1)第一段階：反応の準備

　ベースラインでのラリー中にボールが相手側のコートでバウンドするときに、相手のショットに対する最初の反応の準備をする。前のショットから完全にはコートのポジションをリカバリーできないときでも、コートに足をつけ、動作を始められるようにレディー・ポジションをとる。

(2)第二段階：予測と反応

　相手がストロークの動作に入ったら、ボールをどこに打とうとしているのかを探り、打つ瞬間に、相手のショットを予測し、動き始める。1～2秒でボールは飛んできてしまうので、すばやく反応しなければならない。

(3)第三段階：フットワークと準備

　相手のショットに鋭く反応し、ボールを追いかける。低い姿勢を維持するとともに、迅速で流れるようなフットワークを使う。早いラケットの準備と正確なポジショニングは、ショットを打つためのフットワークに大きな影響を与える。ボールがあなたのコートで弾むときまでに、ラケットを構え、ステップを調節する。

(4)第四段階：セット・アップと打つ

　時間があるときは、打つためのスタンスへ体重移動し、バウンドに合わせ最後の瞬間まで調節ステップを行う。走って打たなければならない状況では、打つ準備をしながらラケットの構えに合わせて足を調節する。

(5)第五段階：リカバリー

　一流選手は、ストロークの自然なフォロースルーの一部としてリカバリーする。とくに走りながら方向を変えなければならないときには、打つと同時にリカバリーを始める。ボールが相手に届くまでに、コートのポジションをリカバリーしなければならない。これは強くボールを打つほど、時間が少なくなることを意味する。また、リカバリーのポジションは、ボールを打つ方向によって変わってくる。

　すべてのショットの後に完全にリカバリーするためにあらゆる努力をするべきである。そうでなければ、相手にオープン・コートを許してしまうことになる。

　ボールが相手コートでバウンドするときまでに、あなたはポジションへ戻って、そして再びこの5つの段階を繰り返す準備をする。

3 コート・ポジショニング

　リカバリーの目的は、相手が最高のショットを打つ間に、自分のポジションを決めることである。相手が打つすべてのショットに手が届くところにポジションをとることで、相手がオープン・コートを得る機会を取り除く必要がある。相手のことを知りショットの予想ができるようになるにつれ、ポジションをうまくとることができるようになる。

4 正確な移動技術

あらゆる状況に備え、肩幅の1.5～2倍くらいに足を広げ基礎を作る習慣を身につけよう。このスタンスによって低い姿勢から大きなパワーを供給することができる。強い背筋と上半身を支える筋肉をつけることは不可欠である。

背骨は、下半身を上半身と接続する橋のようなものである。下半身の体重移動によって生まれたパワーが、腰を回転させ、背骨を通って、肩を回転させる。よい姿勢を保つことが、ストロークの強さと安定性、移動での鋭い動作を維持することを可能にする。

❶第一歩目の反応

第一歩目の反応の速さは、小雨の後の湿った滑りやすいハードコートや、乾いてほこりだらけのクレーコートでとくに威力を発揮する。しかし、重心をうまくコントロールし、つねに正確なスタンスから打つことを学べば、コート条件が悪くても移動はうまくいくだろう。

しっかりしたポジションで、広いフットワークの土台から、始動するために、ドロップ・ステップの技術を身につけることをお勧めする。反応時間を短くする最も大きな要因は、第一歩目の動きである。

ドロップ・ステップは、重心を低くして、身体の移動に体重を利用する方法である。右利きの人がバックハンド側にくるボールに反応する場合、左脚を少し曲げ、上半身を始動する位置へ導く。右脚がクロスするときに、左脚が力を発揮し始動するための牽引力となる。

右脚から強く始動すると、後輪駆動車が雪の上で牽引力を失うように、足元をすくわれるかもしれない。

❷フットワーク・パターン

フットワーク・パターンを10段変速の自転車のギアにたとえて考えると、ストライドの長さを理解するのに役立つだろう。スタートの迅速さについては、速く加速するための細かく強力なステップである第1速ギアのフットワークを利用する。長いストライドや大きなステップは、自転車の第10速ギアに似ていて、速度を得るのに時間がかかる。迅速に、第1速のギアのストライドを用いて移動しなければならない。

フットワーク・パターンは、それぞれの動きに合わせる必要がある。数ステップ以上の距離を左右に移動するためには、クロスオーバー・ステップを使用する。この移動パターンでは、速く移動することも、セット・アップや打つ段階へ流れるように移行することも可能である。ボールがわずか数ステップしか離れていない場合は、サイド・ステップで、ストロークを打つ位置を調節することができる。多くの状況で、ストロークに足を合わせる調節ステップが必要だろう。ハードコートでキュッキュッと音を出すこの小刻みなステップは、ショットを打つためのフットワークをセット・アップするのに役立つ。

ラケットの準備は、ストロークだけでなく、フットワークにとっても重要である。ボールに対応するため身体の前にラケットを構えれば、それを支援するための正確なメッセージを足が受け取るだろう。ボールに対してバックスイングで身体の後方へ大きくラケットを引いて構えると、クローズド・スタンスになってしまうような足への矛盾したメッセージを送ることになる。ラケットを早く構えることによって、足は準備のための十分な時間を確保することができる。

ラケットのグリップエンドを懐中電灯だとすると、身体の前で光がネットの方に向くようにしよう。懐中電灯の光の方向は、力を向けようとする

方向を表わす。足はオープン・スタンスにすることによりこの準備に応える。体重を前にかけることでニュートラル・スタンスを選択することもできる。

❸スタンス

　オープン、ニュートラル、クローズドの３つの基本的なスタンスがある。理解しやすくするために、足の位置を時計にたとえて説明しよう。

　バックハンドのとき、右利きの人は左足が時計の中心に置かれる。オープン・スタンスでは、右足は３時の方向に位置する。サーブのリターンのときのようにセット・アップの時間が限られる極限状況の場合、このスタンスが一般的である。両手打ちバックハンドの選手は、片手打ちの選手よりもオープン・スタンスをより頻繁に使用する。さまざまなコートのポジションからオープン・スタンスを練習することによって、強力なスタンスに発展させることができる。

　時間的に余裕がある場合やボールがやや短い場合は、ニュートラル・スタンスが効果的になる。左足を時計の中心にして、右足を12時の方向へ踏み出す。ニュートラル・スタンスは、ストロークに最良のバランスとパワーを供給し、両手打ちでも、片手打ちでもにバックハンドのための優れたスタンスとなる。

　オープン・スタンスから12時の方向へ右足を踏み出すと、体重が移動し、すべてのパワーはストロークが目標とするエリアと同じ方向へ向けられる。

　さらに右足を９時の方向へクロスに踏み出すとクローズド・スタンスになる。ピボット時の身体の回転が制約されてしまうので、このスタンスは両手打ちの選手にとってはとくに問題となる。さらにクローズド・スタンスから打つことは、バランスの問題を引き起こし、パワーとショットの可能性を制限する。しかし、片手打ちの場合は、両手打ちほどピボットの回転を用いないので、それほど問題にはならないだろう。

　クローズド・スタンスを避けるためには、セット・アップでラケットを身体の前に構え、正確にストロークの準備を習慣を身につけることである。

❹リカバリー

　走りながら打つときのリカバリーは、ストロークを打つと同時に始まる。スキーヤーがスラロームターンで下半身を外側に移動するように、一流選手は、１つのすばやい動きで身体の方向を変えることができる。

　コート・ポジションをリカバリーするためには、クロスオーバーとサイド・ステップを主に利用する。少なくとも相手が打つまでは、リカバリーするとき、ネットに両肩を向けていることは重要である。ネットに正対していれば、ボールが背後に飛んでくる場合でも、方向を急に変えることができる。

　武器となるストロークを身につけ、それを戦略の中で有効に利用するために必要なすべてのことを理解してほしいので、弾丸バックハンドの説明の大部分を移動に関連することに割いた。移動はストロークそのもと同じくらい重要であるということをぜひ覚えておいてほしい。

❺ 弾丸ストローク

　ストロークのメカニズムについての話を続ける。運動の基礎とよばれる身体のポジションの重要性について、またそれが移動とストロークの両方にどのように役立つかはよくおわかりのことと思う。

　下半身は、バランスのとれたヒッティング・ス

タンスや走りながら打つための正確なフットワークによって、ストロークに安定性もたらすとともに、体重移動を通じて身体の回転動作へのパワーも生み出す。

しっかりした上半身の姿勢によって、胴体部分はストロークで肩を水平に維持し、上半身の働きに安定性を加える。安定し柔軟な基礎ができてはじめて、ストロークの技術を築き上げる準備ができる。肩、腕、手、ラケットは、スイング中のパワーを生成するために協力し合い、調和して機能するだろう。パワーを最大限に高めるために、ストロークでテコの原理を利用することを身につけよう。

❶テコの原理

腕、手、ラケットが効率よく機能するのは、テコの原理による。いちばんわかりやすいのはシーソーの動きだろう。シーソーの一方の端に座ると、支点を中心にシーソーが動きもう一方の端が上がる。テコの原理は、重い物体を楽に持ち上げるために昔から利用された。この原理を応用することで、仕事をより楽に、効率よくこなすことが可能になる。

もう一つの例をあげれば、ハンマーの動きである。木に釘を打ち込むために、前腕から90度の角度に構えたハンマーはテコと考えることができる。下方への動きは、釘の方向へハンマーのグリップを振り下ろすことから始まる。ハンマーの頭部がそれに続く。グリップが下方へ振り出されるとともに、動きのエネルギーは、ハンマーの頭部へ、そして釘の上へと移る。

この例を念頭におき、テニスボールを打つことを想像しみよう。バックスイングで、ラケットのグリップエンドは打点の方向を向いている。グリップエンドを前方へ振り出すことで生成されたエネルギーは、打点ゾーンを通ってラケット・ヘッドを加速する。ハンマーの動きと同じように、ラケットの動きはテコとなる。

ストロークのより詳しい説明へと移る前に、このテコのイメージを頭の中にしっかりと残しておいて欲しい。

❷片手打ちの弾丸バックハンド

片手打ちのショットを作る上で最も重要な要素は、グリップと手首がテコの関係にあるとういことである。イースタン・バックハンドのグリップは、手首の最も強い支えとなる。ストロークが打点で打ち負けるのを防ぐ。

イースタン・バックハンドのグリップのまま、ストロークはバックスイングの位置から始まる。バックスイングで重要なことは、前方へスイングを始める前に、ラケットのグリップエンドの位置を決めることである。ラケットを引くにはいろいろなスタイルがあり、また多くの場合、バックスイングのときに腕は曲がっている。ストロークが前方へ始動するとともに、腕は完全に伸び、一本の棒のようになる。しかし、肘は完全には固定されず、腕はしっかりしていながら柔軟である。腕がレバーとなり、支点となる胸部と協力し、弾丸のようなパワーが生成される。

シーソーの動き同様に、胸部はストロークへエネルギーを送り出すために利用され、グリップエンドが打点へと前方に始動する前に、伸ばされた柔軟な腕と協力し、ストロークを推進する。グリップエンドは、飛んでくるボールの軌道と一直線となり、目標とする打点の高さより下方に構えられる。グリップエンドは、打点に向け前方へ始動し、次に腕が身体を横切って続き、目標の方向へ外側から移動する。

グリップエンドのスイング・ラインに続き、ラケット・ヘッドは打点ゾーンへ向けて急速に加速される。腕がフォロースルーで目標の方向へ向く

ように十分伸びるとともに、ラケット・ヘッドは打点ゾーンを通り抜ける。ラケット・ヘッドがどのような状態でストロークを終了するかは、ストロークに加えられるスピンとドライブの量によって違ってくる。

片手打ちのバックハンドでの基礎の役割は、身体が回転し、腰が開く力への抵抗である。身体の回転する動きは、ラケットの前方への動きが始まるときに完全に止まる。回転する動きを止めることによって、基礎からのエネルギーはストロークのパワーへと転換される。

このとき、反対の腕は、ストロークの間、肩を水平に保ち、ストロークが始まるとともに、肩が回転するのを防いで肩のバランスを維持する。

片手打ちバックハンドでは、体重移動の力がストロークと同じ方向へ作用するので、ニュートラル・スタンスが最も有効だろう。また、クローズド・スタンスも同様に有効だといえる。オープン・スタンスは、リターンや時間が制限された状況で利用することはできるが、片手打ちでは多少困難だろう。しかし、すべてのヒッティング・スタンスから打てるようにしなければならない。

どんなときでも、バックハンドからエースをとられるかもしれないという脅威を相手に植え付けなければならない。戦略でミスをしないように余裕をもってゲームができるように、ラリーではコントロール、スピン、スピードなどに変化を加えるようにする。そうすれば、試合中の安定した正確な配球で相手を消耗させられるだろう。

弾丸バックハンドを控え目に使用することによって、戦略をより有効なものにすることができるだろう。弾丸バックハンドを打つときには、先読みをしたり躊躇したりしてはいけない。つねに積極性と自信に満ちあふれた姿勢を保とう。

タオル・テストと呼ばれる次のドリルを試してみよう。

■タオル・テスト

タオルを握り、ニュートラル・スタンスで立ち、イースタン・バックハンドのグリップで手首の位置を決めて、友達にあなたの手の近くで後ろからタオルを持ってもらおう。そして友達の手からタオルを引き、ボールを打つように前に振り出す。何度か繰り返し、腕や手首が作り出す形とスイング・ラインを感じてみよう。強く引けば引くほど、速いラケットヘッドのスピードを生み出すことができる。

❸片手打ちのカミソリ・スライス

アンダースピンを効かせた片手打ちのカミソリ・スライスは、強打に対する変化として戦略的に有効である。両手打ちの選手も、片手打ちの効果的なスライス・ショットを身につけよう。劣勢の状況で、カミソリ・スライスは、唯一の選択肢となることがある。深くも浅くも攻撃することができるので、準備とショットの両方で相手が予測できないようにするための有効な多目的の武器となる。十分な準備のもとで有効に使用すれば、あなたがドロップ・ショットを打つたびごとに相手は呆然と立ちつくすだろう。

アプローチ・ショットでは、スライスを使って深く、ときには浅く攻撃することができる。フットワークを使ってより軽快に移動すると、ポジションを確保するための余裕が生まれる。また、十分な逆回転のかかったスライスは、ボールが低く横滑りするように弾むので、相手は対応策が限られる。

カミソリ・スライスのための理想的なグリップは、コンチネンタル・グリップである。このグリップは、正確なコントロールとショットのタッチ、完全なバランスとパワーを生み出す。

バックスイングでは、打点の下から、飛んでくるボールの後方にラケットのグリップエンドを準

備する。ラケット・ヘッドは腕とラケットでL字形を作るようにして、後ろに引かれる。肩は水平に、ネットと垂直になるように横向きに身体を回転させる。

前へ打ち出すために、ラケットのグリップエンドが打点方向へと前に振り出されるときに、ラケットを持っている方の腕の肩が回転し開き始める。反対の肩は、バランスをとるために働き、ネットと肩を垂直に維持し、回転しないように後方へ引っ張り抵抗する。反対の腕と肩のテコの支点としての機能は、打つ方の腕の引く動作に多くの力を供給し、スイング・ラインを維持するのに役立つ。

グリップエンドは、前に始動し、打点に向かってラケット・ヘッドを送り出し、身体の前を横切り、下方へ弧を描く。その後ラケット・ヘッドはグリップエンドの軌道に従う。

腕がバックスイングの中で伸びるときにも柔軟性を維持するようにする。片手打ちの弾丸ショットのように、腕は一本の棒になり、支点として支援するために身体の体幹部を使用する。力を生み出しストロークを支えるために、打つ方の腕は体幹部と一緒に機能する。ストロークが打点ゾーンを通過するとき、腕は体幹部から離れ、フォロースルーで目標へ向けられるようにいっぱいに伸ばされる。

下半身は腰と肩が回らないようにするために働く。肩は水平で、ネットに対して垂直、スタンスの前方、ネットの方向に身体を傾ける。フットボール選手がブロックするために肩を使い、勢いを得るために前に身体を傾けることを思い出してみよう。

戦略の中でスライスを打つ効果を理解するために、野球のピッチャーが速球を引き立たせるためにどのようにカーブ、チェンジアップ、スライダーを使用するか考えてみよう。スピード、コース、球種に変化をつけることによって、バッターに投球を読まれないようにする。

スライスは、それと同様の効果をもたらす。さらに、相手に予測を立てさせないことで、ドロップ・ショットや他の特別なショットのために、より多くのチャンスを与えてくれる。史上最も偉大な女子選手であるシュテフィ・グラフは、強烈なバックハンドのスライスを持っていたため、ボールにトップスピンをかけることはめったになかった。弾丸ショットと対照的なスライスをラリーに混ぜることを身につけるのは、多くの選手にとって非常に有用だろう。

❹両手打ちの弾丸ショット

両手打ちのバックハンドは、下半身の使い方とヒッティング・スタンスに関して、片手打ちのバックハンドとはまったく異なる。片手打ちのストロークは、身体の十分な回転がなくても機能するが、両手打ちのストロークは、身体がストロークを通じて完全に回転するような、攻撃的なヒッティング・スタンスによってそのパワーを生み出す。

両手打ちのストロークのためのグリップは、ストロークと手の働きを決定する。グリップによりストロークは、(右利きの場合) 左手主導、両手バランス、右手主導のいずれかになるだろう。下側の手のグリップ位置が、ストロークの手の支配関係を決定する。

さまざまなグリップ・コンビネーションを例に挙げ、それぞれのグリップに合ったストロークを見てみよう。

(1)グリップ・コンビネーション1
　　□上側の手：イースタン・フォアハンド
　　□下側の手：セミ・ウェスタンまたはイースタン・フォアハンド

多くの選手はフォアハンドのグラウンド・スト

ロークの学習からテニスを始める。その結果、フォアハンドで使用するグリップを持ちやすく感じるようになる。そのため次にバックハンドを学習し始めるとき、下側の手のグリップに修正を加えることに抵抗を感じる。しかし下側の手をフォアハンドと同じグリップにするとバックハンドのストロークのためのパワーはすべて上側の手から生み出さなければならなくなる。下側の手は、打点ゾーンを通ってラケットのグリップエンドを下へ振り抜く役割を担う。下側の手が回転を生み出し、上側の手はストロークの推進力を提供する。

　下側の手のグリップに合った理想的な打点ゾーンは、腰の後方になる。これでは身体の後方すぎる。下側の手が、セミ・ウェスタンかイースタン・フォアハンドの場合、腕と肘は打点時に腹部に当たってしまう。私たちはこのグリップ・コンビネーションを推奨しない。

(2)グリップ・コンビネーション2

　　　□上側の手：イースタン・フォアハンド
　　　□下側の手：コンチネンタル

　下側の手をコンチネンタル・グリップへ変更しても、ストロークはまだ上側の手主導にはならないだろう。しかし理想的な打点ゾーンは、コンビネーション1のときよりも前方に移る。

　下側の腕は、ストローク全体にわたって肘が多少曲がったままになる。グリップ・コンビネーション1と同じように、左手が推進力を作るとともに、右手がラケットのグリップエンドを振り出す役割を果たすだろう。スイング・ラインが打点方向へラケットのグリップエンドを振り出すとともに、身体を回転させストロークを始動する。その後、手は身体を横切って一直線に移動する。

　オープン・スタンスとニュートラル・スタンスの両方からストロークが打てる能力を身につけよう。

(3)グリップ・コンビネーション3

　　　□上側の手：イースタン・フォアハンド
　　　□下側の手：イースタン・バックハンド

　下側の手は、ほぼ完全なイースタン・バックハンドのグリップへ移る。このコンビネーションはより下側の手主導となるために、さまざまな要因が変わってくる。

　下側の手の手首がテコとして働くので、ストロークを通じて腕を完全に伸ばすことができる。これは、下側の手が片手打ちのバックハンドのように機能し、パワーを生み出すために伸ばした腕を体幹部に対して使用することを意味する。

　打点ゾーンは身体の前方外側になり、十分に身体を利用できる利点がある。強力なグリップにより、片手（上の手）を放したフォロースルーも可能となる。これは、アンドレ・アガシ、イェブジェニー・カフェルニコフ、ビヨン・ボルグ、クリス・エヴァートなど多くの偉大なチャンピオンが利用する、両手打ちのバックハンドのグリップとして最も強力なコンビネーションである。

　上の手主導のグリップとは手の働きが異なることに注意しよう。下側の手は打点を通じてラケットのグリップエンドを回転させ、身体の方へ引き戻し、また上側の手は、テコの働きで下側の手を助ける。

　ミラー・イメージ・シャドウ・スイングと呼ばれる次のドリルを試してみよう。自分の姿を見ることができるように、鏡か窓を見つける。ラケットの重さや手の回転運動を感じるために、手をリラックスさせスイングを始める。各手の役割を知り、ストロークの働きを感じるためにタオル・ドリルを試してみよう。

❺コートでの練習
(1)タイミング

　このドリルはすべての選手にとって有用であ

る。「バウンド－ヒット」、または、「ボール－バウンド－ヒット」と声に出して言うことは、聴覚、視覚、筋運動感覚というすべての感覚を利用してボールを打つタイミングを向上させる最高の方法である。確かにこの練習は簡単であるが、私たちアカデミーでは基本練習だと考えている。

(2) 慣れる
バックハンドで打つ感覚やラケットに慣れることが、安定性を高める第一歩である。パートナー、ボールマシン、バックボードなどを見つけよう。ゆっくり打ち始め、クロス、ストレートの両方で20球ずつラリーしよう。

(3) スピン
いろいろなスピンを加えよう。想像力を使って、ショットにアンダースピンやトップスピンをかけてみよう。安定感が落ちると思ったら、スピードやスピンを加減し、力を調節しよう。

(4) コントロール
すでにバックハンドの感覚をつかんでいるので、もう1つ上のレベルへ引き上げるために、目標となるターゲットを置こう。クロス、ストレートの両方でターゲットの大きさや位置を変えよう。各ターゲットに20球以上連続でボールが当たるように挑戦しよう。

(5) 打　つ
バックハンドにパワーという要素を加えよう。ただし、ただ強く打つという誘惑には負けないようにしよう。安定感やコントロールに欠けるパワーは必要としないことを覚えておこう。スイングやボールをコントロールできるようになったら、パワーを加えていこう。

6 まとめ

「弾丸バックハンド」の技術について読むだけでは、十分な指導にはならないかもしれない。私たちが示した情報や各研究を少しずつ取り上げ、忍耐強く、前向きに練習に取り組もう。新しい習慣を身につけるには時間がかかるだろうが、基本は結果を得るために不可欠である。ここで費やす時間や投資は、将来の成果に必ず結びつくであろう。必要なのは、賢い練習とひたむきな努力だけである。

第4章
音速サーブ

今日では時速250kmを超える「音速サーブ」を手に入れなければ、サーブを攻撃の武器とすることはできない。

テニスそのものと同じように、サーブは10年前では想像できなかったパワーやコントロールのレベルに到達した。長身の選手、強力なラケット、高い身体能力により、今日、サーブを武器とするためには、時速250km（時速140マイル）を超えるファースト・サーブ、「音速サーブ」が必要である。一流選手は、強力なサーブの他に、いやらしいスライスや高くバウンドする、スピードの遅いサーブも持っている。コースに変化を加えながらファースト・サーブの打てる選手は、芝のコートでは誰にも負けない「チャンピオン」となるチャンスを得ることになるだろう。音速サーブを身につけることで、セットをとるために必要な相手サーブのブレークに集中することができる。

いろいろな種類の250kmを超える音速サーブを打つことのできるプロ選手は、マックス・ミルニー、グレッグ・ルゼドスキー、マーク・フィリポーシス、ゴラン・イバニセビッチ、リチャード・クライチェク、マルク・ロセである。

しかし、たんにサーブそのものよりも、サーブ権を持つことの意味を理解すべきである。ピート・サンプラスは、時速250kmには達しないかもしれないが、明らかに歴史上最も優れたサーブを持っていた。彼の強力なサーブとボレーのコンビネーションは非常に有効だった。スピード、スピン、コントロールの変化、攻撃の質や安定感は、ピートがチャンピオンの地位を長く保つことを可能にした。

ピートの全盛時代には、15-40と劣勢なスコアからでも、彼がサーブで得点を重ねゲームを奪ってしまうことを相手も観衆もみんな知っていた。彼はルゼドスキーのようなスピードのあるサーブを打つ必要はなかった。独創的なスピンとコントロールを駆使して、レシーバーがカバーしな

ければならないコートの範囲を広げ、欲しいときにエースを取ることができた。サンプラスは、どこにサーブを打てばリターンがどのように返ってくるかよくわかっていたし、また、ボレーのチャンスを探り、予測することもできた。ピート・サンプラスのような選手の攻撃の心理的思考パターンや戦略から多くのことを学ぶことができる。

1 武器を持つもの、持たざるもの

現在プロのランキングトップ100に入っている選手のサーブを比べてみると、極めて多様なスタイルがあることに気づくだろう。

しかし、サーブで最も速い記録を出した10人の選手を取り上げると、おそらくその中に最高のスライスや高くバウンドするキック・サーブを持った選手が含まれるだろう。さらに、この10選手のサーブ技術は重要な基本的要素においてほとんど同じように見える。これは偶然ではなく、これらの選手が、人間に可能な限り高度で、精密な動作のメカニズムを発見し、身につけたことによる。この10人の選手と他の選手とを比較すると、その動作に明白な違いがあることに気づくだろう。

速いサーブが打てるようになりたいのであれば、偉大なサーバーに共通の正確な基本技術を身につけなければならない。自分のスタイルを持つことはできるが、その前にまず基本を踏まえておく必要がある。

サーブの動作は、野球のピッチングと比較するとわかりやすい。野球のボールを投げるためには腕と肩のメカニズムで、一連の動作を作り出す。腕と胸の筋肉全体が、エネルギーの移動によって収縮し、一連の動作に必要なエネルギーを生み出す。しかし、投げる力学以外は、サーブと投球との間には大きな違いがある。

投球には次のような特徴がある。
① 前足が大きく前方へ踏み出される。
② 肩はキャッチャーのミット（目標）と直線的に水平になるように保たれる。
③ 肘は前方への軌道に後からついていく。
④ 腕は、曲がったままボールを放す。

音速サーブはこれといくつかの対照的な要素を含んでいる。
① ステップは前方へ踏み出さない。
② 肩は、地面とほぼ垂直に下方へ傾く。
③ 肘は、打点ポイントへ一直線に上へ向かう軌道に続く。
④ 腕は、打点でまっすぐに伸びる。

投球とサーブでは、動作の目標となる方向が異なるので、運動に明らかな違いがある。投球は前方の目標、キャッチャーのミットへの力を作り出す力学的な特性を利用する。音速サーブは、上方の目標、打点のポイントへ力を向けるのに必要な特性を持っている。音速サーブの力学を簡便に説明すれば「上へ向かっての投球」といえるだろう。

サーブの動作のそれぞれの役割を理解することは非常に重要である。多くの選手は、投げる動作や力の目標が、前方のサービス・エリアにあると信じてサーブの練習をする。このようなイメージでは、音速に達することはむずかしいだろう。上方への投球へとイメージを切り替えてはじめて、音速の技術を身につけることができる。

サーブのパワーを高めたければ、打点のポイントにパワーを向けなければならない。そうすることによって、打つ方の腕は、ボールに多くのパワーを加え、打点でより効率よく働くだろう。打点のポイントへ向けて上方へ投げるとき、腕は打点時にまっすぐになり、サービス・エリアにボールを入れるための前腕のひねりと手首のスナップを作り出す。音速サーブを身につけるためには、上方への投球技術に注目しなければならない。

2 棒高跳びのポールのように

　長く柔軟なポールを持って、棒高跳び選手は助走路を走り、固定ベースへポールの先を合わせ、ポールを曲げるために前方へのエネルギーを利用する。ポールは、選手を約6m上空のバーの上に押し上げるエネルギーをたくわえる。

　上方への投球力学にエネルギーを応用するために、人間の身体は棒高跳びのポールのように機能することを学ぶ必要がある。サーブの姿勢の中で左の腰（左利きの場合は右腰）を伸ばし、右肩（左利きでは左肩）を後ろ下に傾けることによって、棒高跳びのポールのような、サーブを打つための潜在エネルギーを持つことができる。打つ少し前に身体をまっすぐに伸ばし、コート上へと倒れかかるように腰が使われる。この腰の動きは、地面から身体を持ち上げるほどのエネルギーを生み出す。

　腰の動きと同時に、トスを上げる腕は、肩から動き始める。トスを上げる腕は、打点ポイントへと上半身を引き上げる働きをし、肩は上方への移動を始める。両肩が地面に垂直な位置へ移るとともに、打つ手の肘はまっすぐに打点のポイントへ向かう上向きの軌道に従う。身体と腕が打つ瞬間にまっすぐになれば、一連の動きからのエネルギーはすべてラケット・ヘッドに伝わり、打点で上方に送り出される。

　打つ腕は、この動作全般にわたって柔軟で、リラックスし、手首のスナップを生み出すために腕はまっすぐになる。前腕の筋肉だけを使用したスナップを意識すると、一連の動作で生み出されたエネルギーを弱めてしまう。正確なコンチネンタル・グリップを使用し、打点に力を向けて、インパクトのときに腕を完全に伸ばせば、あとは自然に任せればいい。

3 グリップ

　グリップを決めることはたいへん重要である。フォアハンド・グリップで握ると、ボールに下方向への動きを作り出すための手首と腕の動きが制限され、十分に機能しない。

　打点時に最も重要な手首の動きを使用できるようにするために、コンチネンタル・グリップでサーブをする習慣を身につける必要がある。このグリップにより、音速サーブを打つために必要な動作が可能となる。

　また、少しバックハンドのグリップ方向へずらす方法もある。そうすると、さまざまなスピンをかけることができ、独創的なサーブを打つことができる。

4 トス

　理想的な打点ポイントは、フラット、スピンなどサーブのタイプによって異なる。さまざまなタイプのサーブを打つためには、トスの位置を調節できなければならない。トスの動作では、一般に打点のポイントの約30cm上へボールを投げ上げる。ただし、トスの理想の高さは、選手ごとの動作のテンポやリズムによって違ってくる。

5 トス−ヒット・リズム

　「トス−ヒット・リズム」は、トスを上げてから打点のポイントまでの間合いを計る基準である。トスがやや高く、打つための準備が遅い場合は間隔の長いトス−ヒット・リズムになる。低いトスを好み、早く打つ準備をすることができれば、間隔の短いトス−ヒット・リズムになるだろう。

　サーブがうまくいっているときは、トス−ヒット・リズムも安定している。自分に合ったトス−

ヒット・リズムを見つけ、すべてのサーブでそのタイミングを維持できるようにしよう。試合中にサーブがうまく入らなくなった場合、最初に考えるべきことは、自分に一番合ったトス－ヒット・リズムを取り戻すことである。

最適なトス－ヒット・リズムを確立するためには、ボールを手から放すときに「トス」、打つときに「ヒット」と声に出しサーブをする。自分に一番合ったタイミングを見つけるまで、これを繰り返してみよう。

トスそのものは単純な動作にすぎないが、とくにプレッシャーのかかった場合には、選手はトスに苦戦することが少なくない。しかし、動作を簡素化することで、安定して正確なトスを上げることができるようになる。

トスを上げる腕をまっすぐ伸ばし、手首を固定すると、腕は一本の棒のように働くだろう。理想のトス－ヒット・リズムの位置までボールが到達するだけの十分な力で肩から腕を上げ、目の高さでボールを放し、腕が打点のポイントと一直線になるまで上げ続ける。4本の指と親指の間にボールを置き、できれば少しボールを回転させる。ボールを放すときに手首を使うと、ボールにスピンが加わり、頭の後方へボールが流れてしまうだろう。

6 つま先をラインに合わせる

フット・フォルトを避けるため、ボールを打つ前にベースラインを踏んだり、内側に踏み出したりすることのないように、つま先をラインに合わせなければならない。選手はいろいろなスタンスを使用するが、スタンスの主な働きは、打点で動きのバランスをとることと、リーチを最大限にすることである。私たちが推奨する始動時のスタンスは、ネット・ポストの方向に前足のつま先を向

け、後ろ足は前足と90度の角度に開いて、前足のかかとの後方に置く。身体が前方へ、打点位置へと移るにつれて、後ろ足は前足の横へ向かってスライドする。

ジョン・マッケンローのようにベースラインと平行に立つのを見ることもあるが、もし足が地面から離れず、動作の中で腰や肩を回転させることができなければ、このスタンスは、身体の回転を妨げることになる。前足の膝が身体を支えバランスを保つため、ベースラインの内側へ身体を伸ばすことができないので、バランスを維持することは困難になる。

クローズド・スタンスの右利きのサーバーにとって、最高のサーブは、デュース・コートではセンターTを、アドバンテージ・コートではワイドを狙うことである。プレッシャーのもとで相手は、これらの位置へのサーブを選択するだろう。

リターンに備えて構えるときに、コート上のポジションを変え、相手の好きな目標を封じ込め、デュース・コートでワイドに、アドバンテージ・コートでセンターTに打つように仕向け、相手の力量を試してみよう。相手がそれらの目標に向かってサーブを打つことができないとわかれば、相手の得意なコースをうまくカバーできるように、コート上のポジションを調節することができるだろう。

私たちが推奨するスタンスは、最良のバランスやコントロールをもたらし、運動を制限することもない。デュースとアドバンテージの両サイドで、すべての目標に向けてサーブを打つことを可能にする。

7 テイクバック

音速サーブを打つための大切な要素であるテイクバックのポジションは、上方向への投球動作の

メカニズムのための潜在的エネルギーを作り出す。身体は柔軟でありながらコントロールされた状態で、棒高跳びのポールの動きをまねするように、打点ポイントと左手、右肩が一直線になるように、右肩（左利きの場合は左肩）が下がるとともに、左手と左腰（左利きの場合右手と右腰）はトスの方向へと上に伸びる。身体は、前側の左半身が伸び、後ろ側の右半身は曲がり、打点のポイントへ投球のメカニズムを応用する。

　重心を後ろにある右足にかけるのではなく、前側の左足を中心としたテイクバックを身につけるまでには時間がかかるだろう。身体の前側の左から胸、腕のあたりの筋肉をリラックスさせる必要がある。これによって、柔軟に身体を使うことが可能になる。

　前側の左腰を伸ばす動作では、左膝が極端に曲がらないようにしよう。膝をあまり曲げずに、正しい腰の位置を見つけるには時間がかかる。腰を伸ばす位置がわかれば、膝をさらに曲げることもできるが、腰の位置を犠牲にしてはならないことを覚えておこう。

　打点と一直線になるように肩と腕を傾けるときには、時計の文字盤を思い浮かべよう。トスを上げた左腕は1時の方向を指し、打つ方の右肘は7時を指す。

　テイクバックで身体を伸ばし、上方向への発射のためにエネルギーをたくわえているときに、爆発的なエネルギーが作り出されていることを感じ取ろう。

8 テイクバックから打点へ

　テイクバックですべてのエネルギーを腰に蓄えた。これで打点へとパワーを集中する準備が整った。上方への腰の回転のカギは、左腰を前に突き出すようにして、ベースラインに揃えたつま先よりも少し前の、コートの内側に腰を維持することである。腰を一定の位置に維持すれば、上方への回転エネルギーは打点へと上半身を押し上げ、打点の前でコート内へ前傾し、一直線となる体勢を作り出す。フォロースルーでは、ベースラインの内側に入っているのに気づくだろう。また、前方への勢いがネットへと身体を押し出すだろう。より高い打点ポイントに達すると、地面から足を押し上げるための上方への回転で十分な力を作ることができる。一流選手がサーブで地面から伸び上がるのを目にするが、これは脚を使ってジャンプしているわけではない。腰の回転が身体を押し上げているのである。

　身体がコート内へまっすぐ伸びるとき、肘がテイクバック時の下から打点ポイントへと一直線に180度移動し、作り出されたすべてのスピードとエネルギーがラケット・ヘッドを打点へと送り出す。この腕の下から上への動きを「パワー・カーブ」と呼ぶ。ラケット・ヘッドの速度を高め、十分なスピードを得るためには、スイングに十分な距離が必要である。音速サーブは、パワー・カーブの最後にボールを打つ180度の弧から生まれる。すべてのパワーが打点へ向けられ、腕は打点へとまっすぐに伸び、ラケット・ヘッドは最高点に達し、手首をスナップさせ、フォロースルーへと前腕を回転させる。その結果、ボールはネットを高く越え、鋭く落ち、サービス・ボックスへと導かれる。

　多くの選手にとって問題となるのは、前方への力を上方への力に変えることである。力不足や攻撃的なコントロールを得られないことで、選手はイライラする。選手はパワー・カーブを前方や下方へと変更して、ラケット・ヘッドが打点に向かって移動する距離を小さくしてしまう。これでは選手がボールに加えるつもりだったパワーは、フォロースルーを加速するだけである。何とかネッ

トは越えるが、サービス・ボックスにはなかなか入らないサーブとなってしまう。

前方への動作というイメージを取り除き、上方への動作に修正するためには、自分自身をだまさなければならない。30mの上空へ飛んでいくようなサーブを打つのだと信じ込ませるのである。もしそれが可能で、最も高い打点まで伸び上がることができれば、ボールがサービス・ボックスへ突き刺さるのを見て驚くだろう。ボールがコートに入るように無理矢理下へ手首をスナップしようとするのではなく、泡立て器で手首を使うような自然な動きができるようになる。

多くの時間を費やし、サーブでの上方への投球の技術を身につける練習を行ってみよう。心理的に慣れるように熱心に取り組む必要がある。身についた古い習慣を捨て去ることは、新しい習慣を身につけるよりも困難である。プレッシャーのかかったときや試合中に疲れが出てきたときに、古い習慣がときどき現れても驚かないようにしよう。真剣に取り組めば、忍耐と決意が目標へと導いてくれるだろう。

9 スタイル

選手は、自らの好みに基づき各自のスタイルを作り上げる。重要な基本的要素は共通だが、音速サーブにも多少の技術的な違いは存在する。例えば、セットからテイクバックへと腰を伸ばすとき、前側の左腰を伸ばし始めるか、後ろ側の右腰を曲げるかという違いである。前側を伸ばす場合、脚力にあまり頼らずに強力で効果的な回転動作を生むことができる。

自分独自のスタイルを作り上げるときは、重要な要素を犠牲にしないように気をつけよう。また、スタイルが独自のものであるほど、けがの可能性も大きくなることにも注意しよう。

10 練習法

❶どこでビューンという音がするか

スイングの音を聞くことは、正しい方向に投球動作やパワーが向いているかどうかを判断するのに役立つ。ボールを使わずに全力で通常のサーブ動作を行い、スイングのどこでビューンという音が最も大きくなっているか探ってみよう。打点を過ぎて顔の前あたりで最も大きい場合は、投球動作や力は上ではなく、前に向けられている。打点のポイントに向かって力を上へ向ければ、ビューンという音は、頭の真上でするはずである。サーブを練習するとき、打点の前でビューンという音がしているかどうか気をつけるようにしよう。

❷投球動作の習得

(1)投球動作を練習する必要がある場合、毎日パートナーとキャッチボールの練習を行おう。近い距離から始め、ある程度正確にベールラインから反対のベースラインまで投げられるようになるまで、徐々に間隔を広げていく。投球動作を速くするために、肩の回転と両腕をうまく使うことが身につけば、ボールのスピードや飛距離は向上するだろう。腕と肩が水平な状態から始め、前側の左腕はパートナー、つまり目標の方向に向ける。左腕を使って肩を回転させ、一連の動作の中で胸を張るように筋肉を伸ばす。ボールを放すときに、胸は回転し、目標と正対するだろう。動作の中で胸の張りを大きくするために、両肘を広げるようにしてみよう。投球動作が身についたら、上方への投球という次の課題に進むことができる。

(2)音速サーブの動作をすべて行うつもりで、サーブの打点ポイントである目標へ向かって上へ投げることにより、セットからテイクバックまでの姿勢を作るようにしてみよう。その際、腰の

回転を高めるようにし、どれくらい高くボールを投げることができるか試してみよう。すべての動作を正確に行えば、ボールはサービス・ボックスの中でバウンドするだろう。

(3)投球練習の最後の課題は、両手に1個ずつ、2個のボールを使って行う。トスを上げる腕でサーブでの好みの高さに1球目をトスする。サーブのときのトス−ヒット・リズムのタイミングで、2球目を利き手で打点へ向かって投げ、2個のボールがぶつかるように試みてみよう。このとき、トスするボールを実際のサーブのときの高さよりも低くしてはいけない。

❸筒の中での回転

この練習では、すべての身体動作をコントロールする能力をテストする。打つ前に身体をまっすぐにすることで、ラケット・ヘッドへ効率的にエネルギーを伝える方法を身につけることができる。完全な動作の制御や正確な姿勢を作り出す前に、それに悪影響を及ぼす無駄な動きを取り除く必要がある。無意識に余計な動作が生じている場合、動作とバランスの制御に取り組む必要がある。筒の中での回転の練習は、サーブ動作中に前後左右に身体が傾かないように、まっすぐな姿勢を維持し、スピードを高める投球動作でリラックスするためのしっかりした身体の中心線を意識することにある。

目標は、身体のまわりに密着した筒があると想像し、その中でしっかりした姿勢を作ることである。トスを上げて打つときに、筒の内側でまっすぐな姿勢を維持しよう。動作の始めから、安定した上方への背中の姿勢を確立し、足や腰の筋肉を使ってコントロールし、前に倒れるのを防ごう。スイングするとき、筒を壊して飛び出さないように心がけ、腰と肩だけが筒の内側で回転するようにしよう。この練習を行うときに、頭はほとんど動かない。スタンスをネット方向へ向ける方がやりやすいと感じるかもしれない。

この練習は簡単に思えるかもしれないが、習得には多くの忍耐を要する。うまく習得できれば、音速サーブの動作はより効率的でより強力なものになる。

❹バウンドするまでバランスを維持する

セットからテイクバックまでのポイントは、完全なバランスを維持することができるかどうかである。上方への回転エネルギーを作り出す姿勢で、すべての動作のコントロールを失わずに、打点に力とエネルギーを向けることができるように、バランスを保つことが必要である。身体が伸びて回転するための十分な柔軟性がなければならないが、だらだらしていてもいけない。

セットからテイクバックまでの姿勢は、鏡の前など、コート以外でも練習することができる。コート上では、自らの姿をチェックするためにビデオや影を利用することができる。サーブに関する技術をよく理解し、セットからテイクバックまでの見た目や感覚を把握することは、上達する上で大切である。

セットからテイクバックまでの姿勢を作るには、前足である左足のつま先が身体の前でネットのポストに向くようなスタンスに構える。後ろにある右足は、左足のかかとの後方で楽に感じられるくらいの間隔をとる。左手と右手が一直線になるように、肩の高さで両腕を伸ばす。トスを上げる左腕が左足の前方にくるまで、肩を横に回す。この時点で、打点ポイントの下、左足のつま先上で、身体を伸ばす準備ができている。左の腰を伸ばすための一番よい方法は、左足のつま先の上で伸び上がることである。身体の後ろ側の右腰や右膝を曲げるのではなく、ベースラインの内側へ腰を突き出すように身体の左側（膝から肩まで）を

伸ばす。膝頭の真上にある股関節の高さで、ボールをウエアの左ポケットに入れているとすると、そこが理想的な伸張ポイントの中心になるだろう。伸び上がるとともに、ポケットの中のボールは左足のつま先上へとますっぐ前に移動していくだろう。

この練習では、トスの動作で上方へ伸び、身体を傾けるときに、左腕と左肩、左足を一直線に保とう。ボールやラケットなしで、左足の上でトスを上げる腕が一直線になるようにすることから始める。左足の前方へポケット内のボールを移動させるときに、肩のラインが地面とほぼ垂直になるくらいまで後方の右肩を傾けよう。ポケットの中のボールの後ろあたりに、身体を伸ばしたときの体重を支えるバランスの中心が位置するようにする。

身体を伸ばすときに左の膝が体重を支えるために震えるようであれば、正確な位置にセットされていない。もっと左膝をまっすぐにして、膝ではなく、腰のあたりに体重を感じるまで左腰をもっと伸ばそう。重心の位置を感じることができたら、トスをしたボールが地面でバウンドするまでバランスを保つテストを試してみよう。

サーブを打つときの自分の好みの高さにトスを上げ、ボールが地面でバウンドするまで、バランスを保ち、テイクバックで静止する。完全にバランスをコントロールできるようになるまで、この練習をしよう。左の腰を十分に伸ばしているか、左肩が打点と一直線になっているかどうか確かめるために、ビデオでチェックしよう。セットするとき、体重はすべて前足にあるようにする。

❺上方へ向かって打つ

腰にエネルギーを蓄え、バランスを保ち、打つ準備ができた。腰の回転運動は、投球動作へと移行し、上半身を上方の打点へと回転させていく。正確に機能するためには、腰の位置がコートの内側の一定の位置に維持されなければならない。前の腰が伸び、前方に維持されたエネルギーを使って上半身を持ち上げる。

完全なセットからテイクバックに到達しながら、その後上方へ打つときに腰が後方へ急に引けることがよくある。腰が後ろに引かれると、姿勢が崩れ、すべてのパワーは失われ、ボールはネットへ向かって下に飛んでいく。上方へ向かって打つときには、絶対に腰がベースラインの内側にとどまるようにしよう。投球動作と力を向ける目標を思い出し、前方ではなく上方の打点へ向かって打とう。サーブを打つ前には必ず、エネルギーを向けたい場所を思い出すようにしよう。

グリップに何らかの修正を加えるのであれば、サーブを打つ前に必ず確認し、動作の途中で再調整するようなことがないようにしよう。

❻ゴールテープを切る

サーブのフォロースルーでは、完全にベースラインの内側に入ってしまうだろう。十分な上向きの回転を作り出すと、足は地面から自然に浮き上がる。腰が適切な回転機能を果たせば、上半身が前方への勢いを持った状態で着地する。ゴールテープを切る短距離選手の身体のように、最後に胸を張り、前傾し、サーブ・アンド・ボレーがフォロースルーの自然な流れとなる。

第5章
強烈リターン

> 音速サーブが芝のコートを支配する世界では、強烈なリターンなしにあなたにチャンスはない。

　音速サーブを持った相手と対戦するときには、走ってボールを追いかけるか、その場でがんばって強烈リターンを打ち返すかのどちらかしかない。

　アンドレ・アガシのような卓越した能力を持っていても、相手の攻撃をブレークするためには俊敏な反射神経以上の能力が必要だろう。事前に行動を予測する直観力が必要であり、サーバーの意図を探るためには相手の特徴を把握する必要がある。

　サーブをブレークするためには、試合のプランを立て、それを実行するための思考パターンと訓練も必要である。予測し、反応し、打つために与えられたわずか0.5秒の間に、サーブに対するリターンのプランを考えなければならない。

1 サーバーの特徴をつかむ

　熟練したレシーバーは、金庫破りのようにパスワードを見破り、サーバーのさまざまな戦略のデータにアクセスし、サーバーのすべての動きを予測する。試合の最初の数ゲームでは、サーバーの特徴やパターンに注目するとともに、タイミングやリズムを測る。コンピュータのように、前のポイントのデータを記録し、傾向を分析する。

　こうしてレシーバーは、両サイドにおいての相手の得意なサーブやプレッシャーがかかったときどのようなプレーを選択するかを探っていく。そうすることによってサーバーが苦手とするコースを知り、相手のサーブへの対策を立てる。積極的なレシーバーであれば、サーバーの思考パターンを操作するために、コート・ポジションや動作によってプレッシャーを与えるだろう。

相手がサーブを打つまでの準備がいかに大事なものかということを理解すれば、強烈リターンを打つことができるようになる。

　コート上に立った瞬間から、相手の弱点や動きを探ろう。反応する瞬間まで集中し、ボールを打ち返すことに専念する。サーブを打ち返すことに喜びを見出し、すべてのサーブは入るものとイメージする。リターンの完璧な準備をするためには、この思考パターンが必要である。

❷ 自分でライン・コールをする

　プロツアーでプレーしているのでなければ、審判や線審がつくような贅沢には、めったに恵まれないだろう。リターンを打ち返すことへの集中を失わずに、サーブが入ったかどうかを判断し、自分でコールしなければならない。経験を積むことでこの技術を高めことができる。

　サーブがフォルトであれば、すばやく、はっきりとサーバーにわかるようにコールしよう。手を上げたり人差し指を立てるなどのジェスチャーをするか、声を出すなどして、相手にフォルトであることをはっきりと示すようにする。優柔不断なコールをするとサーバーに思わせてはいけない。

　コールがはっきりしないと、相手はあなたに疑問を投げかけ、あなたが不正なプレーをしていると思うだろう。明確な判断を下すのがむずかしい場面もあれば、間違ったコールをしてしまうこともあるだろう。また、ボールがアウトになることを望んでいると、オン・ラインのときでもアウトだと思い込んでしまうようなこともあるものだ。

❸ 意図的なワナ

　オン・ラインのコールをごまかしてまでも、勝利にこだわる選手もいる。競技者としての品位を疑われるような評判はありがたくないだろう。優れた選手は、ボールを打った感触で、ボールが入ったかどうか判断することができる。繰り返し間違ったライン・コールを行えば、相手はそれに気づくだろう。一度間違ったライン・コールを行うパターンを確立すると、相手も同じことを仕返ししてくるだろう。それは、両選手にとって勝利の見込みのない醜い試合展開を招くことになる。

　結局、正直にプレーする方がよいだろう。もしあなたがワナにかけられたら、アンパイアを呼ぼう。間違っても試合でペテン師を打ち負かそうとはしないようにしよう。

❹ サーブの戦略

　レシーバーとしての予測能力を高めるためには、サーバーの思考を把握する必要がある。最初のいくつかのサービス・ゲームで、対戦相手についての考えをまとめるべきである。試合の初期のゲームで、相手のサーブをブレークできないからといって、イライラしてはいけない。セットの後半でサーブがブレークできるようにするために情報を集め、サーブの感覚やタイミングをつかむようにする。自分のサーブをキープできるのであれば、セットを取るためには1回のブレークで十分である。

❶レベルⅠ：セカンド・サーブに頼るサーバー

　サーブの戦略レベルⅠは、後のことはほとんど考えないサーバーである。ファースト・サーブを思いっきり打ち、入るかどうかは運に任せ、その後、「押すだけ」のセカンド・サーブを打つ。この戦略を使うのは、サーブにあまり自信がなく、サーブを戦略的に利用する方法を知らない選手である。

典型的な例は、思いっきり打ったファースト・サーブのほとんどはフォルトで、ファースト・サーブの確率が非常に低いというものである。

一定のパターンのサーブしかないサーバーをブレークするのは簡単である。少しプレッシャーを加えれば、彼らが容易にダブル・フォルトをするように仕向けることができる。

❷レベルⅡ：弱点を攻撃してくるサーバー

次のレベルは、弱点を攻撃することの重要性を理解しているサーバーである。こうしたサーバーは、たんに入れようとするのではなく、コースを狙ってくる。一般には、バックハンドが弱いサイドであると考えることが多いので、レシーバーのバックハンドへほとんどのサーブを集中させるだろう。もしあなたがバックハンドの実力を証明しなければ、彼らはバックハンドを狙い続けることになるだろう。

❸レベルⅢ：狙うコースを変えてくるサーバー

レベルⅢでは、予測される弱点を攻めることから、計算されたコースを狙うようになる。狙うコースは変わっても、サーブの速度にはまだあまり変化がないので、リターンのタイミングをとるのは簡単だろう。このような選手は、サイドからサイドに振ることで、レシーバーのリーチやカバーリング能力を試してくるだろう。

❹レベルⅣ：スピード、スピン、コースのすべてを備えたサーバー

やっとサーブを武器にした相手との対戦である。スピード、スピン、コースを変えながら、完璧なサーブを持ち、それをうまく使い分け、ファースト・サーブの高い確率を維持することができるサーバーに対して、あなたは打ち勝たなければならない。

サーバーがコースに変化をつけると、レシーバーはどのサイドに注意すべきか不安になる。ファースト・サーブにスピードの変化を加えることで、レシーバーはタイミングを崩される。レシーバーが強力なフラット・サーブを待っていることに気づくと、スピードの遅いスピン・サーブを効果的に混ぜ合せることができる。

効果的で確実なセカンド・サーブを持っているサーバーは、ファースト・サーブを積極的に打つことができる。しかし、セカンド・サーブに頼りすぎるとそれを狙われる可能性が高いことをサーバーは理解すべきである。ファースト・サーブでは、プレッシャーはレシーバー側にあるが、セカンド・サーブでは、それがサーバーの側に移る。2-3のフルカウントのピッチャーのように、サーバーにはミスをする余裕がない。セカンド・サーブに対しては、レシーバーはより攻撃的になることができる。

5 対　　決

音速サーブと強烈リターンの対戦をみてみよう。計量でにらみ合う2人のボクサーのように、プレーが始まる前からゲームは始まっている。

サーバーは、ボールを数回バウンドさせて、サーブの前に行うお決まりの動作を一定の順序に従って始める。レシーバーの準備ができているか確かめるためにもう一度レシーバーに目をやり、次にサーブでどう攻撃するか最終決定を下す。

その間に、レシーバーはサーバーの動きを探り、同様にお決まりの動作で準備する。身体を振り、ステップし、レシーバーはサーブにすばやく反応する準備をする。トスが上がるとともに、レシーバーは前へ一歩踏み出す。当てるだけにならないように、レシーバーはスプリット・ステップと反

応の中で、前方への勢いをつける。サーブが打たれる前に、レシーバーは動作をあらかじめ決める。サーブが打たれる瞬間、レシーバーがすべきことは、プランにしたがって反応するだけである。

レシーバーは、サーバーがサーブをする前に以下の点について確認をする必要がある。

①ファースト・サーブか、セカンド・サーブか。
②どのようなリターンをするか――ブロックするか、チップするか、ドライブをかけるか。
③サーバーはサーブの後にネットに出てくるか。
④どの方向へ打ち返すか――ストレート、センター、クロス。
⑤リターンの後に攻撃しネットに出るか、ベースラインにとどまるか。
⑥サーバーのサーブの選択にプレッシャーをかけ、影響を与えているか。
⑦リターンの後の展開はどうなるか。

これらに対する答えを用意しておけば、事前にサーバーの行動を予測することが可能になる。

6 サーバーの予想

サーバーは、トスを上げる前にレシーバーを最後にちらっと見て、プレーの準備ができているかどうかを確かめる。サーバーは、さらにレシーバーのコート・ポジションから打つべきサーブの種類やコースを判断する。

サーバーは、最初の数ゲームでレシーバーに関する情報を集めて、データを記録している。レシーバーがデュース・コート、アド・コートそれぞれで構える位置を把握するとともに、サーブを打つコースを選び、狙いを絞る。

デュース・コート、アド・コートの両方で、レシーバーが最も構えやすい位置をニュートラル・ポジションという。このポジションは、サービス・エリアに入ってくるサーブをほぼすべてカバーできる。サーバーは、レシーバーのニュートラルのコート・ポジションにすぐに慣れ、適応するだろう。つねにニュートラル・ポジションに構えていると、サーバーは、サーブのコースを選択する際にプレッシャーをあまり感じなくなる。また、レシーバーは、サーバーのサーブの選択に影響をあまり及ぼさないだろう。

サーバーの予測を惑わすためにコート・ポジションを変え、サーバーの判断に影響を及ぼし、サーバーに意図的に隙を見せることで、サーバーの心理を操作することができる。コート・ポジションを頻繁に変えることで、サーブの選択の幅を狭め、サーブをより正確に予測することができるようになる。

❶影響力

サーバーの立ち方、トスの調節の仕方、特定のサーブのときだけほかのサーブのときと違うポジションをとるなど、打つ前の動作の特徴から一瞬のうちにサーブを予測することができる。

相手がサービス・ボックスの限られた場所だけを狙ってくる、反対に特定のコースは狙わない、あるいはコースを予測できるような特徴をはっきりと示しているようであれば、あなたが支配権を握っているといえる。より確実にリターンするために、ニュートラル・ポジションを調節する必要があるだろう。例えば、サーバーが明らかにワイドへのサーブが不得意で、センターTばかりを狙ってサーブし、ネットに出るというパターンを多用し、それがうまくいっていたとしよう。こうしたときには、センターへのサーブに合わせてニュートラル・ポジションを調節することで、強力なサーブもより確実にリターンすることができるようになるとともに、ワイドをオープンにすることで、相手に対して苦手なワイドへのサーブを打つ

❷ワナと切り替え

　サーバーの予測を惑わせるために、異なったスタート・ポジションを利用して構えよう。サーバーがトスを上げる前、最後にあなたを見る際に、あなたのポジションが一方のサイドに偏っていることに気づく。サーバーは、あなたがセンターへのサーブを予測していること、ワイドへのエースのチャンスがあることを感じ取るだろう。そこでサーバーが動作を始め、あなたから視線をそらしたときに、ニュートラル・ポジションに戻る。こうすれば、サーバーがエサに食いつかずセンターを狙ってきても、ニュートラル・ポジションから反応することができ、相手にオープン・スペースを与えることはない。

　あなたがニュートラル・ポジションよりも左右どちらかに寄ったスタート・ポジションをとると、サーバーはあなたの策略に気づくまで、オープンサイドを狙ってくるだろう。ニュートラル・ポジションよりも後方、深い位置に構えることで、サーバーに対してアングルやスピンをかけて狙うように仕向け、強力なファースト・サーブの影響をやわらげることもできる。

　サービスラインに1〜2歩近づき、ニュートラル・ポジションよりも内側に構えることで、サーバーに力を入れて打つように仕向けることもできる。サーバーがダブル・フォルトするように、あるいはセカンド・サーブを使うように仕向けるためには、サービス・ボックスがとても小さく感じられるように前方で構えることである。

❸ニュートラルからヤマをかける

　強力なサーブに対応するためには、経験に基づいた予測に頼らなければならない。サーバーの特徴が徐々にわかってくると、予測がはずれたり、だまされたりしなくなってくる。セカンド・サーブの場合、サーバーがトスの動作で上を見るまで、ニュートラル・ポジションに構える。その後ヤマをかけて、バックハンドに飛んでくるボールに対して回り込み、フォアハンドのリターンを打ち込むということもできる。しかし、予測がはずれれば、逆をつかれる危険がある。

　コート・ポジションの戦術は控え目に用い、わずかな調節だけにしよう。あまり頻繁にすると、かえってサーバーにプレッシャーを与えられなくなる。サーバーのサーブの選択にわなを仕掛けていることに気づかれないように、最も重要なポイントまでこれらの戦術を温存すること。経験の深いサーバーに対してはとくに、いつも成功することは期待しないようにしよう。

7 サーブ・テクニックを読む方法

　動作を始めるときのサーバーのスタンス、トス、スイングの調節、ベースライン上で立つ位置などから、サーバーの意図を読むことができる。

　始動時のスタンスでサーバーがベースラインと平行に前足を置き、横向きに構えた場合、サーブを打つときに足が地面から離れるかどうか確かめよう。サーバーの身体が完全に回転すると、サーバーはフィニッシュでネットに正対する。地面からジャンプせず、身体が完全に回転しなければ、そのサーバーはあるコースを狙うことが不得意だろう。右利きの選手がデュース・サイドでサーブするとき、もしジャンプし、身体を十分に回転させなければ、ワイド、つまりサイドライン方向を狙うことはむずかしい。このサーバーが得意なのは、デュース・サイドからセンターTを狙うサーブである。アドバンテージ・サイドからは、右利きのバックハンドへのワイドへのサーブを好み、センターTへ打つのは苦手だろう。

一方、サーバーが前足をネット・ポストに向け、ネットに正対して構える場合、スタンスから得意、不得意なコースを予測することはむずかしい。

相手を欺くように巧みにトスの調整ができる高度な技術を持ったサーバーと対戦しているのでなければ、トスの位置からサーブを予測することもできる。サーバーの最速のフラット・サーブのトスの位置がわかれば、それを基準にサーブを予測することができる。右利きのサーバーが頭の上にトスを上げたとすると、バックハンド・サイドへの高くバウンドするキック・サーブを予想することができる。フラット・サーブのときよりも左側にトスが上がったら、ボディーかフォアハンドへのスライス・サーブがくる可能性が高いだろう。

上級者のサーバーでは、このようなトスの調節を相手に読まれることはないだろうが、もしチャンスがあればこのような情報をうまく利用しよう。

ときどき、サーバーがベースラインで通常の位置よりもワイドに構えることを目にするだろう。アガシはときどきダブルス・アレー近くに構え、アドバンテージ・サイドでレシーバーをコートから追い出すための角度をつけたサーブを打つことがある。サーバーがワイドのポジションに構える目的ははっきりとしているので、ワイドへのサーブに対応する準備をしよう。

8 強烈リターン対サーブ・アンド・ボレー

音速サーブを持つ選手は、すべてのファースト・サーブの後、またセカンド・サーブの後でもしばしばネットに詰める攻撃パターンを確立している。あなたがリターンを打ち分ける方法を身につければ、この攻撃をブレークすることができる。リターンがパッシング・ショットとならなければいけないので、サーブ・アンド・ボレーに対しては、リターンの前にポイントの組み立てをあらかじめ考えておくことがとくに重要である。サーブ・アンド・ボレーの攻撃をブレークするためには、いくつかのポイントがある。

(1)ショットの選択

深いクロスコートへのリターンではなく、ネットへ出てくるサーバーの足元、ストレート、クロスのアングルを主体とすべきである。

(2)ストロークの選択

ネット上を高く越えるトップスピン・ドライブではなく、サーバーがファースト・ボレーを打ちづらくなるようなスライス、チップ、ブロックなどのリターンを打とう。足元でボレーさせることができれば、主導権はあなたに移る。

(3)コート・ポジションを変える

サーブ・アンド・ボレーが得意な選手は、各自が持つサーブのタイミングに頼り、数ステップで移動し、あなたがボールを打つときにスプリット・ステップを踏み、ボレーの位置へと出てくる。前へ出たり後ろへ下がったりして、サーバーとの距離を調節することにより、サーバーが攻撃のための一定のタイミングを確立できないようにしよう。

すべてのサーブに対して同じニュートラルのコート・ポジションを維持するよりも、ときどき1〜2歩前後に移動してみよう。サーバーがあなたとの距離をつかめないようにすれば、相手は、レシーバーを自分の得意なパターンにはめることを困難に感じるだろう。

(4)1発でパスを狙うのではなく2球目を考えよう

すべてのリターンからパッシング・ショットのエースを狙うと、結局多くのミスをしてしまうことになる。リターンでは確実に返すことを第一に考え、2球目か3球目でパスを打つようにしよう。ラリーが長びくほど、ベースラインにいるレシー

バーの勝つ確率が高くなる。

あなたがファースト・サーブに対応し低いリターンを打ち、相手が打ちづらいボールを返すことができれば、ポイントをコントロールし、次のショットで終わらせることができる。

9 強烈リターン対ベースライン・プレーヤー

サーブ・アンド・ボレーのプレッシャーをかけられていないなら、確率の高いボールを選択し、プレーを始めるというレシーバーの第一の目的を果たすべきである。リターンに過剰な期待を抱き、不必要なミスをおかすような展開に陥らないようにしなければならない。サーブかリターンのどちらかで一方の選手がネットに出なければ、ポイントはラリーへと進展する。どちらの選手も右利きで、サーバーがデュース・サイドからワイドへのサーブであなたをコートから追い出したならば、あなたはクロスへのリターンで次のショットに備え、フォアハンド対フォアハンドのクロスコートのラリー・パターンとなるだろう。

ワイドへのサーブをコートの中央へ深くリターンすると、サーバーにどちらのコースへも打つことができるオプションを与えることになる。ストレートへリターンをすると、おそらく相手はクロスへ打ち返してくる。簡単にあなたは窮地に追いやられ、確率の低いショットを打ち返さなければならなくなってしまう。

アドバンテージ・サイドからのワイド・サーブもほぼ同じような展開になる。クロスコートへリターンすると、バックハンド対バックハンドのクロス・ラリーへと進む。どちらのサイドでもセンターTへのサーブは、あなたが好むラリー・パターンへと進展するように、どちらのサイドへも打つことができるオプションを与えてくれる。

10 最大の防御

サーブは最大の攻撃的な武器となるが、リターンも最大の武器となるようにすべきである。サーバーはあなたに力を供給し、漠然としたコースへボールを打っている。あなたはたんにボールを打ち返し、プレーを始めるだけでよい。音速サーブに対しては、これは言うは易し、行うは難しといった課題であるが……。

あなたの目標は、相手の武器に対抗し、ポイントに入ることである。強力なサーブを持った選手が、必ずしもすべてのトーナメントで優勝しているわけではないのはなぜなのだろうか。勝つためには、音速サーブ以外の能力が必要だということである。強力なサーバーはストロークなど他の技術が不足していることが多く、相手のサーブのブレークに苦しむことがよくある。

したがって、サーブをうまくしのぎ、ボールを打ち返すことができれば、強力なサーバーにラリーで打ち勝つことは、比較的容易なことに気づくだろう。攻撃を考え、つねにファースト・サーブでのリターン・エースを狙っていると、ポイントの開始でのミスに結びつくことが多くなる。それは正しい戦略の思考パターンではない。

防御を考え、自然に反射、反応モードに入るようにし、早く反応するためにグラウンド・ストロークを単純化し、リターンでのタイミングをとろう。コンパクトなドライブのリターンの他に、ブロック、チップ、スライスなども役に立つことに気づくだろう。ボレーのときのように、バックボードのような壁となるイメージを描こう。どのような方法をとるにせよ、サーブを打ち返し、主導権を握ることである。

あなたのねばり強い防御を打ち崩すために、サーバーがよりきわどいコースを狙ったり、力を入れてサーブを打ったりするように仕向けられれ

ば、ファースト・サーブがフォルトするようになる。セカンド・サーブは、相手を攻撃する絶好のチャンスである。

セカンド・サーブの強さに応じ、より積極的で、より攻撃的なオプションがある。コート・ポジションを積極的に調整し、プレッシャーを与え、サーバーにワナを仕掛けることができる。たんにブロックするのではなく、ボールにドライブをかけて打ち返すことを考えよう。ときどきリターンからネットに出て攻撃し、2球目のショットでサーバーにパスを打たせることもできる。望ましくないのは、あなたが策を講じすぎてチャンスをふいにすることである。リターンで重要なことは、つねにラリーを始め、ポイントに入ることを思い描くことである。

❶ニュートラルの確立

初めてのサーバーと対戦するときは、最初の数ゲームでサーブの長所や弱点に関する情報を集めなければならない。相手の特徴を理解するまでは、可能性のあるすべてのコースに対して準備しなければならない。

最初は、サーバーの一番得意なサーブの中間点、ニュートラル・ポジションに構えよう。1ステップで手をいっぱいに伸ばせば、センターTを狙ったサーブもワイドへのサーブもカバーできる位置にポジションをとる。右利きと左利きのサーバーのスピンの違いも必ず計算に入れよう。サーバーの力により、サービスラインからどのくらいの距離をとればいいかが決まる。ニュートラル・ポジションが確立できれば、次の段階へ進むことができる。

サーバーがサービス・ボックスの特定のエリアを狙ってこなければ、そこを狙うことができないか不得意なのかもしれない。サーバーが特定のサイドを集中して狙うようであれば、それにしたが

ってコート・ポジションを変えることができる。サーブのこないサービス・ボックスのエリアをカバーするためのポジションをとるのは無意味である。そうすれば相手が狙ってくるエリアを重点的にカバーすることができるようになると同時に、相手が苦手としているコースを狙うように仕向けることもできる。

試合の初めは、コートの少し深い位置に構えて、ファースト・サーブに反応するための時間に余裕を持たせた方がよいだろう。リターンで徐々に前へ詰め始め、自信が持てるようになったら、サービスラインに数歩近づき、より積極的なポジションをとるようにする。

リターン・ポジションで前へ出すぎた場合の問題点は、力のあるサーブに反応する時間が限られることである。逆にポジションが深すぎると、アングルへのスピン・サーブのチャンスを相手に与えることになる。それによりあなたはリターンでコートからさらにワイドに追い出され、サーブ・アンド・ボレーを得意とする選手に前へ出る機会を与えてしまうことになる。カバーしなければならないコート範囲が広くなるので、リターンでベースラインの後方に深く構えるためには、足が速くなければならない。自分に向いたニュートラル・ポジションを見つけ、攻撃のための一つの方法として積極的にコート・ポジションを変えるようにしよう。

❷お決まりの動作

リターンを打つ前のお決まりの動作は、あなたが反応や打つ準備をする際に、重要な役割を持っている。この動作は、選手ごとのスタイルや好みに応じて異なるが、強烈リターンを打つことを望むのであれば、いくつかの重要な要素が含まれなければならない。

ニュートラル・ポジションとは、サーバーのト

スが上がる前に通常構える位置である。サーブに反応するためのスプリット・ステップの位置は、ニュートラル・ポジションと同じこともあれば、ニュートラル・ポジションから移動することもある。スプリット・ステップは、打つためのスタンスを支える基礎を作る。両足を肩幅の約2倍に開いたこのポジションにより、腰を落とし、フォアハンド、バックハンドのどちらにも迅速に反応する準備ができる。より広い範囲をカバーし、リーチを広くするカギは、サーバーが打った瞬間に、より広いスプリット・ステップをすることにある。

ベースラインのかなり内側のニュートラル・ポジションからスタートする選手がいる。サーバーがトスを上げるとともに、レシーバーはスプリット・ステップをする前に数歩バックする。スプリット・ステップをするときに、早く位置につくことができ、重心を前に置くことができていれば、この動作はすばらしい。サーバーが、あなたの後方へさがる動作に気づけば、あなたはリターンをコントロールすることがむずかしくなるだろう。

ほとんどの選手は、ニュートラル・ポジションで、スプリット・ステップをしたい場所から数歩さがった位置で構える。トスが上がるとともに、スプリット・ステップをするために数歩前進し、防御的なリターンへ多少の力を加える。

ニュートラル・ポジションからスタートし、前後どちらにも動かない選手もいるだろう。お決まりの動作は、ファースト・サーブかセカンド・サーブか、あるいは、コート・ポジションの戦術を用いるかどうかによっても変わるだろう。どのような動作を選んでも、必ずタイミングのよい、広いスプリット・ステップで始めるようにしよう。

❸防御的ストローク

ほとんどのグラウンドストロークは、パワーを生み出すために大きなスイングで攻撃的に打たれる。しかし、リターンにおいては、サーブのスピードが十分な力を提供してくれるので、大きなスイングを必要としない。

サーブの力を利用して、コンパクトに打つ必要がある。バックスイングをあまりとらず、打点とフォロースルーに集中するべきである。ブロック・リターンを使用する場合は、バックスイングやフォロースルーは必要ない。

❹びっくり箱

リターンで多くの選手が抱える問題は、いわゆるびっくり箱である。サーバーがサーブする準備をするとともに、集中が高まり、レシーバーの興奮とエネルギーも上昇し、ピークに達する。サーバーがボールを打った瞬間、レシーバーはびっくり箱から飛び出す人形のように地面から跳び上がる。

サーバーが打った瞬間、あなたの足は広く開き、すぐに移動できるように地面に着いていなければならない。びっくり箱のようなレシーバーは、サーバーが打った瞬間に地面からジャンプする。コートに足が着いたときには、リターンを打つために反応するには遅すぎる。上へ跳ねることがお決まりの動作の一部であれば、十分早めにジャンプし、サーブが打たれる瞬間には、足が地面に着いていて、スプリット・ステップしているようにしよう。

❺スタンス

強力なサーブに対しては、完璧なスタンスが整っていなければ、ボールにラケットを合わせる時間すらほとんどないだろう。フォアハンド、バックハンドのどちらからも、オープン・スタンスで打つことを身につけなければならない。強力なサーブが手の届く範囲にうまくコントロールされて

飛んでくる場合には、腰と肩を回すだけでよいだろう。スプリット・ステップした後、足を動かしてはいけない。ボールが1歩離れたところへ飛んでくる場合にも、オープン・スタンスでセットし、打つべきである。

より打ちやすいニュートラル・スタンスに足をすばやく合わせようとすると、打ち遅れてしまうことがよくある。間違ったスタンスにならないよう気をつけよう。フットワークを最小限にして、オープン・スタンスで打つ方法を身につけよう。

レシーバーにとって一番むずかしいのは、走りながらボールに追いつき、打たなければならない状況である。多くの選手は、走りながら打つリターンよりも、自分に向かって飛んでくるボールのリターンの方が得意だろう。

クローズド・スタンスでは、リターンのオプションが限られるため、サーバーに予測されやすくなってしまう。片手打ちでバックハンドのリターンを打つのでなければ、クローズド・スタンスはあまりお勧めできない。リターンのオプションを広くするためには、すべての状況でオープンかニュートラルのどちらかのスタンスを使おう。

❻実践テスト

足や手を目一杯伸ばして打ったり、走りながら強烈なリターンが打てることは、最高のレシーバーの証しである。ジミー・コナーズやアンドレ・アガシのような選手の最も豪快なリターンは、走りながら、または思いきり飛びついて打ったときのものである。リターンで相手の手の届く範囲や追いつく範囲をテストすると、たいていのプレーヤーは音を上げるだろう。彼らはそのような状況でコントロールや力の不足を実感するだろう。彼らの問題の多くは、ストローク技術の不足である。最高のレシーバーはバックスイングをとらず、打点から一気に振り抜く。コナーズ、アガシ、その他の一流のレシーバーの技術は、一般の選手の技術とは異なる。

❼腕を一杯に伸ばしてのリターン

グローブでボールをキャッチするように、最高のレシーバーは、最初の反応として、飛んでくるボールとラケットのグリップエンドが一直線になるように構える。ボールの後方、やや下側から手を伸ばすとともに、ストロークを支えるために足を自動的に調節する。オープン・スタンスから踏み出し、打点のポイントへ対角線に身体を伸ばし、身体を横切る強力な引く力を生み出す。思いきり手を伸ばし、ストロークが身体を横切るように引き抜き、打点に力を加える。この動作は、大きなバックスイングからボールに手を伸ばしていく一般のレシーバーの動きとは大きく異なる。腕を一杯に伸ばしてもリターンできるような技術を身につければ、カバーできる範囲を広げ、鋼鉄の壁のようなディフェンスで相手を打ち破ることができるようになるだろう。

11 心理的な適応

リターンで攻撃的に考えることから防衛的に考えることへ切り替えることができれば、リターンで成功し、勝利へ近づくことができる。感覚を磨き、ポイント全体にわたるパターン、組み立てを理解することは、事前にプレーを予想するのに役立つだろう。

ポイントの組み立てを事前に考える習慣を身につけることは、反応モードでより的確な判断を下すのに役立つだろう。最後に、強力なサーブを打ち返す挑戦を好きになることで、プラス思考の心理パターンを作り出すことができる。そうすれば、知らないうちに、強力リターンを打っているだろう。

第6章
完璧ネットプレー

> これからは、ネットに積極的に出ていく、攻撃的なプレー・スタイルの選手が主流になるだろう。

　本章では、選手の攻撃の際の心理や戦略についての考えを解説する。さまざまなネット・プレーの技術とポイントを組み立てるための戦略について見ていくうちに、一つの目的を持って戦略を立てていくことで、個々のショットへのプレッシャーをやわらげられることがわかるだろう。

　ポイントを取るためには、ショット・コンビネーションを利用する必要がある。データ的に有利で、ポイントを決める方法がわかっていれば、優れたプレーヤーでも打ち負かすことができる。すべては、ネットに出て、完璧なネット・プレーで粘り抜こうとする、あなたの意志から始まる。

　まず、ポイントを終わらせる目的から話を始めてみたい。目を閉じて頭の中で完全なポイントをプレーしてみてほしい。

　ポイントはどのような形で終わったろうか。夜のスポーツ・ニュースであなたがヒーローとして取り上げられるほどのものだったろうか。ここであなたがイメージしたプレーには、「希望の円」（図6-1）に示す3つの要素が影響している。その影響とは、図に表わされているように、ある状

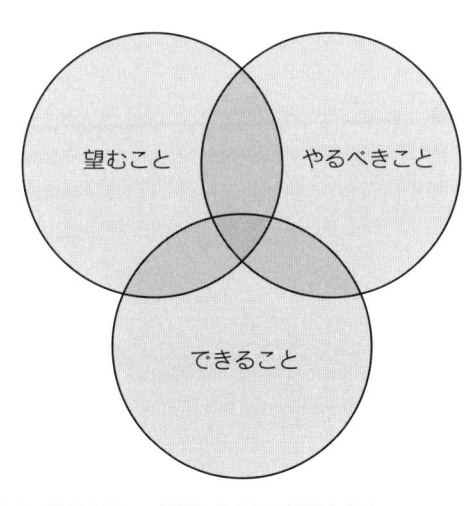

図6-1　希望の円——判断におよぼす影響を表す

況の中で、あなたが「できること」「望むこと」「やるべきこと」である。

ラリー中に、短いボールが返ってきたとしたら、あなたはどう対応するだろうか。あなたが「望むこと」は、おそらく思いきり強く打ち、エースを取ることだろう。しかし、「できること」は、そのときのプレッシャーやあなたの能力次第である。そして、あなたが「やるべきこと」は、データ上有利で、戦略的に最も有効なショットを打つことである。ここでストロークを打ち損じて、ポイントを失ったとしたら、それはあなたがより大胆な、むずかしい、確率の低いショットを選んだ結果である。

もしあなたがいつでも思い通りにボールを打つことができるのであれば、戦略は必要ないかも知れない。ラケットを振るたびに相手が追いつけないようなエースをつねに打てばよいのだから。それでは、なぜピート・サンプラスは、すべてのファースト・サーブでエースを狙わないのだろうか。なぜアンドレ・アガシは、すべてのリターンでエースを奪わないのだろうか。

それは、いつの時代でも偉大な選手は、みんな賢く、ショット・コンビネーションに基づいたゲーム・プランが必要であることを知っているからだ。もし、すべての場面でエースを狙ったら、結果的には、ミスで自滅してしまうことをみんな知っているのである。1回のサービス・エースに対して2回のダブル・フォルトをすれば、自分が取り得点の2倍を相手に与えてしまうことになる。

戦略は、すべてのショットの目的を決定し、あなたの能力を生かし、ショットのパターンや組み合わせをより適切なものにする。よりよい結果を得るためには戦略を立て、ポイントを組み立てる必要がある。コートのサーフェス、プレー条件、対戦相手などに応じて調節する。戦略を実行する際は、その効果を信じ、プレッシャーの下でも感情に左右されてはいけない。結果的に、戦略はあなたのプレーを楽にし、相手のプレーを困難にするはずである。

あなたの技術、ストローク、ショットを道具と考えると、戦略がスムーズに展開するためには、それぞれの道具が、他のものと調和して機能しなければならない。ポイントの構造の概念は、各道具の背景にある目的や、試合の計画の中でそれをうまく機能させる方法を示す。

その構造に従ってポイントを組み立てるとき、サーブやリターンが、いかにしてポイントを取るかという視点に立って組み立てられていることが理解できるだろう。サーブやリターンでポイントが取れなくなってもあわてないでほしい。戦略で成功するためには、あなたが下した決断の意味をよく理解していなければならない。あなたが「やるべきこと」を知っていなければならない。また、あなたが「望むこと」は、その決断を継続すべきである。それから、実行するための技術を身につけることが期待できる。

誘惑にかられて、過剰なプレーを選択したり、あなたが「望むこと」と「やるべきこと」の間で決心がつかず、ミスをしてしまうことがある。戦略が確かなものであることが確認できたら、それを継続するようにしよう。

一方で、苦戦しているときには、戦略を修正することも必要である。試合の途中で、自分のフォアハンドが相手のフォアハンドほど強力でないことに気がつくこともあるだろう。フォアハンドのクロスコートのラリー・パターンで押されていた

表6-1 ポイントとストロークの関係

ポイントの構造	ストロークの種類
①スタート	サーブ、リターン
②セット・アップ	グラウンドストローク・ラリー
③攻　撃	アプローチ、アングル、ドロップ・ショット
④終　了	ボレー、スマッシュ、パッシング・ショット、ロブ

としても、バックハンド対バックハンドのラリーなら組み立てられるかもしれない。そうしたときには、戦略を修正しても問題はない。

フットボールの試合では、ハーフタイムに前半の戦いを分析・修正して、後半には全く違った戦略が展開されることもある。修正された戦略は、前半負けていた試合で反撃するためのプレーを可能にする。逆境にあっても戦略を修正し、逆転できるチームは、本当に強いチームであるといえる。

実践的な戦略もなく、ときどき決まるエースに頼っているのであれば、多くの試合に勝つことは期待できないだろう。しかし、最高のテニス選手は、一本のショットだけで満足することはない。彼らは試合で対戦相手と競い、すべての相手に勝つためにすばらしいショットを打つための戦略を練っているのである。

1 ポイントを終わらせる

すべてのポイントの終わりは、次の3つのどれかに分類できる。

①エース……相手が触れられないようなショットでポイントが終わったとき。
②フォースト・エラー（強いられたミス）……精神的、身体的に準備をする時間がないようなショットによってミスをしたとき。
③アンフォースト・エラー（凡ミス）……ショットを打つための精神的、身体的準備をする時間が十分にありながら、ミスをしたとき。

すべての機会でエースを取ろうとすると、結局、ミスで自滅することになる。豪快なエースほど気持ちのいいものはないが、一方、完璧なチャンスをアンフォースト・エラーで終わるほど後味の悪いものもない。プレッシャーの下では、簡単なショットほどミスしやすいものである。相手も攻撃してきているなかで、エースを確実に打つのはむずかしい。

厳しい試合を勝ち抜くためには、ラリーを続け、相手がアンフォースト・エラーを犯すのを待つだけでは、十分とはいえないだろう。それは、優秀な選手は、わずかのアンフォースト・エラーしか犯さないし、それが試合の勝敗を左右することはめったにないからだ。相手がいつ、どのようにアンフォースト・エラーを犯すかあなたがコントロールすることはできないので、実際にそれをもとに戦略を立てることはできない。

相手にエースを狙うように仕向けるか、相手にフォースト・エラーを強いるような選手が、長い目で見ると、結局勝利することが多いようである。相手にフォースト・エラーをさせることが戦略の焦点となる。

エースを取ろうとするよりも相手を追い込むショットを打つようにした方が、より楽にショットを打つことができる。これは攻撃をためらうということではない。例えば、短いチャンス・ボールが10球きたとしたとき、エースを狙ってそのうち6～7球を凡ミスするのではなく、7～8球相手を窮地に追いやるように仕向けることである。戦略を立てるときには、エースとミスのこの割合を覚えておこう。

あなたの希望通りの結果となるよう、状況を整え、ポイントの組み立て方に従ってプレーをするとき、次のリカバリーのことを考えたショット・パターンを使用して、ポイントを組み立てる。グラウンド・ストロークでは、ベースラインからベースラインまで、ボールは2秒以内で飛んでくる。ボールが相手に届くまでの時間がリカバリーに使える時間になる。2秒以内にどれだけのステップを踏むことができるかを考えると、それほど多くないことがわかるだろう。その時間内に完全にリカバリーできなければ、オープンコートを相手に

与えてしまうことになる。5本のショットでポイントを終わらせるのであれば、そのうちの4本のショットの後には、リカバリーが必要になる。

では、どこにリカバリーすればよいだろうか。すべてのグラウンド・ストロークを打った後のリカバリー・ポジションが、ベースラインの中心、センターマークの後ろというわけではない。では、どのようにすればよいのだろうか。

❶確率の高いショットの選択──ラリー

第一のショットの選択は、ボールをクロスコートへ打ち、ラリーでコートのワイドにポジションをとることである。そうすれば完全にリカバリーすることができるので、これは最も確率の高いショットといえる。

第二のショットの選択は、センターマークの後ろにリカバリーすることである。あなたがクロス以外のコースに打つのであれば、リカバリー・ポジションも変わる。このリカバリー・ポジションは、フォア、バックどちらのショットに対しても中間に位置して、鋭い角度のアングル・ショットもストレートもカバーすることができる位置である。問題は、このリカバリー・ポジションに到達するために2秒以内しか時間がないということである。

第三のショットの選択は、エースを狙うことである。この場合はそのショットでポイントを確実に終わらせる必要がある。時間内にリカバリーすることができないので、相手にオープンコートを与えてしまう。十分なリカバリーの時間を確保するためには、クロスコートのラリーを続けることがもっとも確率の高いショットの選択である。

ラリー・パターンに変化を加えるために、ストレートに打とうとするならば、自分がリカバリーするための十分な時間を確保するために、スライスや少し山なりのボールを使うようにしよう。

❷確率の高いショット・パターン──ネットに出る

ネットに出るときには、適切なポジションにつくための時間がさらに短くなる。パッシング・ショットを許すオープンコートを相手に与えないようにしなければならない。あなたがよいネット・ポジションにつくための最短距離を得られるようなショットの方向は、ストレートである。コートのセンターでボールに追いつき、ストレートに打ち返すのが、最も確率の高いショットである。

ネットに出て粘り抜くには、パワーよりもネットでのポジショニングが重要になる。ネットでの技術にかかわらず、よいポジションをとることは、相手にとって大きな脅威となるが、ネットに出てうまく防御する技術なしには、そのポジションも効果を発揮しない。アプローチ・ショットのよしあしは、よいポジションにつけるかどうかだけでなく、次のボレーのむずかしさにも影響する。

攻撃力は、相手の能力など、多くの要素の影響を受ける。攻撃的なショットを考えるとき、私たちは当然、ベースライン際の深い、力強いショットを想像するだろう。相手をあざむくドロップ・ショットも、的確に使われれば、攻撃的なショットとなる。ラリーでベースラインの後方に深く構える相手は、ベースライン上に構える相手よりも、深いボールで攻撃するのはむずかしいだろう。

ネットに出て攻撃することが得意な選手は、アプローチでさまざまなショットを使う。トップスピンのほかにも、スライスやチップのアプローチを用い、深いショットやドロップ・ショットなどで深さを調節することもできる。

スライスやチップを打つことで、よりよいネット・ポジションにつく時間的な余裕が生まれる。いろいろな攻撃を混ぜ合わせ、ストレートのアプローチでさまざまなショットを打つことで、相手はコート上でどのくらいの深さに構えればよいの

か惑わされるだろう。

　ラリーでクロスコートのパターンを維持し、アプローチではストレートに打つという確率の高いショット理論に従うだけでは、次のショットを簡単に予測されてしまう。しかし、あなたがパターンを維持していても、相手にラリーを支配する機会をほとんど与えないならば、予測可能であることはそれほど悪い影響を及ぼさない。確率の高いショット理論は、相手にあなたのショットの方向を予測させるかもしれないが、方向を変更せずに、ショットの深さを変えることができる。重要なことは、あなたが確率の高いショット理論に反することをしたときに何が起こるかをよく理解しておくことである。

　強力なフォアハンドを持ちながらバックハンドはあまり得意でない相手と戦っているとしたら、たとえ広いパッシング・ショットを打つゾーンを相手に許しても、弱いバックハンドへクロスコートのアプローチで攻撃することができるだろう。

　アプローチで一番やってはいけないことは、相手がパッシング・ショットを打ちやすいところへ打つことである。多少力があり、トップスピンがかかっていて、ベースラインから1mくらい内側でバウンドして打ちやすい高さに弾んでくるボールは、多くの選手にとって、パッシング・ショットを打つのにうってつけのボールとなる。

　アプローチでいろいろな種類のショットを使うのは、相手がパッシングを打ちにくくするためである。攻撃でスピン、速度、深さを変えるのは、相手にパッシングが打ちやすいようなペースを作らせないためである。

2 ポイントを終わらせるためのポジション

　ポイントを終わらせるためにネットに出るときには、①サイドラインへのショットに対しては1歩踏み出して思いきり手を伸ばせば届く、②クロスのアングル・ショットに対しても1歩で思いきり手を伸ばせば届く、さらに、③ロブに対しても2歩以内で追いつくことができるようなポジションに構えるべきである。あなたがセンターへアプローチを打てば、ネット・ポジションはセンターになる。また、アングル・ショットのパスを打つように相手を追い込む。ネットに近づけば近づくほど、アングル・ショットはカバーしやすくなるが、ロブに対して弱くなる。ロブをカバーするためにさがると、アングルに対して無防備になる。したがって、相手の長所と短所を考慮し、いつならしっかりとネットに近づくことができるかを見極めなければならない。

3 完璧ネットプレーのための武器

　アプローチの目的は、ネットへ詰めながら、相手を追い込むことである。ショットをミスすることなく、フットワークをうまく使ってアプローチ・ショットから前へ移動することを学ばなければならない。アンダースピンのかかったアプローチ・ショットは、フラット・ドライブのショットより前への移動が楽になる。アプローチによく使用されるフットワーク・パターンは、後ろクロス・ステップで、前足の後方で後ろ足をクロスし、キックする。フラット・ドライブでは、オープンスタンスで打つのが最も適切だろう。

　段階的にネットに向かって前へ詰めていくこと。ファースト・ボレーのために、アプローチ・ショットを打ったら、できるだけ前へ移動しよう。しかし、相手が打つ瞬間には、次のショットの準備のためスプリット・ステップを踏まなければならない。

　これによって、相手の次のショットにすばやく反応することができる。スプリット・ステップを

するとき、足全体を思いきりコートにつける必要はない。速く反応できるように、つま先立ちになり身体が軽く感じられる方がよいだろう。

ストレートにアプローチ・ショットを打ち、相手が打つ瞬間にスプリット・ステップをしたとしよう。もしファースト・ボレーの打点がネットの高さよりも低い場合、ポイントを終わらせるためには、セカンド・ボレーが必要になるだろう。そのような場合、ファースト・ボレーをもう一つのアプローチ・ショットと考えて利用し、ストレートへ打ち、さらにネットへと近づこう。そうすれば、セカンド・ボレーでは、アングルへ打って決めるチャンスが生まれるだろう。

ネット・ポジションでは、相手にプレッシャーを与え、簡単に打ち破ることができないディフェンスの壁を作ることを覚えておこう。

❶ 完璧なグリップ

アンダースピンのかかったアプローチ・ショット、すべてのボレー、スマッシュに対しては、コンチネンタル・グリップを使おう。コンチネンタル・グリップを使うことで、スイングの途中でグリップを変更しなければならないようなことがなくなるだろう。コンチネンタル・グリップは、手首がラケット・ヘッドを支えるための強いテコとなるので、フォアハンド、バックハンドの両方で同じように役に立つ。手首が正しい位置にあるとき、ラケットと腕はL字になる。

❷ 反応の準備

ネット・ポジションでは、ボレーに備えてすばやくコンパクトな準備が必要である。したがって、レディー・ポジションから機敏に、どちら側にもすばやく反応ができるように、身体の前でラケット・ヘッドを立てて構えることを習慣にしよう。

レディー・ポジションでどちらかのサイドに偏って構える場合、身体の正面へ飛んでくるボールは、フォアハンドでは打ちにくいので、バックハンド・ボレーで打つことを覚えておこう。また、どちらで打つか迷ったときにも、バックハンド・ボレーで対応するようにしよう。

❸ フォアハンド・ボレー

すばやくコンパクトなボレー技術を身につけるためには、ボールに力を加えようとする誘惑を抑える必要がある。ボレーへの最初の反応は、ボールをキャッチするときのように準備することである。フォアハンド側で、ラケットの代わりに手に野球のグローブをしているとすると、自然な反応は、ボールをキャッチするために手を前に伸ばすことだろう。肘を後ろに引いて反応することはない。同じことがボレーにも当てはまる。打点に身体を向けるため腰と肩を回すときに、肘が最初に反応し、身体の前方外側でボールを迎えるように前へ動く。

飛んでくるボールに勢いを加える必要がある場合でも、バックスイングをしてはいけない。肘が前へ移動するとき、ラケットのグリップエンドが打点へ向くように手首を使ってラケットに角度をつける。グリップエンドを前方下に振り、ラケット・ヘッドは、ボールにアンダースピンを加えることでコントロールがつく。打点が肩の近くの高さの場合には、これがうまくだろう。

❹ スマッシュ

打点が肩の高さよりもはるかに高い場合は、スマッシュの準備をしよう。スマッシュに反応するためには、腰を回転させ、肩を地面と平行に維持して、後方のフェンスへ肘を向けよう。つねにフットワークを使い、打点が身体の前になるようにしよう。スマッシュは半分サーブの動作のようで、コンパクトでタイミングをとるのは簡単である。

腕をリラックスさせ、動作の間全体にわたって背筋をまっすぐ保つようにする。

❺バックハンド・ボレー

　肘がボールと出会うように前方に動かすことで、バックハンド・ボレーに反応する。ラケットを準備するときに、肩と腰を回し打点方向に身体を向ける。手首がテコとなるようなＬ字形を維持し、相手の力を利用してボールをブロックする。

　多少力を加える必要がある場合、ラケットのグリップエンドを打点へ向ける。グリップエンドを前方下へ振り下ろす動作で、ラケット・ヘッドは打点へ向かって加速し、肘がまっすぐ伸びる。

　バックハンドのスマッシュを打つためには、グリップエンドを打点に向かってまっすぐ上へ向ける。そこからグリップエンドを上へ振り出し、打点へ向け腕を伸ばし、ラケット・ヘッドを上へ送り出す。サーブの動作に似ているが、それを反対にしたようなイメージである。

❻ドロップ・ボレー

　相手がコート深く、後方に構えていることに気づいたら、ドロップ・ボレーを打ってみよう。ときどきドロップ・ボレーを混ぜることで、相手はベースライン近くでプレーしながら、短いボールもカバーしなければならなくなる。そして深いボレーを打つと、相手を追い込む絶好のチャンスをつかむことができる。

　有効なドロップ・ボレーを打つためには、飛んでくるボールの衝撃を吸収するように、腕とラケットが一体となって機能しなければならない。構え方は深いブロック・ボレーと全く同じに見えるので、相手はそれを予測することができない。ショックアブソーバーのように、打点でボールの衝撃を吸収しよう。

　ドロップ・ボレーではパーフェクトを求めてはいけない。そうしないと成功するよりもミスが多くなってしまう。ドロップ・ボレーで相手を追い込んで、次のショットでポイントを勝ち取ることを考えよう。

❼両手打ちのバックハンド・ボレー

　一流選手でも両手打ちのボレーをする人がいるが、片手だけを伸ばしボレーすることができなければ、十分なリーチは得られない。はじめだけ両手を使うことは、ボレーの感覚をつかむのには役に立つだろう。しかし、ネットでの可能性を最大限にするためには、片手で打つことを身につける必要がある。

❽ドライブ・ボレー

　ドライブ・ボレーは、ボールをノーバウンドで打つ以外は、全く普通のグラウンド・ストロークと同じである。同じグリップ、同じスイング、同じフットワークで、多少トップスピンを加えるとコントロールがよくなる。

　とくに相手が高いループ・ボールを使ってラリーしてくる場合、ラリーから突然攻撃に転じ、ドライブ・ボレーを使うこともできる。アプローチ・ショットのように扱って、打った後すぐにネットに詰めよう。

４ ショット・コンビネーションと戦術

　ネットを支配するために必要な技術を習得することは、むずかしいことではない。つねに攻撃するのではなく、コートを防御するという意識をもつことが重要である。ショット・コンビネーションが、完璧なネット・プレーを作り出すだろう。

❶サーブ・アンド・ボレー

　多くの選手にとって、サーブ・アンド・ボレー

の戦術は、サーブからポイントを終わらせる自然な流れである。そのような選手は、劣勢を挽回するための武器となるようなサーブを持ち、ネットを支配する。アプローチ・ショットとしてサーブを使用するときには、確立の高いショットの原則を思い出そう。センターTにサーブを打つことで、パッシングのコースを狭め、ボレーで手の届く範囲にリターンを打たせるように相手に仕向けることができる。逆に、ワイドにサーブを打つと、パッシングのコースが広くなり、ネットをカバーするのがむずかしくなる。

❷リターン・アンド・ボレー

セカンド・サーブでよく使われる、リターン・アンド・ボレーは、サーバーにプレッシャーをかけるために用いる戦略である。リターンの深さを効果的に調節することができるように、スライスやチップを使用する。一般に「チップ・アンド・チャージ」と呼ばれ、この戦略はセカンド・サーブでサーバーにプレッシャーを与え、多くのダブル・フォルトを誘う効果がある。

ストレートへのリターンは、ネットをとるために最高のチャンスを与えてくれる。

❸ドロップ・ショットとロブ（またはパッシング）

ラリー中に深いスライス・ショットを混ぜ合わせ、ドロップ・ショットで相手を欺くことを身につけよう。相手があなたの深いスライスに慣れてくると、同じ打ち方からうまく相手を騙すようなドロップ・ショットが有効になる。ラリーからドロップ・ショットを打つときには、相手がドロップ・ショットを打ち返してくることに備えて、あなたもネットに詰めていく。

相手があなたのドロップ・ショットに追いつき、打ち返してきたら、ロブがポイントを終わらせるための有効な選択肢になる。十分なオープンコートを作り出すことができれば、パッシング・ショットのチャンスもあるかもしれない。

❹アプローチとボレー

ドライブ・ボレーでも通常のアプローチ・ショットでも、短いチャンス・ボールをストレートに攻撃することで、次にアングルへボレーを決める絶好のポジションに構えることができる。このコンビネーションは、アプローチでストレートへ深いボールを打ち、次にボレーでクロスコートのアングルへ打つ。アンダースピンをかけると、アプローチ・ショットの深さをうまく調節できることを覚えておこう。

ネット・プレーの技術を身につけることは、完璧なネット・プレーのためには不可欠である。さらに、ネットへ出ていくためのアプローチ・ショットを磨くことで、プレッシャーをやわらげることができる。エースを取るのではなく、相手を窮地に追い込むのだと、思考パターンを切り替える必要があるだろう。あなたの目的は、ポイントを組み立て、相手がミスするためのお膳立てをすることである。試合に勝つということは、相手の選手に自分より多くのフォースト・エラーを犯させることである。

強い相手とプレーする場合、あなたは、ボレー、スマッシュ、パス、ロブなどのすっきりしたショットで多くのエースを決めたいと思うだろう。プレーする前に、次のポイントに精神を集中させ、最初のいくつかのショットの組み立てを考える力を身につけよう。相手の動きを予想することができるようになれば、ポイントを組み立てることができるようになる。チャンスがきたときには、「そこだったか」ではなく、「それきた」と言えるようにしよう。

第7章
ドロップ・ショット、ロブ

7 — specialty shots

積極的にネットへ出てくる選手との対戦では、ドロップ・ショットとロブが効果的な武器になる。

パワーのあるショットを打つことだけに集中する選手もいるが、ドロップ・ショットやロブのようなショットをうまく使えるかどうかで、ポイントに差がついてくる。ドロップ・ショットやロブは、「タッチ・ショット」と呼ばれ、習得には練習が必要である。しかし、とくに積極的にネットへ出てくる選手と対戦する場合に、これらのショットが打てるかどうかでポイントに違いが出てくることは明かである。

1 軽視された武器：ドロップ・ショット

テニスの黎明期、ドロップ・ショットは、アンダースピンで攻撃するラリーの中から考え出された相手を欺くためのショットだった。深いスライスのグラウンド・ストロークとチップ・アンド・スライスのアプローチ・ショットは、1-2パンチのようにドロップ・ショットとうまく組み合わされたショット・パターンである。

相手を左右に動かして、オープンコートを作り出すだけでは十分ではない。深いショットと短いショットのコンビネーションを学び、相手を前後に動かせるようになれば、あなたはさらに上のレベルへと到達するだろう。

❶ドロップ・ショットの定義

最も効果的なドロップ・ショットは、ネットぎりぎりのところを越え、相手のサービスラインの内側で、ネットよりも低い高さで2回バウンドする。

しかし、エースとなるような完璧なドロップ・ショットを頻繁に打とうとすることは、ミスにつながる。ショット・コンビネーションと相手を欺く状況を作り出せれば、多少強めのドロップ・シ

ョットでも効果的なショットになる。完璧なドロップ・ショットを打たなければならないと、自分自身にプレッシャーをかける必要はない。ショット・パターンをうまく組み立て、ミスをしない余裕をもつことである。

❷なぜドロップ・ショットを使うのか

ドロップ・ショットは、深いボールや短いボールを打つことで、相手をだますためのショット・コンビネーションの重要な要素である。パワーのある選手は、相手を左右に振り回し、コートの後方深くに守らせることが得意だろう。「タッチ」ショットを使う選手は、相手のポジションを操作し、チャンスを作るために、深いスライスやチップなどと一緒にドロップ・ショットを利用する。

タッチとパワーのバランスをとることで、次に何をしてくるのかという不安をつねに相手に抱かせておくことが可能になる。相手がコート深くに構えているときには、短いボールで攻めよう。コートの左に相手を追いやった場合、右（ときには深く）へエースを打つ。ドロップ・ショットとのコンビネーションは、他のショットをより効果的にし、パワーゲームを新しいレベルへ引き上げてくれる。

❸いつドロップ・ショットを使うのか

ポイントの組み立てをせずに、間違ったときにドロップ・ショットを使っている選手が多い。例えば、ベースラインからの長いラリーをドロップ・ショットで終わらせたいと思っても、ショットのコンビネーションを組み立てなければ、通常はポイントを失うことになるだろう。相手にドロップ・ショットを読まれ、反対にエースを決められてしまうことになるだろう。

チップと深いスライスを使うことができるようになれば、ドロップ・ショットの構えからボールを深く打つかもしれないと相手に思い込ませることができる。相手は、あなたのドロップ・ショットを警戒するようになる。

ドロップ・ショットに影響を及ぼす要素としては、相手をだます能力、相手の長所と弱点、天候やコートのサーフェスなどがあげられる。

❹相手をだますドロップ・ショット

だますということは、あなたが打とうとしているショットと反対のことを相手が予測するように仕向けることである。例えば、あなたが深いスライスのバックハンドを打つように見える場合、相手はボールが深く飛んで来るのを待って、後方にさがり始める。ボールがネットを越えかけたときに、あなたが実際にはドロップ・ショットを打ったことに気づいても、もう前へ出てくることはできない。

したがって、ドロップ・ショットは、組み立てに使うショットと同じくらいうまく打つ必要がある。あなたが深く沈むようなスライスのグラウンド・ストロークを持っていなければ、ドロップ・ショットはあまり成功しないかもしれない。

反対に、ドライブやスピンをかけるときと同じスイングで打つことができれば、効果的なドロップ・ショットとなる。グラウンド・ストロークと同じバックスイングや身体の動きで打つことができれば、上手に相手をだますことができる。

相手をだますようなショットを打つには以下の要素が必要となる。

(1)組み立て

同じ構えからの深いアンダースピンを相手に見せなければならない。深いスライスを規則的に使用することによって、相手をだますようなドロップ・ショットを打つことが可能になる。

(2)構　　え

選手は、相手の構えを見て、打つショットを予

測する。バックスイングでラケットが後方へ回りながら下がれば、ドライブかトップスピンを予測するだろう。ラケットがバックスイングで立っていれば、アンダースピンを予測するだろう。ドロップ・ショットの構えは、通常のグラウンド・ストロークと同じように見えなければならない。

(3)スイングとヒット

相手をだますための構えは、スイングにまで影響する。ドロップ・ショットのスイングの軌道は、深いボールを打つときと同じように見えるが、より多くのスピンをかけ、力があまりボールにかからないように、ラケットフェースの角度を少し調節する。こうすることで相手からは深いボールを打つスイングのように見える。

(4)フットワーク

アプローチのコンビネーションを使用する場合、フットワークが、相手をだますためにとくに重要である。少し調節するだけで、すべてのストロークを同じフットワークで打つようにしよう。

(5)方　　向

人間の目は、4.5mから6mくらい離れたところまでしか距離を正確に判断することができないと言われている。こうしたことも、相手をだますために利用しよう。

また、次のような2つの場面を想定してみてほしい。

①自動車が、ある程度離れた距離からあなたの方へ向かってまっすぐに走ってくると仮定しよう。あなたが、その速度を推測することができるようになのは、車がどれくらいの距離まで接近してきたときだろうか。

②同じ状況で、道路脇に位置を変更したならば、どうだろうか。

上の2つの状況のうち、②の場面では、距離の感覚や自動車の速度をうまく予測することが可能である。

ドロップ・ショットを打つときにもこれを適用しよう。ドロップ・ショットを相手から離れた方向に打てば、ボールの方向から、相手はボールの軌道に警戒し、反応するだろう。相手がコートの後方深くにいる状況では、ドロップ・ショットを離れたところに打つと、ボールが見やすいので、相手にとって大きなチャンスとなる。

ドロップ・ショットを相手の方へストレートに打つことによって、ドロップ・ショットの効果が高くなる。例えば、グラウンド・ストロークのラリーにバックハンドの深いスライスをいつも混ぜ合わせている場合、ドロップ・ショット打つときには、クロスコートに打つと有効である。ストレートのラリーからアプローチを打つ場合、ストレートへのドロップ・アプローチを混ぜよう。

(6)高　　さ

深いスライスやチップは、それだけでも相手を追い込む、攻撃的な武器である。ドロップ・ショットのための組み合わせとしてそれらを使用する場合、ネット上のより高いところを通過するように打つ必要がある。ドロップ・ショットも深いショットと同じ軌道であるほうがいい。

❺ドロップ・ショットのポイント

3つの要素がドロップ・ショットを打つ際には大切になる。

(1)グリップ

ドロップ・ショットを打つとき、ほとんどの選手はグラウンド・ストロークで使う通常のグリップからグリップを変えるだろう。コンチネンタルからイースタン・バックハンドのグリップに調節することが多い。しかし、ドロップ・ショットの名人、ジム・クーリエは、セミフル・ウェスタン・グリップを使用した。

(2)構えとスイング

さらに相手をだますためには、深いスライスと

ドロップ・ショットで同じバックスイングを使うべきである。より少ない力と多くのスピンを加えるので、フォロースルーを小さくしなければならないが、ストロークそのものは同じである。スイングするときに、ボールをたたこうとしてはいけない。

(3)バランスと基礎

すべてのショットと同じように、バランスと下半身の安定がショットの成否を左右する。安定したドロップ・ショットを打つためには、微妙なタッチを必要とするため、バランスと下半身の十分なコントロールが重要である。それには、ステップするときにしっかりしたスタンスを作り、前足の膝をリラックスさせることである。

❻ドロップ・ショットのコンビネーション

サーブ・アンド・ボレーは、コンビネーションの一例である。サーブでネットに出て行くチャンスを作り、ボレーかスマッシュでポイントを終わらせるようにする。サーブ・アンド・ボレーのときには、ファースト・サーブを必ず入れるようにしよう。

サーブでエースを決めようとすると、サーブが入る確率が低くなる。同じことがドロップ・ショットにも当てはまる。

完璧なエースとなるようにドロップ・ショットを打とうとすると、自分自身にプレッシャーをかけ、結果的に成功の確率を低くすることになる。ここで、コンビネーションを利用すれば、ドロップ・ショットはあなたの戦略を一段上のレベルに引き上げてくれることだろう。

(1)コンビネーション1──フォアハンドのループとドロップ・ショット

戦略は、相手を徐々にドロップ・ショットへの対応がむずかしくなる位置、コートの後方深くへ追い込むことである。

(2)コンビネーション2──バックハンドのループとドロップ・ショット

同じ戦略を使用し、相手を後ろに追いやるためにスピンを加えたループ・ショットを使う。この位置から、相手の防御的な短いリターンを期待することができる。その後前へ詰めて、次のようなショットへとつなげることができる。

・ドロップ・ショットを打つ。
・必殺フォアハンドを打つ（第2章参照）。
・攻撃的なショットで攻め、次にボレーか相手のミスでポイントを終わらせる。

(3)コンビネーション3──バックハンドの深いスライスとドロップ・ショット

パンとバターのように、この2つのショットの組み合わせはたいへん相性がよい。このコンビネーションを使い、ネットへ出るのが好きな相手を前へおびき出そう。

ラリーの中で深いスライスを使うことによって、つねにドロップ・ショットの脅威を相手に感じさせることができる。チャンスがきたときにだけドロップ・ショットを打つようにしよう。

(4)コンビネーション4──フォアハンドの深いチップとドロップ・ショット

コート後方からフォアハンドのチップを使用するのは、ほんの一握りの選手だけである。しかし、ジミー・コナーズやクリス・エヴァートが実証したように、これは非常に効果的な武器である。バックハンドのスライスとドロップ・ショットのコンビネーションのように、このコンビネーションはクロスコートのラリーで、相手に前後への揺さぶりをかけることができる。ウィリアムズ姉妹やマルチナ・ヒンギスはチップ・フォアハンドを利用する。

(5)コンビネーション5──スライス・アプローチとドロップ・ショット

ネットでよいポジションをとるために、ストレ

ートにアンダースピンのショットを打ち、ネットへ詰めて攻撃することで、効果的に深さを調節することができる。通常、攻撃するために、アプローチでは深いボールを打つ。しかし、ドロップ・ショットを警戒して相手がベースライン近くに出て来ると、深いボールがより効果的になる。相手がさらに深く構えるようになったら、アングル・ショットなどのアプローチも混ぜ合わせよう。

(6)コンビネーション6──フォアハンドのチップ・アプローチとドロップ・ショット

マルチナ・ヒンギスは、チップ・アプローチを復活させた。今日これをふつうに使用する人は少ないが、彼女は相手を前後に動かして攻撃することができる。深いチップは、反応をむずかしくする、サイドスピンやアンダースピンの回転を持っている。一度試してみてはいかがだろうか。

(7)コンビネーション7──ドロップ・ショットとロブ

ここでは、ポイントを終わらせるために3球のコンビネーションを使う。あなたがうまく打ったドロップ・ショットを相手がたまたま返すことができたとしても、それはたんなる防御的なリターンである。相手の体重は前へ傾いているので、次にロブを打つことが完璧な対応策である。

相手がドロップ・ショットを弱く打ち返してくるのに備え、ドロップ・ショットの可能性に警戒するよう、あなたもネットへ向かって走る。同じ状況で、ときどきロブボレーを使用するのもよいだろう。

(8)コンビネーション8──ドロップ・ショットとパス

あなたが打ったドロップ・ショットによって優位な状況にある場合は、オープンコートへ普通の力でパッシング・ショットを打つことも可能だろう。ドロップ・ショットを効果的に打つ選手は、相手の短いリターンを警戒するために1~2歩前

へ移動する。

❼その他のショットとドロップ・ショット

試合中にどれくらい頻繁にドロップ・ショットを使用するかは、いくつかの要因に左右されるが、一般的には、相手のポジショニングや予想に影響を及ぼす程度に、多少控え目に使用するのがいいだろう。

風が強い日、ボールが湿度で重く感じられる日には、ドロップ・ショットをより頻繁に使用することもできる。相手が、足が遅いなどの弱点を持っていたり、とくに不利な状況にある場合は、ドロップ・ショットを多少多めに使用しよう。また、クレーや芝生のコートでは、ハードコートよりもドロップ・ショットが成功しやすいことも覚えておこう。

天候やコート状況など、身の回りの状況に対する感覚を磨き、さまざまなこと──太陽がどこにあるのか、風はどの方向に吹いているのか、相手に対してどのようなプレーがうまくいっているのかなど──を考えに入れて、プレーを組み立てよう。

❽ドロップ・ショットでポイントを取る

ドロップ・ショットは、深いスライスやチップの打ち方と見た目が非常によく似ているので、ドロップ・ショットと深いスライスの両方が上手く打てるようになると、お互いのショットが生きてくる。例えば、あなたのバックハンドのスライスの信頼性が低い場合、ドロップ・ショットはそれほど効果がなく、またその逆も言えるだろう。このようなショットを打つためには、十分な深いアンダースピンを利用することが大切である。

これらの技術を身につけるときに、相手のショットの方向や深さに対する読みをどのようにはずせばよいか理解できるようになるだろう。しかし

実戦では、いつ、どのようにドロップ・ショットを打つためのコンビネーションを使用するのか、ずる賢くなる必要がある。ドロップ・ショットの戦略をどれくらいの頻度で利用すべきか判断する鋭い感覚が必要だろう。

きびしい戦いでは、爆発的なエースではなく、ショット・コンビネーションから戦略を組み立てることがとくに重要になる。賢い選手は、勝つために必要なことを実行し、楽に勝利を手に入れようとする。知恵や戦略に劣る選手は、無謀なパワーや完璧なプレーに頼らなければならない。

❾まとめ

ドロップ・ショットの新しい魅力に気づき、多くの人が、今すぐにコートへ行って試してみようと思っていることを確信する。ドロップ・ショットがすぐにうまく打てるようにならないからといって嘆く必要はない。あなたが短いボールを打つときに相手が深いボールを予測するよう、相手をだます能力を身につける必要がある。

ドロップ・ショットが打てるようになったばかりのときには、試合中にむやみに使いすぎることもあるだろうが、ドロップ・ショットを打ち続けよう。

2 ロ ブ

ドロップ・ショットと同じように、ロブは、シングルスの試合でもダブルスでも、誤解され、あまり利用されていない。ロブは、攻撃と防御の両方で使用可能であり、いろいろな方法で打つことができる。このセクションで、ロブのさまざまな側面ついて説明し、あなたのテニスにロブをうまく取り入れる方法を教えよう。

❶汚 名

ロブは、ひどい非難を浴びる傾向がある。パワーのある選手は、ロブを弱気なショットと見なす傾向がある。しかし、世界中の有力選手が、ロブは完璧な試合を組み立てるための重要な要素であることを理解している。ロブは、アングル、ドロップ・ショット、高いループ・ショットと同じような特別なショットである。

完璧な試合を組み立てるためには、パワー・ショットとタッチ・ショットの両方を使用できなければならない。パワーと技のコンビネーションを利用することで、前後左右の四方向すべてをカバーしなければならない状況に相手を追い込むことができる。相手をネットに引きずり出したときには、ロブやロブボレーで後方のオープンコートを攻撃することができる。

ときどきロブを打つ必要があるだろう。だからロブを打つときにためらってはいけない。普通のグラウンド・ストロークのようにロブを扱えば、よりうまく打つことができるようになる。

❷どんな相手にロブを打つか

ベースライン上にとどまり、ネットに出て来ない相手と対戦することがあるだろう。このような選手に対して利用できる最高の戦略の1つは、相手が前へ出て来なければならない状況を作り上げることである。短い防御的なグラウンド・ストローク、ショートボール、とくにドロップ・ショットで、得意なゾーンから相手を引っぱり出すことができる。相手のネット・プレーの技術レベルによって、ロブを打つかパッシング・ショットを打つか、どちらの攻撃が有効かが決まるだろう。相手がネット・プレーを得意としていなければ、相手のネット・ポジションを巧みに利用することもできる。

ネットによく出るボレーやスマッシュが得意な

選手に対しても、ときどきロブを打とう。ロブは、あなたのパッシング・ショットの効果を高め、勝つためのもう一つのチャンスを作ってくれる。

相手が自らの意思でネット出てくることを許すと、ピンチを招くことになるかもしれない。最初のチャンスから積極的に前へ出てくるネット・プレーヤーに対する有効な戦略は、あなたが主導権を握って相手をネットに引きずり出すようにすることである。

(1)深く追い込まれたらロブを打ちなさい

アプローチ・ショットで、コートの後方深くへ追い込まれた場合は、パッシング・ショットを打つよりもロブを打つ方がいいだろう。ロブは、あなたにポジションを取り戻す時間を与え、ポイントを継続することを可能にする。コートの後方からパッシング・ショットを打つと、ボールが通常より2.5～3m遠くに飛ぶ分、相手が追いつく可能性やエースをとられる危険性が高まる。

(2)相手のコート・ポジション

いつロブやパスを打つのかを決める要素はたくさんあるが、最終的には相手のコート・ポジションによって判断する。相手がネットにぴったりくっつく癖を持っていれば、相手が気づき、ポジションを調節してくるまでは、ロブを打ち続けよう。

ロブを打つと相手は、ロブに備えて後ろにさがるなどポジションを調節し始めるだろう。すると、今度はパッシング・ショットへの対応がむずかしくなる。

クロスコートへのパスとストレートへのパスを混ぜ合わせることで、相手は左右に動かなければならない。ロブを使うと後ろへの動きも強要できる。3つのショットすべてを使うと、パスやロブの効果を高め、相手はネットに出てニュートラルのポジションをとらなければならなくなる。

❸基本的なロブの技術

単純にラケットを下から上へ振り、少しフェースをオープンにしてフラットに打たれるロブは、通常のグラウンド・ストロークと同じ打ち方に見えるので、相手をだますことができる。力を加減して、ネットの上3～4.5mを通過するように狙う。

アンダースピンのロブは、スライスやチップなどのグラウンド・ストロークを打つときと同じように見え、追い込まれたときに最も打ちやすいショットである。また、風が強いときにも、アンダースピンのロブが有効である。空中に長く留まるので、スマッシュを打つのがむずかしくなる。

トップスピン・ロブは、ラケットの下から上への動きとともに、速いラケット・ヘッド速度を利用して打つ。

❹ロブのコンビネーション

シングルスでロブを使用する最も単純なコンビネーションは、ドロップ・ショットとロブである。このコンビネーションでは、まずドロップ・ショットを打って相手を前に引き出す。ドロップ・ショットに追いつくために相手の身体の勢いが前へ向いてしまうので、その後に打つロブは、完璧な選択である。

うまく組み立てられたドロップ・ショットとロブのコンビネーションは、たまに使用すると効果的である。このコンビネーションを使うことで、相手はドロップ・ショットを警戒し、ベースライン近くのポジションをとらなければならなくなり、必然的に深いショットが効果的になる。

ドロップ・ショットとアングル・ショットのコンビネーションでは、相手はベースラインに近づいて構えなければならなくなる。そうすると、あなたの深く攻撃的なグラウンド・ストロークが武器となる。

(1)パッシング・ショットとロブ

前にも述べたように、アングル・ショット、ドロップ・ショット、ロブの3つのショットをすべて打てることを相手に示し、適切なときにそれらを積極的に使用する。あなたが前のポイントで打ったショットから、絶えず相手にコート・ポジションを調節させる。あなたがロブを打つのを見たことがない相手は、ロブに備えるポジションはとらない。パッシングを打つチャンスを作るために、相手をネットからさがらせるためのロブを打たなければならない。

(2)防御の武器として

試合では、ショットの選択の余地がほとんどないような防御的な状況に追い込まれることがときどきある。このようなときは、よいコート・ポジションを取り戻すための時間をかせぎ、相手がスマッシュでポイントを決めなければならないロブが、ポイントを継続するための答えである。大切なポイントで相手がスマッシュをミスすれば、流れを変える大きな転機となる。深く追い込まれたときは、ロブを打って、相手に屈辱を味わうチャンスを与えよう。

(3)逆境の下で

風、太陽の位置、霧雨など、天候が試合に大きな影響を及ぼす場合、ロブやドロップ・ショットなどのタッチ・ショットと呼ばれるショットが効果を発揮することがある。太陽へ向かって、または横風が吹いているときにロブを打つと、相手はむずかしい状況でスマッシュを打たなければならなくなる。このような天候の条件などを自分に有利となるように利用する方法、コートチェンジで条件がどのように変わるかを見極める方法も学ぼう。

❺ダブルス

上手なダブルスのチームは、ポイントを終わらせるチャンスを作るために、アングル・ショット、ドロップ・ショット、ロブを利用する。ロブは、ネットから相手チームを引き離し、パスを打つオープンコートを作り出すために、ダブルスでは非常に効果的である。

サーブに対するロブ・リターンからトップスピン・ロブでのエースに至るまで、シングルスよりもダブルスで、より頻繁に使用される。

❻まとめ

後ろ足1本で立ちながら、バランスを崩して、または必死に走りながらなど、あらゆる状況でロブを打つことができなければならない。このような能力を高めるには時間と練習が必要である。したがって、すべての条件、状況の下でロブを練習するようにしよう。

初心者から上級者まですべてのレベルで、ロブはあなたのプレーの一部であるべきである。試合のはじめ頃に、ロブがうまくいかなかったとしても、相手に対してロブがあるんだというメッセージを送ることができる。そうすれば、次のショットがロブかもしれないと、相手はつねに警戒していなければならなくなるので、パッシングを打つ絶好のチャンスが生まれる。

相手がスマッシュやドライブ・ボレーを痛烈に打ち返してきて、数ポイントを失うかもしれない。しかし、適切な場面で使ったのであれば、ロブを打つのをやめてはいけない。たくさん練習し、試合中に多くロブを使用するほど、ロブが上達するだろう。

第8章
ダブルス

プレーヤーの動き方を理解すれば、ダブルスの試合は刺激的で楽しい挑戦となる。

コーチとして、私はシングルスの選手の育成を中心に指導してきた。しかし、シングルスの選手としての活躍にかげりが見え始めた選手たちが、ダブルスに挑戦し続けることに気がついた。ダブルスは、プロの試合としても、あるいはレクリエーションにも適したゲームである。ポール・アナコーンとマーク・ノールズは、私の教え子の中でダブルスの選手として最も成功した2人である。

本章は、すべてのレベルの選手にダブルスの試合に対する考え方を提供することを目指している。ダブルスがもたらす友情や、レクリエーションとしてのダブルスを愛する何百万人もの人々のお役に立てることを願っている。

1 ダブルス

私がダブルスについて考えるとき、楽しい思いで一杯になり興奮する。

- 自らの陣地を守ろうとする2人の戦い。
- お互いのパートナーにプレッシャーをかけないように努力する社交性を必要とする競技。

ダブルスは、いろいろな楽しみ方ができる。しかし、計画も立てず、パートナーとコミュニケーションもとらないのでは、ダブルスはそれほど楽しいものではなくなってしまう。

ダブルスの試合を見る際に、とくにサーバー側の前衛とレシーバー側の前衛がどこにポジションをとっているかに注目しよう。ボールがこなければ、初めのポジションから全く動かない選手もいる。試合のほとんどは、ベースライン上にいる2人の選手によって行わる。しかし、それならシングルスをプレーした方がよいだろう。

ダブルスのコミュニケーションには、4つのレベルがある。

①絶えずパートナーを非難する。
②パートナーと互いに一言も話さず、まるでシングルスのようにプレーする。
③ミスを犯した後に、パートナーに謝り、許しを求める。
④必要な戦略を組み立てるために、パートナーどうしがどのようにしたら互いを守ることができるか、積極的にコミュニケーションをとる。

　動き方を理解すれば、ダブルスの試合は刺激的で楽しい挑戦となる。戦略を学んで、ダブルスを楽しもう。さらに、配偶者や大切な異性との関係をテストしたければ、混合ダブルスをプレーしてみよう。精神的にまいってしまうか、あるいは一生付き合っていけるかはっきりするだろう。

　本章は、ダブルスの科学について議論することを目指している。あなたが個人的に成長を経験することができるような、基本の戦術とさまざまな選択肢を提示する。現在使っていない技術を見つけたら、挑戦し、いろいろと試してみよう。あなたの得意な技術を見つけ、それらを向上させ続けよう。また、あまり得意でない技術があれば、その練習に取り組む必要があるかもしれない。

❶シングルス対ダブルス

　ダブルスとシングルスとの主な違いは、ダブルスがコート・ポジショニングのゲームであるのに対して、シングルスがショットを打つこと、ショットのコンビネーションによってポイントを組み立てるものだということである。

　ダブルスでは、コートの半面に2人の選手がいるので、自然にオープン・スペースが狭くなる。シングルスでは、より広いオープン・スペースをカバーするために、多くの移動が要求されるので、さらにさまざまな変化が必要になる。

　ダブルスでは、狭くなったコート・スペースにより創造性は制限され、特定のショットを打つことが多くなる。ダブルスのチームは、相手のチームに対して最も効果的なプレーの方法を見つけるために、いろいろなフォーメーションを使用する。多様性が相手の心理状態に影響を及ぼすだろう。

　コーチは、どの2人がパートナーとして合っているのか見定め、また同時に個々の技術を評価しなければならないので、ダブルスの指導はシングルスとは多少異なってくる。

　ダブルスのチームは、その組み合わせによってお互いの長所が生かされることがよくある。その一方で、コミュニケーションの不足のために、あまりよくない結果に終わることも多々ある。

　コートは基本的に同じだが、コートの幅が広くなり、選手の数が増えることで、戦略は変わる。

(1)シングルスの戦略

・移動（動き）
・パワー
・サーブ・アンド・ボレー
・ショット・コンビネーション
・個々の長所や弱点に基づいた戦略

(2)ダブルスの戦略

・自分の実力を知り、パートナーの長所を最大限に引き出し、弱点を最小限にするようにしなければならない。
・ショットを打つときには、パートナーのポジションだけでなく、相手のコート・ポジションも考慮に入れなければならない。
・コートの半面にそれぞれ2人の選手がいるので、防御的なつなぎのショットは、より正確に打つ必要がある。
・すべてのポイントで、自分の役割を理解しなければならない。

　おそらく、シングルスとダブルスの間の最も大きな違いは、シングルスではプレッシャーが、選手の可能性を最大限に発揮することを妨げること

である。ダブルスでは、技術、緊密なコミュニケーション、助け合いがあれば、強く知的なパートナーに引っ張ってもらえることに気づくだろう。チームワークによって、自らの気持ちを消極的なものから積極的なものへと切り替えることができ、それはシングルスのプレーにも影響を及ぼすだろう。

(3)なぜダブルスをプレーするのか
- どんなレベルのプレーヤーも、ある程度の技術があれば、試合を楽しむことができ、よい運動になる。
- 高校や大学レベルでもプレーすることができる。
- 大学の奨学金は、シングルスとダブルスの両方をプレーすることができる選手に与えられることが多い。
- ショットの種類やチームプレーについての知識が豊かになる。
- ダブルスでは、サーバーのパートナーがポーチに出るのを防ぐため、より高いレベルのリターンが要求される。
- 前衛では、ボレーに自信のない人でも、ボレーを打つためにネットに出るチャンスが得られる。
- サーバーは、コートの半分だけを守ればよいので、サーブの後に前へ出る。
- パートナーどうしで不足を補うことができるので、プレーのレベルは同等でないこともある。
- 生涯プレーをすることができる——年齢を重ねるにつれて、動き、反応などが鈍くなる。ダブルスでは、半分のスペースだけを守ればいいので、中高齢者になっても楽しむことができる。

ダブルスは、学校行事や募金活動のイベント競技として実施するのが簡単である。スノーボードがスキーから独立したように、大学やプロのような高いレベルでは、ダブルスは独自のスポーツになりつつある。プロを目指す選手の多くは、一流のシングルスの選手になるという夢は、手の届かないところにあることに気づく。シングルスで成功しない理由としては、以下のようなことが考えられる。

- 一対一の競技のプレッシャーに耐えられない。
- 現代のプロの試合では、強烈なショットが打てることが不可欠である。パートナーの補助的な創造性、イメージ、思いやりのある選択で、それほど強烈な武器を持たない選手でも、ダブルスでなら成功することができる。
- チーム競技であることが成功のカギとなる選手もいる。

❷試合の戦略

誰が何をするのかという話に入る前に、私たちはコート上の４人の選手が何をするのか正確に理解する必要がある。まずは、コート・ポジションから始めよう。各選手の長所や弱点、各ポイントのために使われる戦略に応じて、ポジションは柔軟でなければならない。

❸サーバーとレシーバー

これらの２つのポジションは、すべてのポイントを始め、パートナーがとるレディー・ポジションの位置だけでなく、ボールが飛んでいる間に何をするのかにも影響する。数秒の間に、選手は有利なポジションへ移動する必要がある。

2 上級ダブルス

このセクションでは、上級ダブルスにおける、サーバー、レシーバーとそれぞれのパートナーの役割について議論する。

❶サーバー

　サーブ側のチームは、ボールを最初に打つチャンスを持ち、正確で攻撃的なサーブを打つことができれば優位に立つことができる。野球のピッチャーがバッターへの投球に変化を持たせるように、いろいろなサーブを混ぜ合わせることにより、レシーバーのバランスを崩す必要がある。

- レシーバーがアングルへ打ち返すのがむずかしくなるように、サーブのほとんどはセンターに打つ。しかし、レシーバーがセンターのリターンを得意とするときには、ワイドへサーブしよう。レシーバーの弱点を見つけたら、いろいろな種類を混ぜてサーブしよう。
- ファースト・サーブにスピンを加えることで、ファースト・ボレーを打つためにネットに出る時間を稼ぐことができる。
- ファースト・ボレーはクロスコートへ打つことが多いだろう。
- レシーバーのリズムを崩すためにサーバーと前衛が一直線に並んで構えるフォーメーションをとる。
- サーブした後ベースライン上にとどまることに決めたら、相手もベースラインにとどめるために、深いグラウンド・ストロークを打つこと。そして最初の短いボールを待ち、ネットに出よう。

　サーブの変化は、レシーバーを混乱させる。ときどき力を入れて思いきり強力なサーブを打つことも効果的だろう。

　サーブのコースは、相手のバランスを崩し、相手に予測させないようなところに打つ。レシーバーがはっきりとした弱点を持っている場合は、レシーブのリズムをつかむまで、そこを重点的に攻めよう。しかし、レシーバーがそのことに気がついたら、得意なところにサーブするのも効果的かもしれない。つまりは、いろいろなコースを混ぜることである。

①デュース・サイドでのサービスの選択
- 相手の弱点にサーブする。
- センターへサーブする。
- レシーバーの身体に向けてサーブする。
- ワイドへのサーブも混ぜ、相手にパターンを読まれないようにする。

②アドバンテージ・サイドでのサービスの選択
- 相手の弱点にサーブする。
- センターへサーブする。
- レシーバーの身体に向けてサーブする。
- ワイドへの高く弾むキック・サーブも混ぜ、相手にパターを読まれないようにする。

　デュース・サイドでのリターンの方が楽だと思ってはいけない。クロスコートへ打ったとき、逆クロスへのバックハンドのリターンは最もむずかしいショットの1つである。

　一般に、とくにサーバーの前衛がポーチに出るときに、片手打ちのバックハンドへの高く弾むサーブはとても有効である。左利きの選手に対しては、これはデュース・コートに当てはまる。

　ダブルスでは、両チームのサーブとリターンでの強いところと弱いところが考慮されなければならない。ワイドにサーブを打ってはいけないと言われても気にする必要はない。相手の能力によって、この作戦を使うかどうかが決まる。有効なところならどこへサーブを打ってもかまわない。

　相手のリターンの弱点へ、いろいろなことを、少しずつ試してみよう。教科書通りのプレーばかりをする必要はない。

❷レシーバー

　とくにサーバーの前衛が効果的にボレーし、ポーチに出てくるような場合、レシーバーは、コー

トの半分にしか打つことができないので、ダブルスのリターンは、シングルスほど簡単ではない。さらに、レシーバーの前衛はポーチに対して無防備である。

デュースまたはアドバンテージ・サイドから、どのコースにリターンをするか、パートナーと話し合おう。リターンが1つのコースに偏らないようにしよう。

・どのようなフォーメーションが好きなのか、パートナーと話し合おう。
・ほとんどのリターンは、クロスか逆クロスに打つようにしよう。ただし、ポーチに頻繁に出てくるチームと対戦する場合は、予測しづらくするためにときどきストレートに打とう。ポイントを失っても、ストレートにも打てるというメッセージを相手に送ることによって、相手の前衛にパターンを読まれないようにすることができる。
・1発でエースを決めようとしないで、次のショットを組み立てるためにリターンを利用しよう。
・目標を決めてリターンをする。
・相手を見てプレーしてはいけない。ボールに集中しよう。
・ときどきサーバーに直接リターンを打つことも忘れないようにしよう。
・積極的なプレーは、サーブをリターンしたすぐ後に、ネットに出て行くことである。これは、サーブ・アンド・ボレーの選手に、すばらしいファースト・ボレーを打たなければならないというプレッシャーをかける。相手がボールを浮かせたら、ポイントはあなたのものである。サーブ・アンド・ボレーの選手が、ボールではなくあなたを見ることがよくある。
・とくに積極的なサーブ・アンド・ボレーの選手に対して防御する場合、意外な戦術として、ロブのリターンがある。この戦術によってサーバーの前衛の不意をつくことができる。また、スマッシュミスを誘うことができるし、前衛がボールに追いつけなければ、あなたがネットをとることができる。
・相手の意表を突く戦略として、または、前衛がネット・プレーを得意としない場合の戦略として、前衛を狙ってリターンを打つという方法がある。相手がフォーメーションを変更するまで、狙い続けよう。

(1)レシーバーの選択

①強力なサーブ・アンド・ボレーの選手とポーチの準備ができている前衛に対するリターン

・サーブに対して、いつもより強いリターンを返す。
・ボールができるだけ早く沈むように打つ。
・ネットにいる前衛に向けて直接打ち返す。
・いつも構える位置から後ろにさがり、ロブを打つ。
・パートナーの位置を変更する——サーブをリターンする場合、ベースラインまでパートナーをさげる。
・サーバーの集中を崩すため、リターンのポジションを変える。

②十分にリターンをコントロールできる場合のサーブのリターン

・前へ出てライジングでリターンを返し、サーバーにサービスラインの後ろでファースト・ボレーを打たせる。
・チップ・アンド・チャージ。
・必殺フォアハンドのつもりでネットにいる前衛に向かって打ち返す。
・リターンをコントロールしている場合、通常の位置よりも前へ、サービスラインの内側まで、前衛にいるパートナーを移動させる。

- リターンでは、センター、クロス、ストレート、ボディ、ロブなどすべてのショットを選択肢に入れる。
- 入れてくるだけのサーブはチャンスとして必ず利用する。入れてくるだけの場合、サーバーの選択肢が少ないことの利点を考慮に入れる。
  ⇨ サーバーは、サーブを打った後、ベースライン上にとどまらなければならない。
  ⇨ セカンド・サーブからでは勝つ見込みがほとんどないので、サーバーはファースト・サーブの力を加減しなければならない。
  ⇨ あなたのパートナーは、ネットに近づくことで自信が持てるので、ポーチに出て、ボレーができる。

❸ファースト・ボレー

とくにファースト・ボレーを打つ位置がサービスラインの近くの場合、一般的なルールは、コートのセンターを狙って深くボレーすることである。深いボレーを打つことで、相手はアングルへ打つことが困難になる。

ネットにどれくらい近づくかは、ファースト・ボレーの攻撃力によって決まる。サーバーは、ボレーを打つためにネットに出る時間を稼ぐために、ファースト・サーブのスピンやコースをいろいろと変えるだろう。さらに、リターンの高さは、サーブ・アンド・ボレーの選手が、ファースト・ボレーで何ができるかに影響を及ぼすだろう。

あなたがつねにファースト・ボレーで前に出るのであれば、サーブをキープする確率は低くなる。プレーのレベルは、ファースト・ボレーやサーバーのパートナーのポーチの能力によって決まるだろう。ダブルスのスペシャリストは、多くの挑戦や失敗から自分の特徴を把握していく。

大きな問題は、サーバーが積極的なファースト・ボレーを打つかどうか、そしてパートナーと一緒にネットに出て、レシーブ・チームにミスの可能性が高い、最高のショットを打たせようとすることである。

❹サーバーのパートナー

サーバーのパートナーは、各ポイントの始まりで、すべてのポジションのカギとなる。サーブを援護し、リターンの後で何が起こるかレシーバーに警戒させ、とくにポーチからときどきレシーバーのパートナーを狙うことにより、相手を攪乱する必要がある。

〈役立つヒント〉
- ポーチに出るときには、いつもネットに近づくようにしよう。
- 何球かミスをしたからといって、ポーチに出るのをあきらめないこと。ミスをしてもポーチに出てくると思わせられれば、レシーバーはリターンをうまく打たなければならなくなる。
- サーブを打つパートナーとの間でサインを使っていなければ、レシーバーの重心移動を見て、サーブのコースを判断する。
- サーバーとレシーバーによって、あなたのレディー・ポジションが決まる。レシーバーのリターン能力によってポジションを変える。
- どのようなボールもつねにカバーができるように、レディー・ポジションで構える。
- プレー中には、ラリーに応じてポジションを変える。

❺レシーバーのパートナー

ネット、ベースライン、またはその他どこにポジションをとるか、パートナーと話し合おう。
- パートナーがリターンをうまくコントロールしている場合──サービスラインのずっと内側。
- ファースト・サーブをリターンするのが困難な

場合——ベースラインとサービスラインの間。
・サーブが強力で、サーバーのパートナーがつねにポーチに出てくる場合——ベースライン上。

ファースト・サーブかセカンド・サーブかによって、ポジショニングが変わることに注意しよう。レシーバーのパートナーは最初の動きに関わらないので、ほとんど注目されない。しかし、このポジションはさまざまな理由から非常に重要な意味を持っている。
・サーブのリターンの直後のパートナーのポジションが、サーバーのファースト・ボレーに不安を投げかける。サービスラインの近くのレディー・ポジションで、レシーバーのパートナーは、パートナーのリターンに集中し、前に出る。これにより、サーバーのファースト・ボレーを受けるためのよい位置にレシーバーのパートナーをつかせるだけでなく、ファースト・ボレーのコントロールに必要な集中力を乱す。ボレーが、レシーバーのパートナーの近くに飛んできた場合は、割り込んで打ちに出る。レシーバーがリターンをコントロールできる場合には、レシーバーのパートナーは、サービスラインの内側でレディー・ポジションをとるように移動する。
・ネットへ出る積極的な攻撃は、相手を不安に陥れる。これは、ポイントの中で、チームがチャンスを得るために必要なことである。
・イメージを持ち、予測し、どんなサーブのリターンに対しても、ボレーを打ちに出て行くような度胸がなければならない。

(1)ネットに出る

ネット・ポジションは、あなたがパートナーのリターンをどれだけ信頼できるか、また自分のボレー技術にどれくらい自信を持っているかによって変わってくる。パートナーがサーブのリターンに成功した場合、ネットに近づいてポジションをとろう。迷った場合には、後ろにさがる。つねに高いところでボールを捉えるように、前に出る準備をする。これによって相手の足元にボールを打つことが可能になる。あなたの一番の責任は、コートの半分をカバーすることであることを覚えておこう。

(2)ネットで積極的に

コートの半分をカバーするという優先事項は、簡単な浮き球を打つために割り込んではいけないということではない。実際、パートナーは、あなたが簡単なボールに対してだけでなく、むずかしいボールに対しても打ちに出て、助けてくれることを期待している。上手なフェイントによって相手をだまし、ネットに出ているあなたに向かって打つように仕向けることができることを覚えておこう。

あなたがネットで積極的であれば、相手は集中力を乱すだろう。最優先事項は、コートのあなた側のサイドをカバーすることである。しかし、パートナーのサイドへポーチに出ることを禁止する規則はない。パートナーは、あなたがサーブ・アンド・ボレーの選手の集中を乱すように動くことを期待している。

(3)ベースラインで

相手が強力なファースト・サーブを打ってくるか、あなたのパートナーのサーブのリターンがうまくいかない場合は、ベースラインに戻るという選択肢がある。これはプロのレベルでも行われているが、レシーバーのパートナーはセカンド・サーブのリターンのときにはネットに出るだろう。

相手が、1人は前、もう1人が後ろにいる雁行陣のフォーメーションの場合には、ベースラインにいる選手にグラウンド・ストロークを打ち返す。ベースラインにいる選手が前に出てこられな

いように確実に深いボールを打つ。短いボールがきたらいつでも、ベースラインにいる選手へアプローチを打って、ネットに出よう。

❻チームとしてプレーする

あなたの個性やプレー・スタイルと相性のよいダブルス・パートナーを見つけることは必須である。コミュニケーション次第ですばらしいダブルス・チームを作り上げることもできるし、崩壊させることもできる。優れたダブルス選手は、アンフォースト・エラーを犯すパートナーを元気づける。2人とも戦う気持ちを持ち、前向きでなければならない。

ダブルスでは、プレーのレベルに関係なく、長所や短所をお互いに補い合うことができる。以下にそのようなパートナーの組み合わせの例をいくつか挙げてみよう。

・ネットに出ることを好まず、つねにベースラインでプレーする選手は、ネット・プレーの上手なパートナーを見つけよう。
・サーブが弱い選手は、サーブが得意なパートナーを見つけよう。
・リターンが弱い選手は、サーブをブレークするためのリターンが得意なパートナーを捜そう。
・パワーに欠ける選手は、ボールを強く打ち、決めることができるパートナーを見つけよう。
・フットワークがあまりよくない選手は、活発でよく動くパートナーを見つけよう。
・社交的でもおとなしくてもかまわないが、仲良くすることができ、コミュニケーションがとれるパートナーを見つけよう。

❼どちらのサイドでプレーするか

どちらのサイドからリターンするのが得意かが、ポジションを決定する際に最も重要なポイントとなる。両者の得意なサイドが同じ場合は、反対のサイドにより自信のある人がポジションを変えるようにする。実際にプレーをしてみてうまくいかないときには、各セットの後にサイドを交換することができることも覚えておこう。

ほとんどの大切なポイントがアドバンテージ・サイドでプレーされるので、多くのコーチは、上級者がアドバンテージ・サイドからプレーすべきだと考えている。最初のポイントを勝ち取る方が重要で、また、センターへのサーブのリターンがもっともむずかしく、バックハンドの逆クロスでリターンしなければならないという人もいる。どのサイドをプレーするか、パートナーやコーチとよく相談し、決定しよう。

❽左利きのプレーヤー

左利きの人がどちらのサイドをプレーするかについてはさまざまな意見がある。

・左利きの人が、アドバンテージ・サイドからサーブのリターンをフォアでクロスに打つのは自然で、最高のリターンである。
・右利きならばバックで打たなければならないアドバンテージ・サイドでのアレーへと弾むキック・サーブに、左利きならばフォアで対応することができる。
・左利きの人は、いろいろな種類のショットを使うことができ、相手がプレーしづらくなる。
・センターを両者がフォアハンドで打つことができるので、左利きの人はデュース・サイドをプレーする。

最も強力なチームを作ることができると思うところで、パートナーはプレーするべきである。

❾さらなるダブルスのヒント

・サイドをスイッチする場合、つねにパートナーとコミュニケーションをとり、スイッチする必

要があるかどうか判断する。
- どんなショットが得意かお互いに話し合おう。相談することで、パートナーは助け合うことができる。例えば、後ろにさがってスマッシュを打つのが苦手な選手がいるかもしれない。
- できるだけたくさん動き、2人が離ればなれにならないようにする。
- 2人のコート・ポジションが離れてしまった場合の選択肢としては、次の2つがある。
    ⇨ エースを狙う。
    ⇨ 時間を稼ぎ、フォーメーションを立て直す。
- パートナーが単純なミスをしたときでも、ポーチに出るのをやめさせてはいけない。
- ロブを出し惜しみしてはいけない。ロブはダブルスで最高のショットの1つである。
- ネットを支配するようにしよう。
- 適切なポジションをとることは、ダブルスの重要な戦術である。
- 迷ったときには、センターへ打つのが最高のショットの選択である。
- ボレーやアプローチを最後に打った人の方が、ボールがどこに返ってくるかよくわかる。その人が次のボールを打つ人である。
- アングルにばかり打って、プレーヤーに向かって打ったりストレートに打ったりしないと、コートを広く使うことができず、ポイントを取る確率は低くなる。

ネットへ近づくほど、相手のコートは大きく、広くなる。ネットでは、積極的にプレーし、最高のショットかロブを打たせるように相手にプレッシャーをかける。一緒にプレーし、お互いに助け合い、パートナーが何をするのかをよく理解しているチームが試合に勝つ。

❿選手の役割とポジション

(1) レシーバー
- パートナーとフォーメーションを決める。
- 次のショットを組み立てるためにリターンを使用する。
- サーバーの集中を乱すためにポジションを変える。
- セカンド・サーブでは攻撃に出る。

◆オプション
- サーバーにプレッシャーをかけるために、リターンの後にネットへ出る。
- ネットを支配するためにロブを使う。
- 意表を突いた作戦として、ネットに出ている選手を狙って打つ。
- 相手のバランスを崩すために、ストレートに打つ。

(2) サーバー
- ファースト・サーブの確率を高める。
- サーブは基本的にセンターに打つ。
- 変化をつけるためや弱点を狙うために、ワイドにサーブを打つ。
- ファースト・ボレーのためにネットに出る時間を稼ぐために、サーブにスピンを加える。

◆オプション
- ファースト・サーブとセカンド・サーブの両方でサーブ・アンド・ボレーをする。
- 後ろにとどまり、ベースラインでラリーする。

(3) レシーバーのパートナー
- 最優先事項は、コートの半分をカバーすることである。
- パートナーとフォーメーションを決める。
- ボレーを打つために、前へ出る準備をする。
- ネットで積極的になる――ポーチ、フェイント、浮いたボールに割り込む。
- ポイント中は集中し、気を緩めない。
- ボレーを打つときには前に出る。

◆オプション
・防御的な状況では、ベースラインにさがる。
・レシーバーがリターンのコントロールに苦労している場合は、ベースラインにさがる。
・スマッシュを打つため、あるいは、オープンコートをカバーするためにスイッチする。
・ファースト・ボレーは基本的にクロスに打つ。

(4)サーバーのパートナー
・最優先事項は、コートの半分をカバーすることである。
・パートナーとフォーメーションを決める。
・パートナーがファースト・サーブ、セカンド・サーブをどこへ打つか理解していること。
・レシーバーのサーブに対する反応を見る。
・ネットで積極的になる――ポーチ、フェイント、浮いたボールに割り込む。
・ポイント中は集中し、気を緩めない。
・ボレーを打つときには前へ出る。

◆オプション
・防御的な状況では、ベースラインにさがる。
・スマッシュを打つため、あるいは、オープンコートをカバーするためにスイッチする。

３ 大人のダブルス

　年齢を重ね、運動能力が低下し始めるとともに、私たちはダブルスに魅力を感じ始める。ダブルスは、シングルスでは味わえない多くの楽しみを与えてくれるゲームである。ダブルスは競技性が高く、ゲームの楽しむために、いろいろな戦術や策略が必要である。私たちはいろいろなクリニックや教室を開いて、ポイントを取るためにネットへ出て行くことが、すべての選手のゴールであることを知っている。

　しかし現実には、ネット・プレーがどれほど頻繁に行われるだろうか。プロや大学レベルでは、確かに頻繁に起こるが、一般のレベルでは、それほど多く行われているとは思えない。一般レベルでは、実際には、サーバーのパートナーとレシーバーのパートナーがネットに出ていて、サーバーとレシーバーは、コートの半分を使って、クロスコートのプレーをするというゲーム展開になることが多い。

　一般の中級レベルのダブルス・プレーの局面を改善するための、いくつかの戦術を見てみよう。

❶サーバー
・あなたが短いボールを打たなければ、レシーバーは、おそらくネットに出て来ないだろう。
・最も自信のあるショットを打つようにする。
・ファースト・サーブが入る確率を高めるために、シンプルに打つ。
・レシーバーのパートナーが動かなければ、つねにレシーバーの足元にボールを打ち、相手がパニックになるかボールを浮かせてくるのを待つ。
・相手があなたのパートナーの上にロブを打ってきたら、しっかりコミュニケーションをとろう。
・サイドをスイッチして、再びポイントを始めるための準備をしよう。
・相手をネットに引き出すような短いボールを打つのであれば、できるだけベースラインの内側でプレーする。
・相手のストロークが優れていたら、パートナーをベースラインにさげて、ロブを多く打つようにする。
・パートナーの側に飛んで来るショットをとる場合は、注意が必要である。このような混乱はセンター付近で起こりやすい。パートナーとぶつからないように、クロスにボールを打とう。

❷サーバーのパートナー

- コートの半分はあなたの領土である。命をかけて守ろう。
- ボールがあなたのそばを通り過ぎるときは、パートナーではなく、相手を見るようにしよう。
- あなたのパートナーがネットに出て行かなければ、パートナーにネットに出るように促し、パートナーに向かってボールが飛んでいくときには、レシーバーのパートナーに注目し、頭上を越えるロブがくることも考えて、スイッチする準備をする。
- ショットを打つチャンスがあるときには、スイングを大きくする。あなたの近くに立ち、反応する時間があまりないレシーバーのパートナーを狙って打つ。
- パートナーがサーブでコースをコントロールするのに苦労している場合は、ダブルス・アレーの近くに移動するか、パートナーと一緒にベースラインにさがろう。
- ポイントで活躍できないからといって、退屈してはいけない。予期していないときにボールが飛んでくるので、辛抱強く、準備していよう。
- パートナーがコート後方深く追い込まれたら、距離を縮めるために、数歩さがる用意をし、コートのセンターのあいているスペースを狭める。

❸レシーバー

- できるだけクロスにボールを打ち、プレーを始める。
- ロブで相手を混乱させる。
- サーバーのパートナーを気にしてはいけない。
- 攻撃的なショットに満足いくまで、サーブをサーバーに打ち返そう。
- 弱いショットが飛んできたら、ネットに出る。
- セカンド・サーブでは前に出る。サーブを攻撃するつもりがあると相手に思わせよう。
- コントロールしているときには、あなたのパートナーにベースラインの内側へ移動し、ネットに出るように促す。
- あまり後ろにさがってプレーしない。ボールを膝と腰の間くらいの高さで打つと、コントロールしやすい。
- 攻撃的なリターンで、攻撃を優位に運ぼう。

❹レシーバーのパートナー

- ポイントの第1段階には関わりがないので、視線を前に向けて、警戒しよう——パートナーがボールを打つのを見ていてはいけない。
- 準備しよう——ネットに出なかったり、ベースラインまでさがっていない、サービスラインあたりに構えているときには、相手はあなたの足元へボールを打ってくるので、すくい上げる打ち方をしなければならないだろう。
- 意表を突いて、相手のネット・プレーヤーを狙って打つ。
- 相手が2人ともネットに出て来たら、ロブを打つ。
- あなたのパートナーがネットに出たら、相手のロブに備える。
- ロブを上げられたら、反対のサイドにスイッチすると、必ずパートナーに伝えよう。
- あなたとパートナーが2人ともベースラインにいて、ロブを上げないのならば、相手のうち弱い方を狙う。

❺役に立つヒント

- ネットにいるか、ベースラインにいるかどうかにかかわらず、つねに弱い方の相手を狙う。
- ミスをした後にはとくにパートナーを励まそう。
- 相手が、1人が前、もう1人は後ろの雁行陣の

ときには、2人とも後ろでプレーすることをためらってはいけない。ときには2人の間を狙って打ってみよう。
- ロブを上げられた場合は、すばやく動く。ボールが頭上を越えるかどうかを確かめてから動きはじめては手遅れである。
- 相手が非常に積極的で、2人とも前に出てプレーしてきたら、ロブを上げて、前に出て、反撃しはじめる。
- ずるい相手やつないでくる相手と戦うときには、とくに辛抱強くなろう。
- 強いサーブに対しては後ろにさがり、弱いときには前に出る。
- ストレートを狙うのであれば、ロブを上げよう。ネット・プレーヤーは、当然本能的にあなたとパートナーを狙ってクロスに打ってくるだろう。
- 何をすべきかわかっていれば、2人とも前、2人とも後ろ、1人が前もう1人、そのどれもが適切なポジションである。

4 まとめ

ダブルスは、戦略とコート・ポジショニングのゲームである。適切なポジションを保っているチームが、ポイントを多く勝ち取ることになる。

ダブルスをプレーするときは、足を動かし、相手の次のショットを予測するようにしよう。適切なポジションをとることで、あなたは多くのポイントを勝ち取ることができるだろう。相手の次の動きを予測することがつねに要求されるので、ダブルスは、チェスにとてもよく似ている。

第9章
目的を持った練習

> スポーツ選手ばかりでなくさまざまな人が、「すべてが自分の思い通りにいった」と口にするのをよく耳にする。そう言えるようにするにはどうすればいいのだろうか。

あなたがコートに立ち、少しだけウォームアップをして、魔法のように完璧な試合をすることができたら、すばらしいことだろう。しかし、現実にはそうはいかない。プレーのレベルを分ける1つのカギは練習にある。

何かを完璧に行うことは、あなたの能力の限界に挑戦するパフォーマンス次第である。パフォーマンスという言葉は非常に意味の広い言葉であるが、ここで改めてどのような要素があるかあげてみよう。

①取り組む姿勢（態度）
②フィットネス（体力）
③心　理
④コート上での戦略
⑤テクニック
⑥栄　養
⑦戦　術
⑧長所を生かし弱点を補う
⑨外部からのプレッシャー
⑩内面からのプレッシャー
⑪勝つためのサーブ
⑫勝つためにあらゆることをする
⑬調節ができる

これらの要素すべてがうまく機能することは、それほどはない。うまく機能するに練習しなければならない。私がいつも思い出すジミー・コナーズの言葉がある。「大切なのは、量ではなく、質である。」

1　完璧な練習を行う方法

チャンピオンを作るための哲学を多くの人々がよく私に尋ねてくる。チャンピオンになるために必要なことは、選手がそれぞれ内に秘めているも

ので、チャンピオンは自ずと生まれてくるものである。彼らは天性の運動能力を持ち、勝利への情熱を燃やし（負けるということは彼らの辞書にはない）、進歩を導いてくれるよい指導者もいる。

私の役割は、あらゆるレベルの才能を育て、指導することである。ボロテリー・テニス・アカデミーで実行されている哲学は、「しっかりした夢を持ってコートに立っている人は、自らのベストになれる」ということである。それが私たちのできることである。私たちアカデミーの歴史が示しているように、この哲学がチャンピオンを生み出している。

必ずしも誰もがチャンピオンになれるわけではない。しかし、誰でも自らのベストにはなれる。どのようにすれば自らのベストになれるのだろうか。私の提案は、グリップを変えるとか、打つスタイルを変えるということようなことではまったくない。そのかわりに私は、どのようにすればもう1つ上のレベルに達することができるか、単純な提案をしたい。

❶集中力を身につける

勝利のためのカギとなる要素、集中力を高める方法を学生やコーチから尋ねられない日はない。コートでの集中力の一番のよいお手本であるビョン・ボルグは、以前アカデミーで学生たちにとってよい動機づけとなるようなスピーチを行った。集中力について、ボルグははっきりこう言った。

●モニカ・セレス──ボールを早くとらえる●

モニカ・セレスは優れた運動能力を持った選手ではなかった。足の速さ、コーディネーション、体格、強さ、リカバリー能力──モニカはすべての能力を高めるために練習に取り組まなければならなかった。みなさんは、彼女がバスケットボールやローラーブレードをするのを見たことがないだろう。私は、モニカから、目のよさ、手の速さ、長所を生かすことの大切さを学んだ。

モニカはボールを早めにとらえて、他の人が不思議に思うほどベースラインの内側から、プレーすることができる。彼女がベースラインの後方2mを横に走っていたら、まったく普通の選手でしかない。しかし、信じられないほど厳しい練習とフォア、バックともに両手で打ち、ベースラインの内側でプレーすることにより、彼女は弱点を克服することができるようになった。

他に例を見ないまじめな練習観から、練習の大切さを学ぶことができる。彼女は、習得するまでに必要であれば、2週間でも、3週間でも、ひとつのショットを練習するだろう。彼女は、サイドラインの横、ベースラインの内側1.5mにバスケットを置き、

（Action Images/PHOTO KISHIMOTO）

ラインとバスケットの間を狙ってストレートに、ボールを何球も打った。

また、彼女とアンドレ・アガシはよく何時間もアングル・ゲームをしていた。彼らはそのうちに、ネットからわずか1.5mあたりのサイドラインへのアングル・ショットが打てるようになった。

モニカのように、ベースラインの内側でボールを早めにとらえることに練習時間の半分を費やせば、無意識でも確実にその位置から打てるようになる。自然にできるようになるまで、練習しよう。

「コートに入った瞬間から試合は始まっています。すべての動き、すべてのショットは、マッチポイントと同じ集中力でプレーされるべきです。」このように練習すれば、すぐに上達するだろう。

多くの選手は、数分間以上集中することができないことを覚えておく必要がある。集中力は学んで身につけるテクニックであり、努力次第で集中を高めることができる。ボルグとクリス・エヴァートは代表的な例である。彼らの集中力は卓越している。必要であれば1試合、1週間、1年間でも高い集中力を維持できる。そして、あなたも普段の練習の集中力を高めることで、彼らの真似をすることができる。

❷アンフォースト・エラーを減らす

負けがこんできたギャンブラーが一発勝負で配当の高いところに最後の賭けをして負けるように、つねにライン・コールにこだわるような選手は、試合に勝つことはできないだろう。

練習する場合（ラリーをするだけでも）、コントロールを維持しながら、ボールを打ち分ける目標のエリアを視覚として捉えよう。目印が必要な場合は、コーナー深くやサービスライン際の浅いアングルなどにコーンなどを置いてみよう。目印を置いて練習することによって、目標を視覚で捉えることができるようになる。これはすぐに試合でも利用できるようになるだろう。

同じ練習はスピードやボールの高さについても行うことができる。アカデミーでは、目標マーカー、練習用コーン、高さの調整可能なマーカーを利用する。正確な習慣をつける練習は、試合でのパフォーマンスを高めるだろう。レッスンの目標を理解してはじめて、上達することができるようになる。

❸なぜすべてのボールに追いつけないのか

このセクションを始める前に、アンフォースト・エラーの唯一の重要な原因——技術の崩壊、打点での動きやバランスの欠如について取り上げよう。

あなたはコートの後方に立って、相手の打ったボールがネットをやっと越えそうなのを見ている。その後実際に何が起こるか考えてみよう。ボールを取れる見込みがないと考えて、あなたは走る努力さえしないのではないだろうか。

次回の練習で、いつもと違うことを試してみよう。すべてのボールを追いかけるという決意をしさえすれば、自分自身の動きに驚くだろう。追いかけて届かなかったとしても、追いかけたということは大きな意味を持つ。相手は完璧なショットを打たなければ、ボールに追いつかれてしまうと思うだろう。

すべてのボールに追いつくことができるとあなた自身に言い聞かせることは、あなたのパフォーマンスや自尊心を高めるばかりでなく、あなたの努力に対する相手の尊敬も高めるだろう。

❹予測し、ボールをよく見る

準備と反応を早くするために、ボールが相手のラケットから離れる瞬間を見よう。これは、早く準備するための最初のステップである。

次のステップは、自分のコートに飛んできたときではなく、相手のラケットを離れるときに、ボールに注目することである。早く準備するために、ボールが飛んでいる間に小さな手掛かりを見つけよう。自分のコートにボールがバウンドしてから反応するのでは遅すぎる。ショットを打てたとしても、タイミングは悪く、防御的になってしまう。

次回の練習では、たんにボールを打ち返すだけではなく、少し離れたところにボールを打ってくれるように練習パートナーに頼んでみよう。どん

なに不可能なときでも、すべてのボールを追いかけるという目標を立てよう。ボールが相手のガットから離れるのを見よう。注意深く見ていると、ボールの方向を読むコツがわかるだろう。この練習を取り入れることによって、試合中に、次のショットに備えるための十分な余裕が持てるようになるだろう。

アカデミーでの長年の経験から、私はこの提案が役立つことを確信している。すべてが無理なことではない。要するに、プレー能力にかかわらず、試合中と同じ集中力で練習することが重要だということである。練習が実際の試合をよく反映したものであるほど、より早く上達することを覚えておこう。

❺ 練習のテニスを試合用に変える

テニスクラブや市町村主催のテニス教室に申し込み、期待していたのにいざ参加してみてがっかりしたという経験はないだろうか。あなたが期待するものと手に入れるものは、たいがい一致しないものである。

テニス教室の料金を払う前に、どのような点に注目すればよいかヒントをさしあげよう。
・レッスンの内容はどうか。
・コーチと生徒の比率はどのくらいか。
・練習は試合に役立つように、具体化されているか。
・レッスンは技術中心か。
・ダブルスの内容を含んでいるか。

さまざまな練習で（とくに試合練習で）、ボールがどこへいくのか、また次に何をするのか全く考えずに練習をしているプロや学生を見ると私は無性に腹が立つ。すべての練習は、試合で使える価値のある内容を含んでいるべきである。1つ簡単な例を挙げてみると、アプローチ・ショットからのボレーの練習である。

コーチは最初のボールを短めにストレートに出す。選手はストレートにアプローチを打ち、ボールの後を追うようにネットに出て、ボレーをクロスに打って終わる。

ほとんどのコーチは、このポイントでドリルを終わりにするだろう。しかし、われわれのアカデミーでは、選手に集中力を維持させ、ボレーの後の相手のスーパーショットや、パッシングの可能性に備えるように、ネット上のポジションをカバーすることを加える。

これは特別なことではない。これは、技術と動きを同時に教える状況を作り、試合での動きを想定した練習である。

試合を想定した練習のもう一つの例は、サーブである。試合を想定したサーブ練習をするためには、レシーバーもサーバーと同じくらい真剣でなければならない。サーブの重要性を議論する以上にこの練習法は、サーブをミスしたり、ひどいサーブを打ったときの直接の影響を気づかせる。走りながらのパッシング・ショットについても同じことが言える。

コートの端から反対のサイドへ学生を走らせ、ストレートにパッシング・ショットを打たせて、止まるだけでは、十分ではない。試合中のパッシング・ショットを想定して、次のリターンに備えてポジションをリカバリーする。リカバリーも練習ドリルの一部とすべきである。練習から試合へと技術を移行するために、すべての練習ドリルに試合で起こりうる状況を反映させる。

ミスは直ちに修正されなければならない。また、そのミスが試合の成功や失敗にどのように関係があるかという説明も加えるべきである。大人のテニスでは、ダブルスをプレーすることが多いので、ダブルスを扱わないレッスンは役に立たない。

インストラクターの練習が物足りない場合は、試合を想定した実践的な練習を勧める。ベースラ

イン・プレーヤーであれば、深さと安定性のあるボールを打つ練習をしてほしい。サーブ・アンド・ボレーを好むのであれば、スピードよりもコースを狙ってサーブの練習をしよう。

リターンもおろそかにしないようにしたい。ダブルスでは、リターンのコースも大切である。練習パートナーにベースラインの内側からサーブを打ってもらい（パワーと安定性のために）、小さなバックスイングを心がけ、ボールを前方外側で捉える。そしてコートのいろいろな場所からリターンを打つ。サーブがワイドにきたら、リターンはストレートに打つ。センターにきたときには、クロスコートへのリターンが最良の選択である。

ダブルスの練習も忘れないようにしよう。パートナーとクロスコートへ打つことに取り組むときには、ネットに出る練習もしよう。サービス・エリア内では、反射神経を高め、不可能に思えるショットでも打ち返せるようにするために、すばやいボレーの練習をしよう。バックスイングを小さくし、打点を前方外にし、そして最も重要なコントロールに集中する。

練習をするときには、量ではなく、質が問題である。自分のプレーのスタイルを考えて練習計画を作り、それに取り組もう。

2 目的を持った練習

このセクションで紹介するのは、試合中に起こりうるすべての状況を想定したドリルでも、他に類のないような魅力的なドリルでもない。ドリルはあくまでもドリルである。このセクションでは、

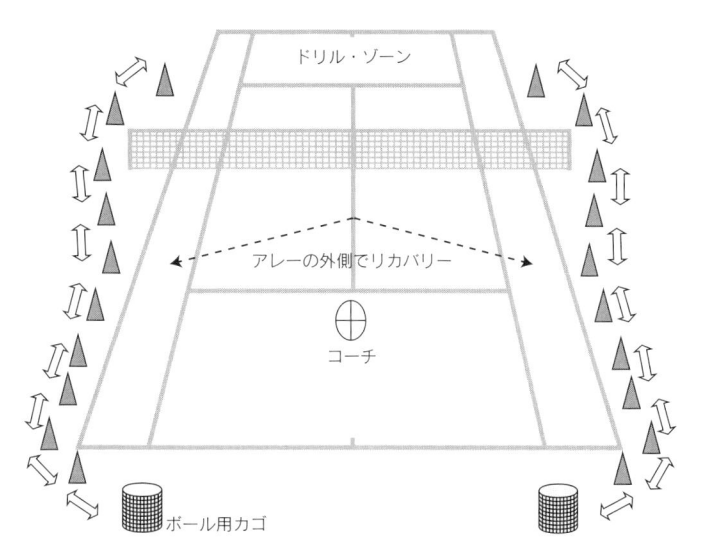

図9-1　ドリル中に学生がボールを拾うときにも安全が確保できるように、コートの後方にもう1つカゴか箱を置こう。球出し用のカゴからボールがなくなったときには、すぐにコート後方のカゴからボールを補給し、時間の無駄を作らないようにする。

ドリルにどのように目的を持たせるかを提案する。

私たちは、他の誰もが行わないような神秘的なドリルを行っているわけではない。私たちが他と異なるのは、ドリルを行う方法である。コーチ、親、学生がドリルの重要性を理解しなければ、ドリルは正確に行われない。ドリルは、コーチにとっても学生にとっても一つの挑戦である。ドリルは、さまざまな内容を含み、誰もが全力で取り組む刺激となるようなものでなければならない。

ドリルは、すべてのレベルのテニス選手の練習で利用されてきた。ドリルは、ボールを打つことや練習試合以上の大きな利益をもたらす。第一に、ドリルは具体的である。選手の要求にぴったり合うように修正し、コーチは、技術、安定性、パワー、スピン、目標に向かって打つこと、移動、コンディショニング、リカバリー、姿勢、ポイントの進め方、戦略、戦術など、さまざまな能力を訓練することができる。

ドリルによって、基本を強化し、選手のすべての試合技術における発展や上達の基礎を築くことができる。

❶安　　全

安全は、ドリルを行う上で最も重要な要素である。学生やコーチにボールやラケットがぶつかるような危険がないように、ドリルを組み立てなければならない。

それには、適切な用具が必要である。ドリルが効率よく行えるように、球出しをする人は、ボール用の大きなカゴを用意する。ドリル中に学生がボールを拾うときにも安全が確保できるように、コートの後方にもう1つのカゴを置こう。球出し用のカゴからボールがなくなったときには、すぐにコート後方のカゴからボールを補給し、無駄な時間ができないようにする。さらに、学生が安全にボールを拾い、列の後ろに戻れるように、アレーの外側にマークやコーンを置こう（図9-1、9-2参照）。

ドリルの途中で、ボールを拾って、球出ししている人の後ろからカゴにボールを入れさせることは、決して行ってはいけない。また、次の人が打っている場所の近くへリカバリーさせてはいけない。

また、コーチが球出しをミスした場合を考えて、列に並んでいるときに学生同士があまり近づきすぎないようにする。列の中で、シャドー・スイングをさせると、お互いに十分な距離を保つことができる。最初からこれを強調しよう。

自分の順番の終わったときには、ネットにかかったすべてのボールを拾うようにする。コート上に転がっているボールが、足首を捻挫する一番の原因となる。コーチは、別の位置に次の順番の人のボールを出すことで、ドリルを継続することができる。

さらに、バッグや道具はコートの近くに置いておかないこと（フェンスの外に置こう）。飲み物のボトルやタオルもじゃまにならない場所に置こう。これは、安全とは関係ないことだが、飲み物を一箇所にまとめておき、休憩中にグループで集まるようにすると、みんながグループの一員であることを意識し、団結力を高めることができる。

❷目標を掲げる

どんなに簡単なドリルでも、グループのレベルに合わせ、特定の目標を達成するために行われるべきである。また、各学生は、ドリルの目標やそれがどのように役立つかを理解する必要がある。

ドリルでは、いろいろな目標を掲げることができる。

・技　　術——多くのショットに取り組み、力を入れて打つ。どのようなボールがうまく打てない

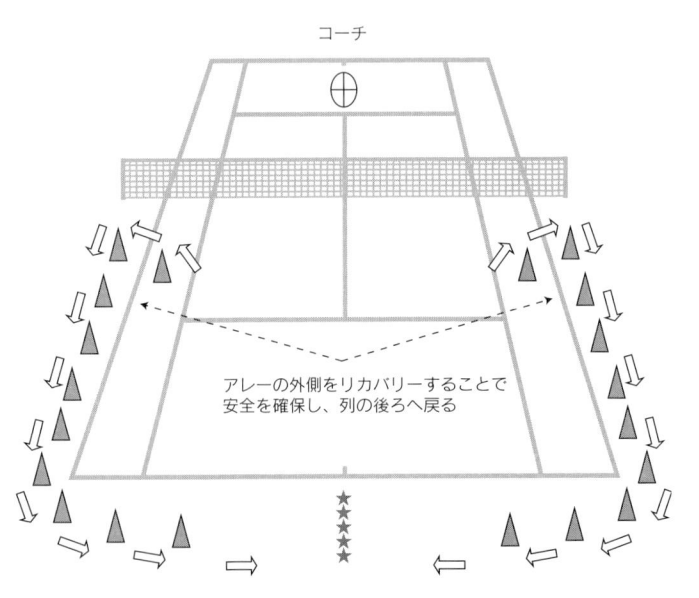

図9-2　学生が安全にボールを拾い、列の後ろに戻れるように、アレーの外側にマークやコーンを置こう。

か見極める。
・目標を狙って打つ――コートの感覚を身につけ、正確さ、安定性、コースを狙うことの重要性を理解する。
・移　動――機敏さ、バランス、コーディネーション、スピードを高める。
・コンディショニング――心肺機能、持久力、全体的なスタミナを向上させる。
・ポイントの組み立て――ポイントを始まり、組み立て、終わりに分類する。
・戦略と戦術――さまざまなスタイルの相手選手に対して、コートのセンターを支配し、ポイントを組み立てる能力を高める。

　すぐにすべての目標を達成することはできない。技術の強調から始まり、次に目標の導入、移動とコンディショニング、最後に戦略と戦術のために、さまざまなショットとポイントの組み立て、プレーのパターンを関連づけるという順番で進める。こうすることで学生は、どのように、どこへ、なぜ打つのか学習することができる。ドリルで、コーチが技術に目を向けすぎることが多々あるが、ショットを打つために必要な他の要素を練習していないと、試合中に技術は崩壊する。

❸ドリルの導入

　ドリルを行うときには、コーチは十分な説明をする必要がある。そのポイントは以下の通りである。

・ドリルの目的と効果を説明する――学生はドリルの目的とそれが各自の目標にどのような効果をもたらすのか理解する必要がある。
・グループの中での自分の役割を説明する――学生に自分の役割を知らせることは、ドリルの効果を高めるのに必要である。列で順番を待つ人は、足を動かし、シャドー・スイングをする、ボールを拾う、決められた場所にリカバリーする。効率よく行われるドリルは、グループ全体にまとまりがあるものである。
・ドリルの見本を示す――「百聞は一見にしかず」というように、動作や言葉でドリルの見本を示し、できるだけ多くの学生を学習モードに引き込むようにする。

❹レベルの異なる学生への対応

　グループ内の学生がみんな同じレベルであることはめったにない。ドリルの中で、コーチは、球出しのボールのむずかしさ、スピード、目標のエリア、ショットのパターンを変えることで、学生のニーズを満たすことができる。これは、グループの中に異なるレベルの学生がいるときに、個々の学生に対応するための一番よい方法である。

❺ドリルを発展させる

　ほとんどすべてのドリルは、個人的な要求に合わせるとともに、グループ全体のためにもっと挑戦的な取り組みに発展させることができる。次のようなことを取り入れることでドリルを発展させることができる。

・ドリルの流れにもう1球ボールを加える。
・ドリルの速度を速くする。
・技術を強調するためにドリルの速度を遅くする。
・目標を狙って打つこと、移動、コンディショニング、ポイントの組み立て、戦略や戦術を強調する。
・勝敗を競うゲームを加えることで、勝ち負けを強調する。

　このリストは無限に続く。コーチは、グループや学生の能力と適応するようにドリルをつねに調節し、工夫しなければならない。

❻学生やグループのムードと取り組む姿勢

ドリルを効果的に行うためのもう一つの要素として、コーチは、各学生やグループ全体のムードを観察することが必要である。決められた課題や要求に対して、各学生はさまざまな反応をする。感情を表に現さない者もいれば、ドリルの間に爆発し、顔に出す者もいるだろう。コーチとして、これらの違いに気づき、指導するときの言葉に気をつける必要がある。ときには彼らをしかり、ときにはほめることも必要だろう。これらのことに十分に注意を払い、グループ全体に対しても、ひとりひとりの学生に対しても適切な言葉をかけるようにしよう。ひとりひとりの学生にきちんと対応することが、ドリルの効果を劇的に高めるだろう。

❼ビデオドリル

ときどきドリルをビデオに録画して、グループでそれを見てみよう。これは学生にとって、集中力、熱心さ、姿勢、全体的なパフォーマンスを反省するよい機会となる。ドリルの構成に小さな変更を加えることで、効果的なドリルを作り出すことができる。学生は、ある程度ドリルをこなすことができたと考えがちだが、ビデオテープを見ることで、そうではなかったことが彼らにも理解できる。

❽ドリルは時間の無駄だと考える親への対応

「ドリルは時間の無駄だ。私の子どもはポイント・プレーや試合練習をすべきだ」という人に出会うことがある。親に練習の全体像について知らせることで、彼らにドリルの重要性を理解してもらうことができる。ドリルの量や種類は、学生の発達段階に応じて異なる。コーチと学生が、学生の能力から特定の要素を取り出し、分析することができるようにするために、育成計画の中にいくつかのドリルを組み込む必要がある。

❾グループの人数と個人レッスン

コートに入る学生の数は、ドリルによって変わる。速い動きのドリル（2対2、ワイパードリルなど）は、高い心肺機能を必要とし、多くのボールが必要なので、学生がたくさんいた方がいい。

多くのグループでのドリルは、コーチが各学生の全体的な進歩を評価する理想的な方法である。しかし、なかには、特定のストロークにさらに取り組む必要がある学生もいる。個人レッスンでは、そうした学生個人の能力に合わせて、個別のドリルをすることができる。

3 ドリルの種類

以下に、私たちがアカデミーで行っているいくつかのドリルの例を挙げる。

(1) 球出しのボールによるドリル

球出しのボールによるドリルは、コーチと学生の両方に多くの利益がある。さまざまな能力の学生がコート上にいても、このドリルではコーチが状況をコントロールすることができる。コーチは技術の反復に注目しながら、学生の準備や移動の特徴を観察することができる。変化をもたせるためや、プレッシャーを加えるために的を利用することもできる。さらにコーチは、学生の心肺機能を高め、いつ技術が崩壊するか確かめるために、持久力ドリルを使用することで、フィットネス（体力）をテストすることができる。

(2) 球出しのボールによるスコアを競うドリル

目標とするスコアを設定しそれを競うことで、ドリルの構成や時間を決定し、実際の試合の状況により近づけることができる。このドリルのスタ

イルでは、コーチは、ある程度状況をコントロールし、新しいレベルのプレッシャーの下で学生を評価することができる。

(3)ライブ・ボール・ドリル

ライブ・ボール（ラリー）・ドリルは、安定してボールをコントロールすることができる選手にとても効果的である。このドリルでは、学生が直接対戦するで、より試合の状況に近づけることができる。

(4)ライブ・ボール・ワークアウト

ライブ・ボール・ドリルの第2段階は、ライブ・ボール・ワークアウトである。このドリルは、安定性と取り組む姿勢を強化し、決められたラリーやコンビネーションを再現することで、学生をさらに試合の状況に近づける。ライブ・ボール・ワークアウトを成功させるために、学生が混乱しないようチームワークを高めることが必要である。

(5)一人で行うトレーニング

練習が必要でも、相手がいないことはよくある。そのようなときは、バックボードや壁を使ってグラウンド・ストローク、ハーフボレー、ボレー、スマッシュ、サーブ、また、ポイントをプレーするなど、いろいろな練習を一人ですることができる。音楽をかければ楽しみも増すだろう。

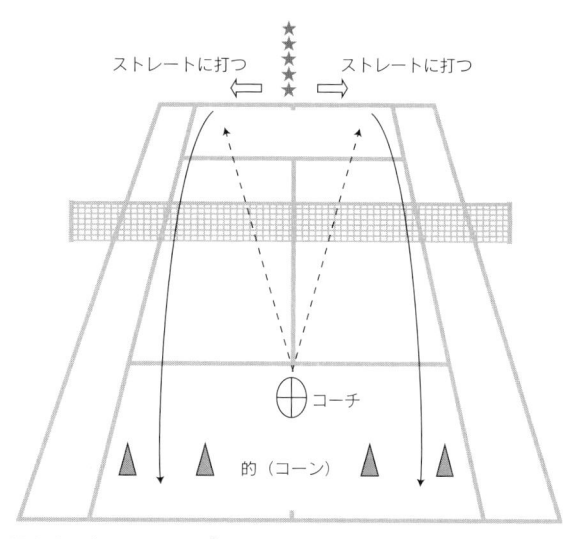

図9-3　ウォームアップ・ドリル

く越えるようにし、目標に向かって打つ。

(2)方　　法

・球出しする人は、サービスラインからコートの各サイドに2球ずつボールを打つ。
・学生は、目標のエリアへ向かって両サイドのボールをそれぞれストレートに打つ。
・学生は打ち終わったら交代し、列の後ろへ並ぶ。
・学生は待っている間にも足を動かす。

(3)バリエーション

・各回に打つボールの数を増やす。
・4球打って4球拾う――学生はボールを4球打ち、次に、4球ボールを拾いに行く。
・目標とする方向をクロスコートやショートアングルへ変更する。
・アプローチを打って前に出てボレーする。

球出しのボールによるドリル

❶ウォームアップ・ドリル

(1)目　　的

・有意義な練習を行うための心構えを養う。
・早い準備と打点でのタイミングを確立する。
・下半身のウォームアップ、技術の反復に集中する。
・ボールを深く打つために、ボールがネットを高

❷ワイパー・ドリル

(1)目　　的

・取り組む姿勢、集中力、チームワークを高めるために、グループを集める。
・8～12人の学生のグループで取り組み、全員が一度に同じ動きをすることで効果を上げる。

- 学生は、目標エリアへ向かって片方のサイドでストレートに打ち、反対サイドではシャドー・スイングをする。
- 打ち終わった学生はボールを拾い、列の後ろに並ぶ。
- 列の後ろに並んでいる学生は、先頭の2人とタイミングを合わせてシャドー・スイングをする。

(3)バリエーション

- 各回に打つボールの数を増やす。
- 目標とする方向をクロスコートへ変更する。
- アプローチを打って前に出てボレーさせる。
- 学生がコートの中から打つときには、列は後ろにまっすぐ並ぶ。

❸回り込みフォアハンド・ドリル

(1)目　的

- 必殺フォアハンドを打つための心構えを養う。
- 強力なフォアハンドを打つために、ベースラインの内側で攻撃的なポジションをとる。
- 攻撃的なポジションによって、ポイントをコントロールすることを学ぶ。
- 力を入れて目標に向かって正確に打つ。

(2)方　法

- 球出しをする人は、サービスラインから学生のバックハンド側へ1球ボールを打つ。
- 学生は、回り込んでフォアハンドを逆クロスの目標に向かって打つ。
- 打ち終わったら交代して列の後ろに並ぶ。
- 球出しする人は、学生が「たんにボールを打つだけでよい」と感じられるような自信と意欲を作り出さなければならない。

(3)バリエーション

- フォアハンドのストレートへの球出しを加え、その後ポジションを移動して2球目を逆クロスに打つ。

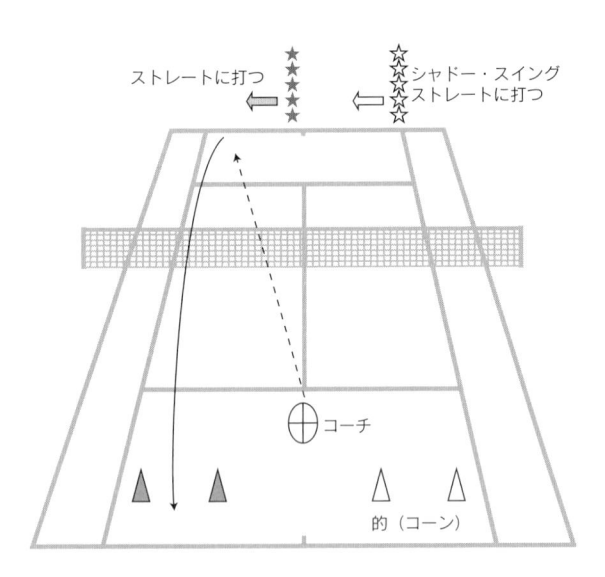

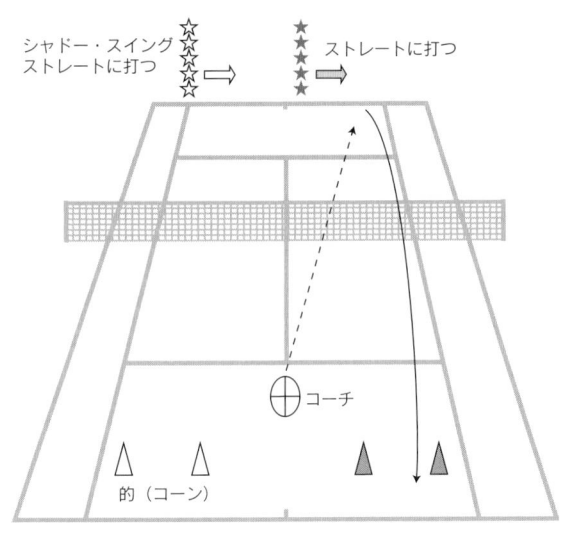

図9-4　ワイパー・ドリル

- ウォームアップと技術の反復に集中する。
- ボールを深く打つために、ボールがネットを高く越えるようにし、目標に向かって打つ。

(2)方　法

- 球出しする人は、サービスラインからコートの各サイドに2球ずつボールを打つ。
- 学生は、ベースライン（コートの後ろに余裕がない場合、サイドラインの回り）に2列に並ぶ。

第9章　目的を持った練習

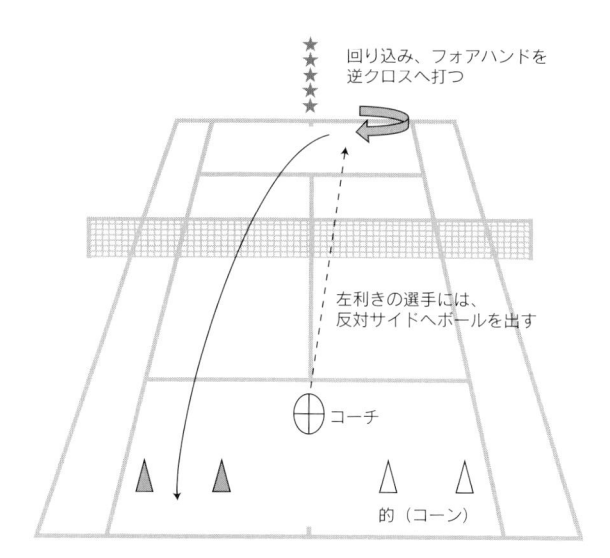

図9-5　回り込みフォアハンド・ドリル

・方向を変え、回り込みフォアハンドをストレートに打つ。
・ショットをアプローチに変え、次にボレーを反対のコーナーへ決めて終わる。

❹回り込みフォアハンド・ショートボール・ドリル

(1) 目　的
・すべてのボールを返すための心構えを養う。
・逆クロスのフォアハンドからのショット・コンビネーションを身につける。
・前に出て、短いボールを攻撃し続けることを学ぶ。
・力を入れて目標に向かって正確に打つ。

(2) 方　法
・球出しする人は、サービスラインから学生のバックハンド側に1球目のボールを打つ。
・学生は回り込んで、フォアハンドを逆クロスに打つ。
・球出しする人は、サービスラインから学生のフォアハンド側に2球目の短いボールを打つ。
・学生は前に出て、アプローチをストレートに打

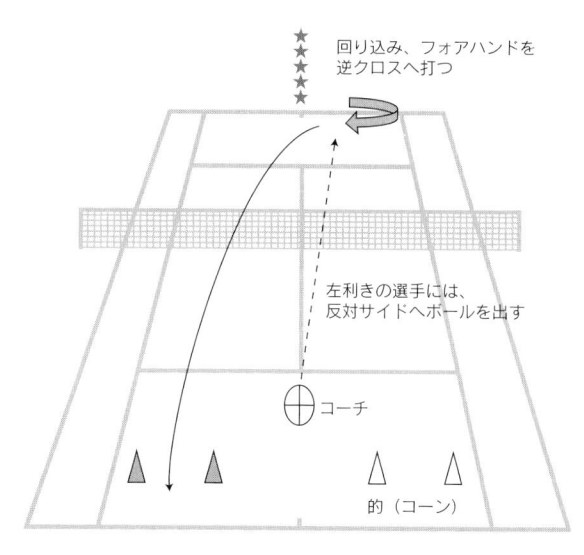

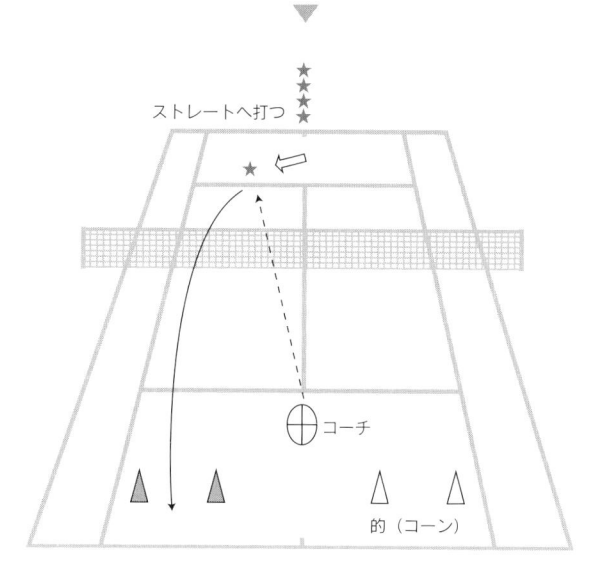

図9-6　回り込みフォアハンド・ショートボール・ドリル

ち、ポイントを終わらせる。
・球出しする人は、学生が「たんにボールを打つだけでよい」と感じられるような自信と意欲を作り出さなければならない。

(3) バリエーション
・コンビネーションの最後にボレーかスマッシュを加える。
・方向を変え、回り込みフォアハンドをストレー

トに打つ。
・アプローチの後、ポイントを競うプレーに移行する。

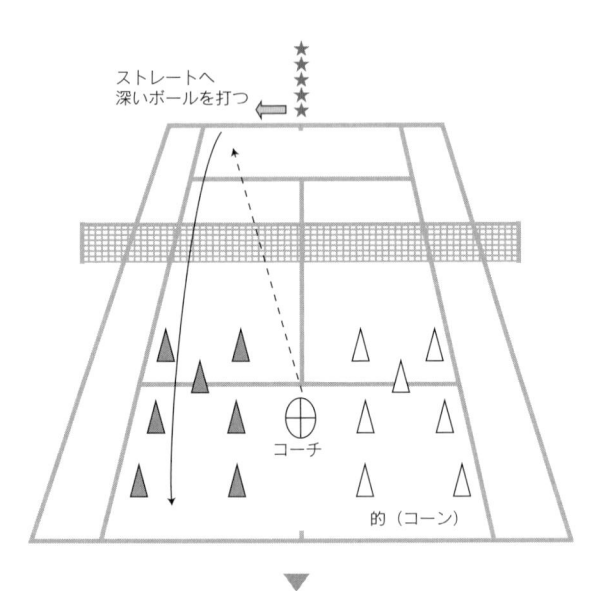

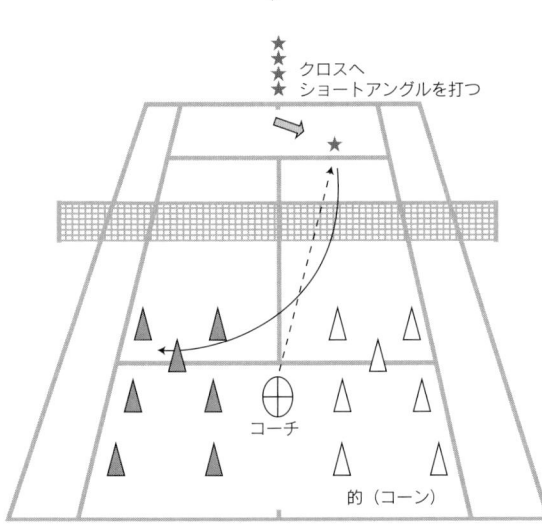

❺ショートボール・ショートアングル・ドリル

(1)目　的
・ショートアングルのグラウンド・ストロークのコンビネーションを養う。
・アングル・ショットでのラケット・ヘッドの速度と加速を養う。
・スピンを加え、目標に向かって正確に打つ。

(2)方　法
・球出しする人は、サービスラインから学生のフォアハンドに1球目のボールを打つ。
・学生は、スピンを加えて、フォアハンドをストレートに深く打つ。
・球出しする人は、サービスラインから学生のバックハンドに2球目のボールを打つ。
・学生は、目標に向かってスピンを加え、バックハンドのショートアングルをクロスに打つ。
・打ち終わった学生は交代し、列の後ろに並ぶ。

(3)バリエーション
・バックハンドをストレートに、フォアハンドのショートアングルをクロスに打つ。
・フォアハンドをクロスに、バックハンドのショートアングルをクロスに打つ。
・バックハンドをクロスに、フォアハンドのショートアングルをクロスに打つ。
・学生は、ショートアングルの後、ポイントを競うプレーに移行する。

❻ショートアングル・ショートアングル・ドリル

(1)目　的
・ショートアングル・ショートアングルのグラウンド・ストロークのコンビネーションを養う。
・アングル・ショットでのラケット・ヘッドの速度と加速を養う。
・スピンを加え、正確に目標に向かって打つ。

(2)方　法
・球出しする人は、サービスラインから学生のフォアハンド側に1球目のボールを打つ。
・学生はスピンを加え目標に向かって、フォアハ

図9-7　ショートボール・ショートアングル・ドリル

ンドのショートアングルをクロスに打つ。
・球出しする人は、サービスラインから学生のバックハンド側に2球目のボールを打つ。
・学生はスピンを加え目標に向かって、バックハンドのショートアングルをクロスに打つ。

(3)バリエーション
・2球目のショートアングルの後に、ボレー戦を加える。

・ショートアングルの後に、ポイントを競うプレーに移行する。

❼スコアを競うドリル
(1)目　的
・球出しのボールからのプレッシャーの下で目標に向かって打つ。
・試合の状況を再現する。
・スコアが、ドリルの構成と時間を決定する。

(2)方　法
・ボールは、コート内のどこか決めた場所に出す。
・学生は、目標に向かってクロスに打つ。
・スコアは、目標エリアに入れば＋1点、入らなければ－1点。
・スコアが＋7か－7なったら、ドリルを終了する。
・学生は1球ごとに交代し列の後ろに並ぶ。

(3)バリエーション
・グラウンド・ストロークをストレートや浅いアングルに変える。
・アプローチ、ボレー、スマッシュを加える。
・複数のボール（2球、3球、4球）のコンビネ

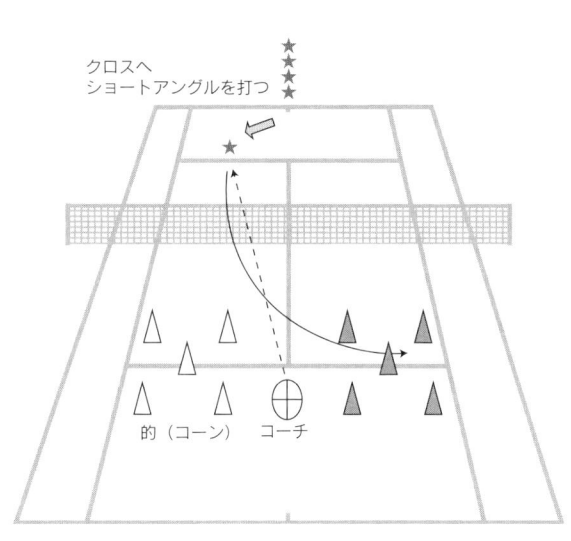

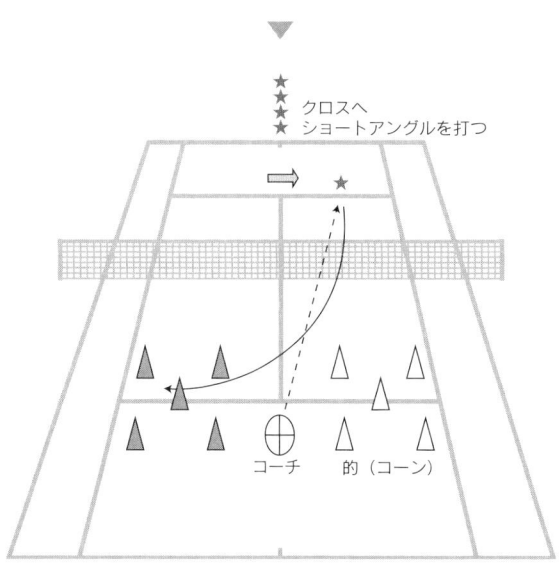

図9-8　ショートアングル・ショートアングル・ドリル

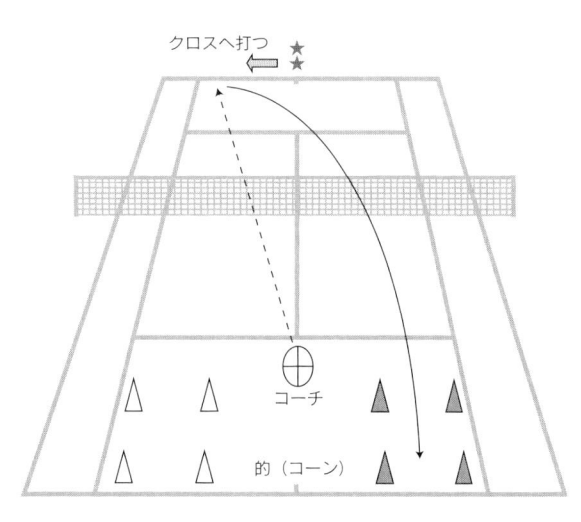

図9-9　スコアを競うドリル

ーション。
・目標にボールを当てた場合、特別な点を与える。
・難易度を高める――すべての目標に当たったら、＋1点。

ライブ・ボール・ドリル

❶ボックス・ターゲット・ドリル

(1) 目　的
・打つための技術を養う――ライブ・ボール（ラリー）からのプレッシャーの下で、目標に向かって打つ。
・レシーブとポジショニングの技術を養う。
・試合の状況を再現する。
・スコアが、ドリルの構成と時間を決める。

(2) 方　法
・ベースラインからドリルを始める。
・学生は、目標に向かってクロスコートへ打つ。
・スコアは、目標エリアに入れば＋1点、入らなければ－1点。
・スコアが＋5か－5になったら、ドリルを終了し、学生は交代する。

(3) バリエーション
・グラウンド・ストロークでストレートやショートアングル。
・アプローチ、ボレー、スマッシュ。
・複数のボール（2球、3球、4球）のコンビネーション。
・目標にボールを当てた場合、特別な点を与える。
・難易度を高める――すべての目標に当たったら＋1点。

❷7ポイント・プレー

(1) 目　的
・ライブ・ボール（ラリー）からのプレッシャーの下で、目標に向かって打つ技術を養う。
・目標が達成されるまで、ドリルを続けることを学ぶ。
・コートのあらゆるエリアから、目標に向かって打つことで、試合の状況を再現する。
・スコアが、ドリルの構成と時間を決める。

(2) 方　法
・ベースラインからドリルを始める。

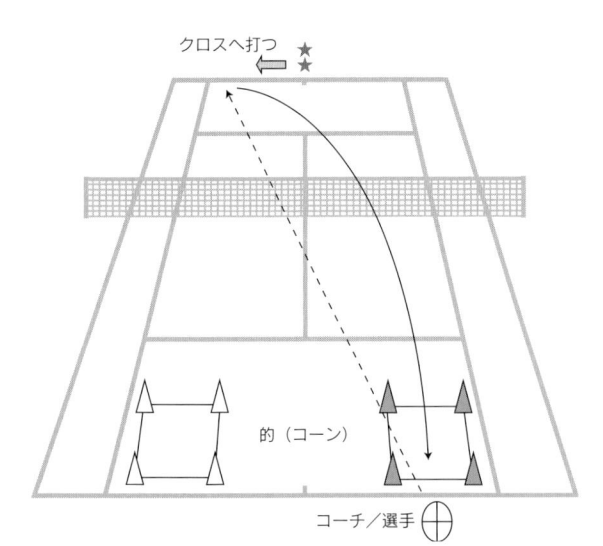

図9-10　ボックス・ターゲット・ドリル

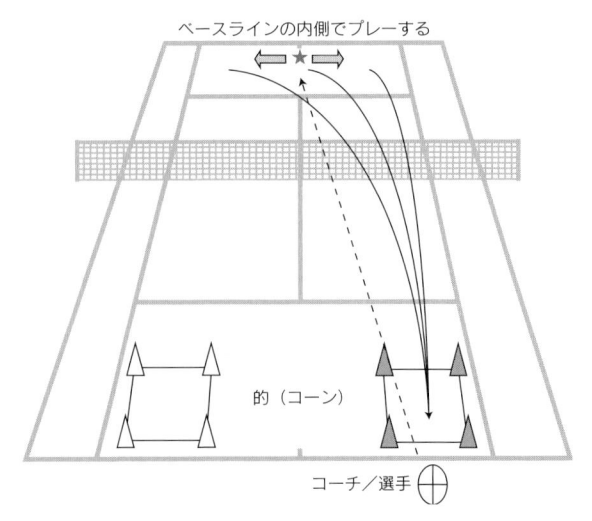

図9-11　7ポイント・プレー

- 学生はコートのあらゆる場所から目標に向かって打つ。
- スコアは、目標エリアに入れば＋1点、入らなければ－1点。
- スコアが＋7か－7になったら、ドリルを終了し、学生は交代する。

(3)バリエーション
- つねにベースラインの内側でプレーする。
- アプローチ、ボレー、スマッシュ。

❸アレー・ドリル

(1)目　的
- 集中力を高める。
- ライブ・ボール（ラリー）からのプレッシャーの下で、目標に向かって打つ技術を養う。
- 目標が達成されるまで、ドリルを続けることを学ぶ。
- 試合の状況を再現する。
- スコアが、ドリルの構成と時間を決める。

(2)方　法
- 選手はベースライン上のダブルス・アレーからドリルを始める。
- パートナーはダブルス・アレー内だけを狙って打つ。
- スコアは、アレーに入れば＋1点、入らなければ－1点。
- スコアが＋7か－7になったら、ドリルを終了する。

(3)バリエーション
- ボレー対ボレー。
- グラウンド・ストローク対ボレー。
- 1つのショット（例えば、フォアハンド、バックハンド）だけを打つように制限する。
- 1つのスピン（例えば、アンダースピン、トップスピン）だけを打つように制限する。

❹コントロール・ボレー・ドリル

(1)目　的
- ボレーでのボールとラケットのコントロールを養う。
- レシーブとポジショニングの技術を養う。
- 同じショット・パターンを続ける。

(2)方　法
- 4人の選手がサービスラインの内側、ネット近

図9-12　アレー・ドリル

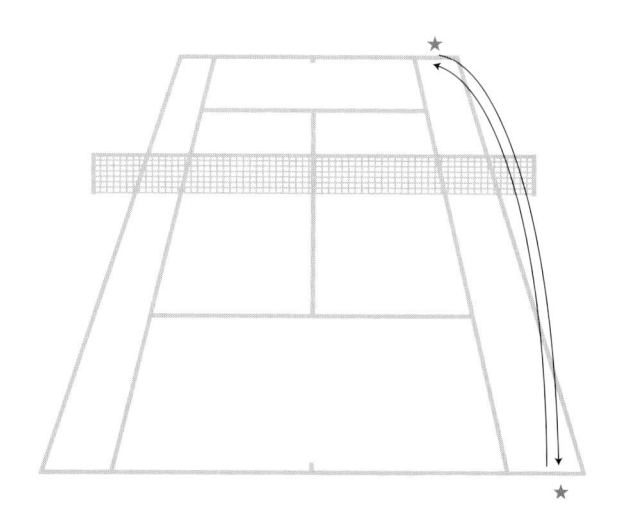

図9-13　コントロール・ボレー・ドリル

くに構える。
・選手はボレーのラリーを続ける。
・選手は、ボレーを打ってドリルを継続し、ボールをコントロールする。

(3)バリエーション

　1人の選手だけはいつでも次のようにパターンを変更してよい。
・同じパートナーとだけストレートに打ち合う。
・同じパートナーとだけ対角線に打ち合う。
・ストレートとクロスを混ぜる。

❺コントロール・ボレーの3対1ドリル

(1)目　　的
・ボレーでのボールとラケットをコントロールする力を養う。
・レシーブとポジショニングの技術を養う。
・同じショット・パターンを続ける。
・チームで協力し合う。

(2)方　　法
・1～2球のボレーの後に3人の選手が交代する。
・3人の選手が交代で、それぞれのポジションに入る。
・反対側の1人の選手は、ボールをコントロールし、ドリルを継続させる。

(3)バリエーション
・フォアハンド、バックハンドのボレーだけを使う。
・学生の数を増やす（例えば、3対2、3対3）。

❻2対1ドリル

(1)目　　的
・移動、反応、リカバリーの技術を養う。
・安定性と取り組む姿勢を養う。
・選手のラリー速度を決める。

(2)方　　法
・2人の選手がストレートに打つ。
・1人の選手はクロスコートへ打つ。

(3)バリエーション
・1人の選手はフォアハンドだけを打つ。
・選手はみなベースラインの内側でプレーする。
・1人の選手は、ボレーかスマッシュとボレーのコンビネーションを使う。

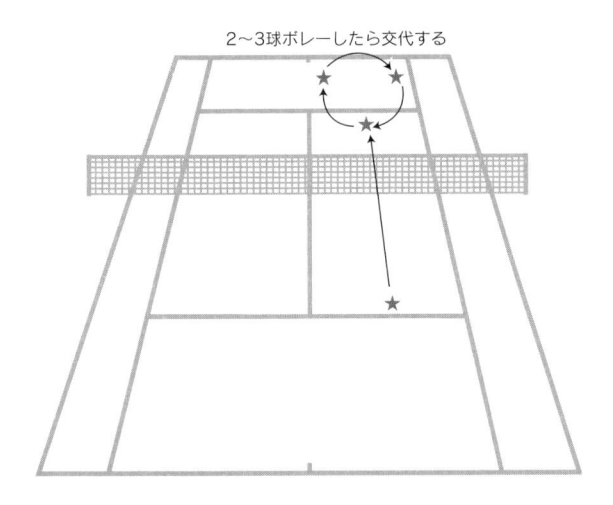

図9-14　コントロール・ボレーの3対1ドリル

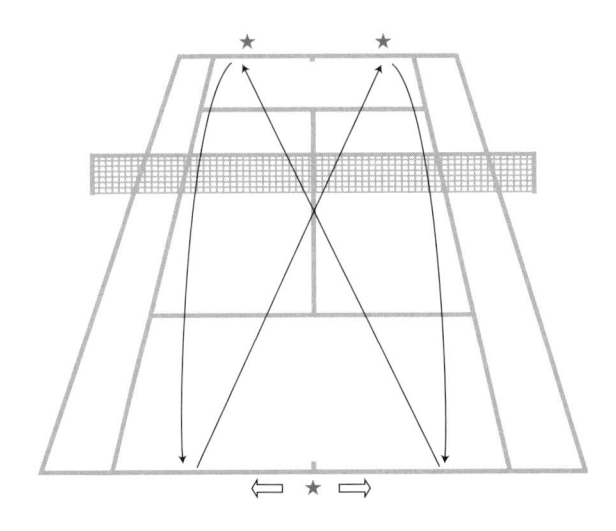

図9-15　2対1ドリル

ドリルを成功させるためには

ドリルはあくまでもドリルであることを覚えておこう。どのように実行するかによって、その効果が決まる。ドリルの効果を評価するために、ある程度時間をかけよう。実施方法を改善することができるかどうか、考えてみよう。次回の練習で、ドリルの実施方法に少し工夫を加えると、学生がいつもより熱心に取り組むチャンスが生まれるだろう。

4 まとめ

海軍では、重装備の戦闘服を着て、コックピットに固定されたままのパイロットをプールに投げ込む訓練をする。目的は、危機的状況でも自信を持って対応することができるようにするためである。万が一、海に飛行機を不時着させなければならなくなったとき、あわてずに行動できるように訓練される。兵士がコントロールされた環境で、いろいろな危機を体験するようにしている。この訓練のプロセスは、多くの場合、たんに反復のプロセスにすぎない。

同じように、ドリルでは、学生がストロークを何度も繰り返し練習することができるので、自信が持てるようになる。試合のプレッシャーの下でも選手は、同じショットをこれまでに1000回も打ったことがあると感じるだろう。人は、経験を積むことによってのみ、このような自信を得ることができる。

これで、ショットを打つための要素や経験はすでに整ったので、次に選手が必要なのは、勝つ方法を学ぶことだけである。

2002年全米オープン女子ダブルスでペアを組んだアンナ・クルニコワ(左)とマルチナ・ヒンギス(右)
(Action Images/PHOTO KISHIMOTO)

ニック・ボロテリーの個人的指導あるいはニック・ボロテリー・テニス・アカデミーで指導を受けてWTAツアーなどで活躍した選手として、以下のような選手の名前をあげることができる。

ニコル・アレンド	カーリング・バセット
ダヤ・ベダノヴァ	エレナ・ボビーナ
サンドラ・カキッチ	パム・カセール
カタリーナ・クリスティア	エリカ・デ・ローン
マリアン・デ・スワード	ルクサンドラ・ドラゴミール
メアリー・ジョー・フェルナンデス	アンドレア・グラス
ジュリー・アラール・デキュージ	ダニエラ・ハンチュコーヴァ
マルチナ・ヒンギス	キャサリーン・ホーバス
アンケ・フーバー	イレーナ・ドキッチ
ソニア・イェヤシーラン	アンナ・クルニコワ
ミリアナ・ルチッチ	イバ・マヨーリ
アメリー・モーレズモ	レイチェル・マッキラン
カレン・ミラー	テリー・フェルプス
メアリー・ピアース	ラファエラ・レッジー
ブリー・リップナー	チャンダ・ルビン
パティ・シュナイダー	モニカ・セレス
アン・ガエル・シド	アレクサンドラ・スティーヴンソン
ヘレナ・スコヴァ	アンドレア・テメスバリ
キャロライン・ビス	マーリーン・ワインガートナー
セレナ・ウィリアムズ	ヴィーナス・ウィリアムズ

第10章
コンディショニング

> 「どのようなことでも、卓越するためには10年間の集中的な練習が必要である。」
> （ハーバート・サイモン：ノーベル賞受賞者）

　テニスというスポーツを教え始めて以来ずっと、私たちはフットワークなどの移動のメカニズムとコンディショニングについての生理学的な研究に取り組んでいる。私たちは40年間、けがの予防とリハビリテーションに注目している。立地条件、優れたテニス選手を育成した歴史、成功からの信頼によって、私たちは、世界屈指のスポーツ心理学者やフィットネス・トレーナーを育成する確かな基盤を築いている。

　今日私たちは、フィットネスと栄養学について、40年前に夢を抱いてこの仕事に取り組み始めた頃よりも、はるかに多くの知識を持っている。本章は、それぞれの能力の頂点に達しようと努力するスポーツ選手に、最新の情報を提供するであろう。謙虚に、自分の頂点へ達するための方法を学習しよう。

1 長期的な準備の基本

　テニスでも、他のスポーツと同じように、選手の試合前の準備における究極的な目標は、与えられた時間で、最高の競技能力を作り上げることである。大きな試合やトーナメントで成功するための選手の競技能力は、効果的な長期トレーニング計画を作り、それを実施するコーチの能力次第である。

　最高の競技能力に到達するために、選手は、技術、戦術、身体、精神、栄養などのさまざまな要素において、同時にピークに達しなければならない。さらに、トレーニングの医学的、環境的要素も整えられなければならない。これは、コーチの究極的な挑戦である。スポーツ選手が1シーズンの間、最高の競技能力を一貫して発揮できるようになるためには、平均8～12年間の一般的、専

門的なトレーニングが必要である。北米では、テニス選手の育成は、競技期間に対してトレーニング期間が短いと考えられている。競技システムの構造が、短い準備期間と頻繁な試合というこの状況を助長している。その結果、コーチや親が、トレーニングの重要性を見落とすことが多くなる。彼らは、基本技術やフィットネスの習得よりも、試合の結果に注目してしまう。スポーツ選手は、トレーニングへの長期的な取り組みによってのみ成功を手に入れることができるということでは、コーチ、スポーツ科学、スポーツ医学の専門家の意見は一致している。

理想的には、初心者のためのトレーニングは、協力的で楽しい環境の中で行われ、基礎的な技術や戦術上の技術の習得を重視すべきである。試合に参加するにしても、テニスの競技的な面についてあまり強調すべきではない。選手が基本的な技術や戦術をマスターしてから、コーチは徐々に個々のニーズに応じてトレーニングの重点を変えていく。

❶早期の専門化

過去数十年間、スポーツ・トレーニングでの早期の専門化は、コーチ、スポーツ科学者、スポーツ管理者、親の間での議論の主な話題の1つであった。国際試合、とくにオリンピックでの旧共産主義諸国の成功は、早期のタレント発掘、選抜、専門化などが完全に連携したスポーツ・システムの利点を実証した。このスポーツ・システムは、不自然に多くのチャンピオンを生みだし、『ソビエトのオリンピックへの道』（シュナイドマン1978）、『スポーツとソビエト社会』（リオーダン1978）、『奇跡の機械』（ギルバート 1979）などの書物で分析されている。

多くの西欧社会は、倫理的懸念からスポーツでの早期の専門化の考えを受け入れず、支持しなか

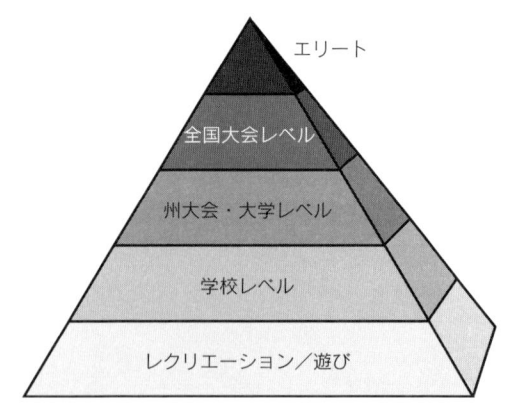

図10-1 アスリートの発達ピラミッド

った。ハルサニー（1992）は、早期の専門化によってスポーツ選手を利用した共産主義諸国が、科学的理論の裏づけなしにこのようなシステムを発達させたと述べた。スポーツ選手の健康や幸福のいかんにかかわらず、どんなことをしてでも勝つことが、共産主義諸国では基本原則になった。

カナダやアメリカでは、多くのスポーツが、「アスリートの発達ピラミッド」（図10-1）の原理に基づいた選手育成の総括的なモデルを採用した。理論的には、基本的な能力がより高ければ、タレント発掘、選抜、最適なトレーニングのための機会が多くなる。選手の育成は、タレント発掘、選抜、トレーニング、競技（試合）、維持の5つの要素から構成される。しかし、現代の指導者やコーチは、このうちのトレーニングと競技（試合）という2つの要素だけを重視している。その結果、各要素の間のバランスは、最適ではなくなっている。幼い年齢での系統的なタレント発掘や選抜、競技生活の終わり頃のスポーツ選手に関することなどはほとんど注目されていない。すべての段階、レベルで競技や勝利に重点が置かれすぎている。また、こうしたことが選手の適正な発達を妨害している。

カナダとアメリカでは、あらゆる年齢やレベルで、勝利が重視されている（バリー＆ウェイ

1995／ボンパ 1995／ヒューストン 1997)。また、その結果、基本的な技術の習得が犠牲になっている。これは、旧ソ連、チェコ共和国、ドイツ、スウェーデンや他の多くの国々とは対照的である。これらの国々では、6歳から10歳の間の子どもの基礎的、全体的な運動能力の準備が重視されている。この全体的な運動能力の準備には、基本の体操や陸上競技の技術の導入が含まれている。この2つのスポーツは、一般的な運動能力(走る、投げる、ジャンプするなどの他に、敏捷性、バランス、コーディネーション、スピード、持久力のような能力)を開発するので、すべてのスポーツの基礎的な運動と考えられる。

基礎的、全般的な運動能力の準備の考えは、カナダ、アメリカ、その他多くの西欧諸国では受け入れられていない。コーチも親も、基礎的な技術、戦術上の技術、フィットネスの習得ではなく、競技能力や勝利を重視しすぎることが多い。北米のスポーツ選手は、基礎的な身体能力やフィットネスを習得しないまま、より高度な、そのスポーツに特有なトレーニングを経験する。テニスを含む多くのスポーツでは、トレーニングや競技のエリートシステムが、若く将来性のある選手のために利用されている。

北米で、早期の運動能力開発段階で競技を強調しすぎるのは、競技のスケジュールの影響もある。多くのスポーツでは、スケジュールの立案は、エリート・レベルを基準にして考えられ、発展途上のレベルは大部分無視される。しかし、最適なスケジュールの立案は、どちらのレベルにも重要である。競技性を重視したスケジュールが、基本的なトレーニングのための時間的余裕を許さないので、若いスポーツ選手は、1年中ピークを維持しなければならない。

スポーツ選手育成に専門知識を持っていない、善意のボランティアや指導者が、発展途中のレベルでのトレーニングや競技のスケジュールを立案する。*競技スケジュールは選手の発達レベルを反映しなければならないと考える専門のコーチではなく、スポーツやレクリエーションの指導者によって、スケジュールの立案が行われることが多いのである。競技スケジュールは、レクリエーションのパターンや傾向に基づき、特徴づけられている。明らかに、目的がレクリエーションの場合、このようなスケジュールでも問題はない。しかし、長期的な選手育成計画にはマイナスの影響を与えることになる。

＊発達途中の選手を指導するコーチには、大人の選手を指導するコーチよりも多くのことが要求される。コーチが生物学、生理学、心理学の発達に関しての基礎的な知識を持ち、この知識を練習に応用することが求められている(ズモディッチ 1992)。最高のトレーニングや教育を受けたコーチが、発達途上のレベルを担当する必要がある。

❷専門化した長期選手育成の研究

テニスに関するほとんどの出版物は、技術や戦術に重点を置いた内容になっている。驚いたことに、長期的な選手育成や身体的な準備に関して書かれたものはほとんどない。対照的に、他のスポーツに関する出版物には、長期的な選手育成の重要性について詳細に書かれている。そのうちのいくつかを挙げれば、体操に関してベロフ(1995)、デュランド＆セルメラ(1994、1995)、水泳についてトゥレツイー(1993)、テニスに関してホルム(1987)、陸上競技に関してタム(1987)などである。このような本の中で書かれた長期的な選手育成に関する情報の多くは、テニスでも参考にすることができる。

プラトノフは、一般的な内容(特定のスポーツに特有でない)の長期計画の必要性を明らかにした。彼は、5段階の発達や、トレーニング時間に関する標準的なデータ、一般的なトレーニング、補助的なトレーニング、さらには専門的なトレーニングでの負荷の割合を示した(表10-1)。

表10-1　一般的なスポーツ選手の準備段階

段階	トレーニングの負荷(%)			年間のトレーニング負荷時間
	一般	補助的	専門的	
開始時	50	45	5	100～250
基礎期	35	50	15	350～500
専門期	20	40	40	600～800
絶頂期	15	25	60	900～1,100
維持期	10	25	65	1,200～1,400

　バリー（1978）は、シカゴ大学の「才能開発プロジェクト」のために、旧共産主義諸国でのスポーツ選手育成を支援するスポーツ、文化、教育の政策と、社会、政治、経済状況に関して論じ、分析した[*]。共産主義諸国では、スポーツ選手育成のための慎重に統合された組織的な政策が、高い運動能力の到達に貢献していると彼は結論づけた（しばしば、勉強や情緒などの他の社会的、文化的側面を犠牲にしているが）。

[*]『ジュニアの才能開発』（1985）というタイトルで出版されている。

　1985年にブルームは、テニス選手、オリンピック水泳選手、神経学者、数学者、彫刻家、ピアニストなど、さまざまな分野の専門家の専門的な能力の発達に焦点を絞って大規模な研究を行った。その結果ブルームは、研究対象の人々がそれぞれ違った努力によって成功したにもかかわらず、彼らが専門家になるまでに育った学習環境が類似していることに気づいた。表10-2は彼の研究の要約を示したものである。

　開始時に、コーチや指導者が、協力的で楽しめる環境を提供し、前向きな言葉をかけ、到達度ではなく努力を重視した。また、親も結果ではなく努力過程をほめることで、重要な役割を果たした。

　発達段階では、コーチはたいへん熟練していて、トレーニングに対する大きな決意と厳しい規律を選手に要求した。到達段階では、選手は最高の熟達したコーチ、マスターと呼ばれるような人、専門家を捜し出した。選手はテニスに専念し、また家族は、子どもたちのために環境や経済面で全面的な支援をし、よりよいコーチを求めてしばしば引っ越しまでした。

　この研究は、長期的な選手育成に興味を持っている人にとって重要なことを示唆している。スポーツ選手の育成に近道はないということである。トレーニング過程をスピードアップしようとすれば、選手の能力の欠如という結果に至るだろう。

　バリー（1995）はこの分野での既存の文献を要約し、子どもの年齢が小さいうち、あるいはトレーニングを始めて間もない時期に、基本的な移動技術を習得しなければ、その後のトレーニングで技術を完全に身につけることはできないと指摘した。これは、長期トレーニング計画を準備する場合、コーチが十分に考慮しなければならないことである。これは子どものトレーニングにおける成長と発達の法則の重要性に触れ、トレーニングの初めの数年間に基礎能力を習得することの重要性を示している。

　ホルム（1987）は、テニス選手の発達段階を4つに分類した。ホルムによって修正された表10-3は、発達に対する彼の考えを示し、テニス選手を育成するための価値ある標準的なデータを提供している。

　ナドリは、年齢の問題に関係のない長期的選手育成システムについて述べた。さらに彼は、14

表10-2　選手の発達段階での指導者や親のあり方

	開始時	発達期	到達期
選手	楽しい 遊び	熱中 決意	専念 責任感
指導者	やさしい 明るい 面倒見がよい 過程中心	強力 尊敬 熟練 きびしい	成功 尊敬され恐れられる 精神的な結びつき
親	楽しさを共有 支援的 指導者を捜す 積極的	犠牲を払う 行動を制限される	

（ブルーム、1985）

表10-3 テニスのための長期的な選手育成
- □前競技期　　　　　　6〜10歳
- □全般期　　　　　　　11〜14歳
- □専門期　　　　　　　15〜18歳
- □ハイパフォーマンス期　18歳以上

身体能力 （バイオモーター能力）	年齢（歳） 男子	女子
機敏さとコーディネーション	6〜10	6〜10
柔軟性（強調）	13	12
スピードと敏捷性		
加速走	12〜14	10〜12
スラローム走	13	11
インターバルトレーニング	15	13
筋力		
第1段階：神経と筋の 　　　　　コーディネーションの向上	10〜14	10〜12
第2段階：筋量の増加	15〜16	13〜15
第3段階：最大筋力の発達	17〜18	16〜17
有酸素性能力		
トレーニング開始	12〜14	11〜13
最大持久力	17〜18	16〜17

歳でトレーニングを始める従来の方法と10歳でトレーニングを始める現代の方法を参考に、従来型と現代型の選手育成方法の「成長」と「減退」を例証した。図10-2は、従来型と現代型の選手育成のモデルを表している。

ボンパは、一般的な段階（6〜14歳）と専門的な段階（15歳以上）という、2段階の長期ピリオダイゼーション・モデルを示した。それぞれの段階がさらに2つに分類される。一般的な段階の2つのステージは、開始ステージ（6〜10歳）、選手育成ステージ（11〜14歳）と呼ばれる。専門的な段階の2つのステージは、専門期（15〜18歳）とハイパフォーマンス期（19歳以上）と呼ばれる。ボンパ（1985）はさらに、若いスポーツ選手のための全面的な運動能力の開発と早期の専門化の重要性を強調した。

バリー（1996）は、早い時期と遅い時期に選抜すべきスポーツを分類し、また、すべてのスポーツが、選手育成事業のためにこのような分類によって選手を識別することを推奨した。彼は、体操、新体操、水泳、飛込み、フェンシング、卓球のような成功するために早期の専門的なトレーニングを必要とするものを早い時期の選抜が必要なスポーツと定義した。サッカー、ラグビー、バレーボール、対人的な競技やラケット・スポーツは、遅い時期に選抜すべきスポーツで、将来成功するために早期の専門化は必要でないと定義した。

バリーは、早く選抜すべきスポーツを4つの長期育成段階に、遅く選抜すべきスポーツを5つの育成段階に分類した（図10-3）。

早く選抜すべきスポーツでは、早期に専門化したトレーニングが不可欠で、基本と練習のためのトレーニングが、幼いスポーツ選手の発達を最適化するために組み合わされなければならないことに注意すべきである。これは、長期的育成がより

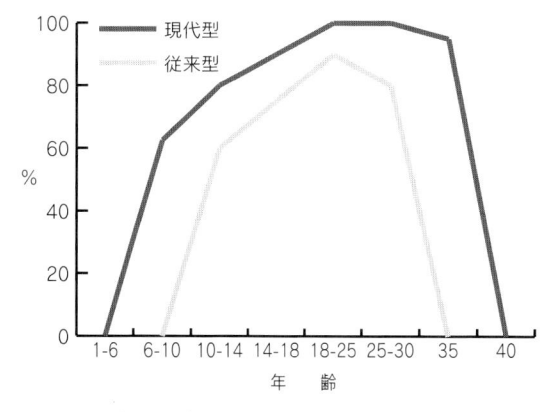

図10-2　ナドリの減退モデル

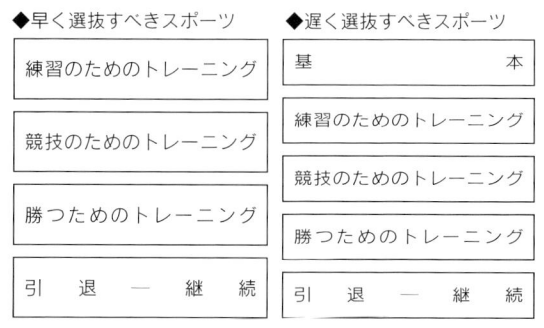

図10-3　選抜時期による育成段階の分類

複雑になることを意味している。

まとめとして、長期的な選手の育成に関する理論を開発した人々は、彼らの理論を実証するために通常3〜4段階のモデルを使用し、段階的なスポーツ選手のトレーニングを8歳ごろから始めることを提案している。いくつかのスポーツでは、遅くトレーニングを始めることが成功の原因となることもあるようだが、すべてのスポーツで、基本技術の習得やトレーニングの初期段階でのフィットネスが、成功するための前提条件となっている*。

*全体的な運動能力育成を早期に始めることが、後の能力や技術によい影響を与えることは、明白である（ザイチコウスキー、ザイチコウスキー＆マルチネック 1980）。

バリー＆ハミルトンは、カナダのブリティッシュ・コロンビア州テニス協会とともに、テニスに専門化した長期的選手育成モデルを開発するために5段階のモデルを利用した。表10-4はその概念をまとめたものである。

本章のこの段階までに、長期的選手育成に関係する多くの用語が用いられた。この先を続ける前に、これらの用語のいくつかについて、簡潔な定義と説明をしよう。

まず、ピリオダイゼーションとは、決められた時間で最適な競技能力を育成するための短期間、長期間のトレーニング・プログラムの構成と周期である。つまり、競技能力のトレーニングとパフォーマンスのために計画を立てることを示す。最高のパフォーマンスに到達するためには、技術的、戦術的、肉体的、精神的に、選手がトレーニングのすべての要素において同時にピークに達成するように調節する必要がある。さらに、栄養、医学、環境、設備の要因も最適化されなければならない。コーチは、選手が最高のパフォーマンスに達することに関連したすべてのプロセスの立案と実施に責任を負っている。したがって、トレーニングとパフォーマンスの要素をすべて慎重に統合し、配置しなければならない。パフォーマンスのピークに到達するためには、各要素がお互いに妨げとならないように注意を払い、すべての要素が訓練され、確実に最適化された、数年間にわたる一般的あるいは専門的な準備を必要とする。シングル、ダブル、マルチ・ピリオダイゼーションは、年間の競技シーズンの数を表す。

シングル・ピリオダイゼーションは、1つの競技シーズンを意味している。7〜8ヶ月間のトレーニング期間の後に、3〜4ヶ月間の競技シーズンが続くサイクルである。

ダブル・ピリオダイゼーションは、2回の大きな競技シーズンを意味している。競技シーズン期間の周期が6〜7ヶ月間あり、トレーニング期間は、4〜5ヶ月間と短くなる。質の高いトレーニングと長い競技期間の間、集中を持続することができる、よく訓練された選手だけが、ダブル・ピリオダイゼーションを実施することができる。

マルチ・ピリオダイゼーションは、エリート選手の準備の基本である。8〜12年間のトレーニングの後、選手は完全に訓練される。世界最高の選手は、高いレベルの頻繁な競技とトレーニングで身体的、技術的な能力を維持できるので、トレーニング不足やオーバートレーニングになることなく、一年中戦うことができる。身体的、精神的な「燃え尽き」を防ぐために、身体能力の診断から必要と思われるときの強化セッションをしたり、戦略的にタイミングをはかって「予防のための休息」を入れたりすることで、高い強度を維持する。

数多くの文献が、優れたコーチ、チームや選手の活動を間接的に支援している。いわゆるメンテナンスに関する文献（フィットネスとパフォーマンスのトレーニングの減少の影響に関するもの）、漸減に関する文献（大きなトーナメントの前にト

表10-4　トレーナビリティの最適期間の一般的なパターン

基　礎	練習のための トレーニング	競技のための トレーニング	勝つための トレーニング	引退・継続
暦年齢・骨格年齢 5～10（男女）	骨格年齢 10～14（男） 10～13（女）	骨格年齢・暦年齢 14～18（男） 13～17（女）	暦年齢 18以上（男） 17以上（女）	引　退
楽しみと参加	一般的な身体的コーディネーションの強調	スポーツ、個人的に必要な補助的能力	身体能力の維持（できれば発達）	楽しみと参加
一般的、全体的な発達	肩、中心線、足首の安定	肩、中心線、足首の安定	肩、中心線、足首の安定	エキジビション・マッチ
動きの基礎： 敏捷性、バランス、コーディネーション、スピード	徐々に専門化する基本的な技術力	競技に専門化した技術、試合状況でのプレー能力	技術、戦術、プレーのさらなる発達	マスターズ
ランニングの基礎	技術的な準備の基礎	高度な技術的な準備	トレーニングとパフォーマンスのすべてを形成	友　好
楽しく、遊びを通じてのスピード、パワー、持久力	他のスポーツへの参加（同じような力、動きのパターンを必要とする）	フィットネスと技術トレーニングでの自立	頻繁なけがの予防のための休息	コーチ
正確に走る、ジャンプする、投げる技術	フィットネスと技術トレーニングでの自立	高度な精神的準備	すべてのトレーニングでの自立	競技役員
メディシン・ボール、バランス・ボール、強さを育てるエクササイズ	精神的準備の導入	スポーツや個人的に特有の身体的コンディショニング	補助的な能力の鍛錬、リーダーシップ	クラブ専属のプロ
簡単なルールやスポーツの倫理の紹介	補助的能力の基礎			テニス教室やクラブの経営
ピリオダイゼーションではないが十分に構成されたトレーニング	シングル・ピリオダイゼーション	ダブルまたはマルチ・ピリオダイゼーション	マルチ・ピリオダイゼーション	マスコミ
週1回ラケット競技に専門化したスポーツ、週4～5回他のスポーツ	テニスに専門化したトレーニング週4回、他のスポーツへの参加	テニスに専門化した技術、戦術、フィットネス・トレーニング週5～9回	テニスに専門化した技術、戦術、フィットネス・トレーニング週9～12回	スポーツ指導者
			楽しみと参加	健康、幸福

（バリー＆ハミルトン、1998）

レーニングの量を減らしながら高い強度と練習頻度を維持するというもの）は、前に述べた法則を全面的に支援している。*

*詳しくは、ヒクソン（1980）、ヒクソン他（1982）、ホウマード（1991）、ニューファー（1990）を参照。

水泳や陸上競技のような多くの個人競技では、発達を計測し、経験的にテストすることができる。テニスのコーチや専門家は、これを注意深く分析するべきである。マルチ・ピリオダイゼーションの基本と競技スケジュールは、全国大会、選手選抜、大きな大会での、3回または複数のピークに対応するために調整されている。したがって、年間の周期における、トレーニング、準備、大きな大会のためのピーク（例えば、グランドスラム大会や他の重要な大会）は、全体のトレーニングや競技システムの中で優先される。

発育、成熟、発達という言葉はよく一緒に使われ、ときには同じ意味で用いられる。しかし、それぞれは、特定の生物学的な活動を表している（マリナ＆ボウチャード 1991）。

発育は、身長、身体組成、体格、特定の身体システムの変化を含む、身体またはその一部のサイズが大きくなることを意味する（マリナ 1991）。

成熟は、成熟した状態への発達の速さやタイミングを意味する。骨格的（骨格年齢）、性的（第二次性徴）、身体的（最大発育速度）成熟などの言葉が、しばしば使用される（マリナ 1991）。

発達は、時間の経過と発育と成熟の間の相互関係を意味している。発達の概念はさらに、子どもの社会的、情緒的、知的、行動的な領域も含んでいる（ティハニー 1990）。

発育、成熟、発達に関連する言葉の定義を以下に示す。

◇**骨格年齢**　骨格の成熟を意味し、「骨格の骨化の程度によって決定される」（ヘイウッド 1993）。または、「大きさではなく、形や他の骨との位置に関して、ある骨が成熟に向かってどのぐらい発達しているかを考慮した年齢の尺度である」（ザイチコウスキー、ザイチコウスキー＆マルチネック 1980）。

◇**暦年齢**　「誕生以来経過した日数や年数」を意味している（ヘイウッド 1993）。マリナ＆ボウチャード（1991）によると、発育、発達、成熟は、時間を基準に、つまり、子どもの暦年齢に影響している。同じ暦年齢の子どもでも、生物学的な成熟のレベルでは、数年異なることもある。発育と成熟の統合的な特徴は、遺伝子、ホルモン、栄養、個人が生活する身体的、心理社会的な環境の相互作用によって成り立っている。この複雑な相互作用は、最初の20年間の生活における、子どもの発育、神経と筋肉の成熟、性的成熟、一般的な身体的変容をコントロールしている。

◇**子ども期**　通常、幼児期の終わりから思春期の始まりまでの期間をさし、発育と成熟における比較的着実な進歩や発達と、神経と筋肉や動作の発達における急速な進歩によって特徴づけられる。この時期は、初期の子ども期（1〜5歳の就学前の子どもを含む）と後期の子ども期（6歳から思春期の始まりまでの子どもを含む）に分けられる。

◇**思春期**　その始まりと終わりを定義するのは困難であるが、この期間に肉体のほぼすべてのシステムが、構造的にも機能的にも子どもから大人へと変化する。構造的に青年期は、体格の発育の割合が加速することから始まり、それが、思春期の急速な発育の始まりを表す。体格の発育の割合がピークに達し、発育が減速に転じ、最後に成人の体格に到達し、終了する。機能的に思春期は、通常性的成熟という観点から見られる。それは、全体的な肉体の変化に先行した神経内分泌系システムの変化から始まり、生殖機能が成熟して終了する（マリナ＆ボウチャード 1991）。

◇**成熟期**　性的に成熟し、生殖が可能になった時点を意味する。

◇**身長発育ピーク速度（PHV）**　急速な発育期において身長が最も伸びる時期である。発育の最大速度の年齢は、PHV年齢と呼ばれる（マリナ＆ボウチャード 1991）。

◇**発達の最適な期間**　経験やトレーニングが発達に適切な効果があるとき、発達の特別な反応の時期を意味する。それ以前かそれ以降に紹介される同じような経験は、その後の技術習得にまったく影響を及ぼさないか、習得を遅らせる（ザイチコウスキー、ザイチコウスキー＆マルチネック 1980）。

◇**レディネス（準備）**　トレーニングや競技によって運動を行うことができ、必要性を満たすことができるような、子どもの発育、成熟、発達のレベルを意味する（マリナ＆ボウチャード 1991）。

◇**適応**　刺激、または身体に機能的、形態上の

変化を引き起こす一連の刺激を意味する。当然、適応のレベルや程度は、個人の遺伝資質による。しかし、適応の一般的傾向は、生理学の研究によって解明されている。筋持久力や最大筋力への適応のような、異なる適応プロセスの事実やガイドラインは、明らかにされている。
◇トレーナビリティ　特定の刺激に反応・適応するときの、スポーツ選手の遺伝的資質を意味する。

❸子ども期のトレーナビリティ

マリナ＆ボウチャード（1991）は、トレーナビリティを「発育や成熟の異なる段階におけるトレーニングの刺激への反応」と定義した。さらに彼らは、若いスポーツ選手のトレーナビリティの「準備と最適な期間」について述べ、運動能力、筋力、有酸素パワーに関して最適な適応を遂げるためには、刺激のタイミングをはかる必要があるという。

個々の発達のレベルは、子ども期の初期や後期におけるトレーナビリティにも影響を及ぼす。ジャカード（1989）は、遺伝変数が才能あるスポーツ選手となる要因であり、これらのスポーツ選手は１つ以上の優れた特性を持っていると述べた。ここで考慮された変数は、体重、身長、脂肪過多、筋力、スピード、有酸素パワー、無酸素パワーである。

ボウチャードら（1986、1992）は、トレーニングへの適応のパターンを決定する際に、遺伝が果たす重要性を強調した。これらの研究は、反応の強さ・弱さ、速さ・遅さという点から、トレーニングへの適応を検討し、個人やトレーニング・プログラムを評価する場合に、これらの４つのパターンが考慮されるべきだと述べている。

ハメル（1987）は、現実的な観点から、与えられたトレーニングの刺激に対する個々の反応を正確に予測することはほとんど不可能なのは、遺伝が適応に対してそのような影響を及ぼしているからだという。

マリナ＆ボウチャード（1991）は、最大有酸素パワーのトレーニング効果についての有効なデータを要約し、10歳以下の子どもにおいて最大有酸素パワーのトレーニング効果はほとんどないと結論づけた。しかし、彼らは、「この結果がトレーナビリティ（有酸素性トレーニングへの適応能力）が低いからなのか、あるいはトレーニング・プログラムの不適切さに原因があるのかは確かでない」と述べた。

ペイト＆ワード（1996）は、「子どもと青年の持久力のトレーナビリティ」の中で、いくつかの文献を調査し、運動プログラムが強度、頻度、持続性の基準を満たしていれば、子どもも青年も、男子でも女子でも、持久性運動トレーニングに対して、生理学上の適応性がある」と結論づけた。しかし、文献が不十分なので、これを認めることは問題がある。

ブリムキ＆バー・オール（1996）は、「子ども期における筋力、パワー、持久性のトレーナビリティ」の中で、子ども期の筋力トレーニングの形態的、神経的な適応について述べ、筋力のトレーナビリティに関してまとめた。

「思春期前期におけるレジスタンス・トレーニング：問題、議論、推奨」の中で、ブリムキ＆バー・オール（1995）は、次のような結論を出した。「大部分の研究は、トレーニングを行った後に、思春期以前か思春期前期の子どもが、青年や大人とほぼ同じ強度へ到達したことを示しているが、強度そのものは通常小さいことを実証した。」肥満の改善や動きのコーディネーションではなく、神経の適応が、これらの強度の達成の原因となっているように思われる。さらに、彼らは思春期前期に筋力トレーニングを行う時代の新しい展望に関して、コーチに実践的なアドバイスを提供して

❹コーチング研究におけるトレーナビリティ

ナドリは、トレーナビリティに関する文献をまとめ、「トレーナビリティの最適な期間」と呼んで、トレーナビリティの「最適な期間」の一般的傾向の概略を示した（表10-5）。もちろん、このような一般論には限界があるが、そのパターンを理解しておくことは有用であろう。

ボンパ（1995）は、トレーニング期、技術習得、技術的・身体的能力のトレーニング内容、競技への関与のための提案など、さまざまなスポーツの統合的な長期トレーニング計画の一般的傾向について述べた。

スキャモン（1930）は、さまざまな細胞やシステムの発育は4つのパターンに要約できると提案した。それぞれの発育は、誕生から20歳で最大に達するまでの割合として表わされる。20歳時の大きさが100％になるように縦軸を表している。図10-4は、スキャモン（1930）をもとに、マリナ＆ボウチャード（1991）が改良し、さらにバリー（1997）によって修正されたものである。全体のカーブは、全身の発育を表している。マリナ＆ボウチャード（1991）は、以下のようにまとめた。

「パターンはS字形で、4つの段階がある。乳幼児期と子ども期初期の急速な発育、子ども期中期の一定の発育、思春期初めの急速な発育、また思春期後期のゆっくりした発育と発育の停止。神経の発達のカーブは、脳、神経系、それに関連した部分の発育の特徴を表している。神経系の全ての発達の95％は、およそ7歳までに達成される。生殖の発達に関するカーブは、第一次および第二次性徴期の発育パターンの特徴を表している。生殖組織は、乳幼児期にわずかな発育を示し、子ども期のほとんどは横ばい状態で、思春期の始まりから急速な発育と成熟を示す[*]。

[*]この記述は、マリナ＆ボウチャード（1991、p.8）の出生後の発育に関する見解に基づく。第4のカーブ（リンパの発達）は図に含まれていない。

スキャモンのカーブは、出生後の発育の違いの特徴を表している。発育は、さまざまな時期に、いろいろな割合で、身体のいろいろな部分や組織で生じる。多少簡素化され、図案化されているが、これらのカーブは、発育と成熟につれて生じる構造や機能的な変化の順序についての理解に役立つ。

バリー＆ハミルトン（1997）は、トレーナビリティ、発育と発達、成熟に関する文献をまとめた。スキャモンのモデルの修正版を使用して、彼らは、

表10-5　トレーナビリティの最適期間の一般的なパターン

年齢	5	6	7	8	9	10	11	12	13	14	15	16	17	18
コーディネーション能力														
運動学習			○	○	○	◎	◎				○	○	◎	◎
運動コントロール			○	○	○	○	◎				○	○	○	○
視聴覚合図への反応		○	◎	◎	○									
リズム感			○	○	◎	◎	○	○						
空間認識			○	○	○	○		◎	◎	◎				
筋運動感覚の認識					○	◎	◎	○						
身体能力														
持久力	○	○	○	○	○	○	◎	◎	○	○	◎	◎	◎	◎
筋力				○	○	○	○	○	○	○	◎	◎	◎	◎
スピード			○	◎	◎	○	◎	◎	○	○	○			

○＝適切　◎＝最適

（ナドリ、1985）

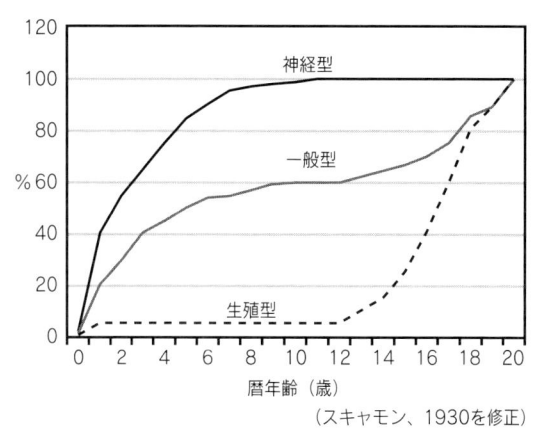

図10-4 成長パターン

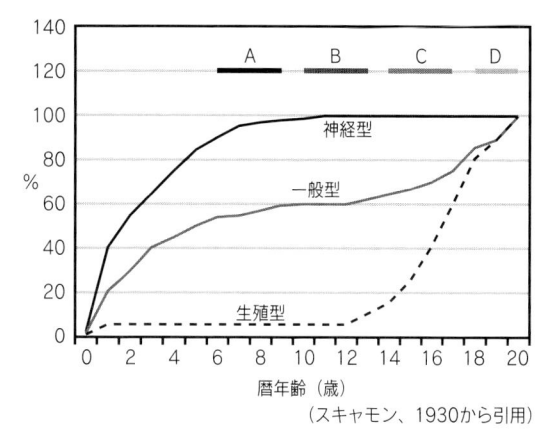

図10-5 最適なトレーナビリティの時期

子ども期と思春期のトレーナビリティのための「最適な」、「敏感な」期間を明確にした（図10-5参照）。もちろん、ナドリのモデルの場合と同じように、この一般的傾向には限界がある。しかし、これはコーチが「トレーナビリティの最適な期間」の複雑なプロセスを理解するのに役立つだろう。

(1)基礎段階（6～10歳、図10-5のA）

この段階では、効果的に構成された楽しみ、運動指導の基礎（敏捷性、バランス、コーディネーション、スピード）、ランニングの基礎、筋力、柔軟性、持久力のような全般的な体力の養成を強調する。できるだけ多くの種類のスポーツへの参加を推奨する。他のスポーツへの参加と並行し、テニスの技術を含む、基礎的なラケット・スポーツの技術を導入していく。

(2)練習のためのトレーニング段階：シングル・ピリオダイゼーション（10～14歳、同B）

この段階では、特定のスポーツに固有の全般的な技術、楽しみ、ゲームを強調する。短期と長期に組まれた計画に特色がある。発育と発達は、注意深く観察されなければならない。筋力・持久力トレーニング、観察（医学的、生理学的、心理学的、栄養学的、技術的、戦術的）は、この段階で導入される。ポイントは、初期の基本的な技能の開発にある。その後、単純なことからより複雑な技術へと徐々に移行していく。知覚運動技能が導入され、強化される。段階が進行するにつれて、選手は、技術を磨き続け、さまざまな技術を学び、プレーの戦術的な要素を理解しはじめ、個人の必要性に応じたトレーニングが導入される。

(3)競技のためのトレーニング段階：ダブル・ピリオダイゼーション（14～18歳、同C）

この段階のポイントは、スポーツ固有の技術、コンディショニング・プログラム、完全な個別化にある。トレーニングは高度に専門化される。十分に統合されたスポーツ科学、スポーツ医学、スポーツ特有の技術的、戦術的なプログラムが導入され、適応とパフォーマンスのパターンが規則的に観察される。

(4)勝つためのトレーニング段階：マルチ・ピリオダイゼーション（18歳以上、同D）

ここでのポイントは、高度なパフォーマンスを要求されるスポーツにおいて、主要な競技会やトーナメントにピークで臨めるようにすること、確立した身体能力、技術的・戦術的な能力を調整することにある。頻繁な「予防のための休息」を含めた最適な回復プログラムや、日ごと、週ごとの

図10-6 身体的発達の特徴と考え方

発達レベル	基本的な特徴	一般的な影響:パフォーマンス能力と限界	コーチとしての考え方
I	大筋群が小筋群よりも発達する。	多くの小さな筋肉の相互作用を必要とする正確なコーディネーションの動作よりも、大筋群を使う総体的な動作が上達する。	基本的能力は、この段階で育成されるべきである。
II	心臓の大きさが、身体の他の部分と比例して大きくなる。心臓血管系のシステムはまだ発達していない。	有酸素性システムを鍛えることが可能になる。しかし、トレーニングの重点は、無酸素非乳酸性システムに置く必要がある。	短い持久性、無酸素非乳酸性の運動を取り入れるべきである。持久力は、遊びやゲームを通じて育成されなければならない(集中力を持続することは困難)。
III	靱帯系の構造はより強くなってくる。しかし、骨格の先端はまだ軟骨で、完全には骨化していない。	過度のストレスやプレッシャーからのけがに非常に弱い。	ジャンプはゆっくり進行させる。自分の体重かメディシン・ボールによる運動(神経漸増)を利用した筋力トレーニングに限定する。
IV	基本的な運動パターンは、この段階の終わりに向かってさらに洗練される。内耳中の平衡感覚は徐々に成熟していく。	この段階の終わりに向かって、スピード、敏捷性、バランス、コーディネーション、柔軟性に大きな進展がある。	コーディネーションや筋運動感覚を強調した活動やゲームを重視する。体操、飛込み、陸上競技のような運動が適切。
V	女子は男子よりも早くコーディネーション能力が発達する。しかし、男子と女子の間の発達上の差はあまり大きくない。	性差は、この段階では発達に大きな影響はない。	この年齢や段階では、一緒に練習し、プレーすることを重視する。

図10-7 認知的発達の特徴と考え方

発達レベル	基本的な特徴	一般的な影響:パフォーマンス能力と限界	コーチとしての考え方
I	集中できる時間が短い。子どもは行動主体。記憶は進歩的に発達している。	幼い選手は、座って、長い時間話を聞くことができない。	短く、はっきりした、簡単な指示を行う。子どもはじっとしていない。
II	この段階の子どもは、論理的能力に制限がある。この段階の後半では、より抽象的な考えに対する理解力が育つ。	一般にリーダーについていくことを好む。	コーチは「私についてきて」「リーダーについてきて」という方法を採り入れ、楽しく、十分に計画された活動になるようにする。
III	活動の反復を非常に楽しむ。幼い選手は、経験から能力を高める。	挑戦的で、失敗するような試行錯誤では、技術を正確に学習しない。	この段階で必要とされる基本的能力をコーチが正確にデモンストレーションできなければならない。
IV	想像力は開花している。	実験や創造性に重点を置くべき。	プレーし、練習している間に、子どもから意見を聞こう。彼らは、新しいことに挑戦するのが好きである。

トレーニングや疲労のレベルの適応度のモニタリングが計画される。

この段階は、コーチが選手の練習能力の一般的傾向に発育と成熟のプロセスを統合するのには役立つが、暦年齢に基づいているので、このモデルには限界がある。成熟や準備レベルではなく、暦年齢によって計画された短期・長期のトレーニングや競技プログラムは、マイナスの結果をもたらす。スポーツ選手は、暦年齢ではなく準備によってグループ分けされるべきである(デュランド&セルメラ 1995)。

これまでの文献の傾向をまとめてみると、成熟

図 10-8　情緒的な発達の特徴と影響

発達レベル	基本的な特徴	一般的な影響：パフォーマンス能力と限界	コーチとしての考え方
I	自己概念は、経験や他人からの意見を通じて発達していく。	経験したことを自己の評価として捉える：「よくできたので、私はよい子だ」「うまくできなかったので、私は悪い子だ」	定期的にコーチからの積極的な支援を必要とする。これは、活動を継続する強い動機づけとなる。
II	注目されることを好む。	状況が脅かされると、すぐに自信を失う。	事実上成功が保証されるように、技術的、戦術的な活動を組み立てる。これは、単純なことから複雑なことに徐々に移行することを意味する。
III	仲間の影響が、非常に強くなり、すべての活動の推進力になる。	同年齢のグループの中へ受け入れられることは、身体的能力や活動によることが多い。	この段階では、コーチは基本的能力を適切に評価し、技術的、戦術的な発達や上達にさまざまな実践的な機会を提供することができなければならない。
IV	ルールや構成の必要性を理解し始める。	簡単なルールの単純なゲームを理解し、プレーでき、ルールについて質問し、思いやりのある答えを期待する傾向がある。	勝利ではなく、参加や楽しみが強調される。ポイントは、結果ではなくプロセスにある（大いに楽しむ）。

後のトレーナビリティは、遺伝的資質によってのみ制限されているように思われる。子ども期後半の適応は、発達や成熟の段階では多少制限されているが、1970年代や1980年代の研究者が考えたように、トレーナビリティは思ったほど制限されない（ドチャーティー 1985／ブリムキ&バー・オール 1996）。

スポーツへの早期の参加から得られる大きな実践的な経験はさらに、スピードやパワーを必要とするスポーツ（体操、新体操、フィギュアスケート、飛込み）で、トレーナビリティを制限しないことを証明した。トレーニングや競技のレベルが最も高いスポーツ選手は、子ども期後半に、非常に複雑で、身体的にも過酷な技術を習得することができる。

運動や身体的成熟、または精神運動の発達は、認知、感情、心理社会的な成熟と密接な関係がある。運動能力の発達は、成長や成熟の段階と調和して進行しなければならない。コーチは、最適な期間を認識し、各期間に適切なトレーニングを導入しなければならない。広い意味では、一般的な基本運動（ランニング、跳躍、バランス、投げること、捕ること）は、子ども期の初期（2〜5歳）に教えるべきである。ほとんどの子どもはこれらの能力を示すが、能力にはかなりの個人差がある。

子ども期後期（5〜10歳）に教えるべきこともある。子ども期後期に、一般的な基本運動はさらに磨かれ、円滑で、自然になる。また、子どもは、スポーツにこれらの能力を応用することができる。練習の量、強度、頻度によって、子どもは子ども期後期から思春期まで専門化した能力を身につけることができる。

専門的な技術は、思春期（10〜18歳）に導入されるだろう（ザイチコウスキー、ザイチコウスキー&マルチネック 1980）。表 10-6、10-7、10-8 は、身体的、認知的、情緒的な発達の特徴まとめ、コーチとしての考え方を示している[*]。これらの表は、コーチが通常の技術的、戦術的な要素を超えた決定を下すときや、認知的、情緒的な要素を組み込むのに役立つだろう。身体的、認知的、情緒的な発達のさまざまな段階は、予測可能である。しかし、その発達の度合や速度には、個人差があり、遺伝的要素の影響を受ける（テナー 1973／ティハニー 1982／デュランド&セルメラ 1995）。選手は、同じ発達段階を通るものの、その時期や年齢はさまざまである。

図10-6 トレーニング段階別の専門トレーニングの負荷の割合

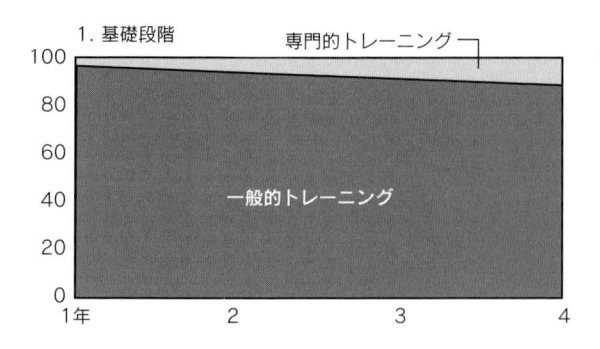

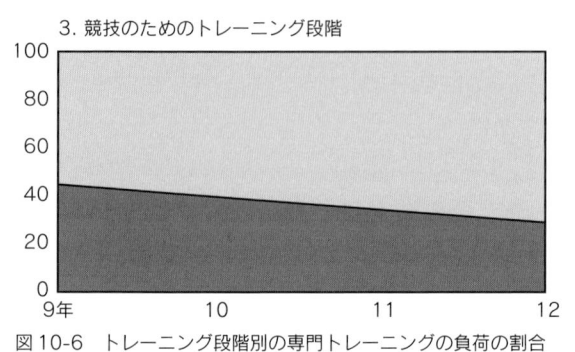

＊表は、1987年アルペン・カナダの長期スポーツ選手開発モデルをもとに修正された。

まとめとして、すべてのレベルのテニス・コーチは、長期計画が運動選手の成功のために不可欠であることを認識しなければならない。さらに、若いスポーツ選手は小型の大人ではなく、トレーニングの重点や内容は、子どもの発達年齢によって異なることを理解する必要がある。

これは、アメリカ選手が国際的なレベルに到達していないというのではなく、長期的なスポーツ選手の育成について見直すことで、改善が容易にできるかもしれないことを示唆している。

このようなスポーツ選手育成について考えるには、現在のコーチングや練習方法を批判的に検討することも必要である。私たちは、他の国々や他のスポーツで成功に結びついた方法をじっくり検討するとともに、子どもや発達段階にある選手が、基本的な運動能力や基本的な技術的・戦術的能力を学ぶ時間を多く確保できるように、競技スケジュールの再編成を検討しよう。

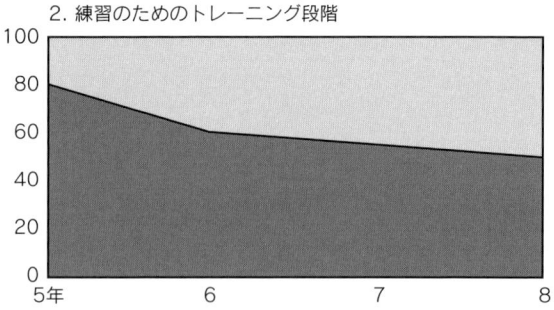

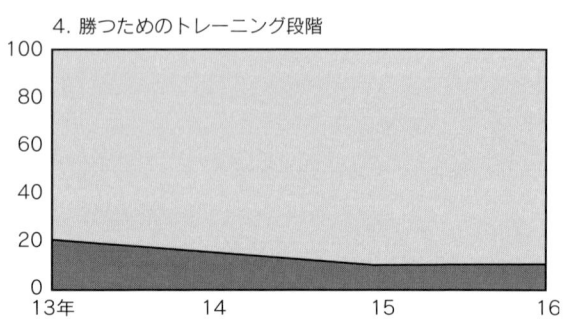

後に他のスポーツを極めることを決心するとしても、基本運動は、どのようなスポーツにも役立つだろう。

このような変更の影響は、北米の選手たちの選手生命を延ばすばかりでなく、質の向上や、フィットネス・レベル、知識レベル（補助的な能力）を引き上げるためにも役立つだろう。

図10-6は、基礎段階から勝つためのトレーニング段階までの、一般的トレーニング、特定のスポーツに固有の専門的トレーニングの負荷の割合の概略を表している。

❺終わりに

私はこれまで出版物や講義で、運動競技の準備の基本段階における、スポーツ固有のトレーニングについて論じることに多くの時間を割いてきた。私は、1週間に2回のスポーツ固有のトレーニングと、4回の補助的な全体的発達のトレーニ

ングを推奨してきた。ニックと何度か激しい議論をした後に、私は考えが変わった。テニスのために最適な発達の視点から見て、テニスを含むラケット・スポーツのトレーニングだけが、この準備段階に行われるべきである。

経験と科学的な観察は、技術の習得に関する限り、全体的な運動競技の準備と9～12歳までの早期の専門化の重要性を支持しているように思われる[*]（ラッセル 1998）。この期間は、科学的な文献の中で、「最適な期間」（マッグロウ 1935／マギル 1978／シンガー 1975）、あるいは「敏感な期間」（テナー 1978）と呼ばれる。この期間は、経験やトレーニングをするのに最適で効果がある時期で、発達における重要なポイントであると考えられている。それ以前やそれ以降の経験は、能力習得に全く効果がないか、あるいは習得を遅らせる（ザイチコウスキーら 1980）。

[*]ラッセルは、「男児・女児における成長の身体的特徴」（スポーツ・コーチ誌20巻4号、p.25～27。オーストラリア・キャンベラ発行）で、トレーナビリティの文献についてたいへん詳しく要約している。

だから、もし積極的な選手育成の準備が行なわれなければ、その後のトレーニングの量や質に関係なく、最高のパフォーマンスを発揮できないであろう。基礎段階の終わりと練習のためのトレーニング段階の初めに、慎重に計画され、期間を考慮した、テニス固有のトレーニングや競技プログラムと一緒に、洗練された基礎（敏捷性、バランス、コーディネーション、スピード）のトレーニングが実施されるべきである。この方法は、基本を提供し、早期の燃え尽きを防ぎ、将来の最適なトレーニングやパフォーマンスの基礎を確立する。もちろん、その際には骨格年齢が観察されなければならない。

2 IPIにおけるトレーニング

トップランクのテニス選手メアリー・ピアース、MLBのノーマ・ガルシアパーラ、NFLデトロイト・ライオンズのクォーターバック、チャーリー・バッチ、これらそれぞれのプロ・スポーツで活躍する超一流の選手は、IPI（International Performance Institute：国際パフォーマンス研究所）が生み出した。

マーク・バーステゲンによって1995年に考え出されたIPIの哲学は、次の3つの目標を掲げた。
①けがの可能性を低減する。
②パフォーマンスを向上させる。
③指導を通じて動機づけを行い、完全無欠なプロや優れた選手になるために必要なことを教育する。

トレーニングは、パフォーマンス向上のための系統的なアプローチである（バーステゲン 1998）。このアプローチは、プレーするスポーツや選手のプレー・スタイルの全体的な評価、経歴、身体的要因、けがの可能性、パフォーマンス特性によって決まる。

トレーニングは、一般に4つのレベルに分かれる――基礎、練習のためのトレーニング、競技のためのトレーニング、勝つためのトレーニングである（バリー 1996）。プログラムが成功するためのカギは、計画、習得、実施である。このセクションでは、テニスをプレーする選手に一般的に応用可能な、IPIが使用するトレーニング技術の全般を紹介する。

トレーニング技術の多くは、テニスに特有な要求を満たすために調整されている。したがって、あるスポーツは、どの技術が主要な役割を果たすか判断し、分析する必要がある。テニスでの必要性を判断するために、けが、バイオメカニクス、代謝、コート・サーフェスの違い、プレー・スタ

イルについて評価する必要がある。

けがはそれ自体、コートでのパフォーマンスの妨げになる。テニス選手のけがの63％は、過負荷またはオーバーユースから生まれる。十分な休息なしに身体の特定の部分を繰り返し使うことは、その部分の故障につながり、その結果、痛みと炎症を引き起こす。これは、関節（肩）、肘、疲労骨折、脚などの腱鞘炎、慢性化した、あるいは再発する痛みなどによく見られる。残り37％のけがは、外傷性のもので、より重症のものも含まれる。これらのけがによって、長期間の離脱を余儀なくされることも多い。外傷性のけがには、足首の捻挫、膝のけが、骨折などが含まれる（キブラー＆チャンドラー 1994）。テニスではその他に、手首、腰、脚（外転筋、腓腹筋、ハムストリング）のけがもよく見られる。

テニスのエネルギー代謝の診断は、テニスの70〜80％が無酸素性の運動であり、10〜20％が有酸素性の運動であることを示す（キブラー＆チャンドラー 1994）。無酸素性システムは、25〜40秒間持続する運動に、有酸素性システムは、2分以上続く運動にエネルギーを供給する。トッププロのレベルでは、80％のポイントは、20秒以内で決まってしまう（キブラー＆チャンドラー 1994）。これは、選手がより高いレベルで効率よく戦うためには、無酸素性システムを鍛えなければならないことを示している。しかしこれは、有酸素性システムが重要ではないということではない。有酸素性システムは、無酸素性システムがポイントの間に回復することを可能にする。

コート・サーフェスは、テニス用のトレーニング法を検証する場合、考慮されるべきもう一つの要素である。いろいろなコート・サーフェスでプレーするためには、それぞれのサーフェスで最適なプレーをするために必要なトレーニングをしなければならない。コート・サーフェスの違いがけがの可能性を高め、代謝の必要性を変えるので、すべてのサーフェスに備えて準備し、練習することは重要である。例えば、打点時の力は、ハードコートで大幅に増大し、脚と腰により大きな負担をかける。それにより、疲労骨折や腱鞘炎のような打点に関連したけがの発生率が高くなる。クレーコートでは、脚や膝への負担は減少するが、滑ることから起こる筋肉のけいれんの可能性が高くなる。

最後の要素は、選手のタイプである。いろいろ

●ジム・クーリエ──犠牲を払う●

私は、ジム・クーリエが若い頃、練習に何時間も費やすのを見た。もし50％のショットをバックハンドで打たなければならないのであれば、自分はトップまでたどり着けないことを彼は知っていた。彼のバックハンドは、たんに安定した普通のショットだった。相手は、バックに打つことで彼を破ることはできなかったが、彼のバックハンドは確かに武器ではなかった。

クーリエは、バックハンドをどうにかしなければならないことはわかっていた。そこで彼は、走って回り込み、バックハンド側のサイドライン付近でも、強力なフォアハンドを打つ技術を身につけた。彼には、バックサイドに走って回り込むためコートの25％を犠牲にし、同時に25％多くカバーするだけのガッツがあった。それは、とてつもない精神的、肉体的な決意を意味した。

クーリエは脚力を鍛え、相手よりも多くの心臓血管系コンディショニングを行わなければならなかった。彼がトレーニングに非常に熱心に取り組んだので、彼の心と身体に大きな打撃を与えた。クーリエは、チャンピオンになりたければ、やるべきことを受け入れ、そのための犠牲を払わなければならないことを私に教えてくれた。

なタイプがある。アマンダ・クッツァーやトーマス・ムースターのようなベースライン・プレーヤーは、ベースラインの後方深くからプレーする。モニカ・セレスやアンドレ・アガシのような攻撃的なベースライン・プレーヤーは、ベースラインの近くで、あるいはベースラインの内側でプレーする。ネットに出て攻撃する選手は、パトリック・ラフターやヤナ・ノボトナのように、サーブ・アンド・ボレーの選手である。ピート・サンプラスのようなオール・コートの選手は、冒険が好きで、さまざまなスタイルのためにコート全体を利用する。

❶トッププロ向けトレーニングのヒント

IPIは、テニスのトレーニングのすべての要素に取り組むための方法をまとめた。各要素には、以下のようなIPIの最高のトレーニングが含まれている。

(1)動き（動作）の準備

従来のテニスのためのウォームアップは、コートの周りを軽くジョギングする、立ったまま、または座ってスタティック・ストレッチをする程度である。多くの選手がそれぞれの動作にほとんど注意を払わず、ストレッチの練習中に別のことを考えていたりする。ストレッチをした後、私たちは、選手が気持ちを高め、試合に挑むことを期待する。たとえそれがその日の雰囲気を作り出すものだとしても、ウォームアップは、多くの場合、練習の中で最も生産性のない時間である。この時間の生産性を向上させるために、私たちは、ウォームアップの目的をはっきりさせ、その時間を最大限利用しなければならない。

8～10分間で次の目的を達成するウォームアップと柔軟性のプログラムを作る必要がある。
①体温と心拍数を上げる。
②筋肉をストレッチする。
③スピードを高め、けがの可能性を減少させるために、拮抗する筋肉グループの抑制を行う（相反性制御）。
④適切な動きのバイオメカニクスのための始動時間を最大限にする。

動きの準備は、プレー・スタイルに合わせて行われる。その方法には、一般的な筋運動感覚のウォームアップ、移動練習、動的柔軟性の3つの主なカテゴリーがある。動きの準備は、短時間で、ウォームアップの目的を達成することを意識して、ウォーキング、スキップ、ジョギング、ランニング動作を利用する。

この運動は、体温を高め、けがの可能性を低減させ、競技に取り組む姿勢、安定性、体内の刺激を伝達する感覚、コーディネーション、移動スピードを向上させる。動きの準備は、完全な移動のパターンを教えることにより、選手のパフォーマンスを高めるだろう。

このシステムは、毎日10分間（1週当たり60分間、1シーズン16週間当たり16時間相当）の生産性を向上させ、選手を試合で優位に立たせるだろう（バーステゲン 1996）。

動きの準備のトレーニングとしては、以下のようなものがある（図10-7）。
①ヒップ・クロスオーバー
②スコーピオン
③ラテラル・ランジ・ツイスト
④フォワード・ランジ・ステップ
⑤ストレート・レッグ・スキップ
⑥ハンド・ウォーク

(2)プライオメトリックス

プライオメトリックス・トレーニングとして一般に知られているトレーニング方法の人気の高ま

①ヒップ・クロスオーバー
　仰向けになり、身体をまっすぐにする。膝を曲げ、脚が地面につくまで右にひねる。次に左へひねる。この動作を繰り返す。

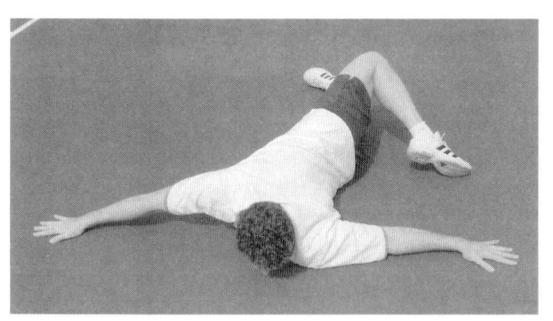

②スコーピオン
　うつぶせになり、腕と肩を広げる。左腰を地面につけたままで、右足のかかとを左手に向かって伸ばす。脚を替えて同じ動作を繰り返す。
◇上級者向け：脚を替える動きを速くする。

③ラテラル・ランジ・ツイスト
　片足を前に出し、上体をまっすぐに伸ばし、前足の横へ腰をひねる。
◇上級者向け：脚をまっすぐにし、つま先（母趾）で回転する。

④フォワード・ランジ・ステップ
　片脚を前方に大きく伸ばし、同じ側の腕を地面に触れるくらい前足に向かって前に伸ばす。
◇上級向け：腕を完全に水平にする。

⑤ストレート・レッグ・スキップ
　背筋を伸ばし、右足でバランスを保ち、伸ばした右手に向かって左足を蹴り上げる。次は左手に向かって右足を上げる。
◇上級者向け：脚をまっすぐに伸ばして蹴り上げる。

⑥ハンド・ウォーク
　地面に両手、両足をつく。おなかをちぢめて、身体をまっすぐに保ち、両足はそのままにして、頭の方へできるだけ遠くまで手で歩き、身体を伸ばす。その場所に手を置いたまま、今度は脚をまっすぐ伸ばしたまま、手の方へ足で歩く。同じ動作を繰り返す。

図10-7　動きの準備トレーニング

第10章 コンディショニング

りは、現在、すべてのスポーツで、またすべての競技レベルで明らかである（キング1993）。プライオメトリックスは、筋肉の収縮性を高め、筋肉が生み出すパワーと働きを高める。

IPIは、筋力トレーニングの中で、統合的なプライオメトリックスを利用して成功を収めており、これがトレーニング・プロセスの重大な要素であると考えている。また、IPIは、選手がより高度なトレーニングへと移行する前に、選手のレベル、能力、習得段階に基づいてプライオメトリックスのトレーニングを慎重に選んでいる。

基礎的なプライオメトリックス・トレーニングの中には、テニスでの効果が期待できるものがある（図10-8）。

■ラピッド・レスポンス

目的は、ミシンの針の動きのように、足をできるだけ速く動かせるようになることである。

①ベース・ラピッド・レスポンス

■ショート・レスポンス

目的は、地面を速く蹴ることで、ジャンプ力を養うことである。スーパーボールをイメージしよう。

②リアクティブ・ステップアップ

■ロング・レスポンス

目的は、パワーと速さを高めることである。

③スプリット・ジャンプ
④スクワット・ジャンプ

(3)スピード

次にあげる動きのドリルは、パフォーマンスの向上のためにいくつかの役割を持っている。これらのドリルは、テニスに特有の移動、フットワー

①ベース・ラピッド・レスポンス
　足を肩幅ぐらいに開き、両足をラインの前後にできるだけ速く動かす。応用としては、腰をひねりる動作を加え、片足がラインの前、もう片足はラインの後ろにくるように、交互にできるだけ速くステップする。

②リアクティブ・ステップアップ
　片足を地面に反対の足を箱（約30cmの高さ）の上に置き、まっすぐ上にジャンプし、そのまま着地する。
◇上級者向け：ジャンプ中、空中で脚を替える。

③スプリット・ジャンプ
　片足を前に出し、腰を落とした状態からジャンプし、同じ姿勢で着地する。
◇上級者向け：空中で脚を替える。

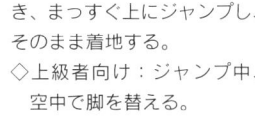

④スクワット・ジャンプ
　スクワットのしゃがんだ姿勢から、ジャンプし、初めの姿勢で着地する。

図10-8　プライオメトリックス・トレーニング

クを向上させ、スピードや敏捷性を養うのに役立つ。選手は、以下の2つ方法でスピードを向上させることができる。

①ボールの方向に身体を移動させる際に爆発的な力を入れることができるようにストライドを広くする。

②調節ステップを向上させ、ストライドの歩数を増やす。

選手は、量ではなく、質を高めるためにこれらのドリルを行うべきである。目標は、マイケル・チャンのようにコート全体をカバーできるよう、速く移動することである。この練習は、コート上に浮かんでいるように見えるトーマス・ムースターやシュテフィ・グラフのような、洗練された選手になるための神経系を鍛えるのに役立つだろう。

■ベースラインからボレーへ（図10-9）

ダブルス・アレーからスタート、必ず足を開いてサイドステップする。センターマークでの、積極的な一歩目の踏み出しから3〜5歩攻撃的なストライドで前へ出る。腰を低くして、スプリットステップへと移る。衝撃吸収材のようにして、膝を曲げ、すべての勢いを吸収する。しっかりバランスを保って止まる。

このドリルは、爆発的に前へ出るときやボレーをするときに、コーチが合図をしたりボールを落としたりするような応用を加えることもできる。

「ドライブ、ドライブ、ドライブ、腰を落とす、スプリットステップ、ボレー、リカバリー」と覚えよう。

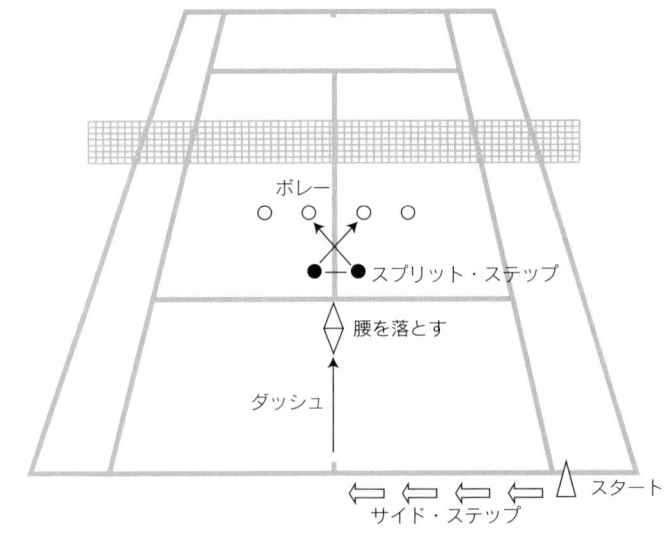

図10-9　ベースラインからボレーへ

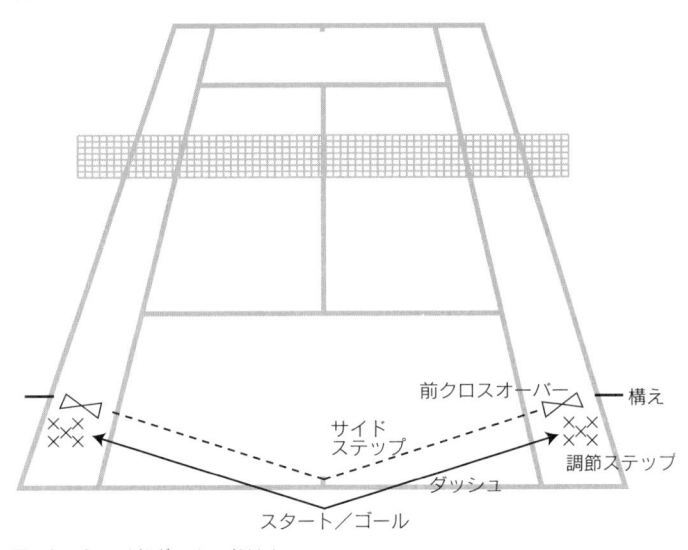

図10-10　ワイドボール・ドリル

■ワイドボール・ドリル（図10-10）

このドリルは、ワイドへのボールからのリカバーの効率を向上させる。構え、クロスオーバー、サイドステップを覚えよう（スプリットステップのように足を開く）。

■プロキシミティー・ドリル（図10-11）

目標は、打ちやすいゾーン内で、バランスを保ち流れるように移動する能力を養うことである。

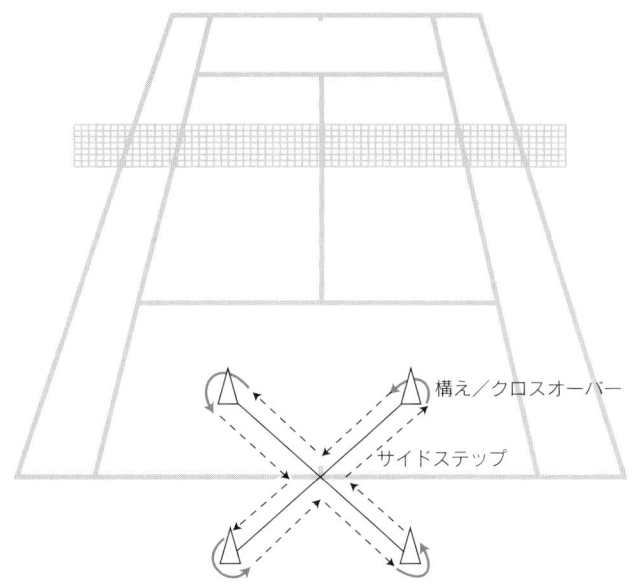

図10-11 プロキシミティー・ドリル

センターマークから、3.5mぐらい離れた場所の4つのコーンに向かってドリルを始める。フォアハンドを打つつもりで、前に移動し、構える。バックハンド、防御的な（深いボールに対して後ろにさがる）フォアハンド、バックハンドを打つつもりで同じ動きをする。

それぞれの動きが習得できたら、コーチがどこか1つのコーンを指すことで、ドリルを発展させよう。必ず毎回センターマークに戻ろう。

■サイドステップ

足を大きく開き、腰を低く保ち、移動する際にしっかりバランスのとれた姿勢を維持する。

図10-12の写真は、よい例と悪い例を表している。

■前クロスオーバー

図10-13の写真参照。

(4)エネルギー・システム開発

以前から、テニスのためのエネルギー・システム開発（ESD）トレーニングは、心肺機能のフィットネスとして長い距離をゆっくり走るという方法が行われてきた。この練習は、心肺機能を向上させるが、疲労をともない、神経機能を遅くする傾向もある。IPIは、テニスのためのESDトレーニングへの異なるアプローチを利用する。

前述したように、テニスは有酸素性よりはむしろ主に無酸素性運動である。そこで、テニスに適応させるために、IPIは、テニスの試合中のプレ

図10-12 サイドステップ
　　よい例（左）と悪い例（右）。

図10-13 前クロスオーバー

ーと休憩の比率と一致した独特の無酸素性のインターバル・トレーニングを行っている。このトレーニングは、余分な時間を使うことなく、有酸素性の能力も向上させる二次的な効果もある。IPIの最高の3つのESDトレーニングは、以下の通りである（プレーと休憩の時間の比率は、目標に応じて変わる）。

■3コーン

コーンを3つ、コーン1の前方にコーン2、コーン2の右にコーン3というように並べる。

コーン1からスタートして、コーン2へダッシュする。コーン2で折り返し、出発点に戻る。その後、8の字を描くようにコーン2とコーン3の周りをダッシュし、コーン2の外側を回ってスタート地点へ戻る。

■5-10-5

3つのコーンを横一列に置く――コーン1を右、コーン2を中央、コーン3を左に。

中央のコーン2からスタートする。クロスオーバー・ステップを使用して、コーン1へダッシュする。そこで折り返して、クロスオーバー・ステップをして、コーン3にダッシュする。コーン3で折り返し、クロスオーバー・ステップで、出発点にダッシュで戻り終了する。

■サーキット

エアロバイク、ランニングマシーン、クライマー、縄跳びなどを使用して、12秒間の運動と24秒間の休憩の間隔を使用して、サーキット・トレーニングを行う。用具の変化や休憩と運動の時間の間隔に変化をつけると、それぞれの目標を達成するために工夫が加えられる。

(5)筋　力

筋力は、テニスの重要な要素である。15もの異なるタイプの筋力を識別することができるが、私たちは、2つの主な要素――筋力の安定性と推進力についてまとめる。強さを安定させるためには、無数のワイヤーが吊橋を支えるのと同じように、身体が効率よく機能するように、最適な位置ですべてを支えるために働く、多くの小さな筋肉を使用する。これらの筋肉の開発は、お互いの適切な連係によって身体の健康を保つ上で重要で、それによって、身体は最適に機能することができる。選手は、テニスの練習やトレーニングから日常の活動まで、すべての状況において適切な筋の連係を維持することができる。

推進力のある筋力とは、加速や減速する能力を意味する。テニス選手は、すべてのサーブでこれらの能力を用いる。加速は、速いラケット速度をより発展させる。腕の関節がはずれないように、ラケットと腕を減速させることも、同じように重要である。トーマス・ムースターは、すべてのポイントで、このような特徴を示した。彼は、ワイドへのボールを加速し追いかけて打ち、急に止まり、センターマークへ向かってダッシュで戻る。パワーがあり、強くなるために、ボディービルダーの体格は、必要ではない。トップレベルのテニス選手になりたいのであれば、高い相対強度といわれる特徴を身につけ、すべての体重が、迅速で強力に働かなければならない。

■安定性

筋力の安定性を養うトレーニングとしては、以下のようなものがある（図10-14）。

①仰向けヒップ・エクステンション
②仰向けラテラル・ロール
③プレート・クランチ
④うつぶせニー・タック
⑤仰向け膝曲げ・床ブリッジ

■推進力

強さの推進力を養うトレーニングとしては、以下のようなものがある（図10-15）。

①交互ダンベル・ベンチ・プレス

第10章　コンディショニング

①仰向けヒップ・エクステンション
　背中をボールに乗せ3秒間、上体を地面と平行にして、ブリッジする。

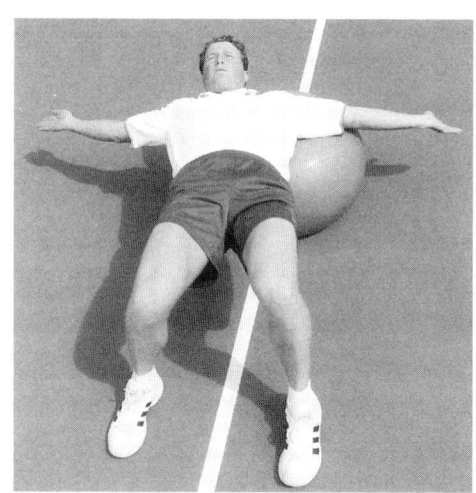

②仰向けラテラル・ロール
　右の肩甲骨だけがボールに乗るように左に回転し、次に右に回転する。これを繰り返す。

④うつぶせニー・タック
　つま先でバランスをとるようにして、脚の下にボールを置き、数秒間静止する。
◇上級者向け：片足だけでバランスをとる。

⑤仰向け膝曲げ・床ブリッジ
　ふくらはぎをボールに乗せ、肩を床に着け、膝を曲げて、足の裏までボールを転がす。数秒間静止する。
◇上級者向け：片足で行う。

③プレート・クランチ
　10ポンド（4.5kg）のおもりを持ち、ボールに背中を乗せ、腕を上方へ伸ばし、3秒間静止する。
◇上級者向け：25ポンド（11kg）のおもりを使用する。

図10-14　筋力の安定性のトレーニング

②スプリット・スクワット
　③ダンベル・プルオーバー・エクステンション
　④デッド・リフト

(6) プリハブ（予防）
　プリハブは、スポーツで多く見られるけがを予防するための事前対策のアプローチである。テニスは一方向の回転のスポーツである。選手は、小さい頃から練習を始めることが多い。ほとんどのテニス選手の外見から、テニスをするために身体的な適応をしていることが見てとれる。左よりも右、後ろよりも前など、すべての動きの中で、一方が強くなる。この不均整が、脚、腰、背中、腹、肩から前腕全体へ、すべての部分で生じる。
　けがを防ぐ目的からも、こうした傾向をバイオメカニクス的に補正する必要がある。この方法と

①交互ダンベル・ベンチ・プレス
　一方の手を上げ、反対の手を下げる。

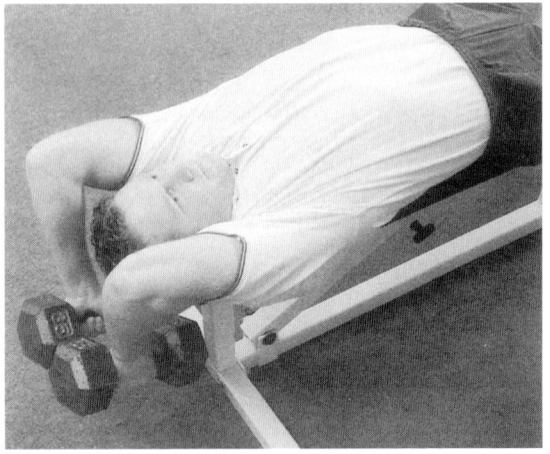

③ダンベル・プルオーバー・エクステンション
　ダンベルをまっすぐ上へ伸ばし、耳の横から床へ向かって下げる。その後まっすぐに元の位置へ持ち上げる。

②スプリット・スクワット
　背筋をまっすぐにして、片膝が床に着く寸前まで腰を落とす。脚を替えずに同じ動作を繰り返し、その後足を替える。

④デッド・リフト
　背筋をまっすぐにして、腰を曲げ、バーベルを腰まで持ち上げる。次に、バーベルをおろす（床には着けない）。

図10-15　強さの推進力のトレーニング

第10章　コンディショニング

①ショルダー・コンボ
　5ポンド以上の重いウエートを使わずに、次の4つの練習を行う。
(a)親指を下へ向け、V字形に腕を上げる。
(b)腰の横から腕を上げ始め、肩の高さまで上げ、肩をすくめる。
(c)背筋は伸ばしたまま膝と腰を曲げ、親指を上に向け、横に腕を上げる。
(d)(c)と同じ姿勢から始め、肘を曲げて腕を上げて、外側へ回転させる。

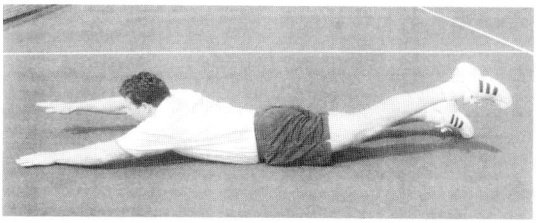

②ライイング・オポジット
　顔を下に向け、片足と反対の手を上げる。手足を地面におろし、反対の組み合わせで手足を上げる。

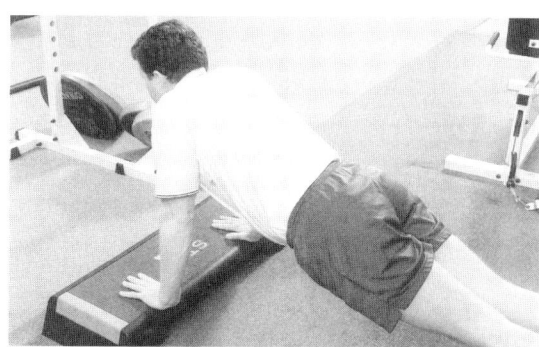

③プロトラクション
　腕立て伏せの姿勢で、腕、肩、胸の筋肉に力を入れ締め付け、その後力を抜く。

④ラトラクション（収縮）
　プロトラクションと同じ運動を仰向けで行う。

図10-16　プリハブのトレーニング

して、以下のようなトレーニングがある（①～④は図10-16参照）。
①ショルダー・コンボ
②ライイング・オポジット
③プロトラクション
④ラトラクション
⑤脱　力：肩を下げた位置から、肩が耳に触れるように上げ、脱力して肩を下げる。

❷回　復

　回復、すなわち再生は、最高のパフォーマンスを達成しようとするときに、最も見逃されがちな要素の1つである。早く回復する能力は、スポーツ選手のパフォーマンスの重要な要素である。より早く、完全に回復するほど、質の高い次のトレーニングを始めることができる。トレーニングは刺激である。しかし回復期間は、選手が適合し向上するために必要な時間である。選手が回復や再生の期間に行うことは、各自のトレーニングの質に直接影響する。IPIでは、回復プロセスを促進するために、多くの技術を利用する。再生は、練習セッション間の早期の回復を可能にする。選手が、日々気分よく感じられるように、過度の練習を防ぎ、トレーニングによって得られる効果を最大限にする。以下にあげるのは、回復と再生のための単純で重要なヒントである。

(1)栄　養

　トレーニングの最も重要で、最も複雑な要素の1つは、栄養である。栄養は、優れたスポーツ選手をよくも悪くもする。話を簡単にするために、以下に栄養に関する5つのヒントを示す。
①安定して食べる——毎日（3時間ごとに）、5～6回に分け、適量の食事またはスナックを食べる必要がある。
②適切な糖質量の炭水化物を含む食事をする——脂肪分の少ないタンパク質と組み合わせ、一日中糖質の少ない炭水化物を食べる。この食事は、一日中のエネルギー・レベルを高く持続する。
③強度の高い練習の後は、10分以内にタンパク質と糖質の多い炭水化物を食べる——炭水化物とタンパク質の割合は、2：1である。
④水分を補給する。
⑤ビタミンは、エネルギーを供給しないことを覚えておくこと——身体は、食物をエネルギーに変換するためにビタミンを使用する。朝、マルチ・ビタミン剤、総合酸化防止剤、ビタミンC（500mg）、ビタミンE（500mg）を摂取する。夜、マルチ・ビタミン剤以外のすべてを再度摂取する。

(2)柔軟性

　トレーニング直後の筋肉の温度が上がっている間は、さまざまなストレッチのための最高の時間である。ストレッチの種類としては、アクティブ・アイソレイティブ（積極的独立）、コントラクト・リラックス（屈曲リラックス）、コントラクト・アシスト（屈曲補助）、スタティック・ホールド（静的保持）などがある。種類にかかわらず、テニス選手が一般に硬い、次の筋肉を伸ばす必要がある。
・ふくらはぎ（脚を曲げて、伸ばす）
・筋群（股屈筋）
・膝、腿の後ろ
・腰、臀部の関節
・上半身の体側（胴体の捻りの筋群）
・肩
・肩の内側
・肩の後ろ側
・上腕三頭筋
・前腕と手首

第10章　コンディショニング

2005年全豪オープンで準決勝に進んだマリア・シャラポア
(Action Images/PHOTO KISHIMOTO)

(3)水中療法

　IPIのスポーツ選手が頻繁に行う水中療法は、回復プロセスを促進する効果的な方法である。練習が終了し、適切な栄養をとったらプールに行こう。プールでは、バタ足を少し行い、軽くゆっくりと泳ぐ。これは、トレーニング中に生まれた老廃物を取り除くのに役立つ。また、次回のトレーニングのために、気分をリフレッシュさせる効果もある。

　もう一種類の水中療法は、収縮水中療法と呼ばれるもので、温かさと冷たさを交互に体感することで、同じ効果をもたらす。温かいお風呂とプールかシャワーを使ってこれを行うことができる。最初に温かいお風呂に3〜4分つかり、その後冷たい水に1分つかる。これを5回繰り返し、最後は冷たい水で終わりにする（ローゼンフェルド1996）。

3 まとめ

　本章では、さまざまな種類のトレーニングについての考えを述べた。これらの方法は、世界一流のテニス選手を育成してきたIPIの経験から生まれたものである。成功するプログラムの重要な要素は、計画、習得、発展である。各プログラムは、テニスに特有な要求を満たすように準備されている。けが・バイオメカニクス、代謝、コート・サーフェスの違い、プレー・スタイルなどによる必要性が、トレーニングをどのように組み立てるべきか決める際に考慮される要素である。十分な可能性を達成するために、コート上でも、コート外でも、技術的・戦術的・身体的な発達に取り組まなければならない。テニスのためのトレーニングは、選手が限界に挑戦することを可能にするだろう。

第11章 メンタル・トレーニング

「テニスコートに入るときに、心の中にあるのが肯定的な考えであっても否定的な考えであっても、私は試合に集中するように努めている。」（ビヨン・ボルグ）

1 日常生活での心構え

親、子ども、コーチの間の関係が、うまくいかなくなることがある。私は、それぞれの責任について私の考えを提案するときには、中立の立場をとるよう心掛けている。

まず、関係者すべてが、親、子ども、コーチの関係がデリケートなものであることを理解すべきである。子どものテニスにおける目標が達成されるためには、こうした関係者のコミュニケーション、忍耐、愛情、理解、包容力が必要とされる。

❶コーチ

コーチやテニス指導者は、教師以上の存在である。いつの時代でも、コーチは、母親、父親、友達、敵対者、ガイド、リーダー、精神科医である必要がある。子どもは、コーチがすべての勝利や敗北を感じ取ることを知り、同時にコーチは、とくに負けたときには、親よりも客観的でなければならない。コーチは、子どもが負けた中でも努力したことがらを指摘し、やる気を維持させ、また高めるようにする必要がある。コーチは、テニスの専門家であることに加え、実際の親よりもより客観性を持った親の代理である。優れたコーチは、学生の特徴を把握し、どのようなときに肯定的であるべきで、どのようなときには否定的にふるまうべきかを判断する必要がある。ハンマーで頭を叩かれる方が効果のある子どももいるし、静かに話しかけるほうがいい子どももいる。

全体として、子どもとコーチの関係はスムーズで、幸福で、子どものために楽しくあるべきである。子どもは成長するにつれ、コーチが好きになり、テニスに関するすべての問題でコーチを信頼し、コーチを自分のテニスに関して最も権威を持

った人と考えるようになるだろう。しかし、これは、親が子どものテニスに関してはっきりした考えを持っているときに、ときどき親とコーチの間に問題を起こすことがある。

❷親とコーチの関係

親とコーチは、子どものために、協力できる関係を作り上げなければならない。協力することができない場合は、子どもがその被害を受けることになる。親とコーチの関係は多くの場合複雑で、争いが起こることもある。

親は、自分の子どもはもっとできるはずだと、かたくなに考えがちで、限界があると認めたがらないことが多い。長い期間にわたって協力して子どもを支えていくためには、コーチと親との関係は、正直で率直なものでなければならない。コーチは、子どもの成功の可能性に関して正直な評価を呈示する必要がある。親は、コーチが「おそらく高校でレギュラー選手になれるだろう」と言えば感謝するだろう。その一方で、「もっと一生懸命練習すれば、大学のテニス部で活躍することはできるかもしれないが、大学の奨学金を手にしたりプロになることはむずかしいだろう」と言えなければならない。

正直なコミュニケーションに加えて、親があまり干渉しないことも、関係をうまく維持するための重要な要素である。たとえ週1時間でも子どもを指導するコーチを選んだならば、コーチに成功の機会を与え、信頼していることを示すべきである。親は、適切な技術、フットワークの指導、あるいは子どもを選手として育成するために必要なすべての時間をコーチに与えなければならない。

❸親の役割

親が犯す最大の間違いは、楽しむことを越えて、子どもへの期待を声に出すことである。子どもが、親から認められるため、あるいは家族の調和を維持するためにプレーをするようになってしまうと、どれほど才能があっても子どものやる気や楽しみはすぐに消えてしまうだろう。可能性を持った多くの若い選手が、親の影響でテニスに飽き、投げ出した。すばらしい才能が途中でつぶされたことも多々ある。トーナメントでは、しばしば次のようなことを耳にする。「スージーは最高の才能を持っているが、親があまりにも多くのプレッシャーをかけすぎる。彼女は、そのために緊張して勝てない。」

親のプレッシャーにはいろいろなものがある。親は、子どもに練習すること、レッスンに参加すること、試合に出ることを強要するだろう。親の期待が、子どもへの過度の批判という形で表れることもある。子どもが、すべてのミスは自分の責任であると思うようなことがあってはならない。よくないプレーに苦悩するだけでも十分つらいことである。

人間は、否定的なコメントからと同じくらい、肯定的なアドバイスからも学習することができる。うまくいかなかったこと、やってはいけないことを非難するよりも、子どもがうまくプレーしたことを伝え、次にやるべきことを提案した方が有効である。最も悲惨なプレーをした後でさえ、親は肯定的なことを言うことができる。例えば、「本当に今日のプレーはひどかった」と言うのではなく、「今日はうまくプレーできなかったけれど、一生懸命やったのはよかった」と。

コーチは、テニス技術の責任を負う。一方、親は精神的な支えとなることができる。子どもと仲間を率直に比較することが、子どものやる気を損なうこともある。すべての子どもは、独特で個々のペースで学習することを覚えておこう。子どもの発達は他の人とは無関係で、一人一人がそれぞれ判断されるべきである。

重要なのは、子どもが自分自身をどのように感じるかである。子どもが勝者としての意識を持つかどうかには、スコアはほとんど関係がない。むしろ、努力の結果を親がどのように認めてくれるかが、子どもの感情や自己信頼に影響する。テニスで悪いプレーをしたことと、悪い人間であることを区別することは、子どもにとってはむずかしい。親がよくないプレーをしたことで子どもを非難すると、その子どもは、親が自分のことを悪い子だと思っていると考えてしまう。ジュニア期のテニスは、成長後の仕事の習慣を形成するのに役立つ。そしてさらに重要なことに、自尊心を開発するのにも役立つ。

親とコーチは、これらの問題について考え、子どもの長期的な幸福は、親とコーチがもたらす動機づけであることを認識すべきである。また、コーチは、自分が家族の一員であることを意識すべきである。

テニスは、多くの利益をもたらす。ストローク技術に関する意見の不一致は、より大きな計画の前では些細なことである。

❹身体を鍛える

認めたくないかもしれないが、生活の中で最も重要なことは、身体を鍛えることである。これは、コート上でもコート外でも当てはまる。ストロークの調子が悪くなるのは、考えているほど頻繁にあることではない。ストロークに関する問題はたいてい、ポジショニング、フットワーク、ボールに追いつけないことにある。ビヨン・ボルグはそれをうまく表現し、コート上で証明した——「移動能力に代わるものはない。」

移動能力は、あなた自身で取り組むことができる。スケジュールを調節しよう。多くの人が、1日に少なくとも1時間は無駄に過ごしている。あなたの健康を向上させるのに、それほど多くの時間は必要としない。毎日のスケジュールをよく見て、電話の時間を減らせるかどうか考えてみよう。ときどきはテレビのスイッチを切ろう。昼食は、1時間ではなく30分ですませよう。少し早めに寝よう。落ち着いて仕事をし、早起きをしよう。

健康（またテニス）のために、毎日数分を確保すること。時間さえ見つけられれば、鍛えることは、つらいことではない。エアロビクスのクラスに参加するか、家でエクササイズができれば理想的である。しかし、時間やそのような余裕がなくても、簡単な運動を行うことはできる。

毎日、数分を利用して、ジョギング、スイミング、自転車（またはエアロバイク）、縄跳び、散歩、あるいは、エレベータの代わりに階段を使うなどしてみよう。また、腕立て伏せ、腹筋やその他の簡単な運動やストレッチは家庭で行うことができる。

❺メンタル・ゲームの開発

上達したいのであれば、精神面の開発を行おう。スポーツ選手のように、あなたも集中しなければならない。仕事や子ども、週末の計画のことは忘れよう。瞬間に集中することで、よいプレーをすることができる。「よく働き、よく遊べ」と言うように、2つをうまく切り替えられれば、どちらもうまくいく。

❻1〜2つの目標を持つ

練習のときには計画を立てよう。特別なドリルやラリーの練習から、あなたがもっと習得したいことを、パートナーに理解してもらおう。プレーするために出かけるときには、いくつかの小さな目標を思い浮かべよう。

最も重要なのは、結果からすべてを判断してはいけないということである。何が上達したか、何にもっと取り組むべきか、じっくり見て、確かめ

るためにいろいろな観点から分析しよう。

❼試合に翻弄されない

テニスのバランスを維持しよう。試合は、練習、楽しみ、健全な競技を提供する。真剣に考えすぎ、自分自身にあまりにも多くのプレッシャーをかけると、試合を楽しむことができなくなってしまう。緊張をほぐし、上達しようとして取り組むのでなければ、フラストレーションがたまるだろう。それではなんのために試合をしているのか、わからなくなってしまう。

試合で起こる最悪のできごとは、負けることである。しかし、よい汗をかき、競技を楽しめば、敗北も勝利となりうる。

❽試合をじっくりと見る

身体的、精神的な健康の状態を改良した後、コーチと話そう。あなたが抱えている問題に取り組むことや、そのためにレッスンを受ける手続きをすることを、ためらってはいけない。コーチは、あなたに大幅な修正を加えようとはしない。あなたは自分のスタイルを持っているし、優秀なコーチは、あなたがスタイルを維持しながら修正を加えることを助けてくれるだろう。あるショットを打つのが苦手であれば、それを手助けしてもらおう。あなたがそのショットを快適に打てる感じをつかみ、自信が持てるようになれば、試合全体がもっとうまくいくようになるだろう。

もう一つの解決策は、1週間、または長目の週末に行われるテニス合宿に参加することである。そうすれば、すべてを忘れ、テニスに専念する機会が得られるだろう。

さらに、見ることからも多くのことを学習することができる。プロやコーチのストロークを模倣しようとしてはいけない。その代わり、彼らのフットワーク、判断力、ショットの選択、戦略、安定性に注目しよう。誰もが、このような部分に取り組む必要がある。

テニスが好きなのに、うまくいっていないと感じるときは、もう2～3週間の時間をかけ、いくつかの単純なポイントに取り組んでみよう。違いが生じてくるはずである。

❾よいハッカー（相手が嫌がる選手）になる方法

ハッカーであると言われてもとまどわないでほしい。ハッカーは、優れた才能や美しいストロークを必要としないことを証明している。さらに、多くのハッカーが、トーナメントでの勝利者の証しであるボールを持ち、コートから出て大会本部へと向かって行く。ハッカーは、負けることよりも勝つことが多い。しかし、ハッカーでさえ、不完全な部分を上達させることができる。ここに、相手をいらいらさせるためのいくつかの簡単なヒントがある。

(1)あなたが有利となる要素を利用しよう

ハッカーは、相手より賢く、がまん強くなければならない。集中力が優れていることを示す1つの方法は、太陽、風、暑さをあなたが有利となるように利用することである。これらの要素を変えることはできない。現状を受け入れ、相手をいらいらさせるために利用することを学ぼう。太陽へ向かってロブを上げる、風に向かって打つ、暑い日に長いラリーに相手を引き込む。こうしたことで、あなたは精神的にも、肉体的にも試合をコントロールすることができる。

(2)リカバリー

多くの「スタイリスト」が犯すように、自分が打った美しいストロークに見とれてずっと立っているというようなミスを犯さないようにしよう。あなたにはやるべき仕事がある。相手のリターンに備えるために、ポジションをとらなければなら

ない。相手にも少しはポイントを取らせてあげよう。あなたがポイントやゲーム、セットを取ってばかりいては、あまりにも忙しすぎるだろう。

(3)ハッカーのモットーに従おう

勝利とは、相手よりも1回多く、ボールを打ち返すことを意味している。ミスをしないように、高く深く打つことに集中すると、ミスが少なくなるばかりでなく、相手をいらいらさせ、いつもより多くのアンフォースト・エラーをさせることができる。

(4)ハッカーであることを誇りにしよう

元プロのハロルド・ソロモンとエディ・ディブスは、スポーツ界で最高のハッカーであり、最もお金持ちのハッカーである。ハッカーが勝利者と同じ意味でも、誰が気にするだろうか。

(5)確率の高いプレーをしよう

あなたは、ジョン・マッケンローにはなれないという事実を認めよう。魅力的なエースは忘れて、ファースト・サーブを入れるようにしよう。サーブで相手の弱点を狙おう。できるだけダブル・フォルトをしないようにしよう。そうすれば何回もサーブをキープすることができ、驚くことだろう。ライン際や厳しいアングルに打ちたくなる衝動に打ち勝とう。このようなショットは、ミスになることが多い。観客が「アーッ」とため息をつくようなミスでも、ミスはミスであることを覚えておこう。

(6)弱気に思われるショットを習得しよう

ハッカーのテニスでは、ロブやドロップ・ショットが、他のショットやショット・コンビネーションよりも、多くの勝利をもたらしてくれる。前後への動きはつらく、疲れる。ロブやドロップショットは、相手を疲労させる。女性のハッカーは、ロブとドロップショットが最大の武器であることを理解するだろう。ジュニアのテニスでは、これらのショットに、ライバルはもっと集中しなければならないだろう。

(7)コート外でのコンディショニングに取り組もう

どんなに足が速くても、第2セットの途中で疲れていては、意味がない。相手より高い持久力が必要である。毎日または一日おきにでも少しの時間を割いて、肉体のコンディショニングを行おう。スイミング、ジョギング、縄跳び、サイクリングは、あなたのコンディショニング、試合全体、さらに重要なことにあなたの人生も向上させる、簡単で、比較的お金のかからない練習である。

(8)優れたハッカーになろう

すべてのボールを追いかけよう。ためらうことなく、すべてのボールに対して、積極的な第一歩を踏み出そう。多くのショットに追いつくことができ、驚くだろう。ハッカーは、エースを打つような武器をほとんど持たないので、バックボードのように、すべてのボールに追いつき、打ち返さなければならない。

(9)挑戦を楽しもう

有名なスポーツ心理学者で、アカデミーで以前働いていたジム・レイアーが言っているように、「戦いが好きになることを学ぼう。」尻込みするのではなく、試合や挑戦をするということは、より多くの勝利のチャンスをもたらす。さらに、それは、テニスでの最終のゴールである、楽しむことにもつながる。

❿劣勢の試合の流れを変える方法

すべてのテニス選手が試合中に直面する最も困難な問題の1つは、劣勢の試合の流れを変える方法である。最も優れた選手は、困難に屈しない粘り強い選手である。しかし、不幸にも、この不屈さから、彼らはしばしば劣勢となる戦略にこだわり続けてしまう。

どんな勝利の計画にも、成功するための全体的

な戦略として、少なくとも数ゲームの間、プレーのリズムを変える方法を加えておくべきである。ベースラインからの攻撃を得意とするマイケル・チャンは、世界のトップ選手の誰よりもこのリズムを変える能力に優れている。ベースラインからの戦略がうまくいかない場合、彼は、ベースライン後方にとどまるプレーとネットに出るプレーを巧みに組み合わせ、相手に考えさせ、リズムを変え、相手の勢いを止めるために、つねにベストを尽くす。マイケル・チャンや他の一流プロが十分うまく利用できるのであれば、おそらくあなたの戦略にも有効であろう。もちろん、身体的能力や精神力を考慮しなければならないが、劣勢の試合を挽回することの重要性を過小評価してはいけない。

テニスの試合に負けることほど、簡単なことは他にない。プロになろうとしている選手をコーチしたことがある人なら誰でも、テニス選手は、負けたときにはあらゆる言い訳をすることを知っているだろう。ガットが緩かった、相手にごまかされた、観衆が悪かった、気分が悪かったなど、その多くはばかげた言い訳である。

あなたが試合をしている間に、なぜ負けているのか理解するのは簡単ではない。しかし、いくつかの手掛かりを見つけることはできる。それは必ずしもスコアではない。どのようにあなたがポイントを失っているのか、考えてみよう。

ボールをネットしているのなら、修正は簡単である。相手よりももっとボールに集中し、ボールを早くとらえ、ネットを越えるようにボールをより高く打つことである。あなたのボールが短く、相手が簡単にエースを決めているのであれば、高く深いボールを打つようにしよう。深くコーナーにボールを打っても、相手がコートのあらゆる所からエースを打ってきているのであれば、相手がおとなしくなるまで待つ以外、あまりできることはない。

これらの多くは、簡単で、常識的なことである。あなたが優れたプレーヤーで、最高のプレーをしていながら負けているとしたら、そのときは試合の流れを変えるために本当の能力が必要となる。あなたが、マイケル・チャンに匹敵する、強い決意と鍛えられた精神力を持った選手だと仮定しよう。あなたは、相手が疲れ果てるまで、すべてのボールを拾い、打ち返す戦略を持った鍛えられたベースライン・プレーヤーで、よいプレーをしているとする。不運にも、相手も同じようによいプレーをしている。

お互いにベースライン・プレーヤーで、相手の方が少しよいプレーをしているとしたら、あなたは不利かもしれない。しかしこれは、あなたが戦術を変える絶好のチャンスである。サーブ・アンド・ボレーでいくつかのポイントをプレーしてみるか、あるいは相手が予想もしないようなときに、ネットに出てみよう。負けているのであれば、失うものは何もない。よい展開は、相手のリズムを崩し、相手の集中をも乱すものである。こうしたことであなたは、試合での主導権を取り戻すことができるかもしれない。

相手が慌てて、スコアがあなたに有利になると、相手は困難な選択をしなければならなくなる。あなたは得意なパターンへ戻るか、あるいは流れを変えたプレーを続けるかのどちらかを選ぶことができる。私が推薦するのは、得意なプレーに戻り、勝っても負けてもあなたの最高のプレーをすることである。

あなたの得意なプレーが、サーブ・アンド・ボレーである場合も、同じことが言える。違うプレーを試してみよう。1～2ゲーム、ベースラインにとどまり、必要な場合は（とくに一時的な戦略であれば）ボールをつなぎ、その間ずっと自分が勝利者であると思い込むことである。

劣勢の試合の流れを変えるコツは、相手の手の中に入り込み、集中を乱すことである。相手があなたの戦術の変化に当惑すれば、勝利に向けての第一歩は成功である。あなたに有利な展開となるようにバランスを保ち、試合のマッチ・ポイントまでその勢いを維持する。こうすることで、相手を肉体的、精神的に打ち負かすことができるだろう。他に満足することがあるだろうか。

劣勢の試合の流れを変え、勝利を確実なものとするように試してみよう。そうすれば、敗北の可能性を勝利へと変えることが、どれほど簡単なことか驚くだろう。

⓫子どもも緊張する

経験の少ないジュニア選手のために、神経戦を勝ち抜くためのいくつかのヒントがある。

試合前も、試合中も、試合後も、つねに肯定的に前向きに考え、ミスや自分の弱点をあまり気にかけないようにしよう。ミスは避けられないものとして受け入れると同時に、弱点を修正しよう。否定を肯定に変えよう。

同じことが、相手を見るときにも適用できる。ライバルの強さをあまり意識しないようにして、相手の弱点を見つけるようにしよう。

興奮と緊張を勘違いしないこと。誰でも緊張はするものである。挑戦して、肯定的な方法でアドレナリンを使おう。ストレスを感じたときには、深く呼吸して、リラックスしよう。浅く不規則な呼吸は、緊張を高める。リラックスして、ゆっくりし、心をクリアにして、身体を落ち着け、目の前のことに集中しよう。

足を動かし続けよう。きつくなったときに最初に起こることは、足が動かなくなることである。そうすると、ストロークが短くなり、ボールを当てるだけになってしまう。緊張したときには、無理にでも動き続けるようにしよう。

フォロースルーを大きくしよう。ミスをすることは、少なくともショットを打ちにいき、試合をしている証拠である。サーブにもう少しスピンを加え、フォアハンドに少し多めのトップスピンをかけて、ストロークを振り抜こう。こうすることは、プレッシャーを克服する助けとなる。

練習には、より一生懸命に取り組もう。試合中に心配しなくてもすむように、しっかりしたストロークを身につけよう。

自信を持ち、一生懸命プレーし、前向きな姿勢で臨めば、緊張しないですむだろう。それでも緊張を感じたら、緊張しているのはあなただけではないことを思い出そう。

⓬成功の要因

成功するための要因は、子どもによってさまざまである。しかし、いくつかの共通点と必要条件をあげることができる。

成功するために、まず、成功することへの強い執着心を持つ必要がある。彼らは、以前に経験したものとはおそらく異なる、私たちのコーチング・スタイルのために準備しなければならない。最も重要なことは、建設的な批判、規律、時間の制約を受け入れなければならないということである。初めて自宅から離れて暮らすことは、人生にも影響を及ぼすかもしれない。

成功する強い意志を持っていることに加えて、他の国々の子どもと仲良くする方法を知る必要がある。彼らは、人種差別や偏見についてのどんな考えも自宅へ置いてこなければならない。ボロテリー・テニス・アカデミーには、世界中から子どもたちが来ている。彼らはみんな私たちの家族の一員である。小さな偏見で引き裂かれた家族は、成功することができない。私たちは、子どもたちに互いに愛し合うことは求めない。しかし、私たちは、彼らが互いの違いを尊重することを期待し

ている。初めて自宅を離れることは、挑戦かもしれないし、情緒的にもむずかしいだろう。

アカデミーに来る子どもは、アカデミーの規則や規律に従わなければならない。過去40年にわたって、これらの規則は、子どもたちの継続的な成功にとって重要な役割を果たしてきた。自分自身に必要なことはわかっていると思っている子どもにとって、アカデミーへ来るのはバカバカしいだろう。コートの外で、規律を適用するのは、さらに困難である。私たちは、子どもたちが道に迷わないようにシステムを整えたが、規律を乱す者が出ることもある。結果は、あまり喜ばしいことではないが、規律を守らない子どもは退学させる。

身体的、精神的、技術的、試合での才能・能力を総合したものが、それぞれの選手のテニスの能力の基礎である。

それぞれの練習の中に成功するために必要なすべてのトレーニング――試合練習、パフォーマンス・トレーニング、コート上でのドリルなどを含んでいる。私たちは、試合中に技術的、戦略的な批判を提示する。私たちは、フィットネス、動き、筋力のためのパフォーマンス・トレーニングを行う。私たちは、入学後すぐにそれぞれの子どもをテストし、個々に適するプログラムを設計する。メンタル・コンディショニング、スポーツ心理学トレーニングは、コート上や教室内で実施される。

子どもが自信満々で、積極的で、攻撃的であれば、私たちは、その性格に合った戦略を設計する。反対に、子どもが厳しくしつけられ、忍耐強く、従順で、思いやりがあれば、私たちは、その個性に合わせてプログラムを設計する。これは、たとえ私たちが集団の力学を利用して運営していても、それぞれの子どもは、個人であると考えているからである。

どれくらい高い目標を達成することができるのか、各選手の可能性を判断する際に、最初に選手が求めているものを理解することが重要である。長期的、短期的目標を設定し、そこに到達するために、それぞれの子どもがどれくらい熱心に取り組むか判断することが、アカデミーの大きな特徴である。どんな選手でも、可能性を予言することは不可能である。あまりにも多くの可能性がある。

私たちが約束することは、子どもたちがそれぞれの最高の可能性に到達することである。この哲学を高めるために、私たちは、彼らの目標を達成するためにできることはすべてをするように求める。すべての子どもが、成功するとは限らない。しかし、適切な特徴をあわせ持ったものは、たいていそれぞれの可能性を達成する。理想的な特徴をあわせ持たない子どもでも、ときどき私たちを驚かせることがある。ただし彼らは、目標に到達するのにより長い時間がかかる。これは人生と同じである。

⓭いつテニスを始めたらよいのか

子どもがテニスを始めるのに一番よいのは、子どもの準備ができたときである。4歳で準備ができる子もいれば、11歳まで準備ができない子もいる。このような重大な問題に、基準を設けるのはむずかしいことである。親は、幼い年齢のときに子どもたちを押さえつけすぎることがある。よく起こることは、子どもがすぐに選手を引退してしまい、自らの可能性に到達しないことである。反対に、今日の基準からすると多少遅い年齢、11歳か12歳で始める子どもは、競技を長くできる可能性もある。

コーチや前向きな仲間からのプレッシャーが動機づけとなり、子どもは、しばしば団体競技において早期の成功を実現する。一方、テニスでは、早期に成功することは例外であり、時間と忍耐が必要とされる。

小さいうちにテニスを始めるのであれば、手と

目のコーディネーションのゲームから始めるといいだろう。このゲームは楽しく、子どもは早期の成功を楽しみ、テニスでの成功に必要な移動能力（つまりフットワーク）を学習することができる。テニスは、幼い年齢で習得するにはむずかしいスポーツである。ゲームが楽しみながら、徐々に進歩している場合、11〜13歳ぐらいがテニスの将来に関して真剣に考え始めるのにちょうどよい時期ではないか思う。その時期には、テニスを追求していくかどうか判断するのに十分な年齢になっているだろう。

子どもがテニスを始めたら、私はグループ・レッスンを中心とすべきだと考えている。アカデミーでは、集団の力学や仲間からのプレッシャーが、子どもがプレーを続けていくのに役立つと考えている。そして個人レッスンは、テニスの幅を広げ、調整をするのに有効である。

この過程で、親は、子どもに情緒的、経済的、道徳的な手助けをすべきである。これは選手の発達の過程において重要であるが、しばしば無視されている部分である。親子関係では、それぞれの役割は、明確に定義され、きちんとそれに従わなければならない。そうでなければ、親が子どものテニスにおける発達の障害となることもある。これは、親が関わるべきではないということではない。親は子どもが希望を達成するために家庭や自らの人生を犠牲にする。親が、正当な理由から、また適切な範囲で、このような援助を行う場合、その犠牲はしばしば成功を生む。

⓮父親のように、子どものように
──良好な態度は家庭から生まれる

テニス選手は、コート上でのプレッシャーをさまざまな方法で処理する。感情を外に表さない選手もいれば、感情をさらけだす選手もいる。誰もが、ビヨン・ボルグのように静かに集中していられるわけではない。

しかし、自制心と集中力は密接な関係がある。爆発することで自らの集中を乱す人は、正常な思考回路を回復させるために数分かかる。次の数ポイントの間に、少し前に起こったことが彼らを悩ませ続ける。ときどき接戦の試合では、このような選手は、相手を心理的に有利にしてしまい、落ち着きを取り戻すことができない。

子どもの態度を形づくるのに、最も重要な役割を果たすのは親である。親は状況を観察し、何が受け入れられる態度であるか説明し、幼い年齢から子どもに対するよい手本を示すことができる。子どもに対して、親がどのような対応をするかは重要である。幼い選手に、悪い態度がどんなに試合に影響するか印象づけるのはむずかしく、忍耐強く子どもと接する必要がある。ある行動がどのように困ったことを引き起こすかを子どもに理解させ、また、どのように好ましい結果をもたらすかを強調しよう。

親は、応援しているということをはっきりと示し、子どもとの現実的な話をしなければならない。選手を叱るのではなく、「プレーを見たよ」と言い、子どもの前向きな姿勢についてほめてあげよう。問題点について、尋ねてみよう。そうすれば、子どもは、何かがうまくいかなかったということを認めるだろう。それから、「このようなことが再び起こった場合、それに対するペナルティーを考えたらどうだろうか。あなたが何をしたいか、教えてね。あなかたが腹を立てたせいで、3〜4ポイントを失ったのではないだろうか。」ペナルティーは、子どもに考えさせよう。

ジミー・アリアスと一緒に、私は彼の考え方を理解しようとした。私は試合前に彼に話しかけた。そして彼は言った、「ニック、僕は練習中ちょっと爆発すると、リラックスできるんだ。それが僕なんだ。しかし、トーナメントに入ると、コント

ロールがきかなくなってしまう。」そこで私は、誰にでも役に立つ、ある程度の行動の自由を練習中彼に与えることにした。

　自制心の重要性を強調し、幼い年齢から適切な罰を与える必要がある。問題の重大さに応じて、1日、1週間または1か月間、子どもからテニスを奪うことが必要かもしれない。厳しく思えるかもしれないが、そうすることで同じことをする前に、子どもは考え直すようになるだろう。このような罰は、後により重大な問題が発生するのを防ぐことになる。

　次に、子どもに適切な態度を教えるのに役立つガイドラインを示す。
①ストレスの多い状況の中で、あなた自身がどのようにふるまっているかを観察する。子どもが見習えるような手本を示しているだろうか。
②どのように子どものパフォーマンスに反応しているか。私の経験では、肯定的な意見が建設的な批判への道を開いてくれる。
③子どもとどれくらいの時間を一緒に過ごしているか。子どもが2歳から5歳までに学習するものが、生涯の態度を形づくる。
④子どもを客観的に見ているか。多くの親が、現実的に状況を判断する前に子どもの行動を擁護する。あなたの子どもが悪いことをした場合は、それを認め、それが繰り返されないように子どもと取り組もう。
⑤練習のとき、あなたはコーチに仕事を任せているか。親は、子どもが学習していることに関心を持つべきである。しかし、もしあなたがコーチを雇ったのであれば、レッスンはコーチに任せ、それを補助するためにコーチと一緒に取り組もう。質問がある場合は、チームとして機能するように話し合おう。
⑥最後に、あなたが要求する態度の基準が現実的なものかどうかもう一度考えてみよう。子ども は、学校やテニスでもすでに十分なプレッシャーを背負っている。子どもにあまりに多くのことを求めることは、爆発とかんしゃくを引き起こす原因になるかもしれない。

⓯現実の生活

　学校に行っている期間は、少しの練習でも十分である。子どもは、夏休み中、多くのトレーニングをし、トーナメントに出場し、あるいはリラックスする時間がたくさんあるだろう。学校が始まると、子どもたちは勉強するために、トレーニング、トーナメント、自由な時間をやりくりしなければならなくなる。

　どのようにすればいいだろうか。次の6つのアドバイスにしたがってみよう。
①学校が始まったら、7～10日間、子どもにテニスを休ませよう。日常の勉強や授業に専念すべきである。学校が順調にスタートすれば、テニスが再び始まるときに、コートに出たいと思うだろう。
②春、秋、冬のスケジュールを計画するために、この7～10日間を利用しよう。コートで過ごす時間を少なくすることも可能である。必要な調整を行おう。コートを利用できる回数が制限される場合は練習時間を調整しよう。早朝、午後遅く、週末、夜にプレーするためのスケジュールを立てよう。時間の無駄を避けるために、各練習を計画しよう。コート外でのコンディショニングを強化しよう。
③予算的に可能であれば、重要なトーナメントの前に集中的に練習するため、テニス合宿を検討しよう。合宿に参加することは、大きな試合の準備をするための優れた方法である。コートの確保や試合へ参加するための旅費など経済的に問題がある場合、コート代の代わりに子どもが、ガット張りなど、クラブで働くことができるかも

しれない。同じ地域からの選手と試合に一緒に参加することで、旅費やホテル代などを節約できるかもしれない。下調べをするための時間を十分にとろう。よい教育は、今日の世界において不可欠である。さらに、よい勉強の習慣は、テニスによい影響を及ぼす。学校での集中や努力は、子どもがテニスやコンディショニングに取り組むときの姿勢と共通である。

④子どもは、いらいらしたり、がっかりしたりしないで、突然のスケジュールの変更を受け入れることを学ぶべきである。テニスでも、またテニス以外でも、逆境に直面することもあるだろう。日常生活の中での変化に合わせてスケジュールを調節することで、子どもは、この先のより大きなプレッシャーへの対処のしかたを学習する。時間を最大限利用することほど重要なことはないと、覚えておこう。ここに、練習を効率的に行うことの重要性がある。ほとんどの子どもは、多くの時間があると思っているので、手際よく練習にとりかかろうとしない。学校に行っている期間は、屋内コートが利用できる時間は限られる。

⑤すべての利用可能な時間をドリルに費やさない。プレーのポイントを強調する。ダブルスで、各選手が2ポイントずつサーブを打ち、10ポイントのゲームを行う。風、太陽、砂ぼこりの影響を受けないので、屋内でのプレーは選手を甘やかす。太陽や雨がないので、コートはつねに同じ状態である。選手は、この理想的な環境でのプレーに自己満足しないようにしなければならない。

⑥週末の朝6時にコートへ行き、6時半から8時まで練習してはいけないという理由はない。管理者にかけあってみよう。代わりにコート整備をし、8時から10時まで洗面所の掃除をすると提案しよう。

最後に、もう一つのヒントを提案する。十分にテニスをして、有意義な夏を過ごしたら、寒さにじゃまされないようにしよう。今まで通り秋の準備をし、テニスクラブや公園でプレーすることができる。

月に一度、クラブで昼食などの特別な手伝いをする計画を立てよう。食べ物を持って行って、代わりに空いているときにコートを使わせてもらえるようにお願いしてみよう。

2 メンタル開発プログラム

以下は、ニック・ボロテリー、チャールズ・マーハー博士著『テニス・プレーヤーのメンタル開発プログラム：テニス・スポーツ、人生のための積極的自己開発』（1984）からの引用である。

人生のできごとがテニスの上達に影響するのと同じように、テニスが、人生のすべての面に影響を及ぼしていることが理解できるだろう。あなた自身を、テニス選手としてだけでなく、テニスを越えて存在する一人の個性豊かな人間と考えよう。テニスは、成長、日常の生活、好きな娯楽のために役立つ有用なものでもある。一人の人間として自分を見つめることで、テニスを自分の人間形成に役立つものとしてとらえることができるだろう。

①自己開発──自分自身の人間としての価値を高めることを指す。
②自己認識──テニス・プレーヤーとして、人間としての自分の長所、改良すべき点、克服すべき要因を理解することを指す。
③自己動機づけ──自分の目標に向かってもっと進歩したい、目標を達成したいと、真剣に願う気持ちと関係している。自己動機づけを高めるためには、自分にとっての明白で、挑戦的な目標を設定する必要がある。

④自己信頼（自信）――自分はうまくやることができると信じること。自分のしていることを過度に分析することなく、リラックスして、集中してテニスをプレーすることである。

⑤自己訓練――明確な目標を持ってトレーニングを始めることや、必要に応じて修正を加えながら、最後までやり抜く実行力を指す。

⑥良好な対人関係――他の個人や集団と、お互いに利益が生じるような関わり方をするとき、良好な対人関係を作り上げることができる。これは、対人関係を結んでいる両者が、ともに、相手から有益で価値あるものを受け取ることを意味している。

⑦前向きな自己評価――自分を価値ある人間として前向きに見つめる個人的な特性である。前向きな自己評価をしているときには、自分を個性豊かな人間としてとらえ、自分の存在や行為を肯定的に受け止めることができる。

⑧継続的改良――テニスコート内外での自分の知識や技術、能力を向上させたいという願望と関係している。継続的改良とは、決して現状に満足しないこと、つねにもっと上のレベルを目指して全力を尽くしたいと思うことを指す。

こうした能力をそなえた心理的に有能なプレーヤーは、心身の状態を保ったり、自分の感情をコントロールしたりすることができる。

このセクションでは、あなたがどのように個人的な特性を身につけ、開発し、さらに、テニスに役立つ精神的な能力を習得することができるかについて述べてみたい。各分野の特質や能力の開発によって、生活領域全般において、精神的に効率よく効果的に行動することができるようになるだろう。

あなたは、このプログラムについてコーチや両親やその他の選手たちと話し合うべきである。より多くの人と一緒にチームを組んでこの課題に取り組んだ方が、プログラムの効率は高まるだろう。

❶自分自身を知る

自己認識は、テニス・プレーヤーとして、人間として、自分自身を理解する能力を意味する。これによってあなたの長所をさらに伸ばすことができるようになる。適切な、全般的な自己認識の力を身につけることは、自分の長所、改良点、克服要因を把握するのに役立つだろう。

自分自身に正直になろう。将来の展望をしっかり持っていると、具体的な計画が立てられる。優れた選手になることに挑戦しよう。大切なこと、取り組むべきことを明確にしよう。的確な質問をすることで、自分自身について多くの情報を得ることができるだろう。

①テニス技術の評価表（図11-1）――心理面と技術面の領域に分かれる。この自己認識評価を自分自身で行い、その後コーチや他の人と相談することを勧める。

②体力および体調の評価表（図11-2）――スタミナ、スピード、筋力、移動能力、体重、食生活などの領域について評価しよう。

③自己認識表（図11-3）――学校や家庭での生活についての質問である。テニスやその他の生活において、あなたの進歩を妨げているものを理解しよう。自分の長所、改良点、克服すべき要因などを明確にしよう

現在の自分自身が克服すべき点を明確にしよう。自分自身の考え方を確かめるために、他の人に「外部からのチェック」をしてもらおう。ここに記した自らの決意を表す文は、これからの2年間にテニス・プレーヤーとして、そして人間として行いたいと思うことについて、自分自身に対して語る文章である。

下記の項目について、現在の自分の技術のレベルを評価しなさい。次の5点尺度を使って、当てはまる数字を選び、各項目の左の（ ）の中に記入しなさい。

　　　　　　5＝とてもよい　　4＝よい　　3＝ふつう　　2＝あまりよくない　　1＝よくない

■グラウンド・ストローク
　（　）1．フォアハンド・クロスコート
　（　）2．フォアハンド・ダウンザライン
　（　）3．バックハンド・クロスコート
　（　）4．バックハンド・ダウンザライン
　（　）5．フォアハンド・ロブ
　（　）6．バックハンド・ロブ
　（　）7．フォアハンド・逆クロス

■アプローチ・ショット
　（　）1．フォアハンド・アプローチ・クロスコート
　（　）2．フォアハンド・アプローチ・ダウンザライン
　（　）3．バックハンド・アプローチ・クロスコート
　（　）4．バックハンド・アプローチ・ダウンザライン

■ネットプレー
　（　）1．フォアハンド・ボレー・クロスコート
　（　）2．フォアハンド・ボレー・ダウンザライン
　（　）3．バックハンド・ボレー・クロスコート
　（　）4．バックハンド・ボレー・ダウンザライン
　（　）5．オーバーヘッド

■サーブのリターン
　（　）1．デュース・コートでのフォアハンド
　（　）2．デュース・コートでのバックハンド
　（　）3．アド・コートでのフォアハンド
　（　）4．アド・コートでのバックハンド

■フットワーク（移動）
　（　）1．フォアハンドでの横への動き
　（　）2．バックハンドでの横への動き
　（　）3．フォアハンドでの前への動き
　（　）4．バックハンドでの前への動き
　（　）5．アプローチでの動き
　（　）6．ボレーでの動き
　（　）7．オーバーヘッドでの動き

■特殊なショット
　（　）1．フォアハンド・アングル・クロスコート
　（　）2．バックハンド・アングル・クロスコート
　（　）3．フォアハンド・ドロップショット
　（　）4．バックハンド・ドロップショット
　（　）5．フォアハンド・タッチボレー
　（　）6．バックハンド・タッチボレー

■サーブ
　（　）1．ファーストサーブ・フラット
　（　）2．ファーストサーブ・スライス
　（　）3．ファーストサーブ・トップスピン
　（　）4．セカンドサーブ・スライス
　（　）5．セカンドサーブ・トップスピン

■プレー・スタイル
　（　）1．サーブ・アンド・ボレー
　（　）2．攻撃的なベースライン・プレー
　（　）3．ベースライン・プレー
　（　）4．オールコート・プレー

■心理面
　（　）1．個人目標の設定
　（　）2．目標への進歩の程度
　（　）3．テニスと試合を楽しむこと
　（　）4．ショットや戦術への自信
　（　）5．集中力
　（　）6．落ち着き
　（　）7．試合への準備
　（　）8．内容の濃い練習
　（　）9．コーチとの人間関係
　（　）10．チームの仲間との人間関係
　（　）11．自分自身を嫌わないこと
　（　）12．向上への努力
　（　）13．意欲の持続

図11-1　テニス技術の評価表

下記の項目について、現在の自分の体力や体調のレベルを評価しなさい。次の5点尺度を使って、当てはまる数字を選び、各項目の左の（　）の中に記入しなさい。
　　　　　　　5＝とてもよい　　4＝よい　　3＝ふつう　　2＝あまりよくない　　1＝よくない

■スタミナ
　（　）1．ランニング（長距離）
　（　）2．呼吸数（肺機能）
　（　）3．心拍数（心臓機能）

■スピード
　（　）1．第一歩のすばやさ
　（　）2．疲労時のスピードの持久力
　（　）3．打球後のリカバリー
　（　）4．すばやい回復

■筋　力
　（　）1．筋緊張
　（　）2．筋持久力
　（　）3．瞬発力（パワー）

■柔軟性
　（　）1．ストレッチング
　（　）2．前後大開脚
　（　）3．腕の可動範囲
　（　）4．関節の柔軟性

■体重と食事
　（　）1．体　重
　（　）2．体脂肪組成
　（　）3．試合前の食事
　（　）4．試合中の栄養
　（　）5．試合後の食事

図11-2　体力および体調の評価表

　　　　　　　　　氏　名（　　　　　　　　）　　　　　　　　記入日（　　　　　）

私の現在の長所は？
（テニスの身体的および心理的な技術面、体力・体調面、日常生活面について記入しなさい）
　1．
　2．
　3．
　4．
　5．

私の現在の改良点は？
（テニスの身体的および心理的な技術面、体力・体調面、日常生活面について記入しなさい）
　1．
　2．
　3．
　4．
　5．

私の今後の進歩・向上のために克服すべき要因は？
（特定の知識、技術、態度について記入しなさい）
　1．
　2．
　3．
　4．
　5．

私は、この自己認識表について（　　　　　　　）と話し合う予定である。

図11-3　自己認識表

書くことは、広範囲で、明確であるべきである。それは世間体のいい、自己中心的な目標の達成を意味するものではない。自分自身の利益のためのもので、他人が議論するものではない。あなたが取り組むべきことをいつでも見られるようにしておき、つねに意識するようにしよう。自己認識表は、年間2～3回更新しよう。

❷自己動機づけはどのように行えばよいか

自己動機づけ状態にあるプレーヤーは、重要な目標を達成しようとする意欲や願望を持っている。自己認識のレベルが高まるほど、自己動機づけのレベルも高まる。自己動機づけ状態にあるプレーヤーとは、自らの目標を設定し、その目標を達成するために必要な活動を自ら率先して行っているプレーヤーを指す。コーチや両親など周りの人によって動機づけられているのではない。周りの人は、情報や施設、道具や時間などの条件をあなたに提供することはできるが、これらをうまく利用して自分の進歩に結びつけるのは、あなた自身である。

テニスコートの内外で、大切なことに集中するための能力を高めよう。自己動機づけ状態にあれば、トレーニングのすべての要素をコントロールするのに役立つ、肯定的なエネルギーが生まれるだろう。自己動機づけ状態にあるプレーヤーは、否定的な考えにじゃまされることはないだろう。また、あなたに肉体的、精神的なエネルギーをもたらすだろう。自分自身にとって意味のある目標を設定しよう。あなたの目標が努力次第で達成可能なものであれば、自己動機づけ状態が維持されるだろう。目標を達成するための意欲は、外部からではなく、自分の内部から生まれる。目標をいくつかあげてリストにし、その中から自分にとってとくに重要なものを選ぼう。集中し、意欲を持って取り組むことができるように、目標を慎重に

氏 名（　　　　　　）　　　　　　　　記入日（　　　　）

テニスの技術面の目標

体力面の目標

日常生活面の目標

図11-4　個人目標リスト

■身体的スキル
　○ファースト・サーブの確率を上げること
　○サービス・リターンの確率を上げること
　○グラウンド・ストロークのラリーをもっと深くすること
　○各ゲームのファースト・ポイントの獲得率を上げること
　○長時間の試合でも全力でプレーできるように体力を向上させること
　○セカンド・サーブが単調にならないように多様性を加えること

■心理的スキル
　○重要なポイントでもっとうまくリラックスすること
　○試合前の準備期間に十分な練習を行って自信を持って試合に臨むこと
　○1つのセットの終了後、次のセットに対する集中力を維持すること

図11-5　個人目標の具体例

氏　　　名（　　　　　　　　　）　　プレー・スタイル（　　　　　　　　　）
目標設定期日（　　　　　　　　　）　　進 歩 評 価 期 日（　　　　　　　　　）

進歩評価尺度
　　　　5＝とてもよい　　4＝よい　　3＝ふつう　　2＝あまりよくない　　1＝よくない

個人目標　　　　　　　　　　　　　　　　　　　　　　　進歩の評価
　1.

　2.

　3.

　4.

　5.

　6.

備　　考
　1.

　2.

　3.

図11-6　個人目標表

選ぼう。

目標を記録するために、「個人目標リスト」（図11-4）を使おう。一度に3～4つくらいの目標を選ぶ（多くとも6～7つ以内になるようにしよう）。目標を選ぶに当たっては、「個人目標の具体例」（図11-5）を参考にしよう。

■ SMART

SMARTは、目標が備えるべき特性をアルファベット5文字で表した言葉である。

① 明確性（Specific）——自分の目標が何であるかを明確に理解すること。明確な目標は、コーチにも正確に伝わるだろう。目標が明確であれば、それを達成するための取り組みも積極的に行われることになる。

② 測定可能性（Measurable）——必要な活動をやり遂げることができるように、目標を達成するために必要な活動を測定する方法を学ぼう。練習や試合練習でのパフォーマンスを振り返り、評価しよう。それらの自己評価とコーチの評価を比較し、類似点や相違点を検討しよう。

③ 到達可能性（Attainable）——その目標を達成し、自ら進歩することが可能であること。達成したい目標が複雑な場合には、単純に達成できるような要素に分類しよう。目標を達成するためには、まず何が必要か知らなければならない。

④ 適切性（Relevant）——目標を達成することは優れたテニス・プレーヤーになることと直結している。そのためにも目標が適切なものかどうか判断しよう。

⑤ 期　間（Time frame）——目標達成の予定日について、明確な見通しを持つこと。短期間で達成可能な目標と、達成に長期間必要な目標を分けよう。

(1) 目標について話し合うこと

コーチや両親など他の人と目標について話し合おう。あなたの短期的目標と長期的目標が適切なものであるか、他の人の意見を聞こう。他の人とあなたの目標について話し合うことは、それらの人にあなたのテニスに積極的に関与してもらえるという効果がある。目標に向かって自分がどの程度進歩しているか、評価する際に手助けしてもらおう。

(2) 進歩の程度を評価する

目標に向かってあなたがどの程度進歩したかを判断するためには、どこから出発したか、基準を知っておく必要がある。どこから出発し、どこまで自分が進歩しているかを知ることで、進歩の程度を的確に測ることができる。それによって自分が達成可能な目標に向かって進んでいることを再認識することができる。

(3) 目標の修正に柔軟に対応する

進歩の程度によっては、目標の修正が必要なこともあるだろう。柔軟に対応しよう。自分の進歩の程度、練習の量、練習の質を評価しよう。目標の変更や修正を行う能力は、心理的に有能なテニス・プレーヤーが持つ特性である。

(4) 自分のプレーをイメージする

何かをうまく遂行している自分の姿を頭に思い浮かべると、そのように遂行したいという欲求が高まる。この視覚化やイメージ想起を通じて、自分の思考と感情を前向きで積極的な状態に保つことができる。自分の目標に関してイメージを明確にしよう。自分の目標とそれに関係するイメージのリストを作ろう（図11-7）。積極的で肯定的なイメージであるように気をつけよう。

視覚化やイメージ想起は、不規則ではなく、定期的に最も適切な場所と時間を決めて実施されるべきである。写真とビデオで記録し、それらを定期的に見よう。鮮明な映像と肯定的な考え方で、できるだけ現実に近いイメージ体験をするようにしよう。そして、シーズンを通じて前向きなイメ

氏　名（　　　　　　　）　　　　記入日（　　　　　　　）

プレー・スタイル（　　　　　　　　　）

プレー・イメージ

イメージ想起の実施時期

図11-7　成功プレー・イメージ表

氏　名（　　　　　　　）　　　　記入日（　　　　　　　）

プレー・スタイル（　　　　　　　　　）

良好な状態　　　　　　　　　　　　　　良好な状態に導く自己会話

自己会話の実施時期

図11-8　良好な状態に導く自己会話表

ージを持ち続けよう。前向きなイメージは、動機づけ状態を維持することや、あなたがコート上で遂行しようとしているプレーに専念するのに役立つ。たとえ集中が乱れたときでも、もう一度集中を高めることができるようになるだろう。

(5)前向きに自分に語りかける

テニスをしている自分に語りかける前向きで積極的な自己会話を決めておこう。選択した良好なそれぞれの状態について、そのような状態に導くと思われる前向きで肯定的な自己会話を書き出しておこう（図11-8）。

❸いかにして自信をつけ、維持していくか

自信があると、自分で設定した目標に対して、自分には努力してこの目標を達成する能力があると確信することができる。また、自信があると、落ち着きとねばり強さを維持することができる。落ち着きとは、気が動転したり、周りの状況がわからなくなったりするようなことを防ぐ能力である。ねばり強さは、自分のプレーができていないようなときに、どのような障害をも克服し、自分が行おうと意図していたことをやり抜くことができる能力を指している。自分と同じか少し上のレベルのプレーヤーと対等に試合ができると思うことができれば、その自信があなたのプレーのレベルを引き上げる。

自分自身を信頼し、今まで行ってきたトレーニングや自分の能力に自信を持とう。心身両面のバランスをうまくとることが、自分の実力発揮につながる。自信を持つことで、心配、恐怖、疑念などの否定的な思考や感情を打ち消すことができる。つねに自信をより強固にし維持することに努めよう。自分自身に対していくつかの誓いを立てよう。自分の能力を疑わず、自分のテニスを向上させることにベストを尽くそう。

自分が完璧でないことがわかっても、ベストを

氏　名（　　　　　　　　）　　　　記入日（　　　　　　　　）

質問1．自分に自信があると思うのはいつか？
　　　（練習中、試合前のウォームアップ、試合中、その他）

質問2．自分のテニスのどの部分に自信があるか？
　　　（ベースライン・プレー、ミッドコート・プレー、ネット・プレー、サーブ、心理面、その他）

質問3．何が自分に自信をもたらしていると思うか？

質問4．自分に自信がないと思うのはいつか？

質問5．自分のテニスのどんな部分に自信がないか？

質問6．何が自信をなくさせていると思うか？

図11-9　テニス自信調査表

尽くすように努力しよう。テニスでの勝敗やランキングなどと人間としての自分の価値とは切り離して考えよう。自信のレベルを自己認識しよう。

うまくプレーするのに必要な技術を自分が持ち合わせていること、もし何かが不足しているとしてもこれからの練習で学習できると、自信を持とう。スポーツはダイナミックなものである。現在の技術をいっそう磨いたり、新たな技術を学習したり、戦術面の工夫をしたりすることができる。あなたが自分に自信が持てるときと、持てないときを明確にしよう。

自分のテニスのどの部分に自信があるか、何が自信をなくさせているか、明らかにしよう。あなたの現在の技術レベルを知ろう。一貫した質の高い練習を行い、技術を維持する必要がある。「テニス技術の評価表」定期的に利用しよう。あなたを支援したいと思って、客観的な情報を与えてくれる人からあなたの技術についての意見を聞き、現在の自分の技術レベルを把握しよう。

できごとや状況をあるがままに見つめ、前向きに受け止めよう。テニスコート内外で経験するさまざまな場面や状況をどのように受け止めるかはあなた次第である。人生におけるできごとや状況をどのように解釈するか、その決定権はあなたにある。完璧にできる人など誰もいない。完璧なプレーを頭に描いていると、つねに失敗を味わうことになるだろう。

自信を築き上げるための第一歩は、ミスを認めることである。ミスを少なくする方策に取り組もう。自分がコントロールできない天候、コートサーフェスなどに心を迷わせても無駄である。自分でコントロールできることに集中しよう。テニスや人生のいろいろな状況を学習経験とみなすことは、スポーツや人生への、健全で前向きな取り組みである。特定の場面や状況を人生の広い視点から見つめよう。自信を持てるも持てないも、自分次第である。

視覚、聴覚、筋運動感覚の3つの感覚に敏感になろう。あなたの自信にマイナスに働きかけていること、プラスに働きかけていることが何か明らかにしよう。自分の自信のレベルが最低と思われる場面や状況を明確にしよう。その状況での自分の感情についてきちんと把握しよう。次にその状況に対するマイナスの自己会話をあげてみよう。自信がない状況で経験する筋肉の緊張度を明確にしよう。試合間、試合中の自分の感覚に敏感になろう。

練習でも試合でも自信を高める呼吸法を学習しよう。適切な呼吸のしかたを学習するとによって、自信を高めることができる。自信を失いかけているとか、消極的なよくない状態に入り始めたことに気づいたら、この呼吸法を実行し、リラックスしよう。自分の思考をコントロールし、自分の筋肉の緊張の度合に敏感になろう。「漸進的弛緩法」を練習し、筋肉をコントロールし、リラックスさせる方法を学ぼう。緊張したときの筋肉の感覚と、リラックスしたときの筋肉の感覚を認識しよう。「漸進的弛緩法」の練習を定期的に行おう。

思考コントロールを学習することは、自信の向上に役立つ。マイナス思考は、あなたのテニスに心身両面で悪影響を及ぼす。マイナス思考に「ノー」と言うことを学ぼう。プラス思考に焦点を合わせよう。マイナス思考停止法を利用しよう。

自分の思考は自分でコントロールできること、マイナス思考をやめてプラス思考することを決して忘れないように。

❹自己訓練法をいかに開発するか

高い競技レベルにある競技者の多くは、自分の行っているスポーツ領域だけでなく、他の生活領域においても、自己訓練特性を身につけているも

のである。目標達成のために必要な活動を計画し、必要に応じて修正を加え、その計画をやり抜くとき、積極的な自己訓練法の開発に取り組んでいるといえる。

自己鍛練には、目標達成に直接つながる活動だけでなく、コート内外でのさまざまな活動を日常的に実行する能力も含まれている。

自己訓練特性を身につけることには、いくつかの利点がある。自己訓練法によって前向きで積極的な思考や感情を維持して、効率的に行動できるようになる。時間を有効に使用すること、積極的に取り組むことなど、自己訓練、自己コントロール、自己動機づけなど、自信持てるようになる。

自己訓練特性を身につけるために、「個人計画表」（図11-10）を作成してみよう。これは、目標達成のために必要な活動を示すものである。あなたのテニスのための長期的な計画を実行するには、目標に向かって取り組むための忍耐と我慢が必要だろう。ゲーム・プランは、試合中にどのような作戦や戦略が活用され、どのような試合にしたいかという、試合やプレーについての目標が含まれる。

補助教育プランは、テニス以外の領域での自分自身の向上をねらいとしている。あなたの補助教育プランには、テニスや人生における目標や活動を含められる。あなたの個人的なプランの目標がどのような種類のものか明確にしよう。

「個人計画表」に、あなたが注目する目標を記

氏　　　名（　　　　　　）		記 入 日（　　　　　　）	
プランの対象（　　　　　　）		助 言 者（　　　　　　）	
目　　標	個人的活動	実施日・期間	備　　考

図11-10　個人計画表

入しよう。それぞれの目標を達成するために必要な活動を明確にし、それぞれの活動についての実施期日や期間を決めよう。

個人的活動が完了したことを知る方法を明確にしよう。「個人計画表」の「備考」欄にそのプランを実際に実行するにあたっての障害を記入しよう。自分の活動計画について話し合うことができる人のリストを作ろう。他の人に計画を見せ、詳細に話し合おう。他の人と話し合い、自分の計画について批判・意見・助言を求め、手助けしてもらおう。

計画の実行を組織的に監視しよう。トレーニングをやり抜くことに不満があるのであれば、その理由を明らかにしよう。いろいろな情報を用いて、もっと積極的な取り組みが可能になるよう問題解決の方策を考え、活動計画を変更しよう。柔軟性は自己訓練特性の指針の1つである。あなたの活動や目標を達成するために、最も有効で効率的な方法を見つけよう。目標到達のための期日や期間などのスケジュールを修正することも必要かもしれない。

自己強化をするには、自分にとって成功経験と思われることを実行することである。ハードで困難な練習をやり抜いたときは、自分自身をほめ、コーチや両親からのほめ言葉に耳を傾けよう。試合に勝つといった特別なできごとに対しては、外食するなど何か簡単なご褒美を自分に与えよう。

充実した生活習慣を身につけることは、あなたの日常生活全般を効率よくすごすための方法である。充実した生活習慣は、生活に秩序とバランスのとれた感覚を与えてくれると同時に、目標を達成するための活動をやり抜くという自己訓練法の開発につながる。

どんな状況でも、それを挑戦ととるか、ストレスととらえるかは考え方次第である。「生活習慣評価表」（図11-11）の項目にしたがって現在の自分の生活を評価してみよう。定期的に自分の生活習慣を評価し、必要に応じて生活習慣に修正を加えよう。

テニス・プレーヤーとして、一人の人間として、自己訓練特性を身につけるために、視覚化やイメ

氏　名（　　　　　　　　）　　　　記入日（　　　　　　　　）

　下記の項目について、自分自身を評価しなさい。次の5点尺度を使って、当てはまる数字を選び、各項目の左の（　）の中に記入しなさい。

　　　　5＝とてもよい　　4＝よい　　3＝ふつう　　2＝あまりよくない　　1＝よくない

（　）1．自由時間を自分で有意義に使うことができる。
（　）2．学校の授業についていけるように十分な勉強時間をとっている。
（　）3．学校の規則に違反するようなことはしていない。
（　）4．自主的に厳しいトレーニングに取り組むことができる。
（　）5．試合に備えて十分な練習をしたり、体調を整えたりすることができる。
（　）6．面会の申し込みがあった場合、できる限りスケジュールを調整する。
（　）7．時間がないときには、他の人の誘いをきちんと断ることができる。
（　）8．自分で処理できないほど多くのことを引き受けたりしない。
（　）9．自分の1週間のスケジュールは自分で立てることができる。
（　）10．家族や友人と一緒に有意義な時間を過ごしている。

図11-11　生活習慣評価表

ージ想起を活用することができる。自己訓練特性を身につけた、テニス・プレーヤーとして機能する自分自身のイメージを明確にしよう。これらのイメージをノートに記述しよう。定期的にイメージ想起を実行しよう。自己鍛錬特性の習得を強化するため、視覚化やイメージ想起を利用しよう。

❺良好な人間関係を作る

　良好な人間関係とは、相互に有益な交際を指す。他の人のために貢献し、相手を尊重し、信頼し、相手から協力を得ることで良好な人間関係を保つことができる。テニスにおいて何か目標を達成し、自分のベストに到達したいのであれば、他者からの援助は必要である。いろいろな人と良好な関係を保つことが重要である。そのためには特定の誰かとうまくいっていないとき、そのことに気づけるかどうか、その認識力がきわめて重要になる。良好な人間関係を保つことは、いろいろな利益をもたらす。

　2人の間に協力関係があるときには、お互いに心地よくなごやかな気持ちがする。同時にお互いが尊重し合う場合、テニスや練習を楽しむことができる。自己中心的な傾向を取り除くことで、さまざまな人と良好な関係を保つことができる。

　個人的ネットワークは、自分にとって重要な人、また、今後も交際を続けていきたいと思う人によって成り立っている。良好な人間関係を維持したい人を明確にしよう。自分のネットワークに登録したい人が決まったら、彼らのさまざまな情報を自分の個人的な手帳に記入し、良好な交際を続ける上で活用しよう。

　自ら率先することで、良好な対人関係を築き、保つことができる。相手からどのような利益を得たいか、また、自分は相手に対してどのような利益を与えることができるかを理解する必要がある。個人的なネットワークの中であなたの要求を満たしてくれる人を明らかにしよう。あなたが良好な関係を維持したい人の要求を推測しよう。相手の立場に立つことで、自己中心的な、一方的な関係を避けることができる。相手の要求を明らかにするために、何を期待するかそれぞれに直接尋ねることもできる。敬意を払い、素直に耳を傾け、要求に合わせ、互いに助け合うことが大切である。

　対人関係の現在の状態を評価しよう。その関係がすでに良好なものか、改良が必要なものか見極めよう。多くの人から、さまざまな状況でいろいろなフィードバック情報があるだろう。言葉によるフィードバックもあれば、文字によるフィードバックもある。自分の期待通りのフィードバックもあれば、思いもしないコメントもあるかもしれない。これらのフィードバックをどのように受け止めるか、その受け止め方が、その後の自分のテニスや人間関係に大きな影響を及ぼすことになる。どんなフィードバックに対しても、相手を尊重して受け止めることが大切である。

　その情報の内容的価値に応じて自分の向上に役立てよう。また、場合によっては放置しておくことも必要である。

・予期していた通りの正のフィードバック
・予期していなかった正のフィードバック
・予期していた通りの負のフィードバック
・予期していなかった負のフィードバック

　どのようなフィードバックでも、その内容を確かめよう。良好な人間関係を維持するためには、相手にフィードバックを与えることも大切である。自分としては相手の人のためになることを願ってフィードバックを与えていることを理解してもらおう。他者にフィードバックを与えるときには、内容や意味をできるだけ明確にしよう。あなたの言ったことに対する相手の反応に注目し、要求に応じて具体的な説明をしよう。

　人間関係に何らかの衝突はつきものである。そ

れをうまく処理しよう。衝突という事態は、2人の意見の食い違いを反映している。どんなことについての意見が異なるのか、目的に関することか、方法に関することかのどちらかである。この対人的衝突という事態に対して、好意的な見方をすることも大切である。衝突は、2人の成長につながるものでもある。

最初は、意見の一致している部分について、それから意見を異にしている部分について話し合おう。お互いに受け入れ可能な妥協案に到達するよう話し合おう。この妥協案に基づいて、その活動を自発的に行う決意を示そう。

❻前向きな自己評価を進める

自己評価とは、あなたが一人の人間として自分自身をどのように考えているかということである。自分自身を肯定的にも否定的にも考えることができる。自分が個性豊かな一人の独特な人間であることを忘れないでおこう。とくに自分のテニスのレベルと、人間としての価値とは別のものであることを認識しておく必要がある。生活のあらゆる面で、否定的な考えや判断を打ち消そう。

自分を劣った人間と考えると、自分自身に対して、いっそう否定的な考えや判断、情緒的苦痛を助長してしまうことになる。前向きな自己評価を開発しよう。人間としての真の価値は、テニスのプレーから生じるわけではない。正確に、かつ前向きに自分自身を見つめよう。自分のできることとできないことを明確にすることは大切である。現実に即して行動しよう。

氏　　名（　　　　　　　）		記入日（　　　　　　　）	
場面・状況	自己会話文	評　定（＋／－）	個人的活動
試合前の準備 　（家で、コートで）			
ウォームアップ			
試合中 　リードしているとき			
リードされているとき			
コートチェンジ			
試合終了後			
日常の練習			
その他			

図11-12　自己会話評価表

ふつう私たちは自分がどんな人間であるか判断する際に、他者からの情報に基づいて判断を下すことが多い。テニスに限らず、さまざまな活動に取り組むことが大切である。自分を他者と比較することは避けた方がいいだろう。自分の行っていることが、少しずつ着実に進歩していることに満足することが大切である。自分自身について抱いている信念が実現不可能な不合理なものであると、結果的には、自分自身の評価を下げてしまう危険性がある。このような信念は、心の中から追い払う必要がある。そうすれば、自分が完璧でないことを認めながらも、もっとうまくプレーすることができると確信することができるようになるだろう。

自分の不安を認め、それを受け入れ、不安を減らしていくことが大切である。不合理な信念を明確にし、それを打ち消そう。不合理な信念に代わる、もっと適切で現実的な見方や信念を見つけよう。前向きで積極的な自己会話は自己評価を高めるが、逆に、否定的で消極的な自己会話は、ふつう自己評価を下げることにつながる。もしあなたがいつも積極的な自己会話をしていれば、自分を肯定的に見られるようになり、あなたの自己評価は高められるだろう。どんな場面での自己会話を検討したいのか、それらの場面を明確にしリストにしてみよう。

リストに挙げた場面のそれぞれで、日頃よく使っている自己会話文を記述しよう（図11-12）。練習中でも試合中でも、消極的な自己会話を積極的な自己会話に置き換えることによって、積極的な自己会話を促進することができる。

後で後悔するようなミスを犯したときでも、自己評価の低下を防ぐために、ミスに対してうまく対処する方法がある。ミスに対する見方を変えよう。ミスを合図（警告）として受け止めるようにしよう。「ミスは、いつでも、誰にでも起こる」「ミスは人生にはつきものだ」と考えよう。

❼プレーヤー、人間としての継続的な向上

継続的な向上とは、テニスおよびその他の領域における自分の進歩に関する情報の活用に取り組むことを意味している。積極的な自己開発や心理的能力の話題にうまく適用できる物理学の原理がある。この原理によれば、運動中の物体は、何らかの外的な力が作用するまで、運動したままであり、一方、もし物体が停止しているのならば、外的な力が作用するまではそのまま停止した状態にあるという。あなたは、自分自身の成長や発達を止めることなく、前進し続けたいと思っているだろう。しかし、それが原理に沿った自然な傾向である。自分の考え方、感じ方、行動のしかたについて向上の必要を何ら感じないでいると、向上や進歩はそこで止まってしまう。

計画的にかつ組織的な方法で、この継続的な向上に取り組もう。身体的スキルおよび心理的スキルの改良を継続することで、あなたのプレーは洗練され、試合でもよい結果を得られるようになるだろう。自分自身の継続的改良に取り組むことによって、自己満足や無力感に陥るのを防ぐことができる。

進歩フィードバックは、個人目標をどの程度達成しているか、どこからどこまで進歩したかに関する情報である。パフォーマンス・フィードバックは、練習中もしくは試合中のプレーの結果を示すデータである。試合中の「自己訓練」に関する進歩について、コーチと話し合ってみよう。ビデオを見ることは、以前のプレーと現在のプレーを比較するのに役に立つ。自分自身とのミーティングをしてみよう。うまくいっていることを書きとめよう。コーチと話し合いたいことがらをリスト・アップしておこう。改良すべきことを明確にし、最後に自分の考えをまとめておこう。

自分自身とのミーティングを定期的に持つようにしよう。自分自身とのミーティングで得た情報を用いて、自分自身の継続的改良に自発的に取り組むことができるだろう。自分自身のフィードバックを使って自分なりに質問に回答し、必要に応じて、コーチと話し合うとよいだろう。テニスに役立つと思われる新たな身体的スキルや心理的スキルを習得しよう。他人に対してもっと寛容になろう。自分は努力できると、もっと根本的なところで自信を持とう。

❽ さらなるプログラム活用のために

メンタル開発プログラムをさらに活用するためのあなたの決意はここから始まる。このプログラムの各ステップで紹介してきた活動は、あなたの日課に組み込んで実行するともっと有益なものとなるだろう。プログラムの理解を深めるためには、じっくり読み返し勉強する必要がある。コーチ、先生、両親など、あなたの進歩に関心を持っている人とプログラムの内容について話し合い、意見を求めよう。

このプログラムは、集団としての心理的能力の開発にも応用することができる。どんな集団であっても、集団を構成するメンバーは協調し、力を合わせて努力することが期待される。そうすることで自分たちの潜在能力を発揮することができ、スポーツを楽しむこと、技術を向上させること、試合に勝つことなど、集団の目標を達成することが可能である。メンタル開発プログラムを集団に適用する場合、集団として自分たちの長所、改良点、克服要因をどの程度明確に認識できるかが重要になってくる。集団が集団としてうまく機能するためには、メンバーが集団に共通の目標を達成するために積極的に取り組む必要がある。自信のある集団とは、集団を構成するメンバーがダブルスのペアとしてうまくプレーするとか、テニス部としての目標を達成できるという共通の信念を持っている集団を指す。集団での訓練は、集団目標達成のプランを適切に作成できるかどうか、プランを実行することができるかにかかってくる。心理的に有能な集団であれば、集団内のメンバー間で、また集団を取り巻く他者とも良好な人間関係を保つことができるだろう。

自分たちのプレーに関するフィードバック情報を利用する集団は、集団の継続的な改良を重んじ、いっそうの向上を目指して、活動計画を立てる。ここで紹介したプログラムを利用すれば、人生のあらゆる分野で心理的に有能になることができるだろう。

第12章
ゲーム・プランと戦術

ゲームに臨む際には、必ずゲームプランを立て、自分の長所を活かすことができるようにポイントを組み立てよう。

　何もプランを持たずに営業会議に出席することがないように、ゲーム・プランなしに試合に臨んではいけない。すべてのボールを相手のバックハンドへ打ち返そうというような簡単なものから、サーブを打った後ネットに詰めようとか、コートのある特定のエリアを攻撃しようというような複雑なプランまで、いろいろなものがあるだろう。

　スポーツにおけるプランと、それがどのようにビジネス、家庭、家族の関係に結びついているかを比較してみたい。私たちのアカデミーでは、トレーニングのために幅広い年間の基本プランを作成する。その後このプランを、週単位にさらに分割し、特定の部分をまたさらに細かく計画していく。

　現代社会では、快適な生活を送るための十分な収入を得るために両親が働かなければならない。父親と仕事を持つ母親が別々の行動をとり、さらに子どもはまた別の行動をとる。家庭をコーディネートするためには、プランと家族全員の協力が不可欠である。テニスも同じようにプランを必要とする。プランは、あるポイントからもう一つのポイントに到達するための戦術を意味している。テニスにおいて、そのポイントとは勝利である。私たちは、「プランを立て、それを実行しなさい」と子どもたちやコーチに指導している。これは、すべての親が家庭でやっていることと同じである。

　コートで学ぶレッスンの多くは、試合よりも有意義なものである。最もわかりやすい例は、心理的なものの影響である。人生と同じように、コートでも心理的なものがプレーに影響を与える。また、それは一緒にプレーする仲間や練習の雰囲気にも影響する。コートでは、私たちは、たとえ困難な状況でも、積極的な前向きの感情を持つよう

に選手に教える。自分の感情をコントロールすることが、コートをコントロールする力を高めることにつながる。それは、人生でも同じように作用する。前向きで、自信にあふれている人を打ち負かすことほど、むずかしいことはない。

　戦術とゲーム・プランは、コーチのためのセミナーで、よく質問される話題である。コーチたちの多くは、秘密兵器を探しているようだが、そのようなものはない。プランと戦術は、単純でもあり複雑でもあるが、コート上でのプランは、なるべく単純にしよう。

　デビスカップ史上、最も多くの勝利を上げたコーチである、偉大なオーストラリア人、ハリー・ホップマンは、最も単純な戦術を持っていた。相手よりも一生懸命プレーし、前向きに、オープン・コートへボールを打ちなさい。彼の戦術は、単純明快で、快く、時代を先取りしていた。ホップマンは、彼の成功が選手の才能の結果であると主張した。彼は、賢く分別があった。プランを立て、実行した。それが、彼を勝利者にしたのである。

　ここからは、私たちの経験に基づき雑誌に掲載された記事、今まで行ってきたレッスンやセミナーの蓄積から、すべてのレベルのプレーに役立つ知識を紹介する。あらゆる選手が、この中から何かを学べるであろうことを約束しよう。

1 ゲーム・プラン

　ボロテリー・テニス・アカデミーの40年の歴史の中で、最も成功した選手たちを見ていると、彼らがそれぞれの長所を活かしてゲーム・プランを立てていることがわかる。勝つためには、自分が最も得意なプレーをするんだという絶対的な信念を持って、コートに立つ。当然彼らは、特定の相手と対戦するときの臨機応変なプレーも受け入れるが、自らのゲーム・プランに多くの修正を加えることは、危険だということを理解している。私は試合中に目を閉じて、選手がどのようにプレーしているか、周りの人の説明を聞くだけで想像することができる。人々が実際に目にしているものは、戦術の実行である。

◇技　　　術──プレー・スタイルは、技術とグリップから生まれる。
◇心理的な態度──前向きな姿勢が不可欠である。どんなに優秀な選手でも、この要素が欠けたために、ゲーム・プランを壊してしまうことがある。
◇身体的なコンディショニング──コンディションは日々変化する。そして、選手がコンディションの影響を受けることは明らかである。

　その他の重要な要素としては、心理的な能力、栄養、データ分析、用具などがある。

❶ゲーム・プランを持つことは何を意味するのか

　ゲーム・プランを持つということは、コートに入る前に勝つための戦術を考えるということである。プランを立てる際には、自分の長所をできるだけ多く入れるようにしよう。ゲーム・プランを効果的なものにするためには、要所で得意なエースのとれるショットが打てるように、ポイントを組み立てるようにする必要がある。

❷自分に合ったゲーム・プランは何か

　オプションは、いつでも利用可能である。自分のプレー・スタイルを見極め、次回コートに立つときには、自分のスタイルに合ったプランでポイントを組み立ててみよう。

　以下に、最も効果的なゲーム・プランの例を見てみよう。

(1)ベースライン・プレーヤー

ベースライン・プレーヤーは、ベースラインの1～1.5m後方に構える。よく動き、ほぼすべてのボールを打ち返す。相手がこのようなタイプの選手の場合の戦略は、ネット上の高いところをボールが通過するようにし、あまり危険を冒さないことである。

このような選手と対戦するときの戦術は、次の通りである。

- 相手があまり得意としないベースラインの内側へおびき出すために、ドロップ・ショットやアングル・ショットを使う。
- ショート・アングルへ打ち、相手を長い距離走らせ、得意でないネットへ引きずり出す。
- 短いボールで攻撃する。
- ときどきサーブ・アンド・ボレーをする。

(2)ネット・ラッシャー（ネットへ出てくるプレーヤー）

ジョン・マッケンローは、世界で最もおとなしい選手さえ逆上させることができる天才だった。彼とピート・サンプラスの2人は、ベースライン上にとどまることもできるが、相手が驚くほど突然にネットに出てくることもできた。

(3)両手打ちのプレーヤー

移動やリカバリーに優れた両手打ちの選手は危険である。彼らの得意なパワー・ゾーンへボールを打つと、あなたが防御的な立場に置かれる危険がある。マイケル・チャン、マルセロ・リオス、アンドレ・アガシ、マルチナ・ヒンギス、アンナ・クルニコワ、セレナ・ウィリアムズのような選手は、エースが取れる両手打ちのバックハンドを打つことができるポジションにつねにいる。

このような選手と対戦する場合、ボディーを狙うなど、彼らが苦手な場所にボールを打たなければならない。また、ワイドを攻め、ネットに出て攻撃する必要がある。

(4)セミ・ウエスタン、フル・ウエスタン・フォアハンド・グリップのプレーヤー

セミ・ウエスタン、フル・ウエスタン・フォアハンド・グリップの選手は、ベースラインにとどまることを好む。マイケル・チャン、ジム・クーリエ、ヴィーナス、セレナ・ウィリアムズはみんな、ネットに出て攻撃するとき、ボレー・グリップにグリップを変える。フル・ウエスタン・グリップでプレーする選手は、このグリップ・チェンジに難があるので、彼らをネットに引き出すことは、効果的な戦術である。

ウエスタン、セミ・ウエスタン・グリップの選手が苦手とするのは、次のようなプレーである。

- 低いボールや、ワイドへのスライス・サーブ。
- スライスから攻撃されること。
- ネットへ出ること。

(5)コンチネンタル・フォアハンド・グリップのプレーヤー

コンチネンタル・フォアハンド・グリップの選手は、とくに力のない選手の場合、限界がある。スピンやアングル・ショット、トップスピン・ロブを打つとき、急激なラケット・ヘッド・スピードを必要とする。マーク・フィリポーシスは、このグリップを有効に使っている。

このグリップを使う選手が苦手なのは、次のようなプレーである。

- 走りながらワイドへ飛んできたフォアハンドを打ち返すこと。
- 高くバウンドする深いグラウンド・ストローク。
- 高く弾むキック・サーブ。

(6)パワー・プレーヤー

ヴィーナス・ウィリアムズ対メアリー・ピアースの試合のような、パワー・プレーヤー同士の対戦は興味深い。このような選手は、エースを取るか、アンフォースト・エラーをするまで、バンバ

ン力強く打ち続ける。
　一般に、パワー・プレーヤーは、バックかフォアのどちらかが得意で、その得意なサイドを軸に組み立てていく。遅いボールなどいろいろ変化のあるショットを使ってみよう。パワー・プレーヤーが何を嫌がるかを探り出し、大切なポイントでそれを利用しよう。

(7)ベースライン・カウンター・パンチャー

　この選手は、ベースライン近くにポジションをとり、頻繁に前へ出て、ライジングでボールを打つ。このスタイルの一流選手は、マイケル・チャン、アンドレ・アガシ、マルチナ・ヒンギス、ヴィーナス・ウィリアムズ、セレナ・ウィリアムズ、メアリー・ピアース、イバ・マヨーリである。
　カウンター・パンチャーに対しては、コート深くへ遅いボールを打とう。カウンターパンチのショットを打つことができないように、ネットへ引きずり出してみよう。とくに攻撃するときには、このような選手のペースにはまらないようにしよう。ときどき相手のボディーを狙う攻撃パターンを使うのも、効果的である。
　カウンター・パンチャーは、あなたの力を利用しようとするので、相手の逆を突いてバランスを崩そう。

(8)ジャンク・ボーラー

　ジャンク・ボーラーとの対戦は、心理戦になる。奇妙なグリップをしたジャンク・ボーラーは、あなたを死ぬほどいらいらさせ、むりやりエースを打つように仕向けるだろう。ファブリス・サントロは、典型的なジャンク・ボーラーである。
　こうしたタイプの選手に対しては、次のように対応しよう。
・コート中を走り回らせるようにしよう。不安定な位置から打たせることで、彼らのテニスを滅茶苦茶にしよう。
・あらゆるボールに対して準備をし、いろいろなボールを打つようにしよう。
・むやみにエースを狙わずに、しかも攻撃的にプレーしよう。
・相手をネットに引きずり出そう。

❸ゲーム・プランに反すること

　ここが、頭を働かせるところである。あなただけが、ゲーム・プランを考えているわけではない。相手も同じようにプランを持って試合に臨んでいる。誰が相手かに関係なく、試合では、あなたの弱点をカバーするために、何かをしなければならない。
　あなたが打つすべてのボールは目的を持ち、ゲーム・プランの一部であるべきである。相手の弱点を攻めるショットのコンビネーションを組み立てることで、あなたの長所を活かそう。そうすることで相手の弱気なショットを引き出し、攻撃することができるようになる。

2　戦　　術

　なたたは、土曜日にテニス・クラブでベースライン・プレーヤーと対戦することになった。そして、試合に臨むにあたっては、試合に勝つためのプラン、精神的・身体的な準備を整え、戦術を十分に頭の中で練って試合を迎えることができたとしよう。
　しかし、いざ試合が始まってみると、試合の途中で相手が戦術を変えてきたとしたら、どうしたらいいだろうか。1〜2ゲームで、戦術を変更する準備ができるだろうか。

❶区分化と戦術

　経験のある人なら誰でもわかるように、テニスの試合に負けるのは、簡単である。ちょっとしたことが、うまくいかない——新しいウェアの着心

地が悪いからなのか、きわどい判定が自分に不利だったのか、急に思っていた以上に調子が悪くなってしまったのか。ショットをミスするたびに、原因を探す。また、知らないうちにあなたは、2位になれたということで、自分を満足させ、慰めようとするだろう。

相手の地元のホーム・コートで、大切な試合を戦っていると想像してみよう。観衆は誰もあなたを応援していない。彼らは、叫び、野次り、太鼓を叩いている。この不愉快な音に、いつも自分の心の中に現れる心理的なマイナス要因を加えてみよう。そうすれば、区分化の大切さが理解できるだろう。

区分化は物事を分類し、不測のことがらを予想するための技術である。これができる選手は、ピート・サンプラスのように、どんな混乱にもかかわらず、あらゆる状況に対処することができる。このレッスンは、すべの人の役に立つだろう。あなたがスコアを気にする選手であれば、区分化の技術は、とくに必要であろう。

区分化は、むずかしく思えるかもしれないが、それほどむずかしいことではない。実践的な効果があるにもかかわらず、ほとんどのトレーニング施設が区分化の取り組みを見過ごしていることは驚きである。

どのようにすれば区分化を達成することができるだろうか。まずチェックリストを作ることを提案したい。試合に備え靴下、テニスシューズ、ラケット、リストバンド、タオルを準備することから始める。いつ食事をするか、ウォームアップするかなどを決める。リストは無限かもしれないが、長い方が有効である。チェックリストは、段取りを実際の行動に移すのに役立つ。それにしたがうことによって、コートに入る前に、コントロールできるものすべてを、自分がコントロールしていることに気づくだろう。

しかし、コンディション、性格、曜日など、あなたがコントロールすることができないものに関しては、まだ十分ではないだろう。

もっと深いレベルでは、区分化は、あなたのテニスを悩ます心理的な弱点を把握するためのものである。区分化は、すべての不測のことがらを予想し、解決するためのものである。例えば、簡単なゲームポイントをミスしたり、自滅するようなこともあるだろう。区分化は、あなたがミスをしたときに、観客が太鼓を鳴らし、踊り出すような状況になったとき、あなたがどのように行動すればいいのかを学ぶ技術である。

これは、南米で米国のデビスカップ選手が戦ったときに実際に起こったことである。ジミー・アリアスとジム・クーリエはカン、ビン、コインを投げつけられた。あるポイントでは、彼らはけがをさせられた。しかし、彼らは、このような行為を予想していたのである。

アカデミーでは、私たちは、コートに入る前に、2つの取り組みをするように教える。最初に、選手は区分化を行う。次に、コート・サーフェス、対戦相手に応じて変わる、戦術を決定する。

❷コート・サーフェスによる戦術の違い

以下に、それぞれのサーフェスで成功した選手の例を見てみよう。

(1)グラス・コート（芝生コート）

グラス・コートでの戦術の例をあげよう。

例えば、ボリス・ベッカーであれば、サーブ・アンド・ボレーの選手であるが、ストロークの基礎がしっかりしているので、ベースラインにとどまるプレーもできるし、すっとネットに出ることもできる。

ヤナ・ノボトナならば、バックハンドのスライスからならほとんど、またフォアハンドでもチップして、ネットに出てくるであろう。

グラス・コートでの戦術のいくつかの要点を覚えておこう。
・早いラウンドでは、芝生が滑りやすいので、サーブ・アンド・ボレーを含め、ポイントを早く終わらせるようにする。成功した選手の多くは、ネットに出てプレーしている。
・コート上のポジションは、ベースラインに近くなる。
・フラットやスライスは、強力なトップスピンのラリーに対して効果的な武器になる。

(2)クレー・コート

　成功したクレー・コート選手は、フォア、バック両方で強力なトップスピンを打つ。ボールが遅くなるので、選手は、ボールに追いつくための十分な時間があり、低く、高くトップスピン・ストロークを打つことができる。グラス・コートよりネット上のはるかに高いところをボールが通過するようになる。クレー・コートを得意とする選手は、長いラリーが好きで、最高のコンディションを維持している。
　コート・ポジションは、以下のように選手によってさまざまである。
◇ベースラインの後方——ベラサテギ、マンティラ、コレチャ、サンチェス・ビカリオ
◇ベースライン近く——ヒンギス、アガシ、セレス、ウィリアムズ姉妹、リオス
◇ポジションを変える——ピアース、モヤ（彼は最近戦術を変え、ベースライン近くに移動した）
　クレー・コートのストロークでは、強力なトップスピン、低いスライス、フラット・ドライブなど、あらゆる種類のショットがいろいろなときに使われる。一般に、とくにコートが湿っていて、選手がボールを少し強く打っている場合、ポイントは長く続くようになる。
　トーマス・ムースター、マイケル・チャン、アランチャ・サンチェス・ビカリオは、勝利のカギの1つが、身体的なコンディションと精神状態であることを証明した。

(3)ハード・コート

　ハード・コートは、コートの仕様、設計によって、ボール速度、弾む高さなどがコートによって違ってくる。さらに、いくつかのハード・コートの大会では、アスファルト、木、その他の素材の上に、合成素材を塗ったものが使われる。
　オール・ラウンドの選手が、ハード・コートで成功することが多いが、とくに次のような能力に恵まれている場合は有利になるだろう。
・強力なサーブやボレーを持っている。
・プレーをコントロールし、エースがとれるようなグラウンド・ストロークを持っている。
・弱いサーブにつけ込む攻撃的なリターンを持っている。
　優れたオールラウンド・プレーヤーであるサンプラスは、勝ちたければ、不得意なプレーを相手にさせることだ、ということを再認識させた。
　あなたの戦術をより効果的にするために、試合の状況を再現したドリルや練習を利用しよう。これは、ボロテリー・テニス・アカデミーでの基本的な取り組みである。自分の得意なボールがきたときに無意識に反応できるように、私たちは、子どもたちに得意なプレーをするように要求する。
　相手の打ちやすいところから、自分が打ちやすいところへ相手を引きずり出すように、つねに仕向けること。相手が打ちづらいと感じたら、勝利は半分あなたのものである。

❸選手のタイプ別の戦術

(1)ベースライン・プレーヤー

　ベースライン・プレーヤーに対しては、がまんして、ボールを強く打ち過ぎないことである。相手は返球してくるだけで、あなたにダメージを与えることはないので、短いボールを待って、ポイ

ントを終わらせるようにしよう。時間をかけ、ドロップ・ショットやアングル・ショットを使って、オープン・コートを作り出し、攻撃しよう。フットワークとネットを高く越える安定した深いショットで、コートのセンターを支配しよう。できれば、ループのリターンを待って、攻撃を組み立てるための強力なドライブ・ボレーを打とう。

(2)攻撃的なベースライン・プレイヤー

積極的に主導権を握り、ポイントの早い時期にベースラインの前へ出よう。早めに攻撃を組み立てるようにしよう。相手がフットワークでつまずいたとき以外、同じ場所へ2度ボールを打ってはいけない。

相手が先に攻撃してきた場合は、相手よりも速く走るようにしよう。相手があなたを圧倒している場合は、後ろにさがり、ロブを数球打ち、相手が自分の力を使わなければならないようにしよう。アングルを利用して、バックハンドを走って回り込み、フォアハンドの逆クロスを打つことで、ポイントを取ろう。

(3)オール・ラウンド・プレイヤー

相手がベースラインにとどまっているか、ネットに出てくるか、予想し準備をしよう。相手がどの位置でプレーするのが得意か判断し、そのエリアに近づかせないようにしよう。ネットへ出てくることを相手が好むようであれば、ロブを上げよう。反対に相手がロブを好むのであれば、前に出よう。

スピードを犠牲にしてもファースト・サーブを入れよう。反対にレシーバーのときは、サーブのリターンを攻撃的に返し、はじめからポイントをコントロールするようにしよう。セカンド・サーブに対して、とくに攻撃的に反応しよう。あなたがセカンド・サーブを打たなければならないときには、リターンを強く打てないような深いボールを打とう。ポイントを早めに取るような勝負に出よう。

(4)サーブ・アンド・ボレー・プレイヤー

ボールは一貫して低く、相手の足元へ返すようにしなければならない。相手にボレーを上へ向けて打たせるようにし、浮いた球が返ってきたときにはすばやく前に出てポイントを決められるようにしよう。リターンの場所を決め、そこに集中しよう。

グラウンド・ストロークは、ボレーを打ち返す選手の足元で落ちる強力なトップスピンを打とう。トップスピンは、パッシング・ショットを打つためにアングルを狙うときにも役に立つ。ベースライン近くでプレーし、パッシング・ショットを打つためのポジションを確保しよう。強く、正確に安定したプレーをしよう。試合のはじめにロブを打ち、相手に試合中ずっとそれを警戒させるようにしよう。セカンド・サーブを攻撃し、先にネットに出よう。ベースラインでのプレーを好むのであれば、相手をだますために、早い段階でネットに出よう。試合が進むにつれて、得意な位置でプレーするようにしよう。

これらは、あくまでも一つの提案であることを覚えておこう。カギは、プランを立て、実行することである。成功していたら変更ない、しかし、うまくいかないときには柔軟に修正するようにしよう。

3 データ分析

「上手になれますか？」——これはよく尋ねられる質問である。エリート・スポーツ選手を新たなレベルに達するように育成することは、技術的な競争になった。本能的に人間は、知識を求める。プレーヤーはみんな上達したいと考えている。テニスの指導者は、トップレベルの選手から初心者

まで、さまざまなレベルの人を指導しなければならない。私たちはこれらの人にどのような指導をすべきなのだろうか。

テニスにとって車の両輪であるストロークの習得と戦術は、切り離して考えることはできない。テニスの基本は、力と安定性を与える、強く、正確なストロークを身につけることである。これができれば、相手に自分の予測するところにショットを打たせるように仕向けることができる。予測の立つことには対処することができるが、予測できないことにはその場で反応しなければならない。

目的を持たずに、飛んでくるボールを打ち返しているだけでは、試合はより強い人の味方をする。ストロークを身につけることと戦術は、別々の目的を持っている。しかし、その両方を習得しなければ、進歩することはむずかしい。

科学技術が、ストロークと戦術の両面での進歩を可能にした。指導者は、なぜ修正が必要か、学生にやってみせることができなければならない。人は、目で見ることで最もよく学習する。選手はビデオでストロークを見ることで、プレーに適切な修正を加えることができる。

一方、戦術はビデオで教えることはむずかしい。なぜならば、最もわかりやすい映像を撮ることができる場所が、コートの上空や後方だからである。注目すべき点は、コートでのポジショニング、ショットの選択、戦術である。データ分析がもたらすもう一つの利点は、学習過程への大切な理解力が得られることである。

試合中にショットの統計をとることは、長い間行われてきた。2セットの試合でのダブル・フォルトの数を数えるというような基本的なことである（多くても3回以下でなければならない）。一方、高度なデータは、安定性のレベルやアド・コートでバックハンドにサーブされた場合のポイントの確率などを集計する。私たちは、ガイドラインと目標を設定するためにこれを行っている。自分のプレーと、より優れた選手のプレーを比較することによって、現実的な目標を設定することが可能になる。

はじめは、基礎的な情報が役に立つ。どのような種類のミスをしているか──例えば、ボールが長くなってアウトしているものが多いのか、それとも、ネットしているものが多いのか。初心者のミスは通常、フットワークが悪いことから生まれる。統計的には、ボールが長くなってアウトすることが多いようである。なぜならば、初心者は、ボールを打とうとして手を伸ばし、練習のときよりもラケットが外側を通る傾向があるからである。

初心者レベルの選手では、コートに入るのは10球中5球くらいだろう。ミスの大半は、アウトかネットで、ほとんどエースはないだろう。中級レベルでは、エースが多くなり、正確に打とうとするにつれて、サイドアウトをするようになる。コートに入るボールは、10球中8球にまで増えるだろう。

上級レベルで注目すべき点は、ミスの数とエースの数の割合を比較することである。クロスコートのショット対ストレートへのショットの割合と直接関係がある。判断のポイントは、選手がミスをしないようにコートの長さを利用し、防御的なプレーをするボールと攻撃的にプレーするボールを識別することができるということである。プロの選手では、成功するために10球中9球をコートに入れなければならない。

もう一つ分析する点は、サーブである。サーブは、戦術として重要である。初心者レベルでは、戦術は単純である。サーブを入れて、ポイントを始めよう。自らのミスで相手に与えるポイントを減らすことができれば、勝利のチャンスが高くな

る。中級レベルでは、スピードとともにスピンが武器になる。上級レベルでは、コントロールとスピードが、試合の結果に違いをもたらす。プロのレベルでは、長時間高い集中力を維持してプレーしなければならない。サービス・エースで簡単に得られるポイントは、長いラリーのためのエネルギーを温存するに大切である。ポイントを始めることから、組み立てを始めることまで、容易にポイントを与えてくれるかもしれないサーブは、どのレベルの選手にとっても重要である。

　ジュニア選手では、サーブのコースを考慮しないことが多いようだ。すばらしいフォームで、強力なサーブを打つ選手が、サーブをキープすることができないことがある。そのような選手は、相手にボールがどこにくるかを読まれているため、ペースを自分のものにすることができていない。おそらくコートの同じエリアへ何本もサーブを打っているのだろう。あるいは、単純にフラット・サーブを打ち、そのスピードが相手の脅威となっているだけなのかもしれない。

　一方大人は、フォームはあまりよくなくても、長年の経験から、ポイントのはじめから防御に追い込まれるような位置にはサーブをしないことを心得ている。上級レベルでは、選手はスピード、スピン、コントロールを混ぜ合わせる。ボールがどの方向へ飛んでくるかわからず、相手を呆然と立たせることもできる。最低ラインとしては、サーブからプレーするポイントの55％以上を勝ち取ることができれば、最終的に試合で勝つことができるだろう。

　次は、サーブのリターンである。サーブのリターンは、最も見落とされがちな要素である。初心者のテニスでは、目的はたんに相手コートへボールを打ち返すことである。これは簡単に聞こえるが、サーブは他のどのストロークよりも速く飛んでくるので、反応する時間が制限される。中級レベルの選手は、深くスピンをかけたボールを打ち返し、相手にコートの内側でボールを打たせないようにする。中級レベルでは、リターンはより重要になる。攻撃的なリターンを打つ選手は、ポイントのはじめから流れをつかむことができる。上級レベルでは、攻撃的なリターンをするためには、並はずれた努力が必要であり、サービスのブレークはまれである。また、レシーバーは、サーバーのどのような弱点に対してもすばやく反応しなければならない。したがって、リターンを打つ選手が、ボールに対していろいろな反応をしなければならないので、上級レベルでは、リターンの安定性が低くなる。

　さらに私たちは、サーブがコートの特定のエリアに入ったときに、リターンを打つ選手が取ったポイントの割合を調べる。これは選手がコートのあるエリアを弱点としているかもしれないからである。例えば、デュース・コートでフォアハンドにサーブされた場合のリターンからのポイントが取れないというような場合である。その人は、ボールを打ち返すことは100％安定しているかもしれないが、ポイントは、わずか25％しか取らないかもしれない。それは、リターンを打つ選手がおそらくコートのセンターに安全に打ち返し、相手がポイントの流れをコントロールすることを可能にしていることを示唆している。したがって、サーバーは、ほとんどのポイントを取ることができる。成功の秘訣は、サーバーにプレッシャーをかけ続けるために、安定性と攻撃性を適度に混ぜ合わせることである。

　データ分析の最後は、試合中の精神的な部分を扱う。ゲームポイントを握っているとき、選手はどのように反応するか。または、選手は、どれくらい頻繁に30ポイントを勝ち取るか。このような質問に対する答えを知ることは、選手にいつ実際に集中すればいいのかということに関してよい

ヒントとなるだろう。優れた選手は、ゲームポイントの40％を勝ち取る。チャンピオンは、ゲームポイントの60％を勝ち取る。なぜならば、彼らはスコアに関係したプレッシャーに耐え、プレーする方法を理解しているからである。さらにこのようなデータから、スポーツ心理学者は、個人的に試合に影響することを調べる。その後選手は、お決まりの動作、前向きな姿勢、タイミングなどを修正することができる。

その修正は、知識を持っていなければ実行できない。どのように練習をし、試合中にどのようにプレーすればいいのか。これらの質問に答えることによって、選手はレベルアップして進歩することができる。

表12-1は、過去2年にわたるデータのサンプルである。各サンプルは、さまざまな年齢、レベルで試合に勝った選手のデータに基づいたものである。このデータは、レベルの高い競技で何を期待するべきかについての一般的な傾向を明らかにしている。

この表が何を表しているか理解するためには、それぞれの項目の数値がどういう意味を持っているのかを理解しなければならない。

(1)サービス・リターンの安定性

リターンの安定性は、サーブを相手コート内へ打ち返した回数である。エースは、打ち返せないボールと考え、この数値には含まれていない。幼い選手やレベルの低い選手は、エースをほとんど打てないので、安定性は重要な意味を持つ。

(2)サーブの有効性

サーブの有効性は、コートのあるエリアへサーブを打ったとき、サーバーが勝ち取ったポイントを示す。この数値は、サービスからポイントの流れをコントロールするためには、どのエリアにサーブを打つべきかを明らかにする。

(3)グラウンド・ストロークの安定性

ラリーをしているとき、得意なサイドと苦手なサイドで、ボールを打ち返してプレーを続ける確率がどれだけ違うかを示す。5％の違いがあれば、フォアハンドあるいはバックハンドが弱いことを表している。

(4)ゲームポイントからの1ポイント

この数値は、ゲームポイントを握ってから選手がどのようにプレーするかを明らかにする。スポーツ心理学者は、選手のストレスへの対処のしかたを見るためにこの数値を利用する。選手がゲームを終わらせるのに苦労しているようならば、ポイントをどのようにプレーするか、修正が必要になる。選手が、プレッシャーをあまり感じることなく、1つの通過点としてゲームポイントを扱う

表12-1　データのサンプル

年齢／レベル	サービス・リターンの安定性	サーブの有効性	グラウンド・ストロークの安定性	ゲームポイントからの1ポイント	攻撃的なプレーによるポイント	安定性によるポイント
男子12歳	85％	55％	92％	56％	21％	30％
男子14歳	90％	55％	85％	54％	25％	25％
男子16歳	79％	62％	86％	52％	31％	20％
男子18歳	91％	71％	91％	63％	29％	31％
女子12歳	80％	53％	89％	40％	25％	25％
女子14歳	94％	49％	87％	60％	14％	41％
女子16歳	93％	51％	89％	52％	31％	25％
女子18歳	83％	59％	82％	44％	19％	33％
女性	85％	51％	87％	59％	23％	29％
女子サテライト	90％	62％	91％	71％	20％	34％
女子プロ	85％	63％	88％	71％	15％	38％
男子プロ	90％	63％	88％	67％	26％	27％

(5) 攻撃的なプレーによるポイント

試合中選手は、安定性と攻撃性を適切に混ぜ合わせる方法を見つけなければならない。積極的すぎると、危険なショットがより多くなり、ミスが増える。攻撃的であることは、クロスコートからストレートにボールの方向を変更することが含まれる。ボールがネットの最も高いところを通過することになるので、危険はより高くなり、目標までの距離はより短くなり、そしてボールを正確な角度に打つことがよりむずかしくなる。

(6) 安定性によるポイント

安定を求めすぎると、相手にとって予測が容易になるかもしれない。相手が驚くようなことをしないと、ボールを打つ前に、相手が移動することができ、より楽にショットを打てるようにしてしまうことになる。

データは、練習を組み立てるためのガイドである。これをヒントに小さな修正をして、勝利へと結びつけよう。

4 ショットの選択とコート・ポジション

戦術の基本は、ショットの選択がコート・ポジションにどのような影響を及ぼすか、ベースラインやネットでのリカバリーのポジション、ショット・コンビネーションを使用する理由、プレーのパターンを知ることから始まる。あなたのプレー・スタイルを変えずに、コートのセンターを支配し、試合中にショットの選択を改善することで、安定して勝つことができる方法を紹介する。

❶ プレー・スタイル

プレー・スタイルには、多くの要因が関係する。技術的な長所や弱点、身体的なコンディション、移動能力、個性、性格はすべてプレー・スタイルを決める要素となっている。

現在のプレー・スタイルを放棄するように説得することが、私たちの目的ではない。私たちは、選手が持っているものを活用し、ショットの選択やリカバリーのポジションを変更し、試合にもっと多くの戦術を加えることで、より効果的なプレーができるようにする。

❷ コントロールできるものは何か

試合中にコントロールすることができる要因を探ることから始めよう。太陽、風、コート・サーフェス、相手の判断や行動は、コントロールすることができない要因である。風向きなどの条件に応じて試合を調節し、相手の判断に影響を及ぼすことはできる。しかし、一般に、これらの要素は試合中にあなたの手でコントロールできないものである。

コントロールすることができるものには、相手の行動に対するあなたの反応、あなたの意思決定である。例えば、ショットの方向、スピン、スピード、軌道、用いる戦術や戦略は自分でコントロールすることができる。

コントロールできることに注目し、適切な判断を下すことが、勝利のカギとなる。

❸ コートのセンターの支配

コートのセンターを支配することが、戦術を組み立てるための基本である。これには、リカバリーの概念を理解することが含まれる。リカバリーのポジションは、打つショット、それを打つ位置によって決まる。正確なポジショニングの目的は、ポイントを組み立てるとともに、相手にオープン・コートを与えないことである。

他のスポーツと同じように、相手の攻撃からコートを守る方法を学ばなければならない。バスケ

ットボールでは、よいディフェンスは、相手チームが、ボールを前に進め、シュートを打ち、バスケットに入れることを妨げる。あなたがコートの一部分をオープンにすれば、相手はコントロールを得て、得点するチャンスを手にすることができる。

❹基本的なコート・ポジション

このセクションでは、サーバーとレシーバーのポジションに影響を及ぼす要因、ベースラインでのポジションについて紹介する。

(1)サーバーのポジション

シングルスでは、サーバーは、通常ポイントをはじめるためにベースライン上のセンターマークの近くにポジションをとるだろう。ベースラインにとどまってプレーするとき、サーバーは、相手がリターンを打つ可能性のある範囲の中間点にポジションをとるようにすばやくリカバリーする（図12-1）。

サーバーは、ベースラインに沿って、さまざまなポジションをとることができることを思い出そう。例えば、アンドレ・アガシは、高く弾むトップスピン・サーブを打つとき、ワイドの位置に構える。

(2)レシーバーのポジション

レシーバーのポジションは、サーバーが右利きか、左利きか、サーバーのスピンをかける能力、サーバーのパワーとコントロールの範囲によって変わってくる。一般にレシーバーは、サーブが飛んでくる可能性のある範囲の中間点にポジションをとる。しかし、ポジションを調節することで、逆にサーバーに影響を及ぼすことができる。いろいろなポジションをとることは、サーバーにプレッシャーを与え、レシーバーの弱点をカバーし、自分の得意なところへサーブを打たせるように仕向けることができる。ベースラインの後方、ライン上、前方のどこに立つかは、あなたの能力によって変わる（図12-2）。

リターンでは、さまざまなサーブに対応することが可能で、ポイントをコントロールすることができるポジションに構えよう。

(3)ベースラインで

コートのセンターへ向かってボールを打つ場合、ベースライン上のセンターマークの後ろのポ

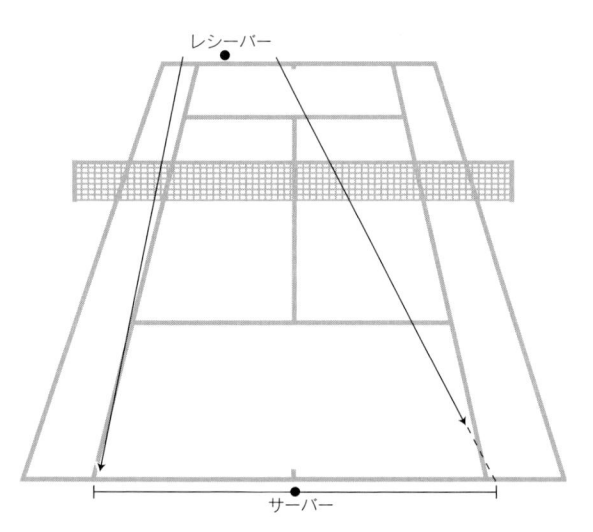

図12-1 サーバーは、レシーバーがリターンを打つことができる範囲の中間点にポジションをとる。

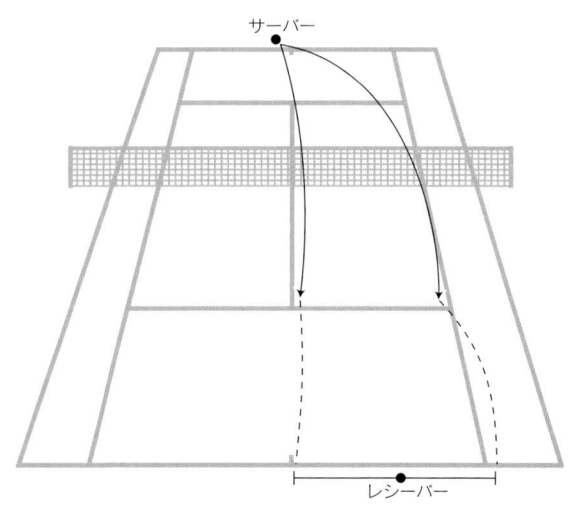

図12-2 レシーバーは、サーブがくる可能性のある範囲の中間点にポジションをとる。

ジションへリカバリーする。このポジションでは、相手の両サイドへのショットの中間点に立つことができる。ポジションの深さは、ショット、プレー・スタイル、コート・サーフェスによって変わる。例えば、ハード・コートよりもクレー・コートでは、ベースラインの後ろにポジションを変える傾向がある（図12-3）。

センターマーク後方のポジションは、コートのセンターへ打ったボールに対するリカバリーとしては適切であるが、コーナーへ打ったときには、ショットの方向に応じて、リカバリーのポジションが変わる（図12-4～12-7）。

よくある誤解は、ボールをどこに打っても、ラリー中は、センターマークの後ろにつねにリカバリーするべきだという考えである。

リカバリーの目的は、相手の両サイドへのショットを考えに入れて、その中間点にポジションをとることである。相手がコーナーにいて、ストレートに打ってくるとき、あなたをシングルスラインよりもワイドへ追い出すことはできない。それよりワイドは、アウトになってしまう。しかし、相手がその位置からクロスコートのアングルを狙うと、あなたは、反対のサイドラインにより近づいて構えなければならなくなる。したがって、相手がデュース・コートにいるときは、センターマークよりも数ステップ右寄りにポジションをとり、クロスコートのアングルをカバーする必要がある。このポジションは、相手のストレートへの

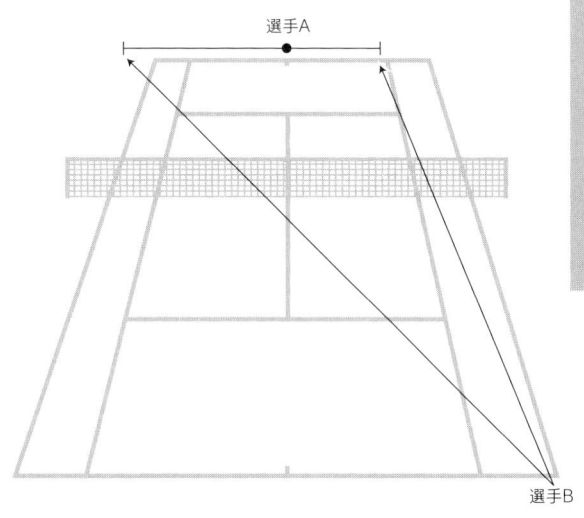

図12-4　選手Bをフォアハンドのコーナーへ追い込んだ後にセンターマークの後ろにリカバリーをすると、選手AはBにオープン・コートを与えてしまう。

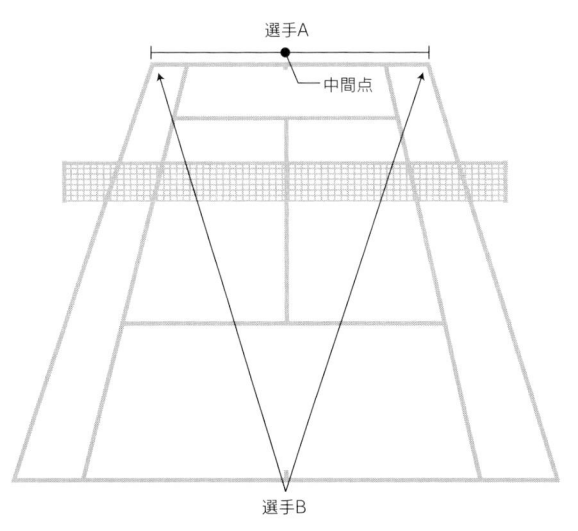

図12-3　選手Aは、選手Bのショットがくる可能性のある範囲の中間点にポジションをとる。

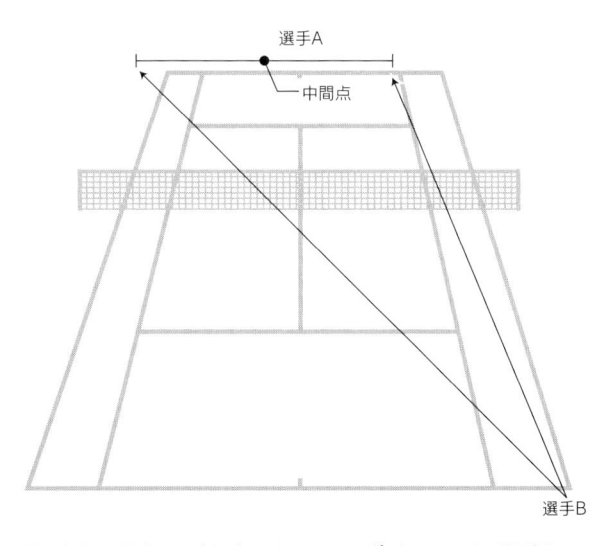

図12-5　選手Aの適切なリカバリーのポジションは、選手Bがフォアハンドのコーナーからショットを打ってくる可能性のある範囲の中間点になる。

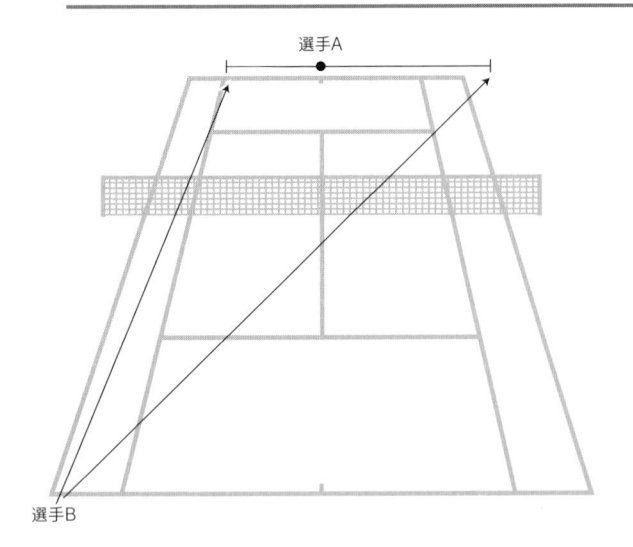

図12-6　バックハンドのコーナーへ選手Bを追い込んだ後にセンターマークの後ろにリカバリーすると、選手AはBにオープン・コートを与えてしまう。

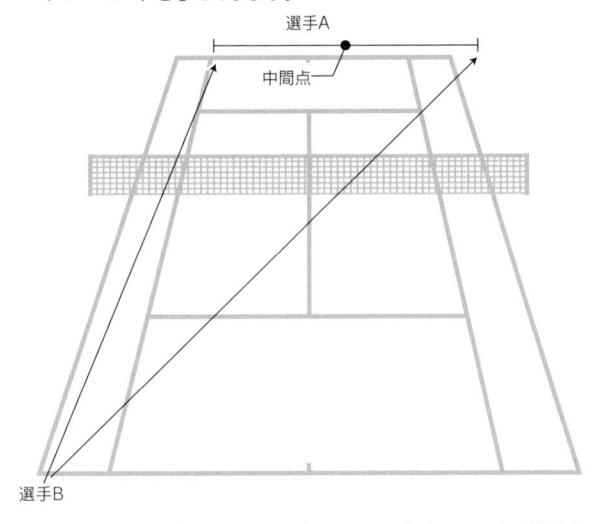

図12-7　選手Aの適切なリカバリーのポジションは、選手Bがバックハンドのコーナーからショットを打ってくる可能性のある範囲の中間点になる。

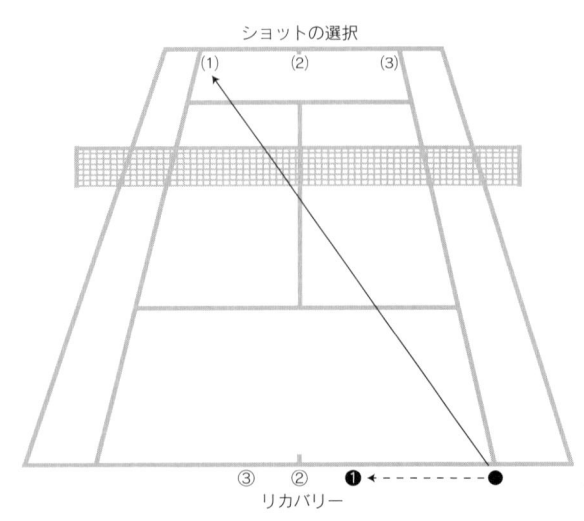

図12-8　ショットを(1)に打つ場合は❶にリカバリーをする。

ができるようになれば、コートのセンターを支配することは、思っていたほどむずかしくないことに気づくだろう。

　コートがどのように見えるかを知ることは、適切なリカバリーのポジションを見つけるためのヒントになる。リカバリーのポジションを見つける際に、足元を見おろしてはいけない。リカバリーのポジションをとるためには、動きながらボールと相手を見なければならない。また同時に、コートがどのように見えるかという視点からポジションを判断する方法を身につけよう。

　最初は、適切なリカバリーのポジションに構えると、位置がずれていると感じるかもしれない。適切なリカバリーのポジションからコートがどのように見えるか確認しながら練習するように心がけよう。

ショットとクロスコートへのショットに対して等距離になる。

❺ショットの選択とリカバーの復習
　　──コートがどのように見えるかを学ぶ

　適切なリカバリーのポジションを見つけること

❻リカバリーに要する時間

　ショットがあなたのラケットを離れたときから、ボールが相手のコートに達するまでの間が、リカバリーのために与えられた時間である。平均では、ショットが相手に達するまでに1.5秒もか

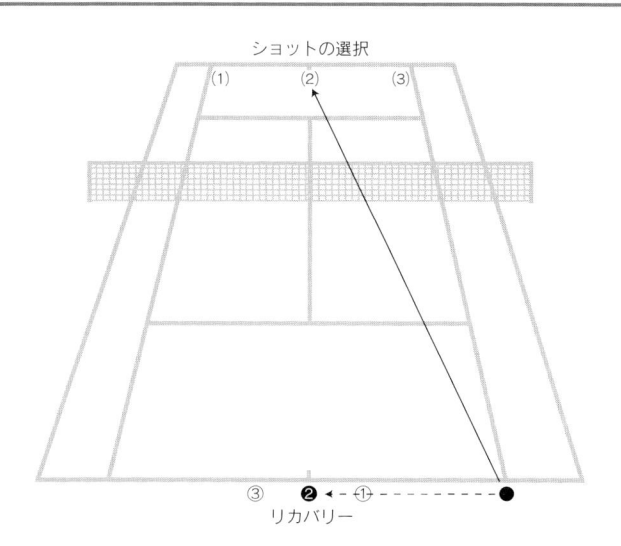

図12-9　ショットを(2)に打つ場合は❷にリカバリーをする。

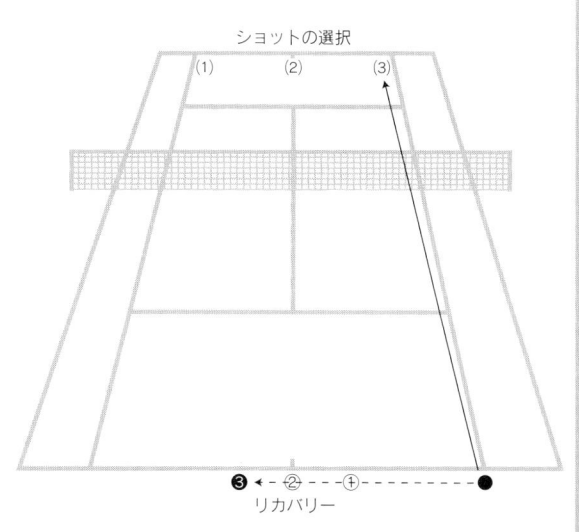

図12-10　ショットを(3)に打つ場合は❸にリカバリーをする。

かからない。このわずかな時間で、どのくらい動くことができるだろうか。ほとんどの選手は、この間に2～3歩しか動けないだろう。このことから、ポイントを組み立てるときには、ポジションを基準にショットを選択することが重要になってくる。

❼ポジションから考えてよいショットとは

ポジションから考えてよいショットとは、相手が次のショットを打つ前に、リカバリーできる方向や方法を考慮して打ったものである。例えば、コートのコーナーにいる場合、クロスコートの方向へ打つと、適切なリカバリーのポジションへの距離は最も短くなる（図12-11）。

ベースライン上のセンター付近にいるときには、どの方向へ打っても十分なリカバリーの時間がある。どの方向へ打っても、リカバリーのポジションまではわずか数ステップですむからである（図12-12）。

コートのコーナーにいる場合のもう一つの選択は、高いループ・ボールをストレートに打つことである。このボールは、スピン、遅いスピード、軌道などから相手に到達するまでに時間がかかる。そのため、リカバリーのポジションをとるための時間を長めに確保できる。この状況でのショットの目的は、ラリーの方向を変化させることで、ポイントを終わらせることではない。この例では、リカバリーするための時間を確保するために、ボールを打つ方向ではなく、打つ方法を利用する（図12-13）。

要するに、ベースライン上のセンター付近にいる場合、すべてのリカバーのポジションに近いことがわかる。どの方向へ打っても、リカバリーのための十分な時間がある（図12-12）。

コーナーに追い込まれたら、クロスコートへ打つことは、適切なリカバリーのポジションまで最短距離になる。コーナーからコーナーへ打つことで、コートの一番長い距離を利用でき、時間的余裕も生まれ、さらにネットの一番低いところをボールが通るという利点もある（図12-11）。

コーナーからストレートに打つときには、高く深いボールを打ち、リカバリーする時間を確保し、ポイントを続ける（図12-13）。

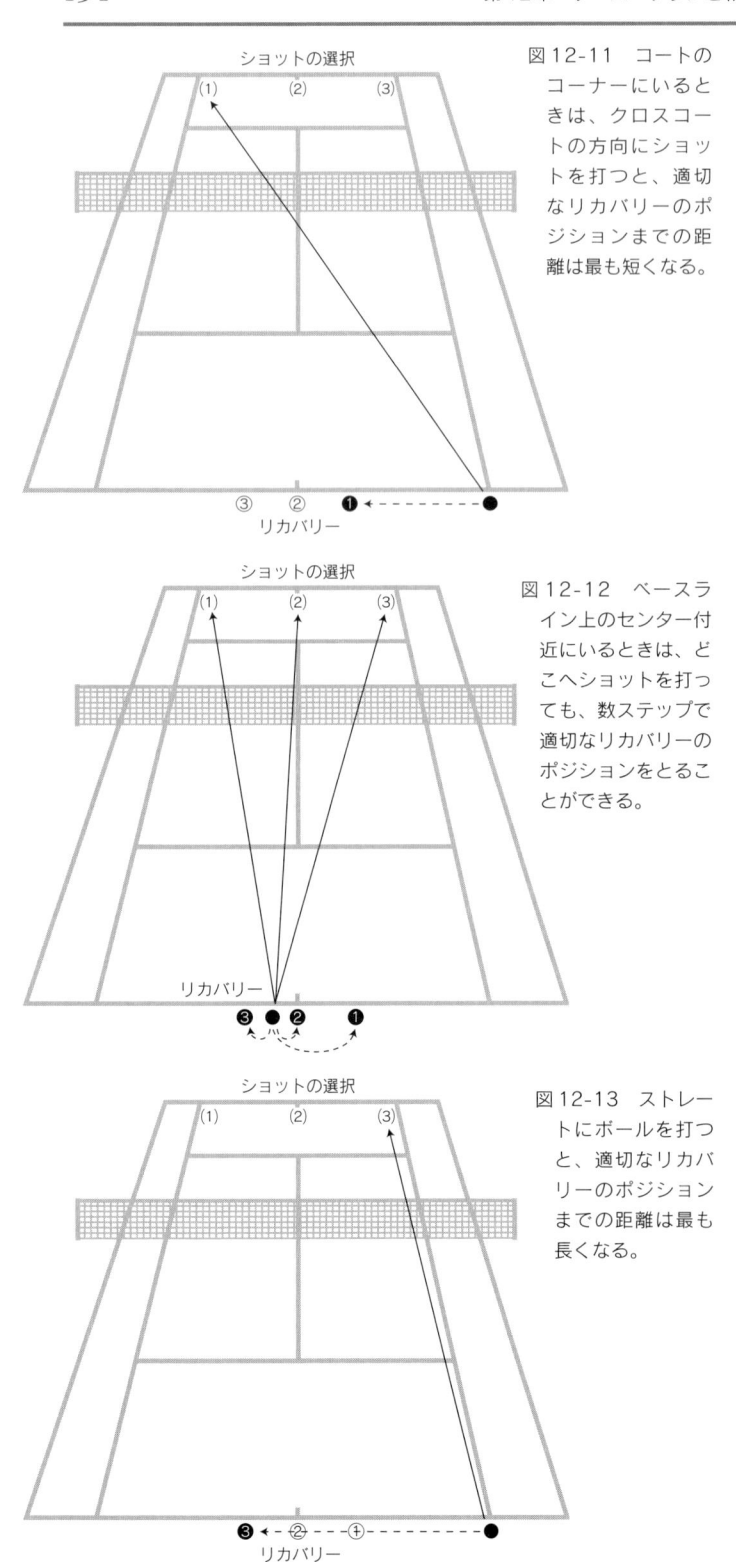

図12-11 コートのコーナーにいるときは、クロスコートの方向にショットを打つと、適切なリカバリーのポジションまでの距離は最も短くなる。

図12-12 ベースライン上のセンター付近にいるときは、どこへショットを打っても、数ステップで適切なリカバリーのポジションをとることができる。

図12-13 ストレートにボールを打つと、適切なリカバリーのポジションまでの距離は最も長くなる。

❽ショット・パターン

これまで学習してきたことに基づいて考えれば、なぜプロ選手がラリーでクロスコートのパターンを続けるか理解できるだろう。ポイントを組み立てながらポジションを確保しようとすると、結果的にクロスコートのパターンを選択することになる。どちらの選手も、適切なコート・ポジションを確保するために長い距離を走り余分なエネルギーを使いたくはないからだ。

試合の初期の段階で、選手は、フォアハンド対フォアハンドのパターンとバックハンド対バックハンドのパターンのうち、どちらが自分の長所を活かせるか、相手の弱点を攻撃できるか、どちらがより有利か、判断を下さなければならない。

❾ネットでのポジショニング

ネットに出たら、相手がショットを打つことができる範囲の中間点にポジションをとることが重要である。あなたが反応しなければならない3つのショットは、ストレートへのパス、クロスコートへのパス、ロブである。ネットに出るということは、これらのショットのうちどれかを打ってくるように相手を挑発しているのと同じことである。コート・ポジションから考えて、ネットに出るときの最高のアプローチ・ショットの方向は、ストレートである。なぜならば、ネットでの適切なポジションまでの距離が最も短くなるからである（図12-14）。

コートのセンター付近で短いボール

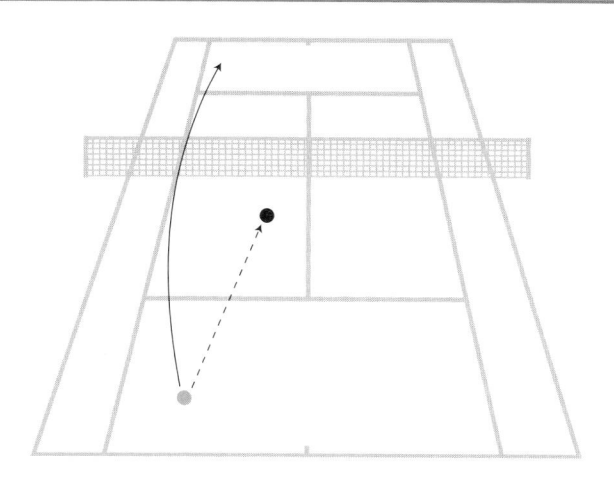

図12-14 ストレートにアプローチした場合の最適なポジション——ストレートにアプローチを打つことで、最短距離の移動で、ストレートへのパス、クロスコートへのパス、ロブをカバーすることができる。

図12-15 クロスコートへアプローチした場合の最適なポジション——適切なコート・ポジションにつくためには、長い距離を移動しなければならなくなる。

に対応するときには、センターへアプローチを打つことで、あなたがポジションをとり、相手のパッシング・ショットのコースを制限することができる。

ネットに出て攻撃する場合、よいポジションをとることができるようなアプローチ・ショットのパターンを理解することは重要である。ベースラインの内側から攻撃する場合、ボールが相手に届くまでの時間が短くなり、適切なリカバリーのポジションへ移動する時間も短くなるということも覚えておこう。

クロスコートへアプローチを打つと、相手にパスを打つためのオープン・コートを与え、ネットポジションを確保するためにより長い距離を移動しなければならなくなる（図12-15）。しかし、相手の弱点がフォアハンドあるいはバックハンドにある場合、そこを狙ってクロスコートにアプローチを打つのであれば、この限りではない。これは、状況を見て選択する必要がある。

さらにラリーの状況によって、アプローチをどこへ打つかが変わってくる場合がある。相手を追い込んで、いよいよアプローチからポイントを終わらせようという場合には、多くの選択肢がある。この場合には、アプローチの方向を決めるのに、ポジションはそれほど重要でなくなる。したがって、クロスコートへのアプローチは、より魅力的なオプションになる。しかし、つねにボールが返ってくることを想定して、適切なポジションにリ

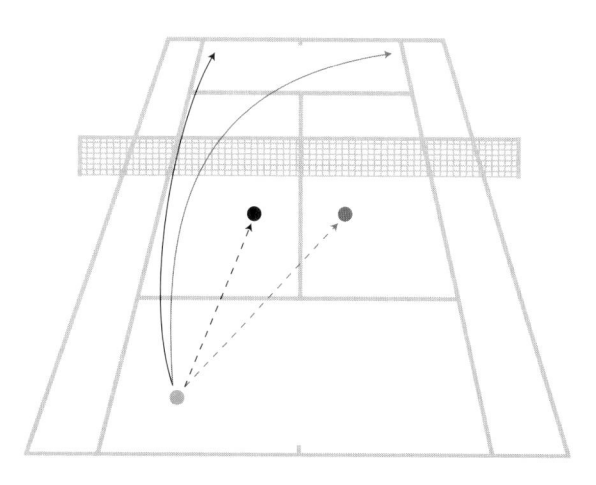

図12-16 クロスコートへアプローチを打つと、ネットで適切なポジションをとるために、ストレートに打ったときに比べて長い距離を移動しなければならなくなる。

カバリーすることを忘れてはならない（図12-16）。

❿ファースト・ボレー

ボレーを打つときに、ポイントを終わらせるためのポジションがとれていないことがよくある。このときは、よりよいポジションを確保し、次のボールでポイントを終わらせるように、ファースト・ボレーとして利用しよう。つまり、ボレーを一つのアプローチ・ショットと見なすということである。このときは、アプローチでのショット・パターンを利用しよう。

ストレートへのボレーは、ポイントを終わらせるための次のボレーやスマッシュに向けて、より適切なコート・ポジションをとるのに役立つだろう。ポイントを終わらせるボレーやスマッシュは、原則としてオープン・コートに打とう。ポイントを終わらせるために十分な力でこのボレーを打たなければ、ネットでもっとよいポジションを確保するためにさらに移動しなければならなくなるだろう。また、ときどき相手の背後に打てば、相手が配球パターンを予想するのがむずかしくなるだろう。

ネットでよいポジションをとることを過小評価してはいけない。よいポジションをとることは、相手によいショットを打たなければならないとプレッシャーをかけることになり、ミスを誘うことになる。沈むようなアプローチと確実なファースト・ボレーは、相手のフォースト・エラーにつながる。

ネットでのよいポジションは、ストレートへのパスに対して、1ステップで手を大きく伸ばせば届き、アングルへのパスにも十分追いつくことができ、さらにロブに対しても警戒できるくらいネットから離れた位置に構えることである。相手の長所、弱点、打つショットのパターンがわかってくるにつれて、徐々にポジションを調節することができるようになる。一般的には、よいポジションとは、ネットから約1.8～2.5m離れた位置になる。

■ポジショニングの復習

①ラリー中
・ポイントを組み立てるときには、クロスコートのパターンがポジションを確保するために有効である。
・相手の背後やポイントを終わらせるエースを打つのでなければ、ストレートへ打つときには、リカバリーするための時間を確保するために、ショットのスピードと高さを調節しよう。

②ネットに出るときのアプローチ・ショット
・ストレートへのアプローチ・ショットは、相手にオープン・コートを与えることがなく、最短距離でネットでのよいポジションにつくことを可能にする。
・よいポジションを確保し、相手のパッシング・ショットのチャンスを制限することができるので、センター付近での短いボールは、センターへ打つと効果的である。

③ファースト・ボレー
・ボレーでポイントを終わらせるポジションにいないときには、ストレートに打つことでボレーをアプローチとして利用しよう。また、次のボレーやスマッシュでポイントを終わらせるためのポジションを確保しよう。

⓫ポイントの結果

ポイントを終わらせるには、エース、フォースト・エラー、アンフォースト・エラーの3つの方法がある。

エースは、相手が触ることができないショットである。フォースト・エラーは、相手が防御的な

状況でミスをするときに生まれる。アンフォースト・エラーは、ショットの選択肢もあり、攻撃的に打つことができる状態でありながら、ショットをミスすることである。

ゲーム・プランの目的は、相手を困難なポジションに追い込み、エースよりも多くのフォースト・エラーを犯させるように仕向けることである。例えば、短いボールが飛んできたとき、ある選手は、アンフォースト・エラーの危険を冒してもエースを取りにいくだろう。運が悪いときには、この選手は結局自滅する。同じ状況で、別の選手は、ネットに出てポイント組み立てることを選び、相手をむずかしいポジションからパッシング・ショットを打たなければならない状況に追い込み、ミスをするように仕向けるだろう。

このように相手により多くのプレッシャーをかけることによって、攻撃のときの危険を小さくすることができる。

■練習ドリル
①ストレート対クロス
　第1球目のボールを、コートのセンターから打ってラリーを始める。その後、決められたラリーパターンに移る。1人の選手は、すべてをストレートに、もう一人はクロスに打つ。10ポイントプレーしたら、両方の選手が2つのパターンを経験するように、ショット・パターンを交代する。ストレートに打つ選手は、不利なコート・ポジションになるショットを連続的に打たなければならないので、続けるためにより一生懸命にプレーしなければならない。

この練習では、両選手がショットの選択がどのようにコート・ポジションやリカバリーに影響するか、経験することができる。

②フォアハンドのクロスとリカバリー
　2人でフォアハンドのクロスコートラリーをする（図12-18は右利きの例）。片方の選手が、相手のフォアハンドのコーナーへ第1球目のボールを打ってドリルを始める。ドリルの要点は、すべてのショットの後にしっかりとリカバリーし、力よりむしろ安定性を重視することである。このドリルでは、ゲームを作るためにはスコアをカウントすることにする。両選手とも15点から始め、アンフォースト・エラーをすると点を失うこととし、最初に0になった選手が負けである。このスコア方式は、安定性を養うのに役立つ。

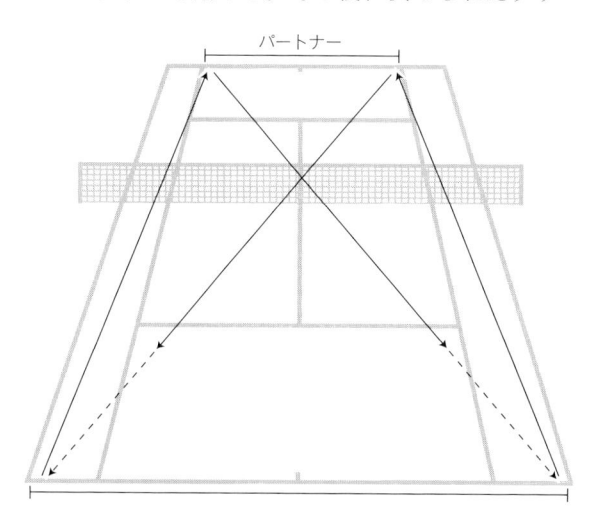

図12-17　練習ドリル──ストレート対クロス

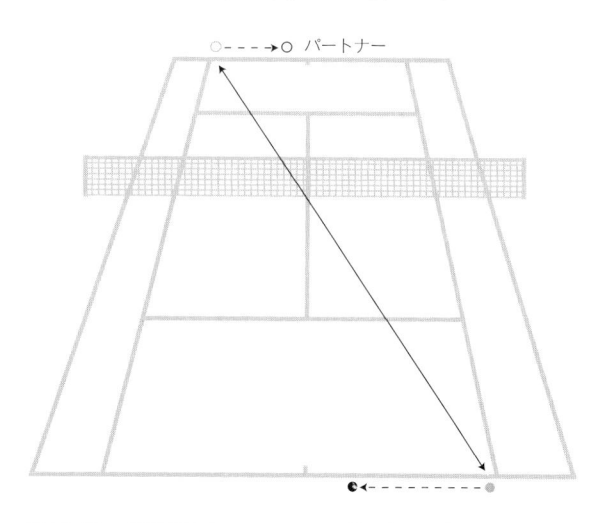

図12-18　練習ドリル──フォアハンドのクロスとリカバリー

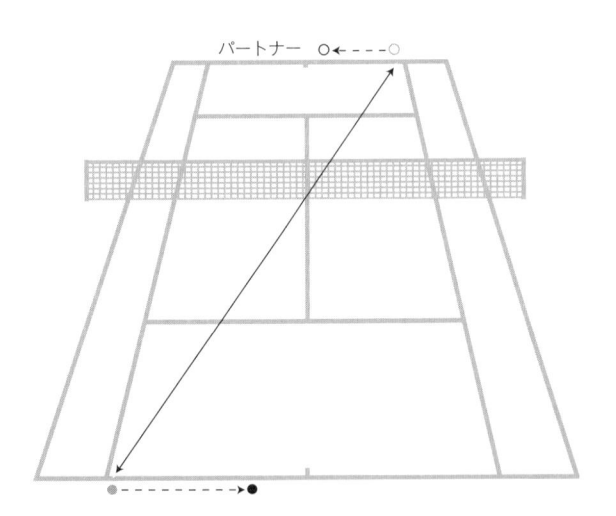

図12-19 練習ドリル——バックハンドのクロスとリカバリー

図12-20 練習ドリル——方向変更のドリル

③バックハンドのクロスとリカバリー

このドリルは、バックハンドのパターンを使用する以外は、②のフォアハンドのクロスとリカバリーのドリルと同様である。同じ方式でスコアをカウントし、安定したサイドを見つけるために2つのドリルの結果を比較してみよう。

④フォアハンドのクロスと攻撃

今度は②と③のドリルに、攻撃の要素を加える。フォアハンドのパターンでラリーを続け、攻撃し、ネットに詰めて勝ったらポイントが与えられる。スコアは、0からスタートし、20点までプレーする。各選手は、勝てば1点、ボレー、スマッシュ、または相手のフォースト・エラーで勝った場合には2点が得られる。各ポイントのスタートは、交代で行う。

⑤バックハンドのクロスと攻撃

バックハンドのパターンを使用すること以外、④のドリルと同様である。ネットを攻撃するために、あなたの長所を活かすには、どのパターンがより有効か確かめるために2つのドリルの結果を比較してみよう。

⑥方向変更のドリル

このドリルでは、ネットを高くするためにサイドライン付近に3～3.6mの高さにロープを張る。コートのセンターからラリーを始めて、ラリーの方向を変更するためにこの練習を利用する。コーナーにポジションをとる場合、各ボールの後に、高いロープの上を越えるストレートのボールを打ち、しっかりリカバリーする。さらに、方向変更を行うためにロープの下を通過する、ストレートへのスライスを使うこともできる。

コートのセンターにポジションを変える場合は、方向変更を行うのが最もよい。ボールがロープの低い部分を通過すると、適切なリカバリーのポジションまで数ステップで戻ることができる。

5 ポイントの組み立てと戦術

基本的な戦術とプレーのパターンについては理解できたと思うので、ここでは、ポイントの組み立てと作戦を紹介しよう。

ポイントを組み立てるための考え方やそのために役立つ心理面の開発に取り組もう。試合のさま

ざまな要素を調和させ、自分のプレー・スタイルに合ったゲーム・プランを作る方法を学ぼう。

❶試合での精神状態

試合での精神状態は、競技を通じて作り上げられ、あなたの態度、考え方、意思決定に影響を及ぼす。精神状態によって、競技のプレッシャーの下でのあなたの反応は影響を受ける。

ある特定の状況が精神状態に影響を及ぼしてしまう選手がいる。例えば、自分よりも明らかに優れていると思う相手と戦うときや、逆に誰もが勝てると思う相手と戦うときに、その対戦を困難に感じる選手がいる。どちらの場合も精神的に余分なプレッシャーを感じることになる。

❷心理的な落とし穴

プレッシャーのかかる状況に直面すると、心理的に、どのような選手でも落とし穴に陥ることがある。

1つの例は、一発ねらいという落とし穴である。ラケットをスイングするたびに、ポイントを終わらせようとエースを狙う、コートから相手をなんとしても追い出さなければならないと思うような、精神状態である。

また、自分よりも優れた相手と戦うときにも、一発狙いの精神状態に捉えられがちである。ラリーを続けると、相手がボールをコントロールし、ポイントを終わらせるのではないかと感じ、ポイントをプレーすることが恐くなる。しかし、一発狙いの選手は、エースを取るよりミスをすることが多く、安定性の面で問題が出てくる。いらいらし始め、自滅することになる。

対極にあるもう一つの極端な例は、当てるだけのプレーになるという落とし穴である。プレッシャーの下で、このようなの選手は、ミスをすることを恐れ、たんにボールを返すためだけのプレーになってしまう。このような選手は、安定して見えるかもしれないが、ポイントをコントロールするのに苦労し、つねに防御的なモードにある。自ら行動を起こすことがなく、ポイントを終わらせることに苦戦する。当てるだけの選手にがまんができず、相手が自滅するのでなければ、当てるだけの選手は、とくにより高いレベルでは、ポイントを取るのに苦労するだろう。

❸ポイントの組み立てとは何か

ポイントを組み立てることは、あなたのテニスの要素がどのようにゲーム・プランに影響するかを理解することから始まる。考え方としては、ポイントを始め、組み立て、チャンスを作り、ポイントを終わらせるということである。

なぜポイントを組み立てなければならないのだろうか。あなたがエースを狙い、ミスを犯すたびに相手のスコアが増えていく。バスケットボールでは、選手がシュートをミスしても、オフェンスチームはリバウンドを取り、もう一度シュートをするチャンスがある。最悪の場合は、相手チームがリバウンドを取り、自軍のバスケットへ攻撃し始めることになるが、シュートをミスしても相手のスコアボードにポイントを加えることはない。

しかしテニスでは、自滅することは非常に簡単である。なぜならば、ミスをするごとに、相手がスコアを得るからだ。この得点システムは、いつ、どのようにポイントを終わらせるかを自分で選ばなければならないことを意味する。

❹ポイントを組み立てる4つの段階

ポイントを組み立てる4つの段階を理解することは、ストロークやショットを組み立て、計画的に試合を運ぶために重要である。

(1)第1段階──スタート

ポイントはサーブとリターンから始まる。この

第1段階の目的と心理を理解することが重要である。1球目から、ポイントのコントロールを確立したいなら、サーブとリターンを有効に利用することである。

サーブやリターンでポイントを終わらせようとして、第1段階で安定を欠く選手がいる。サービス・エースやリターン・エースは、よいコントロールの結果ではあるが、それを中心にポイントを組み立ててはならない。

第1段階できちんとポイントを始める精神状態を確立することは、安定性を高めることにつながる。創造的な選択肢を持つことは、ポイントのスタートをより有効なものにするだろう。

(2)第2段階——組み立て

サーブやリターンでポイントが終わらず、どちらの選手もネットに出て来ない場合、ポイントは第2段階、ベースライン・ラリーへと進行する。

バスケットボールのチームがチャンスを探してボールを回すように、両選手は、チャンスを作り出すために、ショット・パターンや方向を工夫しながら、スピード、スピン、コースにさまざまな変化を加える。

ラリーでミスの多い選手は、確率の低い状況からポイントを終わらせようとしていることが多い。目的は、確率の高いチャンスを作り出すまで、ポイントを組み立て、セット・アップに取り組み続けることである。

ラリーの目的は、ポイントの攻撃的なコントロールを確立し、チャンスを作り出すのに必要な多くのショットを打つために、心理的に準備をしておくことである。つねに注意を払い、チャンスがきたときにはすばやく反応し、それを利用できるチャンスをうかがい、判断を下すことができなければならない。ラリー中に、適切なポジションを維持することができるように、ショットのパターンを利用することが重要である。組み立ての段階で、相手にオープン・コートのチャンスを与えることは避けよう。

(3)第3段階——チャンス・ボール

チャンス・ボールは、サーブやリターンのすぐ後に訪れるかもしれないし、12回のラリーの後に、やっと訪れるかもしれない。短いボール、オープン・コート、アングル・ショットやドロップ・ショットなど、つねにチャンス・ボールの状況を見極めよう。

①短いボール

最もわかりやすいチャンス、短いボールは、自らの強力なグラウンド・ストロークや、相手の防御的なショットから生まれる。短いボールがきたときに、エースを打つか、アプローチを打ってネットに出て行くか、それは自分で選択できる。

②オープン・コート

ショットのコンビネーションを利用して、相手をコート上の適切なポジションから追い出した場合、オープン・コートのチャンスがおとずれる。相手が、そのコート・ポジションからは適切でないショットを打ったときも同様である。

③アングル・ショットとドロップ・ショット

アングル・ショットとドロップ・ショットは、ポイントを終わらせるチャンスをセット・アップする。相手は、ラリーの継続から動きを切り替えなければならない。鋭いアングル・ショットやドロップ・ショットによって、コートから相手を追い出すことも、あるいはネットに引き出すこともできる。

(4)第4段階——フィニッシュ

チャンス・ボールでのあなたの選択は、第4段階のフィニッシュへとつながるようにお膳立てをすることである。攻撃的なショットを打つ選手は、エースでポイントを終わらせようとするだろう。また他のプレー・スタイルの選手は、ネットに出て来るだろう。

ネットに出る場合、相手がロブを打つか、パスを打つか、フォースト・エラーを犯すか、あるいは、あなたがボレーやスマッシュを打てるボールを返してくるか、それはあなたのアプローチ次第である。

第4段階では、チャンスにつけ込み、積極的にポイントを終わらせることを考える。もうポイントを組み立てる必要はない。終わらせるのである。

現実的になろう。モニカ・セレスに打ち勝つことはできない。ピート・サンプラスやリチャード・クライチェクにサーブで勝つことはできない。トッププロでさえ自身のプライドに頑固にこだわってしまうことがある。例えば、ボリス・ベッカーは、ベースラインからアンドレ・アガシに勝とうとした。そこでは、アガシの方が優れている。8回連続でベッカーは敗れた。

ここまでで、ポイントの組み立ての各段階、ストロークやショットの目的を理解したので、プレー・スタイルに合わせた戦術を作成する準備ができた。

すべてのポイントが、4つの段階を踏むとは限らないことを理解しよう。組み立ての途中でのエースやエラーは、そこでポイントを終わらしてしまう。また、例えば、サーブ・アンド・ボレーなどの戦術は、瞬時に相手にプレッシャーをかけることで、ポイントの組み立て段階を省略するように考えられている。

❺組み立てるための意志

まずポイントの組み立てがよい結果をもたらすと確信していなければ、正しい考えを持つことはできない。たんにボールをプレーし続けることではなく、目的を持って実行することである。

ポイントの組み立ての考え方や流れを理解することが、テニスの攻撃的な要素を弱めることはない。強い攻撃とは、安定性を備え、バラエティー豊かで、バランスのとれた攻撃である。エースを取ることができても、それと同じくらい多くのミスを犯したのでは、エースは活きてこない。

❻相手のエースを恐れない

経験を積んだ選手は、一発狙いの相手と戦うことを喜ぶ。そのような選手は、一発でエースを打つことを好み、また実際に、彼らは自分自身や試合のデータと戦っている。通常、彼らのミスの数は、エースの数よりも早く積み重なる。一発狙いの相手に対して効果的な戦術は、確実に打つように心掛け、よりむずかしい状況からエースを打たなければならないように、相手を追い込むことである。

何本かのエースにがっかりしたり、恐がったりして、ポイントを組み立てるための戦略を放棄してはならない。戦略を続けて、確率はあなたの味方であることを覚えておこう。あなたが作り出した困難な状況から相手が偶然にもミスよりも多くのエースを打ったとしたら、その日は、相手の方がうまかったのだと思ってよいだろう。ベストは尽くしたのだから。

❼ポイントの組み立てのオプション

ポイントを組み立てている間、各段階で利用可能な戦術のオプションがある。戦術に幅を持たせる、このようなオプションを使うことは、ポイントをコントロールし、相手を混乱させるのに役立つだろう。

(1)サーブのオプション

ファースト・サーブは、強くフラットに打ち、セカンド・サーブは、スピンで打つ、と多くの選手が考える。このような考え方は、レシーバーのサーブの予測を容易にしてしまう。

野球で、もしピッチャーがストレートだけを投

げるならば、バッターに次のボールを予測され、打ち込まれることになるだろう。さまざまな球種を使用し、スピード、回転、コースの変化をつけることによって、ピッチャーはバッターに的を絞らせないようにする。

サーバーはこれと同じ選択肢を持っている。ファースト・サーブで、フラット、スピン、キック・サーブを使い、スピードに変化をつけると、レシーバーはなかなかタイミングがとれなくなる。さらに、コースを変えると、弱点を攻撃するチャンスを生み、リターンの方向を予測することができるだろう。

ファースト・サーブの高い確率を維持することで、自分自身のプレッシャーを取り除き、セカンド・サーブをあまり打たなくてすむようになる。ファースト・サーブの確率が低いことは、レシーバーに有利となる。

ダブル・フォルトを減らすために、スピンを用い、センターを狙ってサーブしよう。スピンをかけると、安定性を維持しながら、積極的にラケットを振ることができる。オプションは、コースを混ぜ合わせることに加え、スライスやキック・サーブを使うことである。しかし、あまりにも多くのものを使うと、スイングのリズムを乱し、フォルトを多くすることになるかもしれない。これらの可能性は、大切なポイント、とくにゲームポイントやブレークポイントで、ファースト・サーブを入れるためには、さら重要である。

(2) リターンのオプション

反応から打つまでの時間が1秒しかないので、サーブのリターンでポイントを始めることは、相手が強力なサーブを持っている場合には、難問である。それにはコート・ポジションがカギになる。相手のサーブの強さ、自分のリターン能力、プレー・スタイル、戦術などに応じてポジションは変わる。一般的には、サーブの可能な両サイドの中間点にポジションをとるべきである。

ベースライン上の深さも、ゲーム・プラン、戦術、サーバーの能力によって変わってくる。多くの選手は、ボールの勢いを利用し、事前に決めた目標に打つことで、ファースト・サーブに対するリターンを単純にしている。

セカンド・サーブをリターンするときは、より積極的に打つことができる。大切なポイントでは、上手なレシーバーは、ポジションを変えることで、サーバーに影響を与える。

ファースト、セカンドとも、サーブに対するリターンは、戦術に応じて変わってくる。ラリーに入るためにリターンをクロスコートへ打つことは有効である。また、セカンド・サーブからストレートにリターンすれば、ネットに出て、すぐにポイントを終わらせることもできる。

(3) ベースライン・ラリーのオプション

コート・ポジションから考えて適切と思われるショットやパターンに基づいて、ラリーに取り入れることができるいくつかのオプションがある。

試合の早い段階に、ポイントを組み立てるために、フォアハンドのクロスコートのパターンか、バックハンドのクロスコートのパターンかのどちらを使うべきか、判断しなければならない。判断するためには、セット・アップする機会を探りながら、自分自身の長所と弱点を分析しよう。

次の予測を立てるために、クロスにボールを打てば、相手はクロスあるいはコートのセンターに打ち返してくることを頭に入れておこう。相手がコートのセンターへボールを打ってきたら、どちらかのコーナーにボールを打ち返し、パターンをセット・アップする。相手がラリーで深くストレートに打ってきたら、オープン・コートを有効に利用するか、あるいは少なくともポイントの主導権を握るようにしよう。

相手がコートのセンターへ打ってきたときに

は、コートのセンターをコントロールし、両サイドへ打ち返し、相手をサイドからサイドへ走らせるチャンスである。

これまでに学んだように、ラリー中にストレートに打ち、方向を変更しようとしたときには、リカバリーする時間的余裕を十分に確保し、ポイントを継続できるように、ボールを打つことが要求される。

チャンス・ボールを作り出すために、クロスコートのパターンで打つとき、ショットのスピン、スピード、コースに変化をつけるというオプションもある。いろいろな種類を混ぜて打つことで、相手はリズムをつかむことがむずかしくなるだろう。オープン・コートのチャンスをさらにセット・アップするために、相手をワイドへと追いやるアングル・ショットを使おう。

⑷チャンス・ボールのオプション

チャンス・ボールにどのように対応するかは、試合の状況やプレー・スタイルによってさまざまである。多様なチャンス・ボールに対応するためのオプションのとしては、次のようなものをあげることができる。

短いボールへの対応策の1つは、アプローチを打ち、ネットに出て攻撃することである。アプローチ・ショットのコースは、ネットでのポジションに影響を与える。コートのセンターからストレートかセンターにアプローチを打てば、ネットでの最適なポジションまで最短距離になる。アプローチで短いボールを使うと、あなたがネットでポイントを終わらせるときに、相手にプレッシャーをかけることができる。

オープン・コートへエースを打つために、よく短いボールを使う選手がいるが、これにはアンフォースト・エラーを犯す大きな危険をともなう。

ショットのコンビネーションを利用して、オープン・コートを作り出したときにもチャンス・ボールが生まれる。そこから、攻撃的なショットで、ポイントを終わらせることができる。また、相手がポジションから考えて適切ではないショットを打って、リカバリーできないときにもオープン・コートのチャンスが生まれる。

オープン・コートのチャンスに恵まれたら、ポイントを終わらせるショットを打つときにラインを狙って打ってはいけない。アンフォースト・エラーを犯してしまう危険がある。攻撃的ではあるべきだが、ミスをしないように余裕を持って対処する必要がある。

アングル・ショットやドロップ・ショットを使うことで、相手をラリーからネットへ引きずり出したり、コートの外へ追い出したり、防御的な状況へ追いやることもできる。アングル・ショットやドロップ・ショットはエースである必要はない。ポイントを終わらせるための、セット・アップに使うこともできる。

ポイントの模範的な終わらせ方は、最初のチャンス・ボールを利用して、ネットに出て主導権を握り、相手を窮地に追い込むことである。ベースライン上にいる相手が、エースとなるパッシング・ショットやロブを打つことができなければ、フォースト・エラーを犯すか、あなたがボレーかスマッシュで打ち返すことができるショットを返してくるだろう。

アプローチで押し込まれた相手は、ベースラインからエースを打つよりもミスをすることが多くなり、また、簡単に打ち返せるショットを打たざるをえなくなる。こうしたことを踏まえて、ネットに出た選手は、チャンス・ボール利用して、相手にエースを打たせようとする。

しかし、パッシング・ショットやロブを得意としている選手もいる。彼らは、パスが打てるように、あなたをネットにおびき出そうとするだろう。そのような場合、ネットに出るのはむずかしくな

り、防御的な立場に追い込まれ、ポイントの主導権が握れなくなってしまう。

ネットに出た場合、ストレートやアングル・ショットに対応できるようにしながら、ロブにも警戒してポジションをとることが重要である。逆に、相手がネットに出てきた場合、チャンスを作るためには、ストレート、アングル・ショット、ロブを交互に打たなければならない。ネットにいる選手のポジションをつねに確認し、後方へさがるまでロブを上げよう。そうすれば、パッシング・ショットがより効果的になるだろう。

❽戦術のコンビネーション

チャンス・ボールやオープン・コートなど、目標とする状況を作り出すために、2つ以上のショットを利用し、あなたの長所を活かし、戦術を組み立てよう。いろいろな戦術のコンビネーションを見てみよう。

①サーブ・アンド・ボレー

相手のパスを打つ能力に対し、早い段階でプレッシャーをかけるために、この戦術を用いる。この戦術は、ポイントの組み立てのラリーの段階を省略し、ネットでのプレーを得意とする選手の長所を活かすことができる。

②チップ・アンド・チャージ

主にセカンド・サーブに対して、レシーバーがリターンからネットに出て行くときに用いられる戦術である。ストレートへ打つことがチップ・アンド・チャージのための理想的な方向である。この戦術は、セカンド・サーブに対してプレッシャーを与える。

③鋭いアングル・ショットとクロスコート

ラリー中の鋭いアングル・ショットは、相手をコートから追い出し、オープン・コートへ攻撃的なクロスコートのショットを打つチャンスをセット・アップすることができる。

④コーナーからコーナーへ

相手がボールをセンターへ深く打つ傾向がある場合は、一方のコーナーから反対のコーナーへ打つ戦術を利用し、相手を走らせることができる。この戦術は、相手にミスをさせるか、あるいはオープン・コートを与えてくれるだろう。

⑤コーナーと背後へのショット

コーナーからコーナーへの戦術を使ったときにとくに効果的で、相手の予測と反対のコーナーへ、相手の逆を突いて背後へ打つ戦術である。

⑥長いポイント

長い攻撃的なポイントをプレーすることによって、相手に精神的なダメージを与えることができる。目的は、相手よりも長く打ち続け、相手の忍耐力をテストすることである。これは、試合での流れを作り出し、相手のリズムを崩すために効果的な戦術である。あなたが長いラリーを支配することを相手が認識することは、相手に心理的な影響を及ぼし、より多くのエラーを引き出すことにつながるだろう。

⑦ドライブ・ボレー

攻撃的なベースライン・プレーヤーは、深いグラウンド・ストロークのショットから、不意に攻撃を始めるためにドライブ・ボレーを使用する。高いループのボールに対してとくに効果的なので、短いボールを待たずに、ドライブ・ボレーから、ネットに出て行くことができる。

⑧ドロップ・ショットとロブ

バックハンドのスライスを使って、ラリーからときどきドロップ・ショットを打つことで、ドロップ・ショットとロブのコンビネーションを組み立てることができる。ドロップ・ショットを打つことで、相手をネットへ引っ張り出し、ポイントをコントロールすることができる。ロブは、オープンになった相手コートの後方を利用して、このコンビネーションを完成させるために有効であ

る。パッシング・ショットが打てるようなオープン・コートができることもあるだろう。

⑨深いストレートと短いクロスコート

このコンビネーションは、ワン・ツーパンチのような効果があり、初めにオープン・コートを作り、その後ポイントを終わらせる。この戦術は、ラリーの中で用いることができるが、アプローチとボレーを打つときに利用すると非常に効果的である。ストレートのアプローチを打ち、ネットでポジションをとり、アングル・ボレーでポイントを終わらせる。

これまでに、ショットの選択がコートをカバーする能力にどれくらい影響するか、各ショットの適切なリカバリー・ポジション、リカバリーのための時間がどのくらいあるのか学んできた。さらに、ポイントを組み立てるための試合中の心理、テニスの各要素のために目的を組織化し、理解する方法、また、自分の長所やプレー・スタイルに基づいて戦術を立てる方法を学んだ。

これで、試合で勝利を手に入れるための十分な準備が整った。長く、タフなラリーになることを覚悟して試合に挑み、最後までやり抜く準備をしてほしい。可能な限り自分の最高のプレーをするように心掛け、決してあきらめないこと。相手が劣勢な場合は、プレッシャーをかけ続け、戦術を継続し、積極的にポイントを終わらせよう。負けていて、ゲーム・プランがうまくいかない場合は、プランを修正したり、賭けに出たりと、相手の勢いを崩すために、あらゆることをやってみよう。

相手の能力や弱点を知ること——ショット・パターンやポイントの組み立てに関してあなたが知っていることを相手が知っているかどうか、試合の早い段階で確かめてみよう。相手が何の考えもないプレーをするようならば、戦略は確実にあなたに有利な状況をもたらしてくれるはずだ。

6 トーナメントの準備をする

自信の最も大きな源の1つは、準備が整っていると思うことである。目的を持ってトレーニングすること、試合に役立つ短期の目標を設定すること、試合に備えて身体と心のコンディションを整えることにより、自信を持つことができるようになる。試合の準備において、自信が持てる、一定の習慣的な行動を作り上げることによって、多くの選手が感じているであろう試合前の不安を多少やわらげることができる。

身体的な習慣的行動としては、試合前日の十分な睡眠、適切な食事、試合会場までの交通手段の確認、ストレッチ、試合前のウォームアップなどが含まれる。長年の経験から、多くのテニス選手は、ラケット、シューズ、水、タオル、おやつ、予備のガット、予備の靴ひも、予備のソックス、帽子、日焼け止め、包帯、眼鏡、予備のシャツ、予備のズボン、ウォームアップスーツ、グリップなどを試合会場に持って行くことを学ぶだろう。

身体的な準備が整い、必需品が用意できたら、心の準備である。テニスの多くの部分が精神的なものに左右されるということが認識されているにもかかわらず、試合のための精神的な準備のプランを確立している選手はほとんどいない。ボロテリー・テニス・アカデミーでは、試合の前夜から精神的な準備を始めることを提案している。

私たちは、最初に自分の長所に基づいたゲーム・プランを紙に書いて考えるように、選手に勧めている。自分の長所は何か。また、それはどのように利用できるか。どのように弱点を補うか。

次に、自分のゲーム・プランをイメージし頭の中で実行することを提案する。イメージは正確でなければならない。選手はここで、攻撃的なプレーをし、相手を圧倒している自らの姿をイメージする。

試合当日は、試合前の準備の間に数分間時間をとり、目の前のことに精神を集中させる。頭の中でイメージしたことを、どのように実行移せばいいのだろうか。相手を圧倒するために、どのようなストロークや身体の使い方をするかが、明確でなければならない。私たちは、試合前のイメージをするときに、あまり心配しすぎないように、またあまりリラックスしすぎないように提案する。リラックスと呼吸法は、過剰刺激に対処するのに役立つ。選手が落ち込んでいる日には、気持ちを高める戦略が効果的である。

自信を確立するために、ウォームアップ中に対戦相手や会場の環境などについての情報を集めるようにしよう。コートの周りの環境をよく調べ、コートの速さ、スピンのかかり具合、滑りやすいエリアなど、コート・サーフェスに関しての特徴を探ろう。さらに、太陽、陰、風、観客の位置などの環境条件を調べよう。また、相手の長所や弱点を観察し、情報を冷静に分析しよう。ここで私たちは、これは相手が自分よりも優れているかどうか判断する時間ではなく、情報を集める時間であることを、選手に念を押す。ここで判断を下してしまうと、選手は自信を失うかもしれないし、あるいは逆に自信過剰になるかもしれない。

適切な意志やよく考え抜かれたプランにもかかわらず、状況によっては試合当日にその変更を余儀なくさせられることもあるだろう。私たちは、予期せぬ問題や集中を妨げるものに対処するために、万一に備えたプランを考えておくように選手に勧めている。起こりうる問題を想定し、その解決策を書き留めておくと、いざというときに役に立つ。

いくつかの例をあげよう。相手が試合前にあなたに対して失礼な態度をとったら、どうするか。相手が話し好きで、やたらと親しく接してきたらどのように対応するか。試合を始める直前に、コーチやパートナー、親といざこざがあったら、どう対処するか。トーナメントの組み合わせで、今までに勝ったことがない相手と対戦することになったら、どのように対応するか。ずるいプレーをする相手や、相手に対してやたらうるさい応援をする観客など、気を散らすような問題にどのように対処するか。

逆境は、試合前や試合中に、さまざまな形で数え切れないほど襲ってくる。あらゆる状況に対処する準備をしておくことは、ベストのプレーをするのに役立つだろう。コントロールできない状況に効率よく対処できるようにしておくことは、姿勢、集中力、努力など、自分でコントロールできるものに集中することを助けてくれるだろう。

7 劣勢を挽回する

カール・サンドバーグは、「ゲームセットが宣言されるまでは、試合は終わりではない」と言った(あるいは、ヨギ・ベラがだったかもしれない)。いずれにしても、そのメッセージは、戦い続け、努力を続ければ、望みのない試合やゲーム、セットでも逆転できるということである。逆転するよりもあきらめた方が簡単な場合でも、試合終了の笛が鳴るまで、本物の勝者は戦い続ける。グリーンベイ・パッカーズの伝説的なコーチ、ビンス・ロンバルディは、「私たちは負けてはいない。時間が足りなかっただけだ」と言った。競技者はみんな、この勝利の姿勢を持つべきである。

負けそうな状況から逆転するために必要なのは、取り組む姿勢である。私たちは、このような姿勢を示す言葉がロッカールームの壁に掲げられているのをよく目にする。「困難な状況では、タフに戦え。」

精神的な強さがあるかどうかが、偉大な選手と優れた選手の違いである。勝つか負けるか、偉大

な選手は、各ポイントを戦い、奪い取る。彼らは、スコアにかかわらず、あきらめない。偉大な選手は、負ける場合でもコート上のプレーに身も心も打ち込む。このような選手は、試合の後で自らの姿を鏡に映して、こう言うだろう、「私はすべてを出し切った。もう何も残っていない。」あなたがこのような姿勢で取り組めば、どんな敗北も、勝利に等しいと言える。

このような精神的な強さの重要性は、自分が負けたとは決して考えなかったジョン・マッケンロー、ジミー・コナーズ、クリス・エヴァートのような選手をみれば明らかである。エヴァートは、「負けないために戦った」と語った。コナーズは、勝つためだけにプレーし、サーブすることも忘れるほど、コートですべてを出し切るまで戦った。

テニス選手は、適切な習慣を身につけ、精神的な準備や集中に継続的に注目することにより、成功するための精神力を養うことができる。スポーツ心理学者は、ウィニング・ショットやポイントを取ることを1プレーずつ視覚化し、イメージするように勧めている。勝っても負けても、いつも一定のお決まりの動作を続け、深呼吸をし、ラケットのガットを調節して、精神を集中しよう。

要約すると、勝利とは気持ちの問題であり、あなたが勝てるようなことが何かしら起こるだろうと信じることである。スコアは二の次である。試合の間中ずっと、心の中で、各ポイント、各ゲームをコントロールするべきである。これを実行できれば、スコアに関係なく、あなたは勝利者になるだろう。

8 勝っているときに集中し続ける

スポーツの中で習得が最もむずかしいものの1つは、勝っているときに集中を維持することである。しかし、勝利はつかみどころがないことが多く、また、気が弱い人からは逃げてしまう。

第3セット、5-2でリードしていたにもかかわらず試合を落とすことは、いろいろな要因の組み合わせによってありうることである。まず、相手は敗北の入口に立つと、それまで以上に懸命に努力する。相手の新たな集中が、あなたを捕らえ、その結果あなたにより慎重なプレーをさせるだろう。あなたがマッチポイントにたどり着くためのゲーム・プランを完全に捨ててしまうかもしれない。これを流れの変化と言う人もいる。よくあることであるが、流れが相手に傾き始めると、何が起こるかわからない。

こうした状況に当てはまる言葉がある。「強化するのでなければ、勝っている試合を変えてはいけない。」ベースライン・スタイルからサーブ・アンド・ボレーへ変えてはいけない。それまで通りのプレーを続けることである。

1ポイントずつ確実に勝ち取り、スコアについて考えないことは、勝利者の習慣である。勝利を逃すことは、すべてのスポーツ選手が向き合わなければならないことである。動じない人はいない。感情を人よりもうまく隠すことができる人がいるだけである。勝利を目の前にして、負けることは、すべてのスポーツで起こる。勝利の方程式はない。

しかし、勝利を逃さないようにするためにできることが、1つある。質の高い練習を通じて自分自身を鍛え、試合が近づいても、試合について考えないこと。質の高い練習が質の高い試合を作り出すことを覚えておいてほしい。

9 パワーのある選手と戦う方法

テニスの歴史の中で、他のいかなるスタイルの選手よりも、パワーのある選手がいちばん恐れられている。相手のスマッシュがあなたの横を飛んでいくのを見ることほど、いらいらすることはな

いだろう。望みがないと感じるかもしれないが、自分を守る方法がある。勝利を手にするために、1つのショット、1つのポイントをそれぞれ別々のものとしてプレーすることである。

パワーのある選手とプレーする方法を理解するために、最初にパワーのある選手の長所と傾向を理解しなければならない。私たちは、戦術ほど技術的な面は心配していない。昔は、ロスコ・タナーやヴィクター・アマヤのようなパワーのある選手は、強力なサーブだけで、他には何も持っていなかった。彼らはサーブで勝ち、サーブで負けた。1980年代には、パワーゲームは、ジミー・アリアスやアーロン・クリックステインのような、強力なフォアハンドに移行した。彼らもまた唯一の武器に頼っていた。1990年代には、アンドレ・アガシやジム・クーリエのような選手がいる。彼らは、強力なフォアハンドだけでなく、パワーとライジングで捕らえる能力を持っている。これらの選手には共通点がある。彼らはエースを打ち、彼らの持つ武器によって相手を防御的なプレーに追いつめる能力に頼っているということである。

パワーのある選手は、エースを多く打ち、迅速にポイントを取ることが得意である。これには、2つの効果がある。第一に、ボールをプレーすることができないようにすることで、相手の気持ちをくじくことができるということである。第二に、相手が多くのアンフォースト・エラーをするようになることである。

相手が自信を持ち、よいリズムを作り出すことができないように、パワーのある選手は、迅速にポイントを取るように努力する。パワーのある選手と戦う相手は、試合が進むにつれて、より不快になる。どのようにパワーのある選手と戦い、パワーに対応するか。どのように試合の流れを取り戻すか。パワーのある選手が何を求め、何がうまくいっているか理解すれば、逆転するために、より容易に戦略を展開することができる。

技術的な見地から見ると、早い準備が不可欠である。ボールが強く、速く飛んでくるので、相手のラケットからボールが離れるときに、ボールを認識しなければならない。ボールがネットを越え、コートで弾むまで待つ時間はない。瞬時にボールに対する準備をして、移動を開始すること。十分に腰と肩を回転させ、また、よいバランスとポジションを確保するために、一連の動作でラケットを引かなければならない。さらに、ボールを前でとらえ、相手の力を利用できるように、バックスイングを小さくすることを忘れないようにしよう。力強くではなく、賢くプレーしよう。激しい打ち合いの中で相手に打ち勝とうとしないで、相手のミスにつけ込むようにしよう。できるだけ多くのプレーを続けるように、努力する必要がある。

いつも以上にがまん強くなろう。パワーのある選手は、スピードを好み、迅速にポイントを取ることが好きである。したがって、飛んでくるボールの力をやわらげ、スピードに変化をつけるようにしよう。パワーのある選手は、ベースライン付近にゆっくりと飛んでくるショットに、スピードを加えることが困難であると感じる。高いループ・ボールも忘れないでほしい。このショットは、パワーのある選手の気を狂わせる。

最後に、次のショットに準備する時間をより多く確保するために、ベースラインの後方へ移動しよう。しかし、相手がアングルを狙い始めたら、相手が狙うコートを狭くするために、ベースライン付近へと前に移動すること。

以上のように、パワーのある選手に対して用いるプランを確立したら、あとは結果をあまり気にすべきではない。相手が何を行おうとしているかを理解すれば、戦略を展開し、実行することはむずかしいことではない。あなたが毎日練習でこれらのヒントを実行すれば、勝利はすぐに、考えて

いる以上にたくさんやってくる。

10 不正とこそくなかけひきへの対処法

　この約40年の間に、私は不正やこそくなかけひきによって、試合の勝敗が決まったのを見たことはない。しかし、このような小手先の汚い戦術を用いて、ポイントやゲームが勝ち取られることは何度も目撃した。

　ゴルフでは、ボールをカップの近くに蹴ったり、ストローク数を数えなかったりすることは明らかに不正な行為であるが、テニスでは、不正の定義が明らかではない。それにもかかわらず、ライン・コールに疑問を持つこと、ポイント間に長い時間をかけること、急にサーブを打つことなどは、すべてテニスというスポーツを軽蔑し、エチケットに反する戦略と言っていいだろう。

　しかし、相手の勢いやゲームを攪乱するために用いられる戦略は、認められる。例えば、プレーの速さを変え、相手のリズムを混乱させてもよい。こそくなかけひきと戦略として認められることを明確に区別できないこともあるかもしれないが、なかには、不快でないにしても、明らかに不謹慎だと思える行動がある。私はこうした行為があったときには、すぐに判断せず、相手が疑わしいときでもよい方に解釈するように選手に勧めている。しかし、不正が明らかな場合には、コールが確かかどうか相手に尋ね、審判に声をかけ、自分に不利にならないように追求すべきである。

　こそくなかけひきをしてくる相手を抑えるために、自分のプレーに集中し、相手のふるまいに巻き込まれないようにすることを勧める。あなたの集中力が切れ始めた場合は、次のようなことをしてみよう。

・強力なサーブを打つ。
・ネットに出る。
・よいショットを打つ。
・長いポイントをプレーする。
・ボールに集中し、プレーしているポイントだけについて考える。

　不正やこそくなかけひきをする相手と対戦する場合と同じように、スポーツ選手は、レフェリー、審判や判定ともうまく付き合っていかなければならない。選手は、どのようなレフェリーや審判であっても、また、どのような判定が下されても、それに影響されずに、ゲーム・プランに専念する方法を理解していなければならない。

　例えば、バスケットボールでは、バスケットに向かって進むときにひどいファウルを受け、ボールを奪われた選手は、主審のホイッスルを期待するだろう。しかし、ファウルはコールされないかもしれない。バスケットボールでは、選手は、主審のひどい判定を無視し、ゲーム・プランを実行して試合に勝つという、与えられた仕事に集中することを教えられる。

　ビリー・ジーン・キングは、プレーに集中するあまり、誰とプレーしているのか忘れることがよくあったいう。彼女は、ボールと現在プレーしているポイントに集中していたのであろう。この集中と決心が、ボロテリー・テニス・アカデミーでのメンタル開発プログラムの核心である。

　メンタル開発プログラムは、スポーツ心理学に基づいた予防的な取り組みである。テニスのための総合的なプログラムとして、選手の生活のあらゆる面を考慮して作成されている。メンタル開発プログラムは、相手がこそくなかけひきや不正をしても、より高いレベルのプレーを維持するためのヒントを提供する。選手がなぜそこにいるのかという問題の本質に焦点を絞る。

　オークランド・レイダーズのアル・デイビスは言った。「たんに勝てばいいんだ。ベイビー勝つんだ。」

11 長所の開発と利用

　数多くのクリニックやワークショップに参加し、私たちのコーチの話を聞いて、限界を感じていたら、あなた自身のテニスを開発するときである。アカデミーで私たちは、自分自身のスタイルと能力を土台にしてプレーすることを説き、指導し、教える。決してマッケンローやヒンギスになろうとしないでほしい。あなた自身になろう。ベースラインで快適なプレーができるのであれば、ベースラインでプレーすること。チップ・アンド・チャージやサーブ・アンド・ボレーで攻撃するのが好きならば、あなたが最も好きなプレーをするようにしよう。カウンター・パンチャーならば、浅いボールやドロップ・ショット、アングル・ショットを使って相手をネットに引きずり出すこと。走ることが好きで、一日中コートにいようという覚悟があるのであれば、もちろん、ムーン・ボーラーになることを考えよう。

　スタイルは、たった一つしかないわけではない。世界各地からの選手が、トーナメントで優勝するために、いろいろなスタイルを使用した。自分自身を見て、あなたの能力に最も適したものを正直に選ぶこと。自分自身をきちんと把握し、攻撃の計画を組み立てること。脱線したり、妥協したりしないで、長所を活かしてプレーすると、最高のプレーを維持することができるだろう。

　有名なナイキのスウォッシュ・マークの宣伝から盗むと、「ジャスト・ドゥー・イット！」——ただそれをやろう。

　物議をかもしたグリップを変更し、バックハンドを回り込んで打つのをやめるようコーチが要求していたら、ジム・クーリエはどのような結果に終わっていたか考えてほしい。彼の破壊的なフォアの逆クロスは、どうなっていただろうか。彼は、世界ランキング1位になっていただろうか。万一、コーチがボレーで飛び込んではだめだと、ベッカーに主張していたらどうだろうか。あなたが快適に感じられるスタイルでプレーしてほしい。結果はどうであれ、自分自身、気持ちよくコートから出ることができるだろう。

　あなたもその1人かもしれないが、ネットでのプレーで、あるレベルまでにしか達することができない選手がいるのは確かである。それは、単純にスピードや勘を持っていないからだ。または、何をすべきか、どこに立つべきかわからず、自信がないのかもしれない。しかし、これは優れた選手になれないという意味ではない。世界一流のベースライン・プレーヤーのリストは無限である。あなたもベースラインにとどまり、グラウンド・ストロークを打ち続けるべき選手の一人かもしれない。

　明らかに、逆もまた真実である。あなたがフォアハンドかバックハンドが不得意であったとしても、ネットに早く、頻繁に出ることで、弱点を最小限にすることができる。

　ボロテリー・テニス・アカデミーでの私たちの哲学は、70％の時間を学生の長所に、残りの時間を不得意なことに費やすことである。不得意なことを軽視してはいけないが、50：50の割合で取り組むことを主張し、不得意なことを大げさに扱ってもいけない。このようなスケジュールは、あなたの弱点を克服するのではなく、長所を弱めることになるだろう。

　弱点を克服することができずに、多くの選手の夢が破れるのを、私は見てきた。私の考えでは、彼らがもっと長所を伸ばすようにしていれば、もっとうまくいっていたように思う。

第13章
ラケット、ストリング、グリップ

> 用具について理解し、自分のプレーに合ったものを選択し、調整することは、よりよいプレーを可能にし、より多くの勝利をもたらしてくれる。

本章では、テニス用具の特徴とプレーとの関係について考えてみたい。最新技術で作られたラケット等の用具について知ることは、実際のプレーに際して、用具の調整をするのに役立つだろう。

不適切なラケットやストリングはないと考えてよいだろう。しかし、製品の仕様やコンセプトを理解しないと、誤った選択をすることがある。あなたに合った用具を選択することで、よいプレーが可能にになり、多くの試合に勝つことができるようになるだろう。

1 ストリング

ラケットでボールを打ったときに、ボールに与えられるエネルギーは、次の要素に分けられる。

- エネルギーの60％は、ストリング・ベッド（ラケットに張られているストリング）から生まれる。
- エネルギーの30％は、ボール自体（ゴムの反発作用）から生まれる。
- エネルギーの10％は、あなた自身の力とラケット・フレーム（ストリングではなくフレーム自体）から生まれる。

この事実は、覚えておくべき大切なことである。上の数値は、適切なストリング——適切な張りの強さ（テンション）、ストリングの種類、ストリングの質、ストリングの古さ（新しさや弾力）——がいかに大切かを証明している。

では、テニスボールを打つために最も重要なもの、ストリングから話を始めよう。使用するストリングのタイプやブランドが何であっても、ストリングには次の10原則が当てはまる。それらは、ストリングがどのようにあなたのテニスに影響を及ぼしているか説明するのに役立つだろう。

■ストリングの10原則

① 低いテンションは、大きなパワーを生み出す（ストリングの異常なずれが生じていないことが前提）。
② 高いテンションは、コントロールを高める（パワーが小さくなると、ボールのコントロールは向上する）。
③ 長いストリング、または大きなストリングのエリアは、大きなパワーを生み出す。
④ 密度の低いストリング（目の粗いストリングのパターン）は、大きなパワーを生み出す。
⑤ 細いストリングは、大きなパワーを生み出す。
⑥ 弾力のあるストリングは、大きなパワーを生み出し、インパクトでの衝撃を吸収する。
⑦ 柔らかいストリング、柔軟なコーティングがされたストリングは、振動を抑える傾向がある。
⑧ 細いストリングは、ボールに多くのスピンを加える。
⑨ 密度の低いストリングは、ボールに多くのスピンを加える。
⑩ 弾性の高いストリングは、張った後にテンションが低下しやすい（事前に伸ばしておくと、この影響を抑えることができる）。

❶ ストリングのタイプと構造

　少し前までは、ストリングを選ぶのに、ナチュラル・ガットとナイロン・ストリングの2つの選択肢しかなかった。ナチュラル・ガットのストリングは、テニスが考案されたときから使用されてきたストリングで、ほとんどのトッププロは、その優れた特性から、ナチュラル・ガットを使用している。
　今日、多くのナイロン・ストリングは「シンセティック・ガット」（シンセティック＝「人工的な」、「合成の」という意味）と呼ばれている。この名前は、誤解を招きやすいが、重要なポイントは、このようなストリングがすべて、ナイロンをもとにして作られているということである。シンセティック・ガットのストリングは、通常のナイロン・ストリングより長持ちするが、基本的な化学構造はまったく同じである。
　ある特定のシンセティック・ガット・ストリングの特徴が、あなたのテニスに向いているのであれば、その製品を使い続けることはよい結果につながるだろう。しかし、古くなって、弾性を失ってしまった高価なシンセティック・ガット・ストリングよりも、新しい一般的なナイロン・ストリングの方が優れていることを覚えておく必要がある。
　今日のナイロンやシンセティック・ガットはその構造によって、次のように分類される。

　(1) シングル・コア（ポリエステル・ストリング）
　(2) シングル・コア／シングル・ラップ
　(3) シングル・コア／マルチ・ラップ
　(4) マルチフィラメント
　(5) マルチ・コア／シングル・ラップ
　(6) マルチ・コア／マルチ・ラップ
　(7) 複合タイプ
　(8) アラミド／ハイブリッド（ケブラーとその他の素材）

　これら8つのタイプのうち、シングル・コア／シングル・ラップのタイプが、今日生産されているストリングの70％以上を占めている。このストリングが広く受け入れられている主な理由は、安価でありながら、全体的な性能が優れているからである。

❷ シンセティック・ストリング

　シンセティック・ストリングについてわかりやすく説明するために、それぞれのストリングの特徴と、どのような人に適しているのかを見ていこう。

(1) シングル・コア・シンセティック・ストリング

ポリエステル・ストリングはシングル・コアの分類に入る。これは長年使われてきたもので、最近、あらゆるレベルの選手に人気がある。他のシンセティック・ストリングと同じように、いろいろなゲージ（ストリングの太さ）があり、さまざまなメーカーが製造している。

◇長　　所
- 耐久性が高い
- コントロールのよさ *
- 感触がよい
- 切れにくい

＊ポリエステルのストリングは、他のシンセティックよりも弾性が小さく、コントロールに優れているが、あまり強く打つことはできないという意味である。

◇短　　所
- テンションの低下
- ボール・スピードが遅い
- 振動と衝撃を高める
- 張り上げるのがむずかしい

◇代表的な製品
- バボラ「プロハリケーン」
- ゴーセン「ポリロン」

(2) シングル・コア／シングル・ラップ・シンセティック・ストリング

シングル・コア／シングル・ラップ・シンセティック・ストリングは、今日のストリング市場の70％以上を占めている。この人気のストリングは、一つの大きな芯を持っていることから、耐久性に優れている。芯の外側に巻かれた細いフィラメント（あるいはファイバー）は、テンションを維持し、芯がボールのインパクトによって摩滅したり切れたりするのを防ぐことに役立っている。

人気のあるストリングなので、いろいろなゲージを選択することが可能である。これがあなたのプレーに最も適したストリングのタイプであれば、安価に購入できるところを探してみよう。パッケージや価格が違うだけで、同じようなストリングがいくつものメーカーから発売されている。

◇長　　所
- ゲージの種類が豊富
- 耐久性が高い（太いゲージ）
- パワーとコントロールのバランスがよい

◇短　　所
- 種類が多すぎて、適したストリングを見落とす可能性がある
- 切れる前に使えなくなる
- 腕への衝撃と振動が強い

◇代表的な製品
- バボラ「デュララスト」
- プリンス「シンセティック　ガット　オリジナル」
- ゴーセン「オージー　シープ」
- ウィルソン「ポリラスト」

(3) シングル・コア／マルチ・ラップ・シンセティック・ストリング

大きなサイズのラケットが多くの人に使われるようになったため、シングル・コア／マルチ・ラップ・シンセティック・ストリングが、人気を集めている。芯が細いので、これらのストリングは、より柔らかなプレーを可能にする。外側に巻かれた巻糸は、耐久性を高めるとともに、プレーアビリティーを向上させるのに役立っている。

◇長　　所
- 腕への柔らかな感触
- 切れにくい
- ゲージの種類が豊富

◇短　　所
- あまりキレ（打球感）を感じない

- ・テンションの低下が大きい
- ・耐久性が低い

◇代表的な製品
- ・バボラ「インターナショナルツアー」
- ・トールソン「TNT」

(4) マルチフィラメント・シンセティック・ストリング

　マルチフィラメント・シンセティック・ストリングは、芯がなく、ナチュラル・ガットと同じ方法で、多くの合成繊維をより合わせて作られている。このストリングの最大の特長は、プレーアビリティーにある。生産が技術的にむずかしいため、シンセティック・ストリングの中では最も高価である。

　シンセティック・ストリングの中では最高のプレーを可能にし、すべての特徴において最もナチュラル・ガットに近いものと言える。

◇長　　所
- ・感触がいい
- ・パワーを高める
- ・腕への衝撃や振動が小さい
- ・大型のラケットに適している

◇短　　所
- ・テンションの低下
- ・耐久性が低い
- ・トップスピンをかけるときに切れやすい

◇代表的な製品
- ・バボラ「ファイバープレミアム」
- ・バボラ「ファイバーツアー」
- ・ウィルソン「スパイデックス」

(5) マルチ・コア／シングル・ラップ・シンセティック・ストリング

　マルチ・コア／シングル・ラップ・シンセティック・ストリングは、比較的新しい分類である。単一の芯のストリングよりもプレーアビリティーは高く、巻糸が耐久性を高める。シングル・コアのストリングとマルチフィラメントのストリングの中間の特徴を持っている。

◇長　　所
- ・柔らかな感覚
- ・シングル・コアよりも衝撃や振動が小さい
- ・パワーとコントロールのほどよい調和
- ・いろいろなタイプの選手に適している

◇短　　所
- ・テンションの低下
- ・あまり耐久性がない
- ・切れやすい

◇代表的な製品
- ・プリンス「ヘリックス　プロ」

(6) マルチ・コア／マルチ・ラップ・シンセティック・ストリング

　補助的な巻糸は、耐久性を高め、複数の芯は細いので、プレーアビリティーが高くなる。市場はたいへん小さい。

◇代表的な製品
- ・プリンス「パーフェクション」

(7) 複合タイプ・シンセティック・ストリング

　複合タイプ・シンセティック・ストリングは、それぞれの素材の持つ長所を引き出すため、いろいろな素材を組み合わせている（例えば、耐久性が高く、プレーアビリティーの優れたストリングを作るために、通常のナイロン繊維とケブラーやザイエックス繊維を組み合わせるなど）。

　一般的には、価格が高く、あまり小売店で見かけることはない。

◇長　　所
- ・耐久性が高い
- ・腕にやさしい感じがする

- 大型のラケットに適している

◇短　所
- 切れるよりも早くプレーアビリティーが失われる
- パワーが小さい
- 価格が高い

◇代表的な製品
- ゴーセン「アラミックス　プロ」

⑻アラミド／ハイブリッド・シンセティック・ストリング

　頻繁にストリングが切れる人のために開発されたストリングで、ケブラーやテクノラのようなアラミド繊維で作られている。

　一般的には、このストリングは、複数の素材のコンビネーションを使用する。縦糸は全体がケブラーか同様の素材で、横糸は通常のナイロンで作られている。他のストリングと同じように、ラケットの縦糸がパワーを生み出す。横糸は、インパクトのときに縦糸がずれないようにするのが主な役割である。

　このストリングは、腕への衝撃や振動が大きくテニス肘を引き起こす可能性があるので、耐久性を求める人のための最後の手段と考えた方がいいだろう。プレーを始めたばかりのジュニアや、腕や肩を故障した経験のある人は、このストリングを試す前に太いゲージや耐久性の高いストリング、あるいは、目の細かいストリング・パターンのラケットを試した方がよいだろう。

◇長　所
- 耐久性に優れている
- コントロールの向上
- テンションの維持

◇短　所
- 腕への衝撃や振動が大きい
- パワーが小さい*

- 弾性が低い

＊ケブラーの非常に低い伸縮性や弾性がボールのスピードを減少させるため、より大きなコントロールが感じられる。

◇代表的な製品
- プリンス「プロ　ブレンド」

❸ストリングのゲージ（太さ）

　ゲージは、ラケットに張る前に測定されたストリングの太さ（直径）で、ミリメートル単位で表される。ストリングがどのようにあなたのテニスに影響を及ぼすか探っていくときに、この太さの違いを理解することは重要である。

　現在使われているストリングの中で、最も人気があるのは16ゲージ（1.26～1.34mm）である。このゲージは、パワー、コントロール、耐久性をほどよく兼ね備えている。より細いストリングは、プレーしやすいが（ストリングの10原則参照）、耐久性が低い。表13-2は、ストリングのゲージがどのようにプレーアビリティーに影響を及ぼすかを示している。

　細いストリングは、太いストリングより弾性が高い。これは、細いストリングの方が、同じ強さのテンションで張ったときに、より多くのエネルギーを保持することができることを意味する。実際に張ったときに感じられるテンションの違いは、もっと大きいだろう。15ゲージのストリングを60ポンドで張ったラケットが気に入っているけれども、より細い17ゲージのストリングを試してみたいというときには、それに応じてテンションを調節する必要がある。

　パワー、コントロール、耐久性の最適な組み合わせを見つけるために、いろいろなゲージを試してみるといいだろう。同じようなゲージの変更でも、ストリングの構造タイプの違いによって、プレーへの影響やその感じ方は異なってくる。

表13-1 ゲージ対照表
（アメリカとヨーロッパのストリング・ゲージ表示）

アメリカ	ヨーロッパ	インチ	ミリメートル
13	12	0.065～0.071	1.65～1.80
14	11	0.059～0.065	1.50～1.65
15	9.5	0.056～0.059	1.41～1.49
15L	9	0.052～0.056	1.33～1.41
16	8.5	0.050～0.053	1.26～1.34
16L	8	0.048～0.051	1.22～1.30
17	7.5	0.046～0.049	1.16～1.24
18	7	0.042～0.046	1.06～1.16
19	4	0.035～0.042	0.90～1.06
20	3.5	0.031～0.035	0.80～0.90
21	3	0.028～0.031	0.70～0.80
22	2.5	0.024～0.028	0.60～0.70

表13-2 ゲージとプレーアビリティーの関係

	太めのストリング	細めのストリング
パワー	小さい	大きい
コントロール	大きい	小さい
スピン	小さい	大きい
耐久性	高い	低い

❹ナチュラル・ガット

　今日数え切れないほどのシンセティック・ストリングが市場に出ているにもかかわらず、多くの選手は、いまだにナチュラル・ガットが最高だと評価している。ストリング・メーカーは、その優れた感触とプレーアビリティーを再現しようと懸命に努力しているが、これまでのところ、ナチュラル・ガット以上のものはできていない。そのため私たちは、「ナチュラル・ガットに近いプレー」という表現をよく聞いたり、読んだりすることになる。

　ナチュラル・ガットは、高品質の牛の腸から作られる。腸の表面部分だけが使用される。その製造工程は3か月も要する、繊細な手作業である。

　ナチュラル・ガットは、牛肉の副産物であり、ナチュラル・ガットを作るためだけに処理される牛はいない。これがシンセティック・ストリングと比較して、高価になる理由である。

　ナチュラル・ガットは、最高のプレーができるストリングである。ナチュラル・ガットは、どのシンセティック・ストリングよりもテンションの維持にはるかに優れている。また同時に、衝撃と振動をよく吸収する。実際の「接触時間」（ボールがストリング・ベッドにのっている時間）は、シンセティック・ストリングよりも、ナチュラル・ガットの方が長くなる。したがって、選手は、非常に長いホールド感、ボールへの食いつきのよさを感じる。テニス界には、次のような格言がある。「一度ナチュラル・ガットを試したら、二度とシンセティックには戻れない。引っ掛けられたな！」

　長年、ナチュラル・ガットの耐久性が疑問視されていた。ストリンガーの中には、ナチュラル・ガットを扱う方法を知らない人がいるので、このような疑問が生まれたのであろう。正しく扱われれば、ナチュラル・ガットは耐久性が高く、通常のシンセティック・ストリングより長くプレーが可能である。

　シンセティック・ストリングは、ラケットに張ってから最初の24時間で、テンションが平均15～18％低下する。それに対して、ナチュラル・ガットは、平均5～8％しか低下しない。シンセティック・ストリングは、15～20時間の通常のプレーの後に「死んだ状態」（弾性を失った状態）になるだろう。しかし、ナチュラル・ガットは、永続的に弾性を保持する。

　腕や肩に故障があれば、ナチュラル・ガットは、最良の治療法である。ナチュラル・ガットは、何百もの腸の細いヒモを集め、よって作られる。ボールを打つときに、それぞれのヒモが一緒に作用し、衝撃と振動を吸収し、最適なパワーをもたらす。ナチュラル・ガットは、いろいろな太さのゲージのものが入手可能である。シンセティック・ストリングの構造やゲージについて学んだことは、ナチュラル・ガットにも当てはまる。

◇長　　所
　・パワーを高める
　・コントロールの向上
　・テンションの維持
　・腕や肩への負担が少ない
　・プレーアビリティーの持続
◇短　　所
　・価格が高い

❺プレー・スタイルとストリング・タイプの一致

　選手によく尋ねられるストリング・タイプについての質問について考えてみたい。あなたが最適なストリング・タイプを見つけるときに、この解説を参考にしてほしい。

　あなたが以下のような必要性を感じているとしたら、該当するストリングを試してみてはどうだろうか。

○パワーを高めたい
　⇨ナチュラル・ガット、マルチフィラメント、細めのゲージ
○コントロールを高めたい
　⇨シングル・コア、シングル・コア／マルチ・ラップ、ハイブリッド
○よい打球感を得たい
　⇨ナチュラル・ガット、マルチフィラメント、細めのゲージ
○衝撃や振動を減らしたい
　⇨ナチュラル・ガット、マルチフィラメント
○耐久性を高めたい
　⇨複合タイプ、太いゲージ
○しっかりした感触を得たい
　⇨シングル・コア／シングル・ラップ、アラミド／ハイブリッド

2 テンション

　覚えておくべき最も重要なことは、テンションはたんなる数字であるということである。ラケットにストリングを張るとき、そのテンションは次のようなものに影響を受けるだろう。

　・機械の種類（分銅式、バネ式など）
　・測定方式
　・機械を扱う人
　・ストリングの種類（ゲージ、伸縮性、弾性など）
　・ラケットの種類
　・ラケットのストリング・パターン
　・ラケットの状態

　こうしたことから、ストリング・マシーンで設定された数字（テンション）は、標準テンションであり、目安と考えた方がよい。張られた後の実際のテンションは、標準テンションと25％も異なることもある（テンションが低いことの方が多い）。他にも次のような実際のテンションに影響を与える要因がある。

　・ストリングのテンションの持続性
　・天候などの自然環境（とくに暑さ）
　・使用中にストリング・ベッドにかけられたストレスの量（使用頻度や強度）

　テンションに影響を及ぼす要因についてさらに理解するために、これらをより詳しく見ていこう。

❶ストリング・マシーンの種類

　最初のラケット・ストリンガーは、本当の職人だった。彼らはストリングを張るために、木製の釘などを使用し、テンションを得るために、釘にストリングを巻き、ストリングを引っ張り、理想的な音が聞こえるまでねじった。その後、ストリンガーは、慎重にフレームの穴に釘を差し込み、フレームに引っ張られたストリングを取り付け

た。このようにして1本のラケットにストリングを張っていった。理想的な音を聞くことが適切なテンションを得る唯一の方法だったので、初期のストリンガーは、個人差が大きかったようである。ストリンガーによってラケットの特徴が違ってくるので、選手は、めったにストリンガーを変えることはなかったようである。

　最初に登場したストリング・マシーンは、分銅式のものだった。ストリングを支えるレバーに一定の重量を加えることで、一定のテンションで引くことができた。同じ分銅式システムを使用することによって、ストリンガーは、互いに同じような仕事をより正確にこなせるようになった。

　この機械は、すぐにクランク、バネ式の機械に取って代わられた。最も人気があったのは、エクテロンの機械であった（現在はプリンス社によって製造され、ネオスという商品名で呼ばれている）。このマシーンは、現在でも多く使われており、信頼できるサービスと安定性で長い間よい評判を得ている。

　現在の最先端のストリング・マシーンは電動式のものである。正確に一定の力でテンションをかけることによって、人為的な要因をほとんどすべて取り除いた。これは、伸縮性、摩擦性、弾性の違ういろいろな種類のストリングを扱うことができる唯一の機械である。電動式マシーンは、現在利用できる最も正確な機械で、すべてのプロ選手のトーナメントで使用されている。

　代表的なストリング・マシーンは、次の通りである。
(1)分銅式
　・イグニス　Smart707
　・張名人　45SP
(2)バネ式
　・トアルソン　X-ST
　・ゴーセン　GM400

　・イグニス　ST-250
(3)電動式
　・ゴーセン　GM580
　・トアルソン　X-ES
　・イグニス　ネオンCX21

❷測定方式

　前にも述べたように、テンションの数字はたんなる目安に過ぎない。正確なテンションを測定することで、実際のテンションと標準テンションを近づけることができるようになるだろう。また、ストリング・マシーンの種類によっても、実際のテンションは異なってくるだろう。これらの機械の間の違いを把握しておくことは、ある機械から別の種類の機械に変更したときに、好みのテンションで張るために役立つだろう。

　例えば、標準テンション60ポンドで、ラケットにストリングを張ってもらいたいとしよう。いつも、エクテロン（バネ式のストリング・マシーン）でストリングを張ってもらっているとしたら、別の種類の機械で張ってもらうときには（すべての機械で数字は、正確に測定されると仮定して）、次のことをお願いしよう。

○分銅式：標準テンションから5～10％大きくする（63～66ポンド）

○電動式：標準テンションから5～10％小さくする（54～57ポンド）

　これは、電動式の機械が、分銅式やバネ式よりも堅いということではない。電動式の機械の方が、要求された標準テンションにより近いということを意味する。伸縮、摩擦などはこの電動式の機械に、ほとんど影響しない。

　テンションについて理解して、あなたが好むテンションに近づけることができれば、あなた自身もあなたのテニスも恩恵を得られるだろう。同じテンションを要求しても、機械によって異なるこ

とを知っていれば、好みのテンションを得るのに役立つだろう。数字にだまされないで、賢く、あなたのテニスに適したテンションでプレーすることを忘れないでほしい。

ストリンガーは、毎日、仕事を始める前に、ストリング・マシーンを点検し、調整するようにすべきである。毎日機械が、同じように働くことを確かめることで、ストリンガーはより安定した仕事ができる。機械が最後に調整されたのはいつか、機械が正確に動作するかをストリンガーに尋ねることは、あなたの責任である。各メーカーは、適切な調整技術について一定のガイドラインを示している。いつ、どのように機械を調整するべきか知らない店やストリンガーは避けるようにしよう。あなたが自分のテニスについて考えているほど、そのようなストリンガーは、自分の仕事に関心がないということを肝に銘じておこう。

❸ストリンガー

要求された標準テンションに近い実際のテンションを達成するために、ストリンガーは熟練していることが求められる。ストリングが緩くなったり堅くなったりするのは、通常、機械よりもストリンガーによる影響が多いようである。どのようなことでも質を高めるには、時間がかかる。ラケットにストリングを張ることも例外ではない。例えば、機械がテンションをかけ終わる前に締め金をはずしてしまうなど、もしストリンガーが細かいことを気にしていなければ、ストリングが緩く感じられるかもしれない。

機械を使う人、機械の調整がテンションに最も影響を及ぼす2つの要因だが、その他の要因もある。

❹ストリングの種類

ストリングの構造のところで、さまざまなタイプのストリングがあり、異なる性質を持っていることを学んだ。同じ標準テンション（機械にセットされたテンション）でも、ストリングのタイプが異なれば、実際のテンションは違ってくるだろう。

この違いは、次のような要因で引き起こされる。
・ストリングのゲージ
・ストリングの構造や素材
・ストリングの伸縮性
・ストリングの弾性（または反発力）

結論としては、あなたが自分のラケットにいつもと違うストリングを使用すれば、同じ標準テンションで張ったとしても、いつもと違った感じがするかもしれないということである。この違いについては、独自に勉強するか、あるいは専門家に意見を求めてみよう。

❺ストリング・パターン

ストリング・パターンはラケットによって異なる（図13-1参照）。間隔の狭いパターン（縦、横のストリングの本数が多い）は、ボールのインパクト時にストリングがずれにくいので、ストリングの耐久性を高め、コントロールが高くなる。一方、間隔の広いストリング・パターンは、打つときのパワーやスピンを向上させる傾向がある。また、間隔の狭いパターンは、間隔の広いものよりも、ストリングが堅く張られているように感じられる。

ストリング・パターンだけが異なる、全く同じ2つのラケットで、その特性の違いを見てみよう。1つのラケットは、間隔が狭いストリング・パターンを持っていて、縦糸が18本、横糸が20本のもの。もう1本は、間隔の広いストリング・パターンで、縦糸が16本、横糸が18本である。指定された標準テンションは、60ポンドである。この2つラケットを比較すると、表13-3のよう

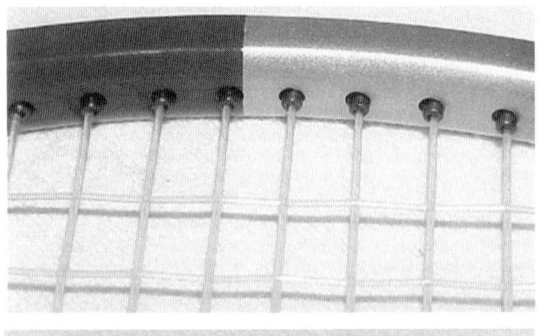

図13-1 ラケットによってストリング・パターンは異なる。

表13-3 ストリング・パターンとその特性

	間隔が狭いパターン	間隔が広いパターン
パワー	小さい	大きい
コントロール	大きい	小さい
トップスピン	少ない	多い
耐久性	高い	低い
衝撃*	大きい	小さい

*間隔が狭いパターンは、弾性が小さく、堅いストリング・ベッドを作り出すので、同じテンションで張られた、間隔が広いパターンよりも、大きな衝撃を感じるだろう。

な特性があるのに気がつくだろう（ラケットのストリングのみに着目して比較した場合）。

❻ストリングの張り方

ラケットにストリングを張る方法として、ワンピース（一本張り）とツーピース（二本張り）がある。どちらもラケット・メーカーが推奨している方法であるが、ラケットによっては、どちらか一方が指定されているものもある。ストリンガーは、どのラケットにはどの張り方が適しているか、知っておくべきだが、なぜ違いがあるか理解していない人もいるし、ストリングを速く張ることしか考えていない人もいる。

真剣にテニスに取り組もうとしているのであれば、ラケットにストリングを張る最適な方法を知っておく必要があるだろう。ストリングの張り方が適切でないと、ラケットの消耗を早めることになり、ストリング・ベッドに違和感を感じることもある。

USRSA（アメリカ・ラケット・ストリンガー協会）は、積極的に世界中のストリンガーをテストする唯一の世界的な組織である。能力が最高レベルであることを証明する、USRSA認定ラケット技術者（CRT）の世界的なシンボル・マークを確かめてほしい[*]。

[*]日本でも、JRSA（日本ラケット・ストリンガー協会）やUSRSAの資格を持つストリンガーを配し認定書を掲げているところがある。

❼ラケット（フレーム）の状態

テンションに関係する最後の問題は、フレームの状態である。使い古されたフレームは、疲労してもろくなっていることが多く、ストリングを張る過程でテンションに耐えられないこともある。あるいは、機械によって加えられる標準テンションには耐えられたとしても、実際のテンションは、新品のときよりも緩くなるだろう。フレームが加えられる力に耐えることができず、ストリング・ベッドが理想の状態よりも柔らかくなる傾向がある。

一方、まだストリングが張られたことのない新しいフレームは、最初にストリングを張ったときに、ストリングが緩くなる傾向がある。これは主に、グロメット（ストリングとフレームを保護するためにストリングを通す穴にはめこまれているプラスチックの保護材）が、まだ、なじんでいないからである。多くのプロ選手は、新しいラケッ

トにストリングを張るときは、通常より2〜4ポンド堅く張るようにしているようである。

ひびが入っていたり、折れたりしているラケットにストリングを張ろうとしてはいけない。あなた自身や他の人に重大な被害が生じるかもしれない。誰も使わないように、ラケットを適切に処分しよう。

❽ストリングを張る前にあらかじめ伸ばす

いくつかのメーカーは、弾性の強いストリングを張る前にあらかじめ伸ばすことを推奨している。この作業をすることによって、当初のストリングの伸張（テンションの低下）を抑えることができる。

これは、ストリングをほどき、表面が滑らかな棒に一本のストリングすべてを巻き付けて行う。その後、ストリンガーは、ストリングの両端を持ち、ゆっくり、徐々に20〜30秒間十分な力で引く。適切な力の量は、45〜50ポンドである。伸ばす作業が適切に行われたかどうかは、ストリングの巻き癖がとれ、置いたときにまっすぐになるかどうかで判断できる。

多くのストリンガーは、扱いやすくするために、ナチュラル・ガットをあらかじめ伸ばす。これをすることは、ナチュラル・ガットの最初のテンション低下を抑えるのに役立つ。しかし、あらかじめ伸ばすことは、ナチュラル・ガットではマルチフィラメントほど大きな効果はないだろう。

あなたがいつもストリングをあらかじめ伸ばすようにしているならば、張り替えるたびごとに、必ずストリンガーに申し出るようにしよう。ストリングのパッケージにそれを推奨することが書かれているからといって、ストリンガーが必ずするとは限らない。

あらかじめ伸ばすと、しなかった場合に比べて、ラケットのストリング・ベッドが多少堅く感じられるだろう。これは、より高いコントロールが欲しくても、腕や肩の問題で堅くテンションを張ることができない人の役に立つだろう。

❾テンションに対する天候の影響

天候などの自然環境は、ストリングのテンションに大きな影響を及ぼす。とくに、過度の暑さにさらすことは、ストリングの能力を低下させることになる。

暑い日に、自動車の中、とくにトランクの中にラケットを長時間置きっぱなしにしてはいけないということを聞いたことがあるだろう。これは、実際に何を意味するのだろか。長時間とは、どれくらいの時間だろうか。どれくらいの暑さだろうか。これらの問いに答えるために、暑さの影響について調べた実験の結果を見てみよう。

まったく同じ2本のラケットに、同じストリングを60ポンドのテンションで張り、その後、室内あるいは車内に置いた場合に、時間の経過にともなってラケットの状態がどのように変化するかを調べた。ラケットの状態について、Beers社のtensometerによってストリングのテンションを、また、Babolat社のRDCによってベッドのゆがみを測定した。

ストリングを張った直後の2本のラケットの測定数値はまったく同じであった。その後、1本のラケットは窓を閉め切った車の中に、もう1本は、エアコンの効いた家の中に置いた。外の天候は、気温24度、快晴で、家の中の気温は21度に維持されていた。一方、ひなたに出し窓を閉め切った状態の車中の温度は、60度に達した。

室内と車内に置いた2本のラケットの状態について、30分後、60分後、120分後に測定をした結果を示したのが、表13-4である。

これはよくある状況である。私たちは、窓を閉め切った車内の暑さがどれほど異常なものかを示

表13-4 ストリングのテンションとベッドのゆがみに対する暑さの影響

経過時間		室内	車内
0分	テンション	60ポンド	60ポンド
	ベッドのゆがみ	76ユニット	76ユニット
30分	テンション	59ポンド	55ポンド
	ベッドのゆがみ	74ユニット	70ユニット
60分	テンション	58ポンド	50ポンド
	ベッドのゆがみ	73ユニット	65ユニット
120分	テンション	57ポンド	47ポンド
	ベッドのゆがみ	73ユニット	63ユニット

すために実験を行なった。このような短時間で、ストリングにこれほどのテンションや弾性の低下を引き起こす原因は何だろうか。

　伸ばされたとき（ラケットに張られたとき）、ナイロン分子は、結合が引き離され、テンションの力に抵抗する能力を失う。一度この能力が失われると、それは元に戻らない。車の中に置かれたラケットは、まだボールを打つことはできるが、すべての実用的な目的のためには、死んだ状態で、もう張り直すべきであった。暑さの中での2時間は、20～30時間の通常のプレーに匹敵するストレスをストリングに与えた。

　「暑さがこれほど悪いのであれば、寒さはよいに違いない」と言う人がいるかもしれない。確かに、暑さほど極端にテンションに影響を及ぼすことはないが、寒さはストリングを（同様にラケット・フレームも）もろくするということをすべての実験が示している。かなりの寒さのとき（0度以下）には、プレーする前にラケットとストリングのための十分なウォームアップの時間を確保する必要がある。ラケットは、熱を吸収するよりも早く熱を失うことを覚えておこう。ラケットを触ってみて標準の温度になるまで待とう。30分で十分だろう。できれば、屋内でプレーする方がよいだろう。試合の前に十分な時間をかけ、ストレッチをして、準備をするようにしよう。

❿張り替え時期

　残念なことに、ストリングは切れたときにだけ張り替えるという人がほとんどである。一方、プロ選手は、すべての試合の前にストリングを張り替える。また、試合中に張り替える選手も多い。ストリングを張り替える時期を検討するときには、次のような条件を参考にしてみよう。
① あなたは、初心者レベル以上のプレーをするか。
② 試合を真剣に考えているか（最高のプレーをしたいと思っているか）。
③ ストリングをよく切るか（試合中に使うラケットがなくなってしまったことがあるか）。
④ 腕や肩に故障などの問題があるか（もしあれば、新しいストリングは不可欠である）。
⑤ 極端な条件（極端な暑さ、飛行機での旅行など）にラケットをさらしていないか。
⑥ 主にクレー・コートでプレーするか（クレー・コートは、ストリングを早く消耗させる傾向がある）。

　これらの質問のうちどれか1つでも、該当するものがあれば、ストリングを張り替える時期について知っておく必要がある。

　レクリエーションで使用するのであれば、一つの目安は、30時間プレーするごとに張り替えることである。あなたがテニスを真剣に考えているのであれば、より頻繁にストリングを張り替えるべきである。

　ボールに加えられるエネルギーのうち60％が、ストリングから生み出されていることを思い出してほしい。季節的にしかプレーしない選手でも、シーズン前には、ストリングを張り替えるべきである。

⓫トーナメントでストリングを張る

　遠征のときは誰でも、いつものストリンガー以外の人に、ストリングを張り替えてもらわなけれ

ばならなくなる。トーナメントに参加するプロ選手にとって、これは現実的に直面する問題である。

この状況をどのように扱うかによって、満足感を得られるかどうかが決まってくる。遠征のときでも、いつもと同じ感覚のラケットを使うことができるようにするには、次のようなことを知っておく必要がある。

・いつもどのような機械でストリングが張られているのか——電動式かバネ式か。
・どのパターンが使われているか——ワンピースか、ツーピースか（結び目を数えよう）。
・ストリングの種類は何か（メーカー、ゲージ、色は重要である）。
・いつものストリンガーは張る前にストリングを伸ばしているか（わからなければ確認しよう）。
・いつものストリンガーから何かコメントがあれば、それを伝えよう。

適切にストリングが張られるのは当たり前だと考え、このような簡単な問題に注意を払わないことが、あまりに多い。ストリンガーに、あなたの「ラケット処方箋」をメモに書いてもらい、ラケット・バッグに入れておこう。誰か他の人にストリングを張り替えてもらわなければならないときに、非常に役に立つだろう。

いつもと同じ感覚でプレーできず、楽しい休暇が台なしになったとか、大切な試合に負けたなどとストリンガーばかりを非難しないでほしい。上にあげた質問に対する答えをあなたが知っていれば、問題は起こらなかったかもしれない。

いつも使っているストリングやグリップが特別なものであったり、見つけるのがむずかしいものであれば、つねに携帯するようにしよう。すべての店が、あなたが使用する特定の製品を揃えているとは限らないだろう。

遠征をする選手はみんな、ストリングの張り替えを手配できるような準備をしなければならない。プロのトーナメントに参加する選手は、さらに次のことも行う必要がある。

・トーナメント会場に到着したら、ラケットのストリングの張り替えを予約する。張り替える必要がくるまで待っていてはいけない。ストリンガーが忙しくなり、すぐに張り替えてもらえなくなる可能性がある。
・複数のラケットのストリングを張り替えてもらう必要がある場合には、まず1本だけ張り替えてもらって、テンションをテストしよう。そうすればリクエストを変更する必要があっても、1本無駄にしただけですむ。

もし自分で上手に、プロのようにストリングを張ることができるのであれば、プロと同じような準備をしよう。

3 ストリングを張る工程

ストリンガーにとっても、ストリングを張ってもらう側の人にとっても、このセクションは重要である。以下に、ラケットにストリングを張る工程の概略を説明する。

❶手　　順

(1)フレームを検査する

まず第一の工程は、フレームの検査である。どんなラケットも、古さに関係なく、ストリングを張り替える前に、目で確認して、検査を行うべきである。

①フレーム上に、目に見えるヒビやストレスの跡などがないかチェックする

ヒビの入ったラケットにストリングを張ってプレーしてはいけない。もしあなたがストリンガーであれば、仕事をする前にあらかじめラケットをチェックしておけば、お客さんがラケットを受け取りに来たときに、ヒビが入っている

ことを説明しなくてもすむだろう。お客さんの目の前で、目で確かめることが最も効果的である。

②グロメット（フレームのストリングを通す穴にはめ込まれているプラスチック製の保護材）の状態をチェックする

グロメットをときどき交換することでラケット・フレームとストリングの両方の寿命を伸ばすことができる。

③グリップの状態をチェックする

ラケットの完全な調整をする絶好の機会である。グリップエンドのキャップがゆるんでいないかどうかもチェックしよう。

(2) ストリングを切断する

次の工程は、古いストリングを切り、取りはずすことである。ストリングを取り除く場合、フレームへのストレスを最小限にするために、ストリングの中央部分から切り始めよう（図13-2参照）。ラケットの外側へ向かって、一定の間隔で、縦糸と横糸の両方を切っていく。対角線上に、上→下→上の順で切ろう。

慎重に古いストリングを取りはずし、グロメットを再び確認する。グロメットのはめ込まれている穴にヒビが入っていないかどうか、バンパー部（ラケット上部）が異常にすり減っていないかも確認し、必要な場合にはそれらの部品を交換する。

■チューブとパッド

代わりのグロメットが見つからないときや、わずかな修理ですむときには、チューブ（小さなストローのような部品）を使用することもできる。資格のあるストリンガーなら誰でもチューブを使用した経験があり、十分な数を手元に持っているはずである。

ときどきストリンガーは、フレームのある部分に革製のパッド（パワーパッドと呼ばれるもの）をつける場合がある。このパッドは、ストリングが切れるのを防ぐとともに、グロメットの破損も防いでくれる。パッドは、高いテンションで張られるナチュラル・ガットと一緒に使用されることが多い。

フレームの近くの、同じ場所が何度も切れたり、同じ場所のグロメットを交換したりしている場合は、その部分にパワーパッドをつけてみるのもいいだろう。他の特別なストリングの付属品などと同じように、最初にプロのラケット技術者に相談することをお勧めする。

(3) フレームを取り付ける

ストリング・マシーンにラケットを適切に取り付けることは、フレームを無傷な状態で保つために不可欠である（図13-3参照）。お金やストリングを節約するために、安価な家庭用ストリング・マシーンを購入することは避けよう。ストリングを張る工程でラケットに加わる負荷は、ラケットにかかる最大の負担であり、ストレスである。ラケットにストリングを張ることで、その形が変わるような場合、機械に問題があるか、あるいは、ラケットが適切に取り付けられていない可能性がある。

ストリング・マシーンの使い方について知ることは、ストリングを張る方法を知ることと同じくらい重要である。メーカーは、ストリング・マシ

図13-2　ストリングを取り除く場合、フレームへのストレスを最小限にするために、ストリングの中央部分から切り始める。

図13-3　フレームがストリング・マシーンに適切に取り付けられていることを確かめる。

ーンに付随するマニュアルを提供している。ストリンガーは、これらの指示を理解し、それに従うようにしよう。マニュアルがついていない中古の機械を買ったときには、使う前に、メーカーに電話をかけ、マニュアルを1冊送ってもらうようにしよう。

(4)ストリングを張る

■ラケット・パターン

ラケットをチェックし、適切にマシーンに取り付けたら、どのパターンでストリングを張るべきか調べる必要がある。すべてのメーカーは、販売するラケットのストリング・パターンについての説明書を用意している。適切なパターンがわからなければ、説明書を一部送ってもらう必要があるだろう。

それぞれのラケットにストリングを張る方法は、1通りだけである。どの穴には縦糸や横糸を通すのか知る必要がある。設計通りに、ラケットにストリングを張らないと、ラケット・フレームの完全な状態が損なわれることになる。さらに、トーナメントでプレーする際には、パターンが守られていないとルール違反になるおそれもある。USRSAは、メンバーに解説書を提供しており、この解説書は、新たに市場に出たモデルについて説明するために、毎年内容が更新される。この解説書を見れば、すぐにすべてのラケットのパターンを知ることができる。

解説書のないラケットにストリングを張る最後の手段としては、現在張られているストリング・パターンを注意深く観察するという方法がある。このような場合は、適切なパターンが確認できるまでは、ストリングを切ったり、はずしたりしないこと。また、ストリングは張られていないけれども、以前にストリングが張られていたことが明らかな場合は、グロメットがどちらの方向を向いているか注意深く観察すると、運がよければ、縦糸と横糸を通す穴の違いが判断できるだろう。

■独自のストリング技術

確かに、多くのストリンガーは、自分自身が一番優れていると考える。特別な方法でストリングを張ることで、自分の仕事は、他の人と異なることを証明しようと試みる人がいる。通常、結び目の位置は、いろいろである。ストリンガーは、独自性を表現するために結び目の位置を変えたり、パッドを加えたりする。いずれの場合も、フレームやストリングの状態に問題がないのであれば、心配することはないだろう。

多くの場合、これらの独自の技術は、特定のストリングが特定のフレームとどのように反応するかという知識に基づいている。また、その技術が、重要な違いを生み出すこともある。

そのようなストリンガーは、ストリングの正しい張り方を知らないわけではないということは、理解しておこう。

❷ストリング・マシーンのメンテナンス

ストリング・マシーンを使用する人は、定期的に機械を掃除し、目盛りの点検を行う必要がある。とくに、機械を持って旅行する場合には、使用する前に必ず目盛りを点検し、調節する必要がある。店舗に置いてある機械は、毎日掃除し、目盛りの点検を行おう。

4 グリップ

ここでは、グリップのサイズ、サイズの測り方、種類、改良のしかたについて紹介する。

❶グリップ・サイズ

グリップのサイズは、グリップの周囲の長さで表される。数値が小さいほど、グリップ・サイズは小さくなる。現在最も一般的なサイズは、以下の通りである（カッコ内はヨーロッパでのサイズ表示）。

- 4 1/8インチ（L-1）
- 4 1/4インチ（L-2）
- 4 3/8インチ（L-3）
- 4 1/2インチ（L-4）
- 4 5/8インチ（L-5）

(1)適切なグリップ・サイズの測り方

正しいサイズを見つけるのに最もよい方法は、ラケットを握って手のひらと指先が見えるように手を返してみたとき、手のひらの「かかと」と薬指の間に、小指が楽に入るかどうかを確かめてみることである（図13-4）。もし重なり合うようだったら、グリップは小さすぎる。

グリップが小さすぎることは、テニス肘の主な原因の1つである。どのサイズを選べばよいかよくわからない場合は、少し大きめのサイズを選ぶ方が賢明である。そうすれば、腕への負荷やねじ

図13-4 手のひらの「かかと」と薬指の間に小指が楽に入れば、あなたのグリップ・サイズは適切である。

れをより軽減することができる。

(2)グリップの感触

メーカーによって同じサイズ表示のグリップでも全く感触が異なることがある。周囲の長さは同じでも、面（グリップを形成する8つの面）の幅の違いが、握ったときにまったく異なる感触をもたらすことがある。

グリップを選ぶ場合、手の中でしっくり感じる、適切なサイズを見つけることが大切である。ラケットを替える場合に、グリップの感触が合うかどうかをあまり考えない人が多いが、ラケットを替えるときには、新しいラケットが手に合うかどうかを必ずチェックする必要がある。数字だけで判断せずに、感触を確かめることは重要である。

❷グリップの種類

初期のラケットのグリップは、木そのもので、とくにグリップ素材はついていなかった。その後、テニスそのものとラケット製造技術の進歩にともなって、ボールをより激しく打つようになり、選

手にとってラケットをしっかり握っていることが困難になってきた。

そして、メーカーは、グリップ部分を革で覆ったラケットを製造し始めた。革製グリップは現在でも使用されているが、近年は合成素材のグリップに人気を奪われている。

(1)革製グリップ

革製グリップは、高級な子牛のなめし革で作られていて、汗の吸収性に優れている。革製グリップは、湿気をよく吸収し、耐久性はどの合成素材よりも優れている。

他方、短所としては、手に堅い感触を与えることがあげられる。一般のプレーヤーは、手のひらに水ぶくれができ、腕にも多くの衝撃を感じるだろう。プロのツアーでは、多くの選手が革製グリップを使用している。

革製グリップは、コストがたいへん高くなるので、現在製造されているラケットのほとんどは、合成素材のグリップがつけられている。

(2)合成素材のグリップ

さまざまな色と素材、べたっとした感触、クッション性が、現在の合成素材のグリップの特徴である。新しいときには、心地よく感じられるものの、耐久性は低く、汗の吸収性が悪くて滑りやすいというのが、現実の使用感であろう。しかし、その原因の一つは、多くのプレーヤーが、定期的にグリップを巻き替えることを怠っていることにある。合成素材の巻き替え用グリップは、値段も手頃であり、定期的に巻き替えることで新しいときの握りやすい感触を維持することができる。

汗をたくさんかく人や、暑く湿度の高い中でプレーすることが多い人は、合成素材のグリップが、水分を吸収しないことを承知しておこう。初めは水をはじき、徐々に水分でびしょびしょになり、滑りやすくなる。

クッション性に優れていることは、ラケットからの振動をやわらげたいときには、非常に役に立つだろう。そして、合成素材のグリップは、ラケットのフレームより寿命が短いことを承知しておこう。一つの目安としては、2回ストリングを張り替えるたびに、グリップを巻き替えることである。

❸オーバー・グリップ

現在の合成素材のグリップのいろいろな特徴から、オーバー・グリップの人気が高まった。この薄いグリップは、ラケットのグリップの上に直接巻き付ける。安価で、数本をまとめて1つのパッケージにして売られており、短期間の使用を目的としている。数百種類ものオーバー・グリップが売られているが、大きくはドライ・タイプ（さらっとした感触のも）とウエット・タイプ（べたっとした感触のもの）の2つに分けることができる。

次に例としていくつかの製品をあげてみる。

(1)ドライ・タイプ

汗をたくさんかく選手、暑く湿度の高い場所でプレーするときには、さらっとした感触のドライ・タイプのオーバー・グリップを選ぶとよいだろう。

◇代表的な製品

・トーナグリップ「オリジナル」

・プリンス「スーパー　エクススピード　ドライ」

・バボラ「プロチーム」

(2)ウエット・タイプ

べたっとした感触が好きな選手は、ウエット・タイプのオーバー・グリップを試してみるとよいだろう。

◇代表的な製品

・バボラ「シンテック　オーバー　グリップ」

・プリンス「スーパー　エクススピード　プロ」

・ヨネックス「ウェットスーパーグリップ」

これらは、現在販売されている数百種類の製品のほんの一例にすぎない。グリップになんらかの不満を感じている場合は、実際に試したり、また、販売店で尋ねるなどして、あなたに最適なタイプを見つけてみよう。

❹グリップを巻く

どんなグリップやオーバー・グリップでも正確に巻く必要がある。そのためには、いくつかの簡単なきまりを覚えておく必要がある。

・最初に古いグリップをはずす。
・ラケットに最初からついていたグリップを交換するのであれば、おそらく終わりを固定しているホチキスの針をはずす必要があるだろう。
・はさみ、ホチキス、テープ（たいていグリップに附属品としてついている）を用意する。
・現在のグリップがどのように巻かれているか注意して観察し、それを真似て巻くように心掛けよう。
・すべてのラケットは、工場から出荷される時点で、右利き用に巻かれているので、もしあなたが左利きであれば、巻き直した方がいいかもしれない。
・必ずラケットのグリップエンドの方から巻き始めよう。

ほとんどすべてのグリップには説明書が付属している。革製グリップを巻くためには、グリップがしっかり本体に巻き付くようにするために、両面テープも必要である。

オーバー・グリップを巻くのであれば、ラケットに巻かれているグリップの上から直接巻いていく。ラケットのグリップエンドの方から、すでに巻かれているグリップのパターンに合わせて巻いていこう。

上に述べたように、すべてのラケットのグリップは、右利き用に巻かれて出荷されている。もしあなたが左利きならば、あなたのラケットのグリップは、反対巻きになっていることを知っておこう。握りがしっくり感じられない、グリップがすぐに破れるなどの場合には、左利き用にグリップを巻き替えることで問題が解決できる可能性がある。

グリップを巻き替えるときには、取りはずす前に出荷時のグリップをよく見て（巻いてある方向をよく見ること）、単純に反対巻きに巻いていけばよい（図13-5参照）。

❺グリップを改良する技術

もしあなたが、グリップの形が気に入らない、

図13-5　右利き用（右側の2点の写真）、左利き用（左側の2点の写真）のグリップは、巻かれている方向が異なる。

サイズを大きくしたい、逆に小さくする必要があるという場合には、グリップを改良することもできる。ラケットのもともとのグリップ・サイズや形状のまま使用しているプロ選手はほとんどいない。プロのレベルでは、専門のラケット技術者が、選手に合わせて個別に改良を施している。

一般の選手では、このような改良を行おうとは思わないかもしれないが、改良したほうがいい場合もある。

(1) グリップ・サイズを大きくする

以下にグリップ・サイズを大きくする方法を紹介する。

① 「アドオン」シートを利用する……多くのテニス専門店で入手可能な「アドオン」と呼ばれるシートを、巻かれているグリップとラケット本体との間に巻き付けることで、グリップを1サイズ大きくすることができる。

② 「スリーブ」チューブを利用する……「スリーブ」と呼ばれるチューブ状の素材をグリップの下のラケット本体にかぶせ、ヒート・ガンというはんだごてのようなもので熱して、収縮させ、密着させることで、グリップを1サイズ大きくすることができる。

③ 厚みのある巻き替え用グリップを利用する……メーカーの中には、標準より厚めの合成素材の巻き替え用グリップを用意しているところがある。それを利用してサイズを大きくすることができる。

(2) グリップ・サイズを小さくする

現在のラケットの多くは、グリップ・サイズを小さくする方が大きくするより困難である。今日製造されているフレームの多くは、削ることができる発泡プラスチックの素材では作られていないからである。このような堅い、一体型の構造のラケットでは、グリップ・サイズを小さくすることはできない。薄い素材のグリップに巻き直すか、現在巻かれているグリップをきつく巻き直すことで、グリップを多少小さくすることができる。

グリップを削ることができるラケットを持っていれば、資格のある人を捜し、依頼するべきである。ただし、この場合、いったん削ってしまったら、元には戻らない。失敗をしたら、ラケット本体を買い換えなければならなくなる。

(3) その他の改良

ラケットのグリップを改良する他の方法には、次のようなものがある。

・グリップエンドのキャップを大きめ（あるいは小さめ）のものに交換することで、底部が多少大きく（あるいは小さく）感じられる。サーブを打つとき、ラケットを握っていられず、いつも飛んでいってしまうような人は、大きめのキャップを試してみよう。

・バックハンドを両手で打つのであれば、シャフトの上部まで、長めの新しい交換用グリップに巻き直してみるのもいいだろう。片手で握る分だけしかグリップ素材が巻かれていないラケットも多い。

・グリップをきつく巻いたり、緩く巻いたり、オーバー・グリップを多めに巻いたりすることでも、感触を調整することができる。

5 ラケットの選び方

ストリングについてその10原則を紹介したのと同じように、すべてのラケットに当てはまる基本的な目安となる、ラケット・フレームの12原則を紹介する。

① 重いフレームは、大きなパワーを生み出す。
② 重いフレームは、振動が小さい。
③ 重いフレームは、スイートスポットが大きい。
④ 堅いフレームは、大きなパワーを生み出す。
⑤ 堅いフレームは、スイートスポットが大きい。

⑥堅いフレームは、腕に伝わる衝撃が大きい。
⑦堅いフレームは、ストリング・ベッド全体で均一のボール・レスポンスを生み出す。
⑧大きなフレーム（大きなヘッド・サイズ）は、大きなパワーを生み出す。
⑨大きなフレーム（大きなヘッド・サイズ）は、ねじれに対して強い。
⑩大きなフレーム（大きなヘッド・サイズ）は、スイートスポットが大きい。
⑪長いフレーム（全体の長さ）は、ラケット・ヘッドの速度が速くなり、それによって大きなパワーを生み出す。
⑫長いフレームが大きな速度を生むので、長いフレームのストリング・ベッドは、多くのスピンを生み出す。

以下、フレームの構造について話を進める際に、これらの原則を思い出しながら読み進めてもらいたい。

❶フレームの構造

　最初のラケットは木製であり、いろいろな種類の木材を使うことによって、さまざまな感触やプレーアビリティーを持ったラケットが作られていた。最初の頃のラケットには、ヘッド・サイズ、ストリング・パターン、長さの違いはほとんどなかった。木製の最大の欠点は、重さと堅さで、それが、技術改革を妨げていた。長い間、ラケットはテニスのプレーにあまり影響を及ぼしていなかった。

　ラケットの大きな進歩は、アルミ合金のラケットの登場によって始まり、それによって各メーカーがより大きく、より堅く、より軽いラケットを作ることが可能になった。この新しいフレームにより、選手は、ボールをより強く、より正確に打つことができるようになった。アルミ合金フレームが紹介されてすぐ、グラファイトやグラスファイバーの頑丈な合成素材のフレームも注目されるようになった。パワー・テニス時代の到来である。

　フレームの素材と形状の間には、以下のような関連がある。

〈素材の種類〉　　　　〈フレームの形状〉
合金（アルミニウム）　均一の厚さ
グラスファイバー　　　先端が薄い
グラファイト　　　　　厚ラケ
融合（合金と合成素材）　薄ラケ（プロ向け）

　ラケット・メーカーは、最高のフレームを作り出す試みとして、いろいろな素材とフレームの種類を組み合わせている。ラケットがどのように機能するかには、プレー・スタイルが大きく関わってくる。

　物理学の法則から、すべてのラケットは、次の要素によってその特徴を表すことができる。
①重　　さ……ラケットの質量
②バランス……ラケット全体のバランス
③強　　度……柔軟性
④スイング・ウエート……ラケットを振ったときに感じられる重量

　これらの基本原則以外にも、ヘッド・サイズ、長さ、厚み、フレームの種類、素材（構造の種類）など、ラケットの機能を左右する要素がある。ストリングの種類やパターンから学んだこと、また、それらがどのようにラケットのプレーアビリティーに影響するかもあわせて思い出してほしい。

　次に、4つの要素について詳しく見ていこう。

(1)重　さ

　重さ（質量）は、ストリングを張らない状態のラケット全体の重量で、グラムで表示される。アメリカではオンスで表示しているものもあるが、グラムの方が正確である。オンスとグラムの単位換算は、次の計算式による。

$$\text{オンス} = \text{グラム} \times 0.035$$

グラム＝オンス×28.35

テニス業界では、ストリング（重さ15〜18g）を張る前のラケットの重量を一般に次のように分類している。

　　超軽量フレーム：240g未満
　　軽量フレーム　：240〜280g
　　中量フレーム　：280〜320g
　　重量フレーム　：320g以上

現在のラケットは軽量化する傾向にある。「楽なパワー」や「プレーしやすさ」が強調されることが多いようだ。しかし、物理学の法則は、すべてのラケットに当てはまる。ラケット・フレームの12原則は、この物理学の法則にしたがっている。ここで、それについて説明しよう。

まず、同じ速度で振ったと仮定すると、軽いラケットは、重いラケットよりもボールに伝えるエネルギーが小さくなる。つまり、軽いラケットはパワーが小さいことを意味する。

軽いラケットのもう一つの重要な問題は、手首、腕、肩への衝撃が急激に高まることである。これを理解するためには、木に釘を打つことを想像してほしい。重さが150gの軽量の金槌と2kgのものがあったとした場合、どちらがより小さな力で、より少ない衝撃で、釘を打ち込むことができるだろうか。これが、ラケットの重さの背後にある原理である。

ポイントは、正常なスイング速度に影響を及ぼさない範囲で、最も重いラケットでプレーするべきだ、ということである。そのラケットは、ボールへ最大のインパクトを伝え、身体へ及ぼす影響は最小となるだろう。

(2) バランス

ラケットのバランスは、縦方向（ヘッドの先端からグリップエンドまで）の重さのバランスである。バランスのつりあうポイントが、ラケットの重心である。バランスは、フレームのグリップエンド部から測り、通常センチメートルで表示される。他によく使われる単位として、インチとポイント（1ポイントは8分の1インチ）がある。単位の換算には、次の計算式を利用する。

　　インチ＝センチメートル×0.394
　　センチメートル＝インチ×2.54

ラケット・バランスによって、ラケットは次のように分類される。

①ヘッド・ヘビー（HH）──ラケットのヘッドがより重いもの。
②ヘッド・ライト（HL）──ラケットのグリップがより重いもの。
③イーブン・バランス（EB）──フレーム全体の重量の均衡がとれているもの。

ラケットの重さがまったく同じでも、バランスが異なれば、スイングしたときにまったく違った感じを受ける。ここでは、バランスの特徴とラケットに対するその影響について説明したい。

ここでまた金槌を例にして考えてみよう。500gの金槌があるとする。どのようにそれを持っても、重さは変わらない。ふだん使うように柄の部分を持てば、ヘッド・ヘビーに感じられ、振り下ろすのが多少困難だろう。では、頭の金属の部分を持ってみたらどうだろうか。ヘッド・ライトで、非常に軽く感じられ、振るのも楽なはずだ。

どちらの場合も、同じ重さであるが、持ち方によって、その重さの感じ方は異なってくる。これはラケット・バランスについても同様である。

(3) 強　度

ラケットの強度または柔軟性は、力が加えられたときのフレームの反り具合を測定して表される。これは、テニスボールを打つとき、ラケットがどれくらい力を付加するかを表す。縦方向（ラケット・ヘッドからグリップまで）の柔軟性ばかりに目がいきがちだが、フェース部分（ストリン

グが張られている部分）の横方向にかかった力に対するフレームの能力も、強度やプレーにおいて重大な役割を果たす（このようなラケットの強度は、ねじれ強度と呼ばれている）。

フェースの中心部（スイートスポット）からはずれた位置でボールを打った場合、ねじれ強度がなければ、ラケットは、ねじれやぶれに耐えることができない。一般に、縦方向が堅ければ、ねじれに対しても強固だといえる。

すべてのラケット・メーカーは、世界最高のラケットを作り出そうとしている。彼らは、スイートスポットをはずして打つこと対して強い（ねじれ強度が高い）一方、快適で、扱いやすい（縦方向の強度が低い）フレームを作ることを目指している。一般に厚ラケと呼ばれるこのようなフレームは、部分によって幅（厚さ）が異なっている。

ラケットの縦方向の強度は、パワーを生む。ねじれ強度は、ラケットのコントロールを生み（ぶれが少ない）、スイートスポットからはずれてもより快適に打つことができる。両方とも重要で、インパクト時のラケットの感覚を向上させるためになくてはならないものである。

ラケット強度の問題を理解するために、フレームが堅ければ、インパクトでのねじれが少ないということを覚えておこう。そして、ストリング・ベッドが大きな役割を持つようになり、また、あなた自身も大きな力を出さなければならないだろう。これは、腕と肩により大きな衝撃を与えるだろう。

フレームが柔軟なほど、感触はよくなるだろう。これに伴う力の不足をコントロールと呼ぶ。フレームの強度が低くなれば、衝撃と振動は少なくなる。

どれほどよく手入れをしても、ラケットを永久に使うことはできない。ラケットは、次のようないくつかの要因から、時間の経過とともにその強度を失っていく。

・不適切なストリングの張り方（間違ったパターン、不均一のテンション）
・異常に高いテンション
・異常なストリングの張り方
・ボールを強く打つこと
・過度の暑さ（とくに車の中に放置すること）
・コートでの粗雑な扱い（投げる、ネットコードを叩く、先端を弾ませる、など）

新しいラケットを買って、強度をチェックしてもらうことができるのであれば、測定した結果を記録し、ストリングを張り替えてもらうたびごとに、それを継続的に調べるようにしよう。そして、その強度が当初の値から5～10％低下した場合、どれほど見た目がきれいでも、ラケットを替えるようにしよう（このチェックはストリングを張っていない状態で行うこと）。

(4)**スイング・ウエート**

スイング・ウエートは、あなたがラケットを振ったときにどのように感じるかである。これは、重さがラケットの中でどのように配分されているかを理解する最も重要な方法である。スイング・ウエートをラケットの操作性と呼ぶ人もいる。スイング・ウエートについては、次のようなことを理解する必要がある。

2本のラケットがある。両方とも300gで、バランスは、ちょうど中間点にある。1本のラケットは、ヘッド部分が150gで、グリップ部分が150gである。もう1本のラケットは、ヘッド部分が100g、グリップ部分が100g、中間部分が100gである。この2本のうち、どちらのラケットが振ったときに重く感じられるだろうか。

この両者を比べると、明らかにヘッド部分が50g重いラケットの方が、振ったときにより重く感じられるだろう。ヘッドの部分が50g重いラケットは、操作性が劣るので、他のラケットより

もスイングが遅く感じられる。ヘッド部分が重いラケットは、大きなパワーとコントロールを生むが、操作性は低くなる。

基本的な知識が理解できれば、プレー・スタイルにフレーム・タイプを合わせる方法へと話を進めたい。

❷プレー・スタイルにフレーム・タイプを合わせる

テニス選手は、ベースライン・プレーヤー、サーブ・アンド・ボレー・プレーヤー、オール・ラウンド・プレーヤーの3つの基本的なプレー・スタイルに分かれる。それぞれに合った基本的なラケットのタイプは、ヘッド・ヘビー（HH）、ヘッド・ライト（HL）、イーブン・バランス（EB）である。なぜそうなるのか、それぞれのプレー・スタイルの特徴から探ってみよう。

まず、ベースライン・プレーヤーは、ベースラインの後方に構えてプレーすることを得意とし、ずっとグラウンド・ストロークを打ち続ける。彼らは、ボールを拾うときと相手と握手をするときだけネットに出てくる。もしあなたがこのような選手であれば、打点（ストリング上で最もよくボールを打つ部分）はおそらく、ラケットのヘッドの方に集中しているだろう。これはストリングのどの部分にボールの毛がついているかを見れば判断することができる。

ベースライン・プレーヤーは、腰よりも低い位置でボールを打つ傾向があり、打点はラケットのフェース上部と、身体からかなり離れている。ベースライン・プレーヤーがヘッド・ヘビーのラケットを好む傾向があるのは、重さがラケットのヘッド側にある（一般にスイング・ウエートも重くなる）からである。さらには、スイートスポットの位置も、フェース上部にあるからである（ヘッド・ヘビーのラケットは、スイートスポットの位置が上方になる）。ベースライン・プレーヤーは、ネットから離れてプレーし、ラケットのヘッド近くでボールを打つことが多く、多くのパワーを必要とする。あなたがこのゲーム・スタイルであれば、ヘッド・ヘビーのラケットが適していると言えるだろう。

次にサーブ・アンド・ボレー・プレーヤーは、ネットにすばやく出て、相手を防御的な立場に追い込むことが好きである。腕と目のコーディネーションから、近くでボールをとらえる方が打ちやすく感じるので、このような選手は、腰よりも高い位置でボールを打つことが多く、ストリング・ベッドの下部でボールを打つ。サーブ・アンド・ボレー・プレーヤーは、ベースライン・プレーヤーほど腕をいっぱいに伸ばさないので、ヘッド・ライトのラケットが、一般に好まれる。サーブ・アンド・ボレーの選手は、ヘッド・ライト（HL）で、フェースの下方にスイートスポットを持った、操作性の高いラケットを使うようにしよう。

最後のスタイルは、2つの中間である。オール・ラウンド・プレーヤーは、ポイントや相手に応じて、サーブ・アンド・ボレー、ベースラインからのプレーのどちらもできる。このタイプの選手は、スタイルをブレンドしてプレーすることを得意としているので、ラケットもバランスのとれたものがよいだろう。イーブンバランス（EB）のラケットは、あらゆる打点からボールを打つために必要とされる多様性を持っている。オール・ラウンド・プレーヤーは、さまざまな打点で打つが、フェースの中央近くでボールを打つことが多いようである。イーブン・バランスのラケットのスイートスポットは、フェースの中央にあり、それにより、打点時のパワーとコントロールを兼ね備えている。

上に述べたのは、選手のスタイルとラケットの

スタイルを合わせる方法のほんの一例にすぎない。どのスタイルのラケットがあなたに一番合っているかを決めるには、とにかく数多くのラケットを試し、どのタイプのラケットが自分のプレーに合っているか探ることである。

❸ヘッド・サイズ（フェースの大きさ）の違い

残念なことに、メーカー間でヘッド・サイズの表示に統一された基準がない。あるメーカーは、98平方インチのヘッド・サイズのラケットを「ミッドサイズ」と表示し、別のメーカーは、同じサイズを「ミッド・プラス」と表示している。ヘッド・サイズで分類する場合、おおよそ表13-5の数値が参考になるだろう。

自分のラケット・サイズがわからなければ、次の式を使って計算することができる。正確ではないが、おおよそのヘッドの面積は知ることができる。測定にあたっては、フェースの内側の縦方向と横方向の長さを測る必要がある。

$$\text{フェースの大きさ（平方インチ）} = \frac{3.14 \times L \times H}{4}$$

L：フェース内のの縦方向の長さ
H：フェース内の横方向の長さ

例えば、縦方向の長さが13.5インチ、横方向の長さが10.25インチだったとすると、

$$\frac{3.14 \times 13.5 \times 10.25}{4} = 108.7 \text{平方インチ}$$

となる。

最適なヘッド・サイズを決めることは、簡単ではない。しかし、何か不満を感じているとすれば、フレームの12原則に照らして、次のようなラケットを選ぶと状況が改善されるかもしれない。

○もっとパワーが欲しい
　⇨大きなヘッド・サイズ
○打ち損じることが多い
　⇨大きなヘッド・サイズ
○パワーがありすぎる
　⇨小さなヘッド・サイズ
○ラケットが遅く感じられる
　⇨小さなヘッド・サイズ

これらは、ほんの一例である。同じようなヘッド・サイズのラケット中にも、前に述べたフレームのタイプ（ヘッド・ヘビー、ヘッド・ライト、イーブン・バランス）のものがある。

いろいろなヘッド・サイズを試してみることは大切である。同じモデルのラケットでも、ヘッド・サイズの異なるものは、いろいろな点で違いが出てくるだろう。一般的な目安としては、ラケットからの助け（パワー）が必要であれば、大きなヘッド・サイズのものを選ぶということである。

今日のプロ選手の多くは、ミッドサイズからミッド・プラスに分類されるラケットを使用している。それに対して、多くの一般の選手は、オーバー・サイズやスーパー・オーバー・サイズを使用している。

数年前まで、使用するラケットの長さを選ぶことは、それほどむずかしいことではなかった。標準の27インチのものよりも長いことを強調するために、長ラケ、長尺、ロングボディーなどの用語を各メーカーが使っている。長いラケットを使用することの長所と短所は、次のようにまとめることができる。このような一般的な評価は、すべての人に当てはまるわけではない。重要なのは、あなた個人にどのような影響を及ぼすかである。

表13-5　ヘッド・サイズによるラケットの分類

従来型サイズ（古い木製フレーム）	60～79平方インチ
ミッドサイズ	80～90平方インチ
ミッド・プラス	91～100平方インチ
オーバー・サイズ	101～115平方インチ
スーパー・オーバー・サイズ	115平方インチ以上

	〈標準の長さ〉	〈長いラケット〉
パワー	小さい	大きい
コントロール	高い	低い
操作性	高い	低い
ボールへのスピン	少ない	多い
サーブでのパワー	小さい	大きい
腕への衝撃	小さい	大きい
打ち遅れ	少ない	多い
遠くのボールに届く	少ない	多い

❹フレームの強度

ラケット・フレームの強度は、どれだけのパワーをもたらすか、どれだけの衝撃がボールのインパクトで生まれるかに直接影響を及ぼす。コントロールを得るためにストリングを堅く（メーカーが推奨する最高値よりも強く）張らなければならないのであれば、あなたのプレー・スタイルのためには、堅すぎるフレームを使っているのかもしれない。一方、ストリングを非常に緩く（メーカーが推奨する最低値よりも低く）張らなければならないのであれば、より堅いフレームを使った方がいいだろう。強度がどのように影響を及ぼすかの例をここにまとめてみよう。

	〈柔らかいフレーム〉	〈堅いフレーム〉
パワー	小さい	大きい
コントロール	高い	低い
操作性	同じ	同じ
ボールへのスピン	多い	少ない
サーブでのパワー	小さい	大きい
腕への衝撃	小さい	大きい
快適さ	高い	低い
スイートスポット	小さい	大きい

フレームの強度は、通常RAユニットという基準を用いて表示される。これを測定するためのテストはRAテストと呼ばれ、装置にストリングを

表13-6 フレーム強度の分類

RA値	フレームの強度
0〜55	非常に柔らかい
55〜60	柔らかい
61〜65	中程度の堅さ
66〜70	堅い
70以上	非常に堅い

張っていないラケットをのせて測定する。この装置は、フレームを中間点で曲げるように、重りをたくさんフレームにのせていく。そのときに測定される数値がRAユニットで、数値が高いほど、フレームが堅いことを示す。したがって、RAユニット80のラケットは、RAユニット60のラケットより、非常に堅いということである。表13-6は、強度を理解するために役立つ、非公式な分類表である。

これらの数値は、ストリングが張られていないフレームで測定されるものなので、さまざまなテンションによってフレームに余分な力がかけられる分、ストリングが張られると数値は小さくなる。ストリングを張る前と後の両方で強度をチェックすると、ストリングの張り方や構造に応じて、ストリングを張った後の方が、数値が2〜6ユニット低くなることがわかるだろう。

ラケットが疲労して弱くなっているかどうかを判断できるように、フレームの強度を知っておくとよいだろう。もし疲労して強度が落ちているのであれば、フレームを買い換える必要がある。

❺ストリング・パターン

ストリング・パターンにはいろいろなものがある。縦方向のメインストリングの数と、横方向のクロスストリングの数を数えることで、目の細かいパターンと目の粗いパターンの2つに大きく分類される。

ストリング・パターンの違いは、以下のようにプレーのいくつかの要素に大きく影響することが

ある。

	〈細かいパターン〉	〈粗いパターン〉
パワー	小さい	大きい
コントロール	高い	低い
ボールへのスピン	少ない	多い
ストリングの耐久性	高い	低い
ストリングの移動	小さい	大きい
腕への衝撃	大きい	小さい

　目の細かいストリング・パターンでは、ストリングどうしの間隔が狭く、目の粗いパターンのものほどストリングが移動しないので、ストリング・ベッドがより堅くなる。したがって、テンションが同じ場合は、目の細かいパターンの方がテンションが高い感じがする。

　目の細かいストリング・パターンのラケットは、腕、肘、肩に故障がある人や目の粗いパターンのラケットをコントロールできない人に、実際に役に立つ。緩いテンションでラケットにストリングを張ると、腕のためにはいいだろう。目の細かいパターンを使うことで、低めのテンションでプレーしながら必要なコントロールを得ることができる。これにより、高いテンションが腕にもたらす衝撃や負担を低減することができる。

　ラケットを買い換えるときには、ストリング・パターンの違いにも注目しよう。同じヘッド・サイズのラケットを買っても、必ずストリング・パターンの違いをチェックすること。

　ストリング・パターンの基本的な分類は次の通りである。

```
〈目の粗いパターン〉   〈目の細かいパターン〉
 ―メイン×クロス―     ―メイン×クロス―
    14本×16本           18本×20本
    16本×18本           20本×22本
    16本×19本           16本×20本
```

　縦と横の2つの糸は、メイン（縦糸）がパワーを生み、クロス（横糸）がコントロールを与える。メインの本数が多いことは、パワーが小さく、コントロールが大きいことを意味する。

❻ 同じモデルのラケットを複数買う

　プレーを続けるほど、所有するラケットも多くなる。テニスを真剣に考えているのであれば、使うラケットはすべての特徴において以下の点で同じでなければならない。

・モデル（ヘッド・サイズ、グリップ・サイズ、ストリング・パターン）
・ストリング・タイプ、ゲージ、色
・テンション（多少の変化が必要でなければ）
・重さ
・バランス
・強度
・スイング・ウエート

　いつものスポーツ店に行き、同じグリップ・サイズのまったく同じモデルを必要な本数だけ手に入れる。ストリンガーに同じテンションで同じストリングを張ってもらう。どこか間違っているところはないだろうか。

　まったく同じ感触でプレーができるラケットを手にする可能性はわずかである。唯一確実に同じなのは、色だけだろう。すべてのメーカーは、多くの工場を持ち、また製品に対する許容誤差がある。どれも、特定のラケットが悪いという意味ではない。テニスの実力を向上させるために、すべての問題を取り除こうとしているだけである。

　新しい同じモデルのラケットを何本か買う場合は、専門家の助けを借りて、フレームが実際に同じかどうか確認し、もし違いがある場合は、多少手を加えて同じになるようにしよう。通常、重さ、バランス、スイング・ウエートは、うまく合わせ

ることができる。唯一調節、変更ができないものは、フレームの強度である。すべてのラケットが、同じような強度を持っているようにしよう。

あなたが1本目を購入した後しばらくたってから、2本目（または3本目以上）のラケットを買うとき、この点はとくに重要である。最初のラケットを必ずお店に持って行き、購入しようと思っているラケットと比べてみよう。

気に入っている古いラケットをあきらめる決心がつき、新しいラケットを捜すときに、何を買ったらいいかわからない場合は、必要なテスト設備を持っているラケット専門家に、現在のフレームを分析してもらおう。専門家は、古いラケットと新しいラケットをテストし、ラケットの選択の手助けをしてくれるだろう。古いラケットに似た新しいラケットが見つかる可能性は高くなる。購入する前には、必ず試打することも忘れずに。

❼ジュニア用ラケット：子どもにテニスを始めさせる

子どもにテニスをさせるにあたって、いつ始めるか、インストラクターを選ぶ方法、個人レッスンかグループレッスンかなど、頭を悩ませている人は多いだろう。その一方で子どもの必要とする道具の大切さが見落とされていることが少なくない。ほとんどの親は、子どもは始めたばかりだから、どんな古いラケットでもいいだろうと考える。子どもが上手になったら、いいラケットを買ってあげようと思っている。しかしこれは、よい考えとは言いがたい。

子どもが、お父さんやお母さんのお古の大人サイズのラケットでレッスンに参加しているのを見ることは珍しくない。子どもにとって、長く、重く、大きなグリップのラケットを振ることはいうまでもなく、ボールに向かって走るだけでもたいへんなことである。この格闘は、テニスはつらいという印象を子どもに与えてしまう。

ラケット・メーカーは、子どものために、GLMという目安となる長さの表示方法を使用して、さまざまな長さのジュニア用ラケットを作っている。ジュニア向けラケットの表示は次の通りである。

〈長　さ〉	〈年　齢〉
21インチ	4〜6歳
23インチ	6〜8歳
25インチ	8〜10歳
26インチ	11歳以上

GLMは、短いラケットは、小さい子ども向けという、すばらしい考えである。しかし、残念ながら、このシステムはあまりうまく機能していない。最大の欠点は、長さではなく、フレームとストリングの品質の悪さにある。これらのフレームは、最も安いラケットを作るという1つの目的から生まれている。これは、メーカーの責任とも言えない。メーカーは、テニスをできるだけ多くの人々に紹介するために、安い価格のラケットを作らなければならない。親は、子どもたちが必要な他のすべての品物のために予算に余裕がない。子どもがいくつかのスポーツに参加していれば、さらに、新しいグローブ、サッカー・シューズなども必要だろう。

子どもにきちんとテニスをさせたいのかどうか、親は最初に判断しなければならない。すべての必要事項（適切な指導など）を公平に考える必要がある。子どもが受ける指導の質は、お金次第である。しかし、品質の悪いラケットで、しっかり握ることもできず、手の中で滑ってしまい、しっかりボールを打つことができなければ、テニスを楽しいとは感じないだろう。

あなたが子どもにテニスを始めさせようと考えていたら、初めにあなた自身がテニスをすること

である。大型のディスカウント店へ行き、一番安い大人用のラケットを買い、それでプレーしてみることを勧める。ラケットは、おそらくアルミニウムで作られ、あらかじめ工場でストリングが張られ、滑りやすい粗雑なグリップが巻かれているだろう。価格は20〜30ドルくらいだろうか。そうすれば、長さが短いというだけで、同じような粗悪なラケットで子どもにテニスをさせるべきではないことが理解できるはずだ。

他の選択肢は何だろうか。幸運にも、あなたはラケットをたくさん持っている。テニス選手ならば、家中におそらく散らかっている何本かの古いラケットがあるだろう。それらを集めて、専門家の助言を求めてほしい。資格のあるラケット専門家ならば、長さ、重さ、グリップ・サイズを小さくすることができるかどうか、確かめ、テストすることができる。もし可能であれば、子どものためにストリングを張り替えよう。始めたばかりの子どもであれば、メーカーが推奨する半分のテンションでストリングを張ることを提案する。例えば、60〜70ポンドでストリングを張るよう表示されていたら、30〜35ポンドでストリングを張ろう。そのラケットは、必要なパワーと最小限の衝撃をもたらし、ボールの打ちやすいものになるだろう。

一番よい選択は、軽くてやや長めの、発泡プラスチック製グリップの新しい、品質のいい大人用のラケットを買うことである。それから専門家の助言にしたがって、次のようにラケットを改良しよう。このフレームは、おそらく長さを24〜26インチまで短くすることができる。グリップ部分が発泡プラスチック製なので、子どもの手に合わせて、小さなグリップ・サイズに削ることもできる。ラケットにストリングを張り、さらに品質のよいグリップを巻く。

なぜこれがうまくいくのだろうか。適切なフレームの構造は、楽にパワーを与えてくれ、スイートスポットからはずれた位置で打ったときにもねじれが少ないということを思い出してほしい。長めのラケットは、余分な長さを補助するためにヘッド・ライトに作られ、フレームを切ることでさらにヘッドが軽くなり、子どもにとって操作がしやすいラケットになる。また、適切なストリングの選択とテンションがプレーの成功には大切なことを知っている。

子どもにテニスを紹介するのは、あなたの責任である。それをどのように行うかによって、子どもが生涯スポーツをプレーし、成功し、楽しむことができるかどうかが決まってくる。

❽大人向けラケット市場の傾向

私たちが買うほとんどの品物は、より軽く、速く、強く、大きなものをよいものだ考えてしまいがちである。テニス・ラケットも例外ではない。今日販売されている道具は、数年前のものよりもよくなっているが、どこまでいけばパワーがありすぎることになるだろうか。軽すぎることが悪影響を及ぼすようになるのはいつだろうか。テニスが昔から存在しているということを、改めて考えてみてほしい。コートの大きさ、ボールの規格、プレー方法などはほとんど変わっていない。もしテニスコートの大きさが、ラケット技術の進歩とともに大きくなるのであれば、50ヤードラインにネットを張ったフットボール場で試合をしているかもしれない。

あなたのラケットを調整するために、本章で紹介したことを利用してほしい。あなたの好きなプロ選手が使っているものは忘れよう。彼らがあなたのプレーを見て、ラケットを選ぶことはない。あなたも同じである。

例えば、インディ500やデイトナのカーレースを見ると、私たちはドライバーがとんでもない

スピードで運転することに驚くだろう。しかし、自分で同じことができるとは考えないだろう。また、レースコースを走るフォードやシボレーが街の販売店で買えるとも思わないだろう。

テニス・ラケットを買うときにも、私たちは同じように考えるべきではないだろうか。メーカーは、あなたの好きなプロ選手の必要を満たすラケットを作ることもできれば、あなたの必要に適合したラケットを作ることもできる。

適切な知識に基づいた試打は、成功への最短の近道である。自分自身ののニーズを正確に理解することで、プレーがより楽しくなり、より健康的に、より多くの試合に勝つことができるようになるだろう。そして、他の重要なことと同じように、プロのアドバイスを求めよう。

6 ラケットの改良（カスタマイズ）

これは、本章の中で最も複雑で、最も重大なセクションである。今までに学習したことから、誰もが使える完璧なラケットはないことがおわかりだろう。

本章の情報をすべて理解しても、完璧な新しいラケットを買うことはできないだろう。私たちの道具に対するニーズは、それぞれ独自のものである。これらのニーズは、左利き用グリップが必要だ、正確に巻かれたグリップが必要だといった単純なものから、あなたの手にぴったり合う特別なグリップの型枠が必要だというような高度なものまで、さまざまである。

いずれにしても、道具の微調整をすることで、利益を得られることは確かである。これは、メーカーが使用者に任せる部分であり、また、ラケット技術者の仕事でもある。技術者は選手の特定のニーズに合った改良を行うために必要とされる知識をもち、その仕事は芸術的である。さまざまな道具を駆使して、あなたのニーズに完全に適合するように、ラケット、ストリングなどを調節、改良することができる。

以下に、ラケットを改良した場合、どういう影響があるのかということを紹介する。なぜレッド・テープ（バランサーなどと呼ばれる鉛のテープ）を貼るのだろうか。その必要性をどのようにして判断して、どこに、どのくらい貼ればいいのか。これらは、このセクションの中で答えが見つかる基本的な問題である。

すべてのテニス・ラケットは、COP（打撃の中心）、ノード（節点）、COR（反発係数）という3つのスイートスポットを持っていることを理解することから始めよう。スイートスポットとそれらの位置をさらに正確に定義しよう。

(1) COP

COP（打撃の中心）は、ボールのインパクト時に腕に伝わる衝撃が最も小さい、ストリング・ベッドのポイントである。ここは、ボールを打ったときに選手が一番快適に感じられるポイントでもある。COPの位置は、重さの配分よって違ってくる。基本的に、COPは、フレームの最も重い部分（質量中心）の位置に近づく。ヘッド・ヘビーのラケットでは、COPは、ストリング・ベッドの上方、先端近くになるし、ヘッド・ライトのラケットでは、ストリング・ベッドの下方になる。COPは、27インチの規定のラケットの場合、ストリング・ベッドの真ん中近く、グリップエンドからおよそ17～20インチの場所に位置する（これは重さの配分によって変わる）。

(2) ノード

ノード（節点）は、ボールを打つときに生じる振動が最も小さいポイントである。実際の位置は、つねにCOPよりわずかに低い位置になる。ノードでボールを打つと、まるでボールを打っていないように感じるだろう。

(3) COR

　COR（反発係数）は、打ったときにボールに最も大きなパワーをもたらすストリング・ベッド上のポイントである。その位置は、ストリング・ベッドの下方で、フレームのスロット・ブリッジの近くである。その位置が最も大きなパワーを生み出す。物体の質量と重心に対して、反発する力がどのように影響するかという物理学の法則が当てはまる。基本的にボールは、ラケットの中間点（真ん中）近くで打つ。ほとんど同じ量の反発する力が、ラケットの両端にかかるので、フレームに対するねじれが最も小さくなる。このポイントは、手に非常に近いので、テニス選手は、このスポットではめったに打たない。プロ選手がボレーで詰まらされたとき、選手が窮屈そうにボールを打つところを見るだろう。このとき選手は、おそらくCORに非常に近いポイントでボールを打つだろう。

　初めに述べたように、3つのスイートスポットは、すべてのラケットに存在し、フレームの最も重い部分に引き寄せられる。ラケット・メーカーは、一般の選手が最も多くボールを打つストリング・ベッドの上方へCOPを移動させた、非常に軽い、ヘッド・ヘビーのラケットを作ることで、物理学の法則を欺こうとする。理論上これはうまくいくが、金槌の例で学んだように、必要なパワーやコントロールを生み出し、ボールを打ったときの衝撃や振動を吸収するためには、ある程度の質量が必要である。

　ヘッド・ヘビーのラケットは、全体としてはたいへん軽くなる。それによって、振るときに、腕にかかる重量は小さいと思うだろう。金槌を逆さに持ったとき、どれくらい軽く感じるか思い出そう。全体の質量は同じだが、感じ方が違う。質量が手から遠くなるほど、私たちがラケットを振るときに重く感じるだろう。

　多くの人々は、すでに自分のプレーに合ったラケットを持っているかもしれないが、それをさらに使いやすくするために微調整をすることは必要かもしれない。新しい軽量のラケットはよい例かもしれない。

　現在の平均的な一般向けのラケットの傾向は、たいへん軽い、ヘッド・ヘビーのオーバーサイズ・ラケットである。このようなラケットは、ヘッドが非常に重いことから、スイング・ウエートが大きい。しかし、期待されるパワーをもたらすには、ラケットの残りの部分の重量が足りない。ハンドル部分やスロット・エリアに重りを加えることによって、わずかな重さしか感じずに、大きな利益を得ることができるので、ぜひ試してみてほしい。

　以前は感じられなかった腕の故障を経験し始めた場合は、年齢が原因だとは思わずに、道具をチェックしてみよう。十分配慮しながら新しいラケットにいくつか重りをつける必要があるかもしれない。重りを貼る位置を決める際には、次のことを考慮する必要がある。

・ラケットのどの部分を軽すぎる、あるいは重すぎると感じるか。
・もっとパワーが必要か、あるいはコントロールが必要か。
・ボールを打つとき、フレームがねじれるような感じがするか。
・どこで最も多くボールを打つか（ボールの毛のついている位置を確かめよう）。
・フラットで打つか、トップスピンをかけるか。
・ベースライン、サーブ・アンド・ボレー、オール・ラウンド、どのプレー・スタイルを好むか。
・腕、肩、手首に故障など問題があるか。

　これは、ラケットを改良しようとする場合、答

表13-7 レッド・テープを貼る目安

ラケットの感触	レッド・テープを貼る位置	重さ
ヘッド・ライト	12時*	5〜10g
軽すぎる	スロット部分	10〜20g
安定しない（ぶれる）	3時と9時*	5〜10g

*フレームを時計の文字盤に見立てて、貼る位置を表したもの。

えることができなければならない質問の例である。ラケットはそれぞれに異なるので、改良の方法も異なってくる。しかし、ラケットの改良の結果は同じであるべきである。

試すときには、改良しようとするラケットがあなたのプレー・スタイルに合っているかどうかを確認することから始めよう。ラケットとプレー・スタイルは合っていると思うが、微調整したいのであれば、表13-7を参考に改良してみよう。

表にしたがって、重りが多すぎると感じるまで、レッド・テープを貼り、次に、自分のニーズに最適と感じられるまで、それをはがしていく。ラケットの改良に関して、プロの助けを借りることを強くお勧めする。

ニック・ボロテリーの個人的指導あるいはニック・ボロテリー・テニス・アカデミーで指導を受けてATPツアーなどで活躍した選手として、以下のような選手の名前をあげることができる。

- アンドレ・アガシ
- ポール・アナコーン
- ジミー・アリアス
- ボリス・ベッカー
- マイク・ディパーマー・ジュニア
- ユーネス・エル・アノウイ
- ブラッド・ギルバート
- マーク・ケヴィン・ゴールナー
- ジム・グラブ
- トミー・ハース
- チップ・フーパー
- セドリック・コーフマン
- ペトロ・コルダ
- カロル・クチェラ
- マグヌス・ラーソン
- デービッド・マックファーソン
- セシル・マーミット
- ポール・ヘンリー・マシュー
- マックス・ミリニイ
- ディエゴ・ナルジソ
- ジリ・ノバック
- マルコス・オンドルスカ
- デービッド・リクル
- クリスチャン・ラッド
- マラ・サフィン
- シリル・スーク
- ローレンス・ティールマン
- グレン・ウェイー
- トッド・ウィツキン
- ジュリアン・アロンゾ
- ヒチャム・アラジ
- ユゴー・アーマンドー
- マーティン・ダム
- スレイバ・ドーセデル
- トーマス・エンクビスト
- ジャスティン・ギメストブ
- ブライアン・ゴットフリート
- オリヴァー・グロス
- ロドニー・ハーモン
- イェブゲニー・カフェルニコフ
- マーク・ノウルズ
- アーロン・クリックステイン
- ジョバンニ・ラペンティ
- ジーン・レネ・リズナード
- ザグビアー・マリッセ
- ニコラス・マッスー
- アンドレイ・メドベージェフ
- フランシスコ・モンタナ
- ヤニック・ノア
- マグナス・ノーマン
- マーク・フィリポーシス
- マルセロ・リオス
- アンドレア・サー
- ピート・サンプラス
- ジェフ・タランゴ
- ダニエル・バチェック
- デービッド・ホイートン

第14章
ボロテリー育成システム

私たちの哲学は、たんに技術を指導することではなく、人間を指導することである。これは、より優れたプレーヤーを育成するだけでなく、子どもたちの人生のすべての面での成長を支援することを意味している。

　最後に、われわれボロテリー・スポーツ・アカデミーの沿革と基本方針、育成方法の概略について説明したい。

　コーチとして駆け出しの頃に、他の人よりも長く、一生懸命に働く、献身的な人々に囲まれていれば、よいコーチになれることに気づいた。また、友達の助けがあれば、影響力を持つことができるということがわかった。1950年代から60年代の初めは、テニスボールを1缶持って公園へ行き、空いているコートでテニスをするだけで十分だった。テニス・ブームはその時代に始まった。この40年間でテニスを取り巻く事情は、劇的に変化した。今日、テニスクラブは、家族向けのレクリエーション施設の複合体となっている。エアロビクス・センター、フィットネス・クラブ、ラケットボール・コート、スカッシュ・コート、プロショップ、サロンなどの施設が整っているところが数多くある。今日のプロテニス選手には、ビジネスについての知識も必要であり、クラブが収益を上げるために、経営者は多様な利用者に対応しなければならないことを理解する必要がある。

　私たちのシステムは、身体、技術、戦術、メンタル、栄養、回復、社会性など、すべてのトレーニングの局面を統合している。選手は、コート内外で、技術、試合の戦略、段階的な練習、動き、そしてメンタル的なことと、どのようなことにもうまく対応できるような身体づくりを行っている。

1 アカデミーの歴史

　ニック・ボロテリー・テニス・アカデミー（NBTA）は、フロリダ州ロングボート・キーにあるコロニー・ビーチ＆テニス・リゾートで

1977年に生まれた。アカデミーの設立は、ニックの親しい友人、マイク・ディパーマー・シニアの発案だった。アカデミーは、週末に1回35ドルで子どもたちにテニスの指導をすることから始まった。初めは、ごく近隣の地域の子どもたちだけだったが、すぐにうわさはフロリダ州全体に広まった。ニックは、北はジャクソンビルから南はマイアミに至るまで、多くの子どもたちを引きつけ始めた。やがて30〜40人の子どもたちが、練習プログラムに参加するようになった。できるだけ多くの子どもたちを受け入れるため、1部屋あたり6〜8人の子どもが、コロニーで共同生活をするようになった。

1978年の夏に、ニックはウィスコンシン州ビーヴァーダムでのサマーキャンプで、サラソタに寄宿制のテニス学校を開くつもりだ、と子どもたちに発表した。その夏、寮の設備がまだ整っていなかったにもかかわらず、9月から開校できるように、彼は20人の子どもたちを集めた。最初の数年間、子どもたちの半分は、ニックの家で暮らした。また、他の子どもたちは、コーチたちの家に分かれて暮らした。彼のスタッフには、テニス・インストラクターだけでなくコック、メイド、家庭教師、運転手も含まれていた。

創設期の学生の中で最も有名なのは、アン・ホワイトというウェスト・バージニア州出身の少女である。アンは、1985年にウィンブルドンの一回戦で、ショッキングな白いボディースーツを着用したことでよく知られている。彼女の伝統的な服装への挑戦から、世界中のテニス雑誌が彼女を表紙に掲載した。この評判によって、ニックの新しいアカデミーは多くの注目を集めた。

その年の後半、NBTAの人気が高まってきた。アカデミーは、子どもたちであふれ、コートや住宅が足りなくなった。コート不足の問題を解決するために、ニックはマイク・ディパーマー・シニアと協力し、ブレイデントンの75番通り北西にあったテニスクラブを買い取った。ディパーマー・ボロテリー・テニスクラブと名付けられたこの施設は、今でもニック・ボロテリー・テニス・センターとして利用されている。

住宅の問題は、マナティー通り6300番にあった、マナティー・コート・ウエスト・モーテルを購入することにより解決された。モーテルは、世界最初の全寮制テニス・アカデミーへと改築された。ここから、子どもたちはブレイデントン・アカデミーという私立学校へ歩いて通うことができた。子どもたちは、学校からコロニーかクラブのいずれかのテニスコートへバスで送迎された。

これがニック・ボロテリー・テニス・アカデミーの始まりだった。1年間のレッスン料は12,000ドルだった。この頃の子どもたちの中には、後に世界ランキングトップ10入りしたジミー・アリアス、キャサリーン・ハーバス、カーリング・バセットがいた。

しかし、これでも十分ではなかった。ニックは、子どもたちのための新しい設備が必要だと考えた。彼は、コート、寮、キッチン、大食堂を完備したより大きな設備を思い描いていたのだ。

❶ 初　　期

1980年、ボロテリーは、もう一歩前進する時期が来たと決心した。彼はパートナーとともに、34番通り西の10.5エーカーのトマト畑を購入し、その土地に22面のテニスコート、32室の学生寮、大食堂、スイミング・プールを建設した。アカデミーの100人の学生は、22人のスタッフによって指導された。寮は、1部屋当たり4人の学生が生活できるように設計されたが、建設工事が完成したときには、1部屋に8人の学生を詰め込まなければならないほど、多くの入学者が集まった。

これほど発展しても、ニックはくつろぎ、成功を楽しみ、満足するということはなかった。彼はさらに大きな夢を見ていた。

1982年、ニックはアカデミーに隣接した13エーカーの土地を購入し、そこに22面のコートとアトランタ以南では最初のインドア・テニスコートを作った。「ニックは気が狂った」と多くの人が噂したが、より多くの優れた選手を引きつけるためには、多くの整備された施設が必要であることをニックは知っていた。

1983年、世界ランキングトップ5のジミー・アリアスが全米オープンの準決勝に進出した。ジミーの成功とニックの先見の明は、より高いランキングや大きな可能性を秘めた選手を引きつけ始めた。

その年の終わりに、ニックはアカデミーにもう2棟の建物を加えた。16室の学生寮の追加で、アカデミーの在籍者数は160人に増加した。

1986年、アカデミーは利用者をさらに増やすために、大人向けのプログラムを加えた。これに伴い、さらに多くのコートを加え、施設全体のコート数は、54面（クレー14面、インドア4面、ハードコート36面）になった。NBTAは、世界一のテニス・アカデミーとして認められるようになっていた。1990年までに、NBTAはアンドレ・アガシ、ジム・クーリエ、モニカ・セレスという3人の世界ランキング1位のプロ選手を生み出し、多くのテレビ番組で取り上げられるようになった。

その評判は、世界最大のスポーツ運営会社IMGの注目を引きつけた。1987年、ニックはIMGにNBTAを売却した。彼は、アカデミーが成長し、拡大し続けるためには、IMGの関与と財政支援が必要であると判断し、社長、創設者としてアカデミーに留まることに合意した。

IMGが加わり、アカデミーは再びその設備を拡張し、新設することが可能になった。大人のためのダイニングルームが拡張され、トレーニング用のもう1つのプール、レクリエーション設備、トレーニング・センターが建てられた。

NBTAの成功により、ニック、テッド・ミークマ、最高経営責任者グレッグ・ブルーニッチは、さらに大きな夢を実現するときが来たと決心した。1990年、ニックがテニスで築き上げてきた教育とトレーニングの方法を参考に、彼らは、それを他のスポーツに応用することにした。つまり、ボロテリー・スポーツ・アカデミーが設立された。ニックがテニスの中で唱えた哲学は今、他のスポーツ・プログラムで活用されている。この考えは、複数のスポーツを1ヶ所の設備で指導する初めての試みである。

❷ 現　　在

1994年までに、もう1つのボロテリーの考えが現実になった。3つの新しいスポーツの導入で、NBTAはボロテリー・スポーツ・アカデミー（BSA）となった。ディビッド・レッドベター・ゴルフ・アカデミー、サッカー・アカデミー、野球アカデミーの追加で、BSAは今、世界最大のスポーツ・アカデミーとなった。現在もブレイデントン34番通り西にある45エーカーの施設は、運動競技のトレーニングのために最も整備された、最先端のスポーツ施設群となっている。

1996年、BSAは、屋内のインターナショナル・パフォーマンス・インスティチュート（IPI）の施設を完成させた。この建物は、人口芝を敷き詰めた30,000平方フィートの屋内フットボール場である。IPIドームと呼ばれるこの施設は、天候にかかわらず、いろいろなスポーツ・トレーニングのために使用され、ボールを使用するすべてのスポーツで利用できるよう整備されている。

同年、BSAはスポーツ医学治療センターを開

設した。一般に開放されており、資格をもったスポーツ・セラピストが治療にあたっている。年間を通じて、さまざまなスポーツのトップ選手が治療センターを利用している。

　1997年、BSAは、世界のアマチュアテニス競技で最も権威ある大会の1つ、エディ・ハー・ジュニア招待大会の開催地となった。この年は、87ヶ国、1,100人の選手が参加し、国際的なトーナメントとしての11年の歴史において最も成功した大会となった。参加者の中には、各国のさまざまな年齢部門で全国ランキング1位の選手が130人、2位が88人いた。

　BSAの年間プログラムには、現在40ヶ国以上から400人以上の学生がいる。サマーキャンプやクリスマスなどの休暇のときには、一度に500人以上が集まる。ゲスト用宿泊施設ボロテリー・ビラに最初の10戸の建物が完成し、アカデミーは今、増え続ける利用者を収容することができるようになった。1年間（9月〜5月）のスポーツ・プログラムの現在のレッスン料金は、およそ28,000ドルである。BSAは、さらに財政的援助を必要とする人々、あるいは優れた才能を持った人々には奨学金を提供している。

　BSAは、すべての仕事を22人のテニス・スタッフで担当していた創設期からめざましい進歩を遂げた。現在、25部門で250人を雇用している。その中には、テニス・コーチ（大人向けとジュニア向け）、ゴルフ、野球、サッカー、バスケットボール、アイスホッケーのコーチ、ゲスト・サービス、営業やマーケティング、予約、ハウスキーピング、キッチン、スポーツ心理学、フィットネス、研究開発プログラム、その他の人々が含まれる。

　マナティー郡商工会議所は、アカデミーが毎年、地元の経済に2,000万ドル以上の貢献をしていると推測している。BSAは地元から多くの支援を得ている。アカデミーは現代のサクセス・ストーリーであり、また、地元住民は、アカデミーがブレイデントンに留まっていることを誇りにしている。ニックには、よりアクセスのよい場所へ移転するチャンスが何度もあった。しかし、彼はこの土地が好きで、家庭的だと感じている。

❸ 将　　来

　ボロテリー・スポーツ・アカデミーは、現在IMGアカデミーと呼ばれ、将来、さらに大きく発展する可能性を秘めている。宿泊施設ボロテリー・リゾート・ビラは、大きな成功を納め、さらに、クラブハウス、会議センター、プールを増設した。IMGアカデミーが運営、所有、賃貸している土地は190エーカーになる。2001年には、100エーカー以上の土地が新たに開発され、新しいゴルフ・トレーニング施設、野球場2面、サッカー場5面、テニスコート15面、60軒のビラが追加される。バスケットボールと自転車のトレーニングが新しくアカデミーのプログラムに導入される。

　ニック・ボロテリー、IMG、IMGアカデミーは、21世紀においても、他のさまざまなスポーツ・トレーニング・ビジネスのお手本であり続けようとしている。

2 コーチング

　私たちは、教師とコーチをはっきり区別している。私たちはコーチであり教育者である。コーチングは、学生の知識、技術、心構えを向上させるという、やりがいのある仕事である。私たちのコーチの秘訣は次の通りである。

・組織、計画
・指導、先導、挑戦
・観察、評価

- 対話、動機づけ
- 明確な目標・目的の設定
- 自己犠牲の精神、一生懸命に仕事をすること
- 学生優先
- 教育の継続
- チームを優先し、仲間を尊敬すること
- 仕事を楽しむこと

❶段階的なコーチング技術

コーチングとは過程である。私たちのシステムでは、練習は一つの段階から次の段階へと移行し、その結果、構成や論理的な進行を持っている。楽をして上達するような、近道はない。最高の方法は、学生の競技能力を永久的に高めようという意図を持って接することである。私たちのシステムは、教育過程でもある。

1回のレッスンで1種類だけのストロークを教えるコーチがいる。例えば、フォアハンドは最初のレッスンで、バックハンドは2回目といったように。しかし、選手が試合中に、そのような状況に出会うことはないだろう。また移動技術を学んでいない。私たちのコーチは、運動技術を指導する方法や段階に関して多くの知識を持っている。

ボロテリー方式では、選手に1回の練習でさまざまな技術を教える。ストロークを教えるときには、コート上のどこにボールがあるかによって、そのボールにどう対応したらよいか教える。また、飛んでくるボールの種類を識別する方法も教える。選手たちは目標を明白にし、各練習の目的を理解する。

❷継続的な教育

NBTAの全コーチが、正確なトレーニングを実施している。それから、私たちは継続的な教育を強調する。私たちのコーチは次のような課題を研究するためにたびたびミーティングも開いている。

- ストロークの技術
- 生徒のビデオ分析
- メンタル・コンディショニング
- フィジカル・コンディショニング
- 試合後のコーチからの結果報告とコメント
- ゲスト・スピーカーによる講演

コーチングのスタイル、新しい傾向などについて話し合うために、私たちは毎週土曜日に2時間のミーティングを開く。6週ごとに、8時間のピリオダイゼーション（周期性）についての講義を行ない、プログラムの次の段階へ移行するための計画を立てる。

❸組織と計画

NBTAは、過去20年間一流選手を育成してきた。私たちの成功の記録がそれを証明している。私たちの成功は偶然ではない。長年の懸命な努力、計画、観察、評価、目標設定は、すべての選手を育成するために必要だった。最も効果的な方法で選手を育成するために、コーチは、学生に関して多くの情報を知る必要がある。

- 目標・野望――選手と定期的に見直す
- 個性――プレー中も含め、どのように日常生活のプレッシャーに対処するか
- 発達段階、長所や弱点、技術的・戦術的・戦略的な能力、身体的・精神的な能力、栄養や食習慣、成熟度
- 社会的背景――親、友達など

これらの要因はすべて、コーチが指導方針を決定するときに考慮される。方針は、学生によってそれぞれ異なる。

❹ファーム制度

NBTAは、グループ単位で個人競技を教えることの先駆けとなった。グループで指導することに

は、多くの利点がある。学生たちは、互いに学習する。また、動機づけや競争を通じて、より高いレベルに互いを引き上げる相乗効果がある。

アカデミーでは、ファーム制度の取り組みが非常に成功している。私たちは、試合結果によって学生をグループ分けし、練習試合の結果に基づき、上位や下位のグループへと移動させる。私たちは競争、勝つ方法を学ぶことを強調する。毎日シングルスとダブルスの試合を行うことは大切である。特別な場合には、性別、年齢、プレー年数などを考慮し、グループ分けを行う。

選手の育成は、長期的な計画である。その中にはさまざまなスケジュール、より小さなグループ、一対一の指導などが含まれる。アカデミーの創設以来、私たちのシステムは、個々の選手の必要性に合わせることができるように、とても柔軟である。当たり前だが、選手のニーズはさまざまで、個々の解決策が必要である。このシステムでは、学生が次のレベルへ進むために必要な、試合の1つのポイントを正確に指摘することが可能である。

学生たちは、ここで生活し、練習する多くのプロ選手の練習相手になる。例えば、1997年12月、ザイビアー・マリッセは、有名なエディ・ハー・国際ジュニア大会で優勝した。彼は、オレンジボウルへの出場をとりやめ、マルセロ・リオス、トミー・ハース、マーク・フィリポーシス、ジミー・アリアス、ペトロ・コルダ、トーマス・エンクビストと一緒に3週間の練習した。この経験の直後に、ザイビアーはプロに転向した。そして、テニス・マガジンは、彼に大きな期待をしていた。ザイビアーがこのトッププロのレベルの練習を他の場所で経験できるとは考えられない。また1997年、1998年には、まだジュニア選手だったトミー・ハースは、ボリス・ベッカーと練習をともにした。ハースとベッカーはその後も一緒に練習を行った。マルチナ・ヒンギスは1998年11月にWTAツアーのチェイス選手権に備えてアカデミーで練習した。滞在中彼女は1日2時間学生と一緒に練習をした。学生たちはヒンギスと打ち合うチャンスを与えられたことが信じられなかった。ヴィーナスやセレナ・ウィリアムズ、ジミー・アリアスは、アカデミーで練習すると、学生をみんな打ち負かしてしまう。

このようなの経験はお金に換算することはできない。

3 グループ

年間プログラムに参加する学生が9月に到着すると、私たちは最初の1週間をすべて試合に費やす。私たちは、すべての試合結果を記録し、試合結果に応じて学生をグループ分けする。アンドレ・アガシがNBTAでジュニアの学生だったとき、32位にランクされたことは興味深い事実である。トミー・ハースは7位にランクされた。これらの数字から、アカデミーの競技レベルの高さが想像できるだろう。

各グループに、学生のプログラムの責任を負い、グループのレベルに合った担当コーチがつく。コーチは、学生の9か月間におよぶ年間プログラムの計画と編成を担当する。コーチは学生を指導し、先導し、挑戦し、学生の目標設定を手助けする。私たちはこれらの目標を頻繁に見直し、評価する。さらに、コーチは学生の親とコミュニケーションをとる責任も負う。

4 親

親は、どんなスポーツ選手の経歴においても大きな役割を果たす。多くの偉大な選手は、母親や父親からの支援のもとに成長する。親は、子ども

たちの心の揺れ、やる気、恐れなどをよく理解している。親、コーチ、学生は、協力し、よい関係を維持しなければならない。親は、ジュニアの時代だけでなくプロになってからも強力な支えとなる。

コーチの最も困難な仕事の1つは、親と接することである。長年私たちは、多くの親と接する機会があった。コーチとしての主な仕事の1つは、子どもを支援していくことの重要性を親に教育することであると、私たちは思う。親は、肯定的にも否定的にも関わることができる。例えば、多くの親がコート内外での行動から子どもに見放される。

親は、子どもの生活すべてをコントロールしようとする独裁者になることができる。彼らは、コート内外でテニスについて話し、子どものために非現実的な高い目標を掲げるかもしれない。親は、息子や娘を通して、自分たちが実現できなかった夢を実現しようとする。そのような場合、テニスは、子どもにとって悪夢となり、また、親は敵になる。そのようなプレッシャーの下で、すべての時間を過ごすことは、子どもにとってはほとんど不可能である。コーチは、親から絶えまなく批判を受けた子どもと対話することは、困難であると感じるだろう。選手は、親がコーチではなく、母親や父親として振る舞うことを望む。

多くの親が、コート上とコート外の生活を切り離すことができない。帰宅途中に親は、ポイントを失ったフォアハンドのボレーについて話し続ける。子どもにとっては、テニスと家庭生活を切り離しておくことが必要である。私たちは親にいくつかのポイントを理解するように指導している。

・子どものためになることをしようと思うのなら、息子や娘を支援する一番よい方法は、コーチを通して対話し、コーチを信頼すること。
・支援的な役割が非常に重要であること。
・子どもたちに前向きな感想を述べるようにし、多くの愛情を与えること。
・テニスと関係のある話題は、コーチを通して伝えるようにすること。
・親、子ども、コーチそれぞれが、選手としての目標を達成するために用いるシステムを理解すること。

5 ボロテリーのスポーツ・トレーニングと選手育成

私たちは、スポーツ・トレーニングと選手の育成に真剣に取り組んでいる。私たちのプログラムは、それぞれの学生の能力を最大限に伸ばすことができるよう、すべての要素が統合されている。次年度のトレーニングは、学生のすべての年間計画を企画しているスタッフによって、第1球目のボールが打たれるはるか前から始まっている。技術的、戦術的、精神的、身体的な要素が計画され、検討される。さらに、私たちがきちんとした人格の備わった選手、人間を育成していることを確信するために、成長、育成、文化的、社会的要素が加えられる。

❶ピリオダイゼーション

NBTAは、テニス選手を育成するためにピリオダイゼーションを世界で最初に利用した。ピリオダイゼーションとは、最高の競技能力に到達するために、準備に必要な練習内容、量、強度、頻度を最適化することによる、短期間、長期間のトレーニング、試合のための計画を立案する手法である。ピリオダイゼーションは、周期的あるいは時間単位で練習することを意味する。各周期は、特定の時間配分を持ち、各周期は他の周期とバランスを保っている。

ピリオダイゼーションの長所としては、以下のようなことをあげることができる。

- 選手は大切な試合のときに最高の競技能力を発揮できる。
- 練習が非常に効率的である。
- 目標が明確に定義されている。
- 練習・休息計画は短期・長期に区別されている。
- 練習の種類が豊富で退屈しない。
- オーバートレーニング、疲労に起因するけが、バーンアウト（燃え尽き症候群）の危険が減少する。

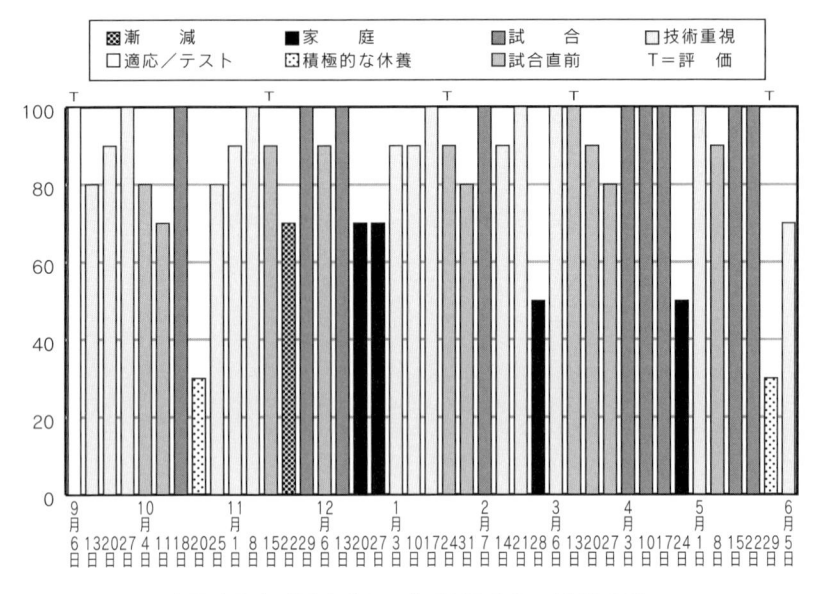

図14-1 テニスの年間計画（一般的なグループ、1999.9.6～2000.6.5）

❷ローテーション

トレーニングの効果を最大限にするために、学生は毎日、3分野の練習をローテーションして行う。以下はNBTAの代表的な1日の練習例である。

- ドリル練習（1時間）――14面利用
- 試合練習（1時間）――33面利用、屋内、クレーコートを含む
- IPIドームでの練習――毎日4時30分から1時間、フィジカル・コンディショニング・トレーニング、または講義室でのメンタル・トレーニング

各グループは、月曜日にメンタル・トレーニングを受講する。また、コーチは、各週全体のテーマを強調する。そして、プログラムは長期周期、中期周期、短期周期の3部に分かれる。

(1)長期周期

テニスの年間計画は、1年のトレーニングの基本となる。長期周期は、練習と休養に注目して、各個人のトレーニングの概略を決める一定の期間である。私たちの長期周期は9か月間で、学生が9月に入学するときに始まり、翌年の6月で終了する。

この長期周期の中で、私たちは複数の中期・短期のピリオダイゼーションをあわせて利用する。トーナメントや試合の日程と合わせるために、年間の周期は1年を通して、高い強度と比較的多い量の練習を必要とする。

複数のピリオダイゼーション中には、私たちは、オーバートレーニング、疲労、けが、バーンアウトを防ぐために、しばしば休養を入れる。

(2)中期周期

7週間の周期は、1週間のテスト・適応期間、3週間の技術重視の期間、2週間の試合直前期間、2日間の試合、5日間の積極的休養に分かれる。この周期を1週間ごとの短期周期に分割することにより、さらなるチェックが行われる。

中期周期は、技術重視、試合直前、試合、休養のそれぞれ4つの短期周期に分割される。

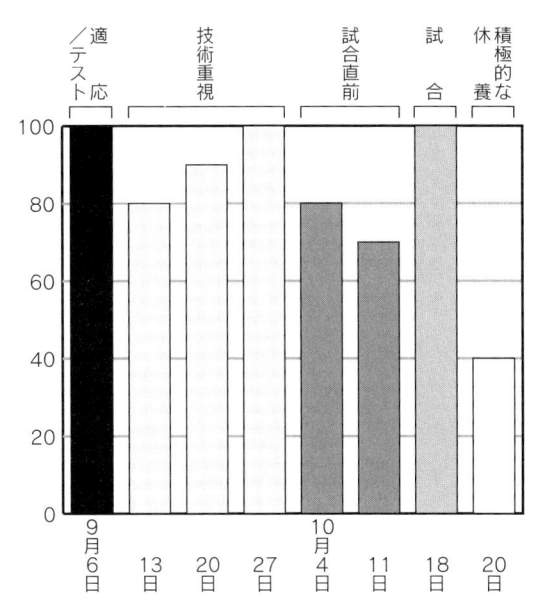

第14章　ボロテリー育成システム

図14-2　第一段階（一般的なグループ）

(3) 短期周期

中期周期をさらに短い周期に分割する。つまり毎週の練習である。

短期周期は、短期間の適応、または学生が毎日のトレーニングの負荷に対し、どのように対応しているか調節し、最適化するための手段である。

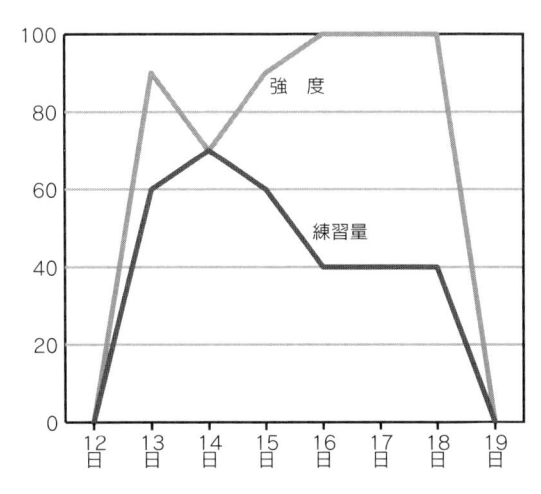

図14-3　短期周期（試合前周期）の練習量と強度（10月）

各コーチは、練習量、強度、特性、頻度、回復を考慮し、短期周期間の各グループのトレーニングの負荷を決める。

全体計画は、短期計画を実行する前に明らかでなければならない。

(4) 1週間を分割

各短期周期は、その週のトレーニングの全体的な青写真を表している。さらに必要となるのは、各グループがどのようにして各時間を過ごすかという、毎日の詳細な分刻みの計画である。アカデミーは、学生数やコート数が多いので、毎日の練習計画書はとても詳しく書かれている。

下記は、私たちが使用する短期周期の一例である。

(a) 各週の練習量

各週の練習量が、ドリル練習と試合練習のローテーションの時間間隔を決定する。技術重視の短期周期では、練習量は多く、90～100％である。ローテーションの長さ、間隔は90分である。試合直前の短期周期へ移行するにつれて、練習量は70～90％まで減少する。トレーニングの強度が増大したことを相殺するために、ローテーション間隔も75分と短くなる。試合時の短期周期の練習量は60～75％で、60～75分間隔でローテ

練習量	ローテーション
100%	90分
90%	90分
80%	75分
70%	60～75分
60%	60分

図14-4　短期周期の練習量とローテーションの間隔

(b)各週の練習強度

各週の練習強度は、ドリル練習や試合練習のローテーション中の心拍数の範囲で判断する。各週の練習量が減少するにつれて、その週の練習強度（心拍数）は高くなる。100％の強度は、試合前の短期周期の中で実際の試合環境を反映するように練習される。80～90％の強度は、試合前短期周期の中で用いられる。また、70～80％の強度は、技術重視の短期周期の中で利用される。60％の強度は回復、試合後、また積極的休養のために使用される。

練習強度	心拍数
100％	160～180回／分
90％	140～160回／分
80％	130～150回／分
70％	120～140回／分
60％	100～120回／分

図14-5　短期周期の練習強度と心拍数

(c)各日の練習の負荷

各日の練習の負荷は、トレーニングの割合や各ドリル練習と試合練習に費やす時間を決定する。負荷が重い、厳しい日の90分のローテーションでは、ドリル練習でも試合練習でも、90分の時間のうち80％を実際の練習に費やす。残りの時間は、休憩、給水、指導を受けること、ボール拾いに使われる。同様に中程度の日には、70％、軽い日には60％と続く。

負荷	ドリル練習	試合練習
80％（重い）	10分	20分
70％（中程度）	8分	16分
60％（軽い）	6分	12分

※90分間のローテーションを基準として

図14-6　短期周期の負荷と練習時間

(5)すべてを一つにまとめる

各週の練習量、強度、各日の負荷を一つにまとめることは、年間9か月にわたるトレーニングの負荷量を私たちが学生ごとに変える手段となる。これは、すべての学生に対しての適応を保証し、バーンアウト、オーバートレーニング、けがを防ぐ。

同じような負荷のトレーニングの繰り返しは、過度の疲労の原因となり、回復を遅らせる。負荷値（適応のレベル）を変更することによって、選手が完全に回復してから次の練習を始めることができる。言いかえれば、毎日の練習に種類や変化を加えることによって、練習をもっと楽しむことができるようになる。彼らはより上達し、より早く回復し、疲労を少なく感じことができる。練習量と強度が一定でない場合、トレーニングの負荷にさまざまな変化を持たせることは重要である。ある1日は練習の厳しい日であり、次に中程度、また別の日には軽くすることもできる。また、ある日は衝撃を与えるよう非常に厳しくすることもできる。そのような数日間の負荷の後には、1～2日の休日を入れる。

適応とは、学生がどの程度トレーニングに順応できるかを意味する。学生がトレーニングの負荷、強度に適応することができなければ、私たちは、適応を重視するためにトレーニングの負荷を変更することを検討する。短期周期は年間計画のトレーニングの中で、最も扱いやすい単位である。必要なときには、コーチはすぐに調節することができるような柔軟性がある。

私たちは、練習の質を重視する。しかしときど

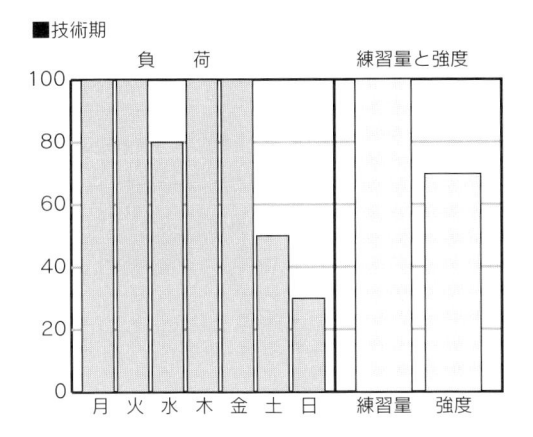

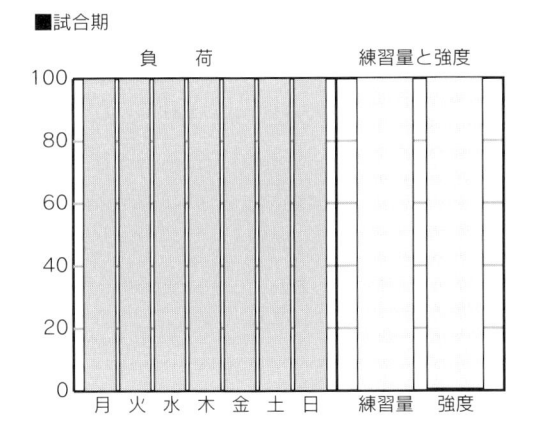

図14-7 各期の曜日ごとの負荷および週全体の練習量と強度

き、量を重視して練習することもある。コーチと選手は、トレーニングに対する短期的、長期的な適応が適切に行われているかを確認するために、トレーニングとプレーを観察、評価しなければならない。私たちは、それぞれのスポーツ特有のトレーニングが上達するために最も適していると考えている。

各週の短期周期を計画し、順序立て、実行する場合、次のような法則を基準にする。スピードよりも技術、パワーと強さよりスピード、強さよりもパワー（無酸素乳酸性よりも無酸素非乳酸性）、持久力よりも強さ。

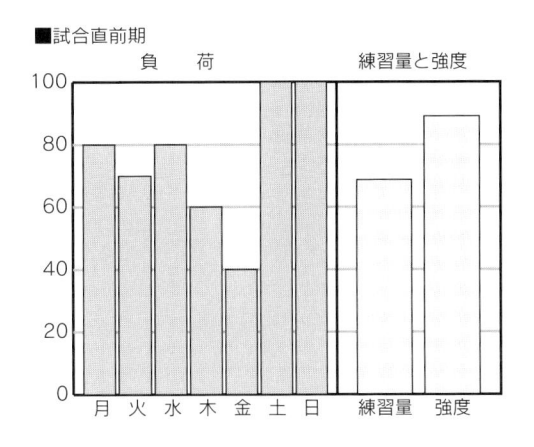

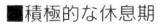

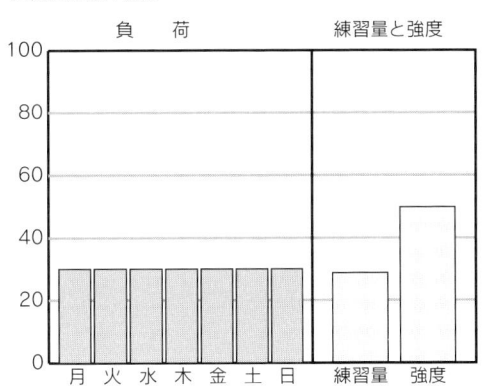

(6)技術重視期

- 一つの目的を持って練習をする——ストロークを打つためのバイオメカニクスを高める。
- ドリルの速度は遅い（低い強度）。
- 学生はボールを数多く打つ。また、練習は反復が多く、長い（練習量は多い）。
- 筋肉の持久性、心肺機能を高める。
- 下半身の強さを高める。
- ストロークをビデオに撮る。
- この期間中はあまりトーナメントに出場しないこと、試合練習を少なくするように勧める。学生は修正に慣れ、この間に体重が増え、動きは多少遅くなる。

(7)技術重視期の週ごとの練習の概略

(a)コート上でのテニス
- 長くゆっくり、安定した週──練習量（90％）、楽なペース（70％）。
- 技術的な基本・基礎練習の週──心拍数範囲毎分120～140回。
- 休憩間隔──最大3分あるいは心拍数が毎分100回未満。

(b)練習の目標──球出しされたボール
- サーブとリターン
- グラウンド・ストローク
- アプローチ／ボレー／スマッシュ

(c)試合練習の目標──生きたボール
- グラウンド・ストロークの基礎（クロス、ストレート）
- 深さ／正確さ／ラリー速度
- コンビネーション──2対1のパターン練習

(8)試合直前期──戦うためのトレーニング

- この第2段階のトレーニングの目的は、試合能力の微調整。
- 試合前の技術的、戦術的、身体的、精神的な準備の最終段階。
- この期間には、戦術や戦略に重点が置かれる。
- 学生は、自分のプレースタイルを明確にし、理解する。
- ショットの選択、コンビネーションを向上させ、スコアによってポイントをとることを学ぶ。
- 試合は長所や弱点を評価するために重要であり、評価は学生の発展途上である技術や能力をさらに高めるのに役立つ。
- プレースタイルに合わせて行うことが重要であり、練習は具体的な意図を持ったものである必要がある。学生は目的を持ってすべてのボールを打つ。
- 私たちのプログラムは、いろいろな場面での対応、プレーを最大限に高めるために、試合でのさまざまな状況を再現することを目指す。
- この段階では、トレーニング中にすべての試合状況を体験できるので、学生はプレッシャーの下でプレーすることを学ぶ。試合練習中に、学生はさまざまな状況を提示される。例えば、(a)ゲームカウント3-3やカウント0-15から試合を開始する、(b)ランキングをつけるためだけの目的で、3セット先取のタイブレークを行う、(c)他の人のラケットでプレーすることを体験する、(d)15分～30分間の中断を入れ、雨天などでの中断を再現する。
- この期には、パワーとスピードを合わせた練習で、第一歩の踏み出しの爆発力を高める。
- 毎週火曜日と木曜日には、テニス専用のプライオメトリクス（筋肉に一気に負担をかける運動を繰り返すトレーニング）を行う。これらの練習は、学生をより強く、より俊敏にするのに役立つ。

(9)試合直前期の週ごとの練習概要

◆コート上でのテニス
- より速いテンポの週──80％の練習量、75分でローテーション
- 試合前の練習・ポイントを競う練習の週──打球方向やプレースタイルの変更を強調
- 全般的な心拍数の範囲──毎分130～150回
- 毎日午後5:00～5:30──サーブと回復のためのジョギング

(a)練習の重点──生きたボール、球出しのボール
- 2対1でのコンビネーション
- アプローチ・ショット／ボレー／パッシング・ショット／スマッシュ
- サーブ／リターン

(b)試合練習の重点
- 月曜日・木曜日──試合

- ポイントを競う——サーブ・アンド・ボレー／スタイルを指定したプレー
- 11ポイントのゲーム——特定の課題

(c)毎日のローテーション——75／60分
- 午後1:30 〜 2:45
- 午後2:45 〜 4:00
- 午後4:00 〜 5:00（60分）

(d)日　課
- 午後5:00 〜 5:30——ジョギングまたはサーブ
- 20分間の回復のための軽いジョギング——70％、最大心拍数毎分130 〜 140回

(10)試合期——勝つためのトレーニング
- この期の目的は、プレーのレベルを最大まで高めることである。
- 「勝つためのトレーニング」期の間、複数のピリオダイゼーションを使用する。トレーニングの約80〜85％は、テニスに固有のものを行う。
- 学生は、技術や体力をまだ向上させることが可能かもしれないが、経験、他の選手の観察、戦術上の改良、精神力の改良からも進歩が得られる。
- 何が自分に適しているかについての知識を広げる。例えば、ウォームアップ、クールダウン、戦略、水分や栄養補給、次の試合のための回復など。
- 「勝つためのトレーニング」期のトレーニングとプレーは、既存の体力の維持、漸減、ピーク、精神の集中、回復が中心となる。
- トレーニングとプレーの心理学的な要素もまた優先される。
- 体力や技術的な限界に近づくにつれて、心理的な技術や能力が、プレーにおいて大切な役割を果たす。しかし、体力や技術的な能力、戦術上の能力をしっかり発達させていなければ、心理的な能力だけでは、チャンピオンになることはできない。
- この期には、試合とトーナメントをプレーする。選手は戦略、戦術、精神の鍛錬に集中する。
- コンディショニング中に、スピード、機敏さ、回復を重視する。
- 短期的・長期的目標の計画を立てるのに役立つよう、コーチとプレーの評価をする。
- トレーニングとプレーを最大限に生かすために、選手とコーチはテニスに関係するすべての要素の全体像を把握しなければならない。

(11)試合期の週ごとの練習概要
◆コート上でのテニス
- 5日間の競技——グランプリ大会。
- 第1日・2日——トーナメント戦で、シード選手を決めるための総当たり試合。
- シングルスの敗者によるダブルスを行う——水曜日受付、木曜第1回戦。
- 5セットマッチ・ノーアド、4-4でタイブレーク。
- プレーのスタイル。
- 試合のプラン——1プレーごとの戦略、戦術。
- 強調——ウォームアップ、整理、時間を守る、準備。
- 勝つためにプレーする。

(12)休養期
- だらだらしたトレーニングやプレーレベルの低下を避けるため、あるいは、オーバートレーニングやストレスがある場合、不要な疲労を取り除くために、休養が計画される。選手個々の必要性によって期間や時期を決定する。
- 休養期に、肉体的、精神的なストレスを回復することができる。

- 休養のレベルは、学生が上達しているとき、同じレベルで停滞しているときなど、身体の自然なリズムや特徴、傾向を考慮して判断する。
- 休養には、完全な休養と積極的な休養の2つのタイプがあり、どちらもプレーレベルを最大限に高めるために重要である。
  ⇨ 積極的な休養中は、30～90分間の軽い練習を行う。さらに、よりリラックスした雰囲気で競うことができる、テニス以外のスポーツを取り入れたクロストレーニングを推奨する。クロストレーニング中は、身体は動かすが、精神を休めることができる。
  ⇨ 完全な休養では、練習は一切行わない。その場合、長めのウォーキングを勧める。
- 試合前に、回復、再生する時間を身体に与えることを考慮し、徐々に練習の強度を下げる。漸減と呼ばれるこの段階が、試合で全力を出し切ることを可能にする。

⒀休養期の週ごとの練習概要
◆コート上でのテニス
- 活発な休息の週——非常に低い強度、量の少ない練習。
- テニスに固有でないトレーニング。
- 休息と回復の活動。
- アカデミーでエディ・ハー招待大会を見る。

用語解説

■コート
①デュースコート　②アド（アドバンテージ）コート
③ベースライン　　④サイドライン
⑤サービスライン　⑥アレー
⑦センターT

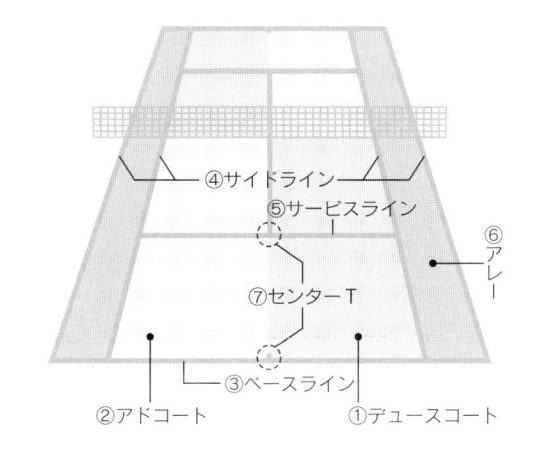

■コートポジション
①ニュートラル……コート上で左右どちらにボールが飛んできてもフォア、バックの両サイドでショットを打つことができるように構えるための中間の位置。
②センター……コートの中心部またはその方向。
③ワイド（サイド）……コートのサイドライン側、またはその方向。
④リカバリー……打ち終わった後、相手のボールに備えて打ちやすいポジションに戻ること。

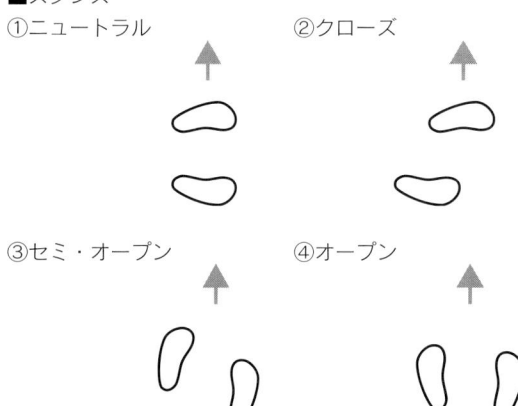

■スタンス
①ニュートラル　　②クローズ
③セミ・オープン　④オープン

■フットワークのパターン（ステップ）
①スプリット・ステップ……相手が打つと同時に、次の動きへの始動に備えて小さくジャンプするステップ。
②ドロップ・ステップ……2歩目のステップを強く、効率的にするために1歩目を少し後ろに引くステップ。
③サイド・ステップ……短い距離の横への移動に用いる両足を交差させないステップ。
④クロスオーバー・ステップ……回り込んでフォアを打つときや、スマッシュなどで使用されるステップ。サイド・ステップより長い横の移動に用いられる。
⑤後ろクロス・ステップ（キャリオカ）……横や後方への移動に使用されるステップ。スライスのアプローチを打つときに有効。
⑥調節ステップ（カット・ステップ）……バランスやスタンスを微調整するために用いられるこきざみなステップ。

■ショット
①フラット・ドライブ……ボールとラケットが垂直になるように打ち、ボールにあまり回転を加えないショット。
②トップスピン……ボールを下から上へとこすり上げるように打ち、ボールに強い順回転を加えるショット。
③アンダースピン（スライス）……ボールを上から下へ斬りつけるように打ち、ボールに強い逆回転を加えるショット。
④ロ　ブ……高い軌道を描く、山なりのショット。
⑤ループ……ロブより低い軌道の少し山なりのショット。
⑥ドロップ・ショット……ネット近く、サービスエリア内の前方でバウンドするような短いショット。
⑦ライジング……ボールがバウンドしてすぐ、最高点に達する前に打つショット。
⑧アングル……サイドライン方向へコートの外へと相手を押し出すための角度をつけたショット。
⑨パッシング・ショット（パス）……ネットへ出てきた相手の横を抜くショット。
⑩ドライブ・ボレー……相手のボールがバウンドする前に直接ストロークのように打つショット。

■スイング
①レディーポジション……足を肩幅の1.5～2倍に開き、背筋をまっすぐにして、腰を落とし、ラケットを両手で持って身体の前で構えた姿勢。
②準　備……ボールを打つための精神的・肉体的なすべての準備を指す。相手の打つところを見て、スプリット・ステップをして反応し、移動に備えるという一連の動作

③構　え……レディーポジションで準備をしていること、または、ラケットを引いてテイクバックの状態でボールを待っているときの両方を指す。
④テイクバック……ラケットを後ろに引き、打つ準備をしている姿勢。
⑤コンタクト（打点）……ボールを打つときの高さや位置のこと。
⑥フォロースルー……ボールを打ち終わった後のラケットの軌道。

■サーブ
①フラット……ラケットとボールがまっすぐに当たるように打つサーブ。
②スピン……スライス、キックなど、回転を加えたサーブの総称。
③スライス……ボールの外側をこするようにしてスピンをかけ、相手のコートですべるように外側に低いバウンドをするサーブ。
④キック……ボールに下から上へこすり上げるようなスピンをかけ、相手のコートで高く弾むサーブ。
⑤足の位置

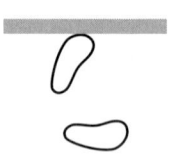

⑥テイクバック／トス／パワーカーブ

■プレー
①ベースライン・プレーヤー……ベースライン上でのラリーを好み、めったにネットへボレーに出ない選手。
②サーブ・アンド・ボレー・プレーヤー（ネット・ラッシャー）……サーブを打った後すぐに、相手のリターンをボレーするためにネットに出る選手。ベースラインでのラリーでもつねにネットに出るチャンスをうかがい、ボレーに出ることを好む。
③オールラウンド・プレーヤー……ベースラインでのプレー、ネットでのプレーの両方を得意とする選手。
④ジャンク・ボーラー……いろいろなスピンをおりまぜ、相手が嫌がるようないやらしいボールを打つ選手。

■ダブルス
①サーバー……A_2
②サーバーのパートナー……A_1
③レシーバー……B_2
④レシーバーのパートナー……B_1
⑤前　衛……A_1、B_1
⑥後　衛……A_2、B_2
⑦平行陣……C_1、C_2
　ダブルスのペア両選手が平行に並んだ陣形。守備的平行陣では両選手がベースライン上に並びダブル後衛としてポジションを取り、攻撃的平行陣ではサービスライン内側で両選手が並びダブル前衛としてポジションを取る。
⑧雁行陣……D_1、D_2
　ダブルスのペアのうち一人の選手はベースライン上に後衛として、もう一人の選手はサービスラインの内側に前衛としてポジションを取る陣形。
⑨ポーチ……ベースライン上の選手どうしのラリーに対し、前衛にいるパートナーが横から割り込んでボレーをすること。

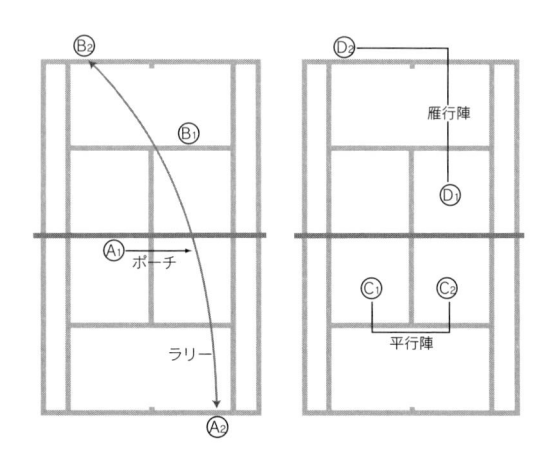

■ 練 習
① 球出しのボール……ドリル練習のときに、コーチなどがラケットで軽く打って出すボール。
② ライブ・ボール（ラリー）……相手とボールを打ち合い、ラリーするボール。

■ ゲーム
① ポイント……試合中の各ゲームのなかの1ポイント。
② ポイントを始める（ポイントのスタート）……サーブを打ち、レシーブし、その後ラリーなどへと展開すること。
③ ポイントを終わらせる（ポイントのフィニッシュ）……エース、フォースト・エラー、アンフォースト・エラーなどで1ポイントが終わること。
④ エース……相手が触れないようなショットを打ち、ポイントを終わらせること。
⑤ フォースト・エラー……準備をする時間的な余裕がなく、しかたのないミス。
⑥ アンフォースト・エラー……十分な準備の時間がありながら、ミスしてしまったショット。凡ミス。

■ トレーニング
① プライオメトリックス……筋肉に一気に負担をかける運動を繰り返すトレーニング。
② ピリオダイゼーション……周期的に時間単位で練習の計画を立てること。
③ クロストレーニング……一つのスポーツ特有の運動ばかりではなく、いろいろなスポーツの要素を混ぜ合わせたトレーニング。
④ 有酸素運動……一定時間以上、同じ強度（低・中程度）の運動を続け、エネルギー生成に酸素を必要とする運動。エネルギー源は糖質と脂質。代表的な例としては長距離走、ジョギング、散歩などがあげられる。
⑤ 無酸素運動……短時間かつ高強度の運動で、酸素を使わずクレアチン燐酸（CP）の分解や筋肉中のグリコーゲンを解糖することによってエネルギーを得る運動。代表的な例としては短距離走、ダッシュ、ジャンプ、ラケットのスイングなどがあげられる。
⑥ 非乳酸性……筋肉中のアデノシン三燐酸（ATP）が利用され、その後同じく筋肉中のクレアチン燐酸（CP）が分解され、そこで発生するエネルギーによりATPを再合成する。この筋肉中のATPとCPが使われる過程をATP-CP系または非乳酸性という。ATP、CPとも少量なので約8～10秒程度の全力運動でなくなってしまう。
⑦ 乳酸性……非乳酸性の次に筋肉中のグリコーゲンが酸素のない状態で乳酸に分解される。そのときに発生するエネルギーでATPを再合成する。この過程を乳酸性といい、この過程も持続時間に限界があり、最大パワーで運動して約30秒程度である。
⑧ 無酸素非乳酸性運動……瞬発力、最大筋力発揮能力を高めるのに役立つ運動。
⑨ 無酸素乳酸性運動……スピード持久力を高めるために役立つ運動。
⑩ 漸　減……練習の強度や量を徐々に低くしたり、減らしたりしていくこと。
⑪ バーンアウト……燃え尽き症候群。精神的・身体的に早期に競技に対する興味や能力が薄れていくこと。
⑫ 積極的休養……まったく運動をしない完全休養に対し、軽いジョギングなどの多少の運動をしながら身体を休めること。

■ ラケット
① ヘッド
② フレーム
③ ストリング（ガット）
④ スロート
⑤ グリップ
⑥ グリップエンド（エンド・キャップ）
⑦ グロメット

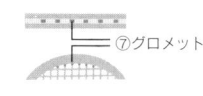

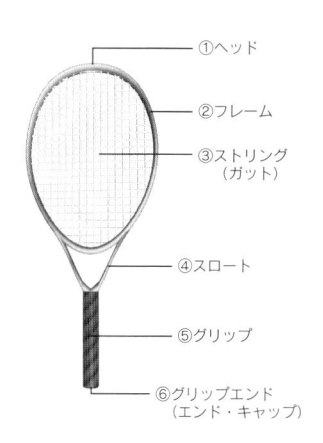

■ その他
① ハッカー……インターネット上で他人のコンピュータに侵入し、重要な情報を無断で盗んだり、ウイルスをまき散らしたりする人にたとえて、対戦相手についての情報を収集し、相手の弱点を攻め、嫌がるようなプレーをする選手。
② IMG（International Management Group）……米国のマネージメント会社。スポーツ競技会の開催、プロスポーツチームやトレーニングセンターの運営、プロ選手の代理人などの業務を行っている。日本にも支社があり、高橋尚子（マラソン）、近藤大生（テニス）、本田武史（フィギュアスケート）、叶姉妹（タレント）などが所属している。
③ NBTA（Nick Bollettieri Tennis Achademy）……ニック・ボロテリー・テニス・アカデミー。
④ IPI（International Performance Institute）……IMGアカデミー内にあり、トレーニングの科学的な研究を行うと同時に、多くのスポーツ選手のフィジカル・コンディショニングの指導を行っている。

訳者あとがき

　本書の原書であるBollettieri's Tennis Handbookとは、2002年の夏休み、息子がボロテリー・テニス・アカデミーのサマーキャンプに参加した際、IMGアカデミー内のプロショップ（売店）で出会いました。数週間の滞在ではアカデミーでの練習をすべて身につけることは難しいのではないか、参考になる書物があってそれをもとに帰国後、復習や補足ができればアカデミーでの経験がさらに有意義なものになるのではないかと思い購入したものです。帰国後ひととおり目を通してみると、テニスの技術、戦術、心理面などを含む総合的な内容であることから、個人で楽しむだけでなく、多くの人々に紹介することができれば、日本の子どもたちのテニス指導に役立つのではないかと考え、日本語に翻訳することを思い立ちました。英語教育関係の出版には以前から数多く携わってきましたが、テニス関係の出版物とはまったく無縁であったため、偶然手元にあったボロテリーの著書『テニス・プレーヤーのメンタル開発プログラム』を出版されている㈱大修館書店に手紙を書きました。これが幸運にも編集第三部の平井氏の目にとまり、出版のご許可をいただき、本書の完成へといった次第です。

　近年、日本でも、サッカー、野球、ゴルフなど、人気が高いスポーツでは、高校生から選手を育成するための専門学校やアカデミーが開設され始めています。しかし、テニス選手の育成に関しては、日本は欧米と比べて後進国であり、組織的なジュニア育成制度は完成していないと思われます。本書で取り上げたような大規模なジュニア選手育成のアカデミーなどは皆無といっていいでしょう。IMGアカデミーのような育成施設をすぐに日本で立ち上げようとしても、財政面、教育制度面などさまざまな理由から困難だと思われます。そこで、本書で紹介したような技術面、心理面、身体面、人間性、社会性など、テニス選手に必要なすべての要素を多面的に組み合わせた、ジュニア選手の組織的・総合的な育成が少しずつでも地域のテニスクラブやスクールで実践されるようになることを願うとともに、本書が有望なジュニア選手の育成に役立ち、低迷する日本男子テニス界の一助となることを願っています。

＊　　　　＊　　　　＊

　日本語版翻訳にあたってお断りしておきたい点がいくつかあります。

　本書ではニック・ボロテリーと表記しておりますが、英語ではニック・ボルティエリが正しい発音です。しかし、ボロテリーという表記で多くの彼の著書が日本語に翻訳され、またすでに日本のテニス界でも彼の名の日本語表記として定着しておりますので、原語の発音とは異なりますが、ボルティエリではなく、ボロテリーという表記を採用することといたしました。

　また、原書は450ページにもわたる分厚いものですが、そのまま翻訳・出版したのではページ数が多くなり、読みにくく、わかりにくいのではないかという

懸念から、大切な部分を強調し、理解しやすくなるように要点を絞り、簡潔にまとめるために省略し、削除した部分が多々あることをご理解ください。とくに原書の第15章「テニスクラブの運営」は、日本のテニスクラブやスポーツ施設の運営事情と大きく異なり、テニス技術の向上、ジュニア選手の育成という本書の目的にはあまり関係がないと判断し、省略しました。その他の章でも、部分的に削除したり、意訳したりして、できるだけわかりやすい表現となるよう書き換えてあるため、原書の英語の実際の逐語訳とは必ずしも一致しない部分があることをあらかじめお断りしておきます。

*　　　　　*　　　　　*

　最後に、本書を、心から尊敬してやまない、私の英語やテニスばかりでなく、人生のあらゆる面においての師である恩師大内博先生、またそのご子息で、少年時代には山梨県のジュニアチャンピオンとなり、ハワイ大学テニス部の選手としてNCAAの大会でも活躍され、大学院へ進学するまでという期限付きながら現在ATP、JOPトーナメントでプレーを続けている大内海君、中等部テニス部とテニスクラブをかけもちで日夜練習に励み、いつの日か世界レベルで活躍できることを夢見ている息子、聖に捧げます。

　末筆ながら、英語は多少理解していても、テニスに対してはまったくのアマチュアである英語教師に対し、テニスの専門書の翻訳、出版にいたる寛大なご判断を下し、ご指導・ご尽力を賜った㈱大修館書店編集第三部・平井啓允氏に心より感謝申し上げます。また、英語の講義で学生に指導するような堅苦しい逐語訳の日本語を、わかりやすい日本語となるよう丁寧に編集の手を加えてくださった加藤智氏に心より感謝申し上げます。さらには、アマチュアの日本語訳に対しテニスの専門家としての観点からご意見・ご指摘を賜った大阪体育大学教授であり、日本テニス協会強化本部・スポーツ科学委員会委員長、競技者指導育成推進委員会委員を務めておられる梅林薫先生に心より感謝申し上げます。

宍戸　真

著者

■ニック・ボロテリー（Nick Bollettieri）

　ニック・ボロテリーは、今日世界で最も有名で、最も成功したテニス・コーチである。彼は、アンドレ・アガシ、モニカ・セレス、アンナ・クルニコワ、ジム・クーリエ、トミー・ハース、メアリー・ピアース、ボリス・ベッカーなど、数多くの世界の一流選手を指導・育成した。そのトレーニング・プログラムは、一流選手を育成するための最高のシステムのひとつとして世界的に認められている。

　1999年には、アメリカ・テニス協会（USTA）により、アメリカ・オリンピック委員会（USOC）年間最優秀コーチに選ばれている。同年、さらに、国際テニス殿堂からテニス教育栄誉賞も受賞している。彼は、「テニス」、「テニス・ライフ」、「フロリダ・テニス」などの雑誌に定期的に寄稿し、「テニス・マガジン」によって、テニス界で最も影響力を持つ人物50人の16位に、20世紀のテニスに影響を及ぼした人物25人の19位にも選ばれている。

監訳者

■梅林　薫（うめばやし　かおる）
大阪体育大学教授。
㈶日本テニス協会強化本部・スポーツ科学委員会委員長、競技者指導育成推進委員会委員。JOC委員会強化スタッフ（医・科学スタッフ）。
日本テニス協会編『テニス指導教本』（共著、大修館書店）をはじめ、テニス関係の著書・訳書多数。

訳者

■宍戸　真（ししど　まこと）
玉川大学卒。米国パシフィック大学大学院修士課程修了。国際基督教大学大学院博士課程期間満了退学。日本獣医畜産大学英語学教室専任講師。
著書に『逆襲の英会話：海外旅行編』（旺文社）ほかがある。

ボロテリーのテニスコーチング

©Kaoru Umebayashi & Makoto Shishido 2005　　NDC783　274p 24cm

初版第1刷──2005年4月20日

著　者──────ニック・ボロテリー
監訳者──────梅林　薫
訳　者──────宍戸　真
発行者──────鈴木一行
発行所──────株式会社　大修館書店
　　　　〒101-8466　東京都千代田区神田錦町 3-24
　　　　　　　電話 03-3295-6231（販売部）
　　　　　　　　　 03-3294-2358（編集部）
　　　　　　［出版情報］http://www.taishukan.co.jp

装　丁──────中村友和（ROVARIS）
カバー写真────Action Images/PHOTO KISHIMOTO
レイアウト────たら工房
印刷所──────横山印刷
製本所──────三水舎

ISBN 4-469-26570-5　　Printed in Japan

Ⓡ本書の全部たまは一部を無断で複写複製（コピー）することは、著作権法上での例外を除き禁じられています。